재일코리안 스포츠 영웅 열전

동국대학교 일본학연구소 번역총서

재일在日 코리안 스포츠 영웅 열전

오시마 히로시 지음
유임하 · 조은애 옮김
재일본대한체육회 감수

연립서가

일러두기

1. 이 책은 오시마 히로시大島裕史의 『魂の相克 : 在日スポーツ英雄列伝』(講談社, 2012)을 완역한 것이다.
2. 이 책의 각주는 모두 옮긴이의 주이며, 저자 주는 본문 중에 괄호를 표시해 달았다.
3. 일본어 인명과 지명 등의 고유명사는 국립국어원 외래어표기법에 따라 표기하고 한자 또는 일본어 표기를 병기했으며, 반복해서 나올 경우 이를 생략했다.
4. 이 책의 원서에는 '재일코리안'과 '재일한국인', '재일조선인'이라는 용어가 맥락에 따라 혼용되고 있으나, 대부분 '재일코리안'으로 옮겼다. 다만, 반드시 구분이 필요하다고 판단되는 경우에는 '재일한국인', '재일조선인' 등의 용어를 사용해 구분했다.
5. 이 책의 원서에는 1945년 8월 15일 이전의 시기에 대해 대부분 '전전戰前'이라는 용어가 쓰이고 있으나, 이 책에서는 그중 일부를 '해방 전'으로 옮겼다. 다만, 재일코리안의 역사적·지리적 위치를 고려하여 필요한 경우에는 '전전'이라는 용어를 그대로 두었다.

✦ 한국어판 출간에 부쳐

저는 수년간 한국의 스포츠를 취재·조사해 왔습니다. 그 과정에서 축구와 야구의 역사, 그리고 한국의 스포츠가 1980년대부터 급성장을 이루기까지에는 재일코리안들이 크게 관여하고 있었음을 알게 되었습니다. 어느 재일코리안 스포츠 선수가 되었든 글로 정리해 보고 싶다고 생각하던 차에, 대한체육회 일본지부와 같은 역할을 하는 재일본대한체육회로부터 창립 60주년(2012년)에 맞추어 재일 스포츠사에 관한 책을 집필해 달라는 의뢰를 받았습니다. 논픽션을 쓰는 일이 점차 어려워지고 있는 오늘날, 재일본대한체육회의 협력을 얻을 수 있다는 것은 감사한 일이었습니다. 그렇게 출간한 책이 『혼의 상극相剋 – 재일 스포츠 영웅 열전』(일본어판)이었습니다

이번에 한국에서 번역 출판의 기회를 얻게 되어 매우 고맙게 생각합니다. 하지만 이 책을 일본에서 출판한 지도 10년이 넘었습니

다. 그사이 한국은 2018년 평창동계올림픽을 비롯해 2014년에는 인천아시안게임, 2015년에는 광주유니버시아드를 개최했으며, 국가대표 선수촌도 대부분의 기능을 서울 태릉에서 충북 진천으로 옮겼습니다. 한편 일본은 2013년 도쿄올림픽 개최가 결정된 후 코로나19로 1년이 연기된 2021년에 대회를 개최하는 격동을 겪었습니다.

이처럼 지난 10년의 변화가 너무 커서 번역 출판을 조금 주저한 것도 사실입니다. 하지만 한국이 아직 가난하던 시절에 재일코리안들의 커다란 지원을 받았다는 사실을 아는 사람이 줄어들고 있는 지금, 한 시대를 증언하는 자료로서 이 책을 한국에서 출판하는 일은 의미가 있다고 생각했습니다.

한국어판에는 일본어판의 원고를 최대한 살리면서 지난 10여 년 사이 상황이 바뀐 부분에 대해서는 일부 수정을 가했습니다. 특히 동계 스포츠와 관련해서는 평창올림픽과 베이징올림픽에 대한 내용도 추가했습니다. 10년 사이의 상징적인 사건과 변화에 대해서도 언급해 두고자 합니다.

45년 만의 쾌거, 재일코리안 안창림의 메달

지난 10년 사이 재일 스포츠사에서 가장 큰 사건은 2021년 도쿄올림픽에서 남자 유도의 안창림安昌林이 동메달을 획득한 일입니다. 재일코리안이 한국대표로 올림픽에서 메달을 획득한 것은, 1976년 몬트리올올림픽에서 유도의 박영철朴英哲이 동메달을 딴 이래 45년 만의 쾌거입니다.

안창림은 2015년 광주에서 열린 유니버시아드나 2018년 아제르바이잔 바쿠에서 열린 세계선수권대회에서도 우승했기 때문에, 그만큼 준비된 메달이었다고 할 수 있습니다.

안창림이 강한 민족의식을 지닌 것은 확실합니다. 고교 시절부터 재일동포로서 한국의 전국체육대회에 참가하여 한국대표가 되는 것을 동경하기도 했습니다.

그렇다고 해서 일본을 싫어한 것은 결코 아닙니다. 1994년 교토시에서 태어난 안창림은 교토의 하치조八條 중학교, 가나가와神奈川현의 도인가쿠엔桐蔭學園을 거쳐 쓰쿠바筑波 대학 재학 중에 용인대로 편입했습니다. 일본에서 기초를 쌓고 한국에서 기량을 닦은 후에 세계무대로 날아올랐습니다. 안창림은 일본의 은사에게 감사의 마음을 가지고 있으며, 그의 후배인 하치조중 학생들도 국적을 넘어 모교의 자부심으로 도쿄올림픽에 출전하는 안창림을 열심히 응원했습니다. 교토시는 도쿄올림픽 후 안창림에게 '교토시 스포츠 최고영예상'을 수여했습니다.

아직 재일코리안에 대한 차별이 뿌리 깊고, 헤이트스피치처럼 우려되는 일도 존재합니다. 그래도 45년 전, 안창림과 마찬가지로 교토시 출신인 박영철이 동메달을 획득했을 때는 일본에서 거의 상대조차 하지 않았던 일을 생각하면 시대는 변화하고 있습니다.

안창림과 함께 재일코리안 김지수金知秀도 여자유도 부문 한국대표로서 도쿄올림픽에 출전했습니다. 결과는 2회전에서 패배했습니다.

김지수는 효고兵庫현의 슈쿠가와가쿠인夙川學院 출신으로, 이 학

교 유도부의 동료 중에는 도쿄올림픽에서 금메달을 획득한 아베 우타阿部詩 외에 필리핀 대표가 된 선수도 있었습니다. 현재 재학 중인 야마나시가쿠인山梨學院 대학의 선배 중에는 나가노長野현에서 태어났지만 아버지의 조국인 캐나다의 대표로 2019년 세계선수권에서 우승한 데구치 크리스타出口クリスタ도 있습니다.

이 시대에는 선수들의 뿌리도 배경도 다양해지고 있습니다. 럭비 월드컵이나 야구 월드베이스볼클래식WBC과 같이 국적뿐 아니라 체류 경력을 고려하여 대표로 선발되는 경우도 있지만, 올림픽이나 아시안게임 같은 국제 스포츠 대회에 출전하려면 하나의 국적을 선택해야 합니다. 뿌리가 되는 나라와 나고 자란 나라 중에서 어느 하나를 선택하기란 젊은 스포츠 선수로서는 무거운 결정임에 틀림없습니다.

그렇지만 국가대표를 바라볼 만큼의 실력이 있다는 것은 훌륭한 일입니다. 한 번의 인생, 스스로 납득할 수 있는 판단을 해야 할 테지요. 일본이든 한국이든 또 다른 나라이든, 그 판단을 차별 없이 받아들여 대등한 경쟁을 할 수 있는 사회라면 좋겠습니다.

교토국제고등학교의 고시엔대회 출전이 의미하는 것

한때 한국 프로야구에서는, 시즌 최다인 30승을 거둔 장명부張明夫(일본명: 후쿠시 히로아키)를 비롯하여 많은 재일코리안 선수들이 활약했습니다. 하지만 그 후 한국 프로야구의 수준이 높아진 데다, 처음에는 한국 국적이 아니어도 부계가 한국 쪽이면 재외동포로 등록할 수 있었지만, 이후에는 한국 국적을 가진 선수만 인정되면서 현재는 드래프트를 거쳐야만 합니다. 때문에 현재 한국의 프로야구에서 일본에서 나고 자란 재일코리안 선수는 현재(2023년) 롯데 자이언츠의 안권수(일본명: 야스다 곤스)밖에 없습니다.

안권수는 일본을 대표하는 홈런 타자 오 사다하루王貞治 등을 배출한 명문 와세다早稲田 실업고등학교 출신으로, 고2 여름에 고시엔甲子園대회에 출전하여 주목을 받았습니다. 하지만 일본 프로야구에는 입단할 수가 없어서 2019년에 트라이아웃(입단 테스트)을 거쳐 두산으로 지명되었습니다.

현실적인 문제 때문에, 드래프트를 거쳐서까지 한국 프로야구에 들어가려는 재일코리안 선수는 교토한국학원의 흐름을 잇는 교토국제고등학교 출신의 신성현(2023년 현재 두산 베어스 소속) 같은 유학 경험자 등으로 한정되어 있습니다.

바로 그 교토국제고등학교가 2021년 봄과 여름, 그리고 2022년 봄의 고시엔대회에 출전했고, 2021년 여름에는 준결승전까지 진출했습니다. 이 학교의 교가는 한국어입니다. 대회 첫 경기에서 2회 공격을 앞둔 경우와 각 시합에서 승리한 때에는 교가가 울려 퍼집니다. 고시엔에서 한국어 교가가 울린 것은 역사적인 일이었습니다.

이 일은 한국의 미디어에서도 크게 보도되었기에 아시는 분도 많으리라고 생각됩니다. 그러나 한국의 보도를 보면, 이 학교의 고시엔대회 출전이 의미하는 바를 온전히 이해하지는 못했다는 생각도 듭니다.

한국에서는 소수 정예의 엘리트주의가 강하므로 전국대회에 출전하는 것은 그다지 특별한 일이 아닐지도 모릅니다. 하지만 일본에서는 각 지역별 대회를 거쳐 전국대회에 출전하는 것은 그 자체로 힘든 일이어서, 야구 이외에도 전국대회 출전의 경험이 있는 사람은 커다란 주목을 받습니다. 특히 고교야구 전국대회인 고시엔 대회나, 전국대회는 아니지만 매년 1월 2일과 3일에 열리는 도쿄 하코네 간 왕복 대학역전경주는 역사가 100년이 넘고, 미디어에서도 대대적으로 보도하여 국민의 관심이 매우 높은 이벤트입니다. 그만큼 교토국제고등학교의 고시엔대회 출전은 많은 재일코리안이 염원하던 바였습니다.

교토국제고등학교는 1947년 교토조선중학으로 개교하여 1958년부터 교토한국학원이 되었습니다. 1999년에 경식야구부를 창단하여 일본고교야구연맹에 가입했습니다. 민족학교가 고시엔으로 이어지는 경식야구부로서 일본고교야구연맹에 가입하는 것은 처음이었습니다.

2004년부터는 교토국제고등학교로 개칭하고 일본의 학교교육법에서 정하는 학교가 되었습니다. 따라서 일본인도 입학할 수 있게 되었습니다. 처음에는 야구부 전원이 재일코리안이었지만, 나중에는 한국에서 온 유학생과 일본인도 들어가게 되었습니다. 현재는 거의 전원이 일본인입니다.

그러므로 한국 분들이 보기에는 이 학교가 고시엔에 나갔다 한들 별 의미가 없지 않은가 생각할 수도 있을 것입니다. 하지만 민족학교에 뿌리를 두고 한국어 교가를 부르며, 한국어 수업도 있고, 많은 재일코리안에 의해 지탱되고 있는 학교에 보통의 일본인 학생들이 다닌다는 것은 옛날이라면 생각할 수 없었던 일입니다.

이 학교에는 K-팝을 동경해서 입학하는 학생도 있습니다. 최근에는 K-팝 스타를 목표로 직접 한국에 가는 젊은이도 있습니다. 지금의 젊은 세대는 자신이 목표로 하는 길에 필요하다면 주저함이나 고정관념 없이 행동하는 사람들도 적지 않습니다. 미래의 한일관계는 이러한 젊은이들이 쌓아 가는 것일지도 모릅니다.

스포츠 환경의 변화 속에서 재일코리안에게 맡겨진 역할

지난 10년, 한국과 일본 모두 스포츠를 둘러싼 사회 상황은 크게 바뀌었습니다.

한국도 일본도 청소년 스포츠는 학교의 운동부가 중심이라는 공통점이 있습니다. 지도자나 선배들이 요구하는 지나친 상하관계, 갑질, 폭력, 그중에는 성폭력 피해도 있어 시정을 요구하는 목소리는 이전부터 있었습니다.

일본에서 그러한 문제의식이 결정적으로 터져 나온 것은 오사카大阪의 사쿠라노미야櫻宮 고등학교에서 농구부 고문 교사가 주장 학생에게 체벌과 언어폭력을 일삼은 끝에 그 학생이 자살한 아픈 사건이 일어난 이후였습니다.

이러한 문제는 한국에서도 무척 심각한 무제로 떠오르고 있는 듯합니다. 한국에서는 파벌 싸움의 악영향이 선수에게까지 미치는 데다, 입시나 경기 판정의 공정성 등이 문제시되고 있다고 들었습니다. 또한 선수의 학습권 보장도 오랜 과제인 듯합니다. 이러한 문제를 시정하기 위해서는 입시 방식 외에 부모나 지도자의 의식을 바꿔야 하겠지만 쉬운 일은 아니라고 생각합니다.

다만 이러한 문제를 생각할 때 중요한 것은, 왜 스포츠를 하는가 하는 동기를 명확히 하는 일이 아닐까 합니다.

2018년 자카르타 팔렘방에서 개최된 아시안게임에서 한국이 획득한 금메달은 49개, 일본은 75개였습니다. 아시안게임에서 금메달 수로 일본이 한국을 앞선 것은 1994년 히로시마아시안게임 이후 처음이었습니다. 다만 히로시마아시안게임 때는 대회 후 중국 선수가 도핑 위반으로 메달을 박탈당함에 따라 순위가 앞당겨진 것이기 때문에, 대회가 종료한 시점에서는 한국의 금메달 수가 많았었습니다. 1986년 서울아시안게임 때부터 금메달 획득 집계에서 거의 줄곧 일본을 앞서 온 한국은 2018년 아시안게임에서 우위를 잃게 된 것입니다.

한국 스포츠계에서 더욱 주목해 봐야 할 것은 일본에 역전당했음에도 한국 내의 여론이 비교적 조용했다는 점입니다. 비판에 노출되는 것도 괴롭지만 관심을 받지 못한다는 것이 더 안타까운 일일지도 모릅니다.

한편, 올림픽 메달리스트나 아시안게임 우승자에 대한 병역 면제와 관련해서는 비난이 거세지고 있습니다. 고도경제성장으로 생활은 조금씩 풍요로워지면서도 국민의 대부분이 여전히 빈곤하고 국제적 위상도 낮았던 1970년대나 1980년대, 한국 스포츠는 좋은 성적을 거두면서 세계 유수의 강호로 거듭나며 국제적 지위를 끌어올렸습니다. 맹렬한 연습으로 얻은 성과로 메달리스트들은 국가에 공헌했다는 자부심을 가지고, 그 보수로서 평생 연금이나 병역 면제 등의 혜택을 누렸습니다.

하지만 오늘날 한국의 국제적 위상을 높이고 있는 것은 BTS로 대표되는 한류 엔터테인먼트입니다. BTS의 멤버가 입대 시기를 연장하는 와중에 메달리스트는 왜 면제인가 하는 목소리는, 스포츠 선수에게는 꽤나 뼈아픈 것이라고 생각합니다. 한국 스포츠계에서 잇따르는 불상사의 요인 중에는 이러한 자부심이나 의식의 동요가 있는 것은 아닐까 짐작해 봅니다.

가치관이 다양해지고 있는 오늘날, 스포츠를 하는 동기는 각자 다를 것입니다. 다만, 최강의 선수들과 관련해서는 사회와 어떻게 연결되는가 하는 점도 중요합니다.

한국의 스포츠는 평생 연금이나 병역 면제 등을 동기부여로 삼아 소수 정예의 엘리트를 강화함으로써 성과를 거두던 시대도 있었습니다. 그러나 한편으로 스포츠와 관련된 사회가 너무 좁아지고 배타적으로 된 측면도 있었다고 생각합니다. 그 때문에 한국 국가대표의 꿈이 좌절된 재일코리안 선수도 있었습니다.

앞으로의 시대는 다양한 가치관을 가진 사람들이 협력하고 경쟁하면서 상호 동기부여를 형성하는 시대가 될 것입니다. 그렇게 될 때 한국의 스포츠계에서 재일코리안 선수들의 존재가 의미를 갖게 되는 것이 아닐까요. 그러한 재일코리안 선수들은 일본 스포츠계에도 좋은 자극이 될 것입니다.

'다문화공생'은 한일 공통의 과제입니다. 공생사회는 개인이 사회에 매몰되는 것이 아니라 각자의 개인이 지니는 힘을 발휘하는 사회라고 생각합니다. 그러한 사회 속에서 안창림 등을 잇는 새로운 재일 스포츠 영웅이 탄생하기를 기대해 봅니다.

오시마 히로시

✦ 차례

2장 재일에 깃든 국기國技 축구의 자긍심
— 축구 편

3장 메달리스트를 배출한 '승부'의 계보
— 유도 편

6장 ‘세계 최강’의 원점
— 골프 편

7장 운명의 어깨띠 릴레이
— 마라톤 편

8장 ‘불모의 땅’에서 올림픽을 개최하기까지
— 동계스포츠 편

9장 저마다의 재일 정신
— 럭비·사격·하키 편

✦ 프롤로그

64년 만의 런던올림픽

2012년 7월 27일, 영국의 수도 런던에서 제30회 하계올림픽이 열렸다. 런던올림픽이 개최된 것은 1948년 제14회 대회 개최 이후 64년 만이었다. 제2차 세계대전이 끝난 지 3년 뒤 열린 이 올림픽에 패전국 일본은 출전할 수 없었다. 한편, 일본이 패전함에 따라 식민지 지배에서 해방된 한국은 하계올림픽에 처음 출전했다.

대한민국 정부가 정식으로 수립된 것은 1948년 8월 15일이었으므로, 개막식이 열린 7월 29일은 아직 미군정 아래에 있었다. 그래도 '코리아'라는 호칭으로 국기인 태극기를 앞세우고 입장한 것은, 한국이 국제 스포츠 무대에 정식으로 데뷔했음을 세계에 보여 주는 순간이었다.

제2차 세계대전 중에는 올림픽이 중단될 수밖에 없었다. 따라서 올림픽이 개최된 것은 1936년 베를린올림픽 이후 12년 만이었다.

◆
요코하마항에서 런던으로 향하는 한국 선수단

베를린올림픽에서는 일본 식민지 지배하의 조선에서 마라톤의 손기정孫基禎, 남승룡南昇龍, 농구의 이성구李性求, 장이진張利鎭, 염은현廉殷鉉, 축구의 김용식金容植, 권투의 이규환李圭煥 등 일곱 명의 선수가 일본 선수단의 일원으로 참가했다.

그로부터 12년 후 런던올림픽에서는 베를린올림픽 금메달리스트 손기정과 동메달리스트 남승룡이 선수단 임원으로, 이성구가 농구 감독으로, 장이진과 김용식이 선수로 태극 마크를 가슴에 달고 참가했다. 조국 해방의 실감이 선수단의 마음을 뜨겁게 했다.

선수단 중에는 메이지明治 대학에서 유학한 레슬링의 김극환金克煥, 황병관黃柄寬, 김석영金石永, 와세다 대학 주장까지 맡았던 축구의 배종호裵宗鎬 등, 일본과 인연이 있는 선수도 적지 않았다.

한국 선수단은 서울에서 부산까지 기차로 이동했다가 부산에서 하카타博多까지는 미 군용선으로 이동했다. 하카타에서부터는 진주군이 알선한 특별열차로 요코하마橫浜까지 간 뒤, 요코하마에서 배를 타고 홍콩으로, 홍콩에서 비행기를 타고 런던으로 향했다. 기나긴 여정이었다. 재일코리안 출신 유지들은 제14회 런던올림픽 선수단 환영 준비위원회를 조직하여 일본을 경유하는 선수단을 맞이했다.

6월 23일, 한국 선수단이 하카타항에 도착하자 많은 재일코리안이 태극기를 흔들며 환영했다. 요코하마로 향하는 기차가 오사카 같은 주요 역에 정차할 때마다 김치 등을 잇달아 선물했다. 한국 선수단을 맞아 주는 재일코리안 중에는 그들의 대학 친구 같은 지인도 많아서 그들은 옛 친구들과 재회하며 기쁨을 나누었다. 선수단 환영 준비위원회는 당시로서는 거액인 64만 3,500엔의 찬조금을 모았고 선수단에 필요한 운동기구 등을 기증했다.

1945년 8월 15일, 조선은 일본의 패전과 함께 식민지 지배에서 해방되었지만 북위 38도선을 경계로 미국과 소련에 의해 남북으로 분할 통치되었다. 그 3년 후에 이데올로기를 달리하는 두 개의 국가가 탄생하는 상황 속에서 사회는 혼란해졌고 경제적으로도 어려운 상황이 이어졌다. 1947년 6월 20일, 한국은 IOC(국제올림픽위원회) 가입이 승인되어 올림픽에 출전할 수 있게 되지만, 참가비용을 어떻게 마련하느냐가 골치 아픈 문제였다. 그래서 '올림픽 후원권'이라는 복권을 발행하기도 했지만 재정이 충분하지 않았으므로, 재일코리안의 지원은 아주 귀중했다.

런던올림픽으로부터 2년 뒤에는 한국전쟁이 발발하여 한반도가 초토화되었다. 그래도 전쟁 중이던 1952년, 한국은 헬싱키올림픽에 선수단을 파견한다. 재일한국인올림픽후원회를 조직하여 모금활동을 진행하고, 선수단의 유니폼, 레인코트, 보스턴백부터 경기에 필요한 용품에 이르기까지 올림픽 출전에 필요한 장비 일체를 기부한 재일코리안의 지원이 있었기에 가능한 일이었다.

1953년 7월 27일, 휴전협정이 조인되고 한국전쟁은 한반도에 커다란 상흔을 남긴 채 일단락되었다. 하지만 전쟁으로 황폐해진 한국은 스포츠에 힘을 쏟을 여유가 없었다. 때문에 재일동포의 힘이 어떻게든 필요했다. 재일 사회에서는 재일대한인체육회 등의 조직이 결성되어 스포츠 활동이 활발하게 전개되고 있었다. 이러한 활동을 발전시키는 형태로, 휴전회담도 막바지를 향해 가던 1953년 5월 5일, 한국의 대한체육회 일본지부로서 재일본대한체육회(이하 '재일체육회')가 발족했다.

재일체육회의 발족으로 1953년 가을부터는 한국의 전국체육대회에 재일코리안 선수단이 파견되었다. 또한 1956년 여름부터는 고시엔대회[1]에 출전할 수 없었던 재일코리안 고교야구 선수들을 모아 재일교포학생야구단을 결성하여 한국에서 경기를 치를 수 있게 되었다. 재일교포학생야구단의 조국 방문 경기는 1997년에 이르러 막을 내렸지만, 당시 멤버로는 일본 프로야구 역사상 최다인 통산 3,085안타를 기록한 하리모토 이사오張本勳(민족명: 장훈張勳), 히로시마廣島 도요 카프의 첫 우승에 공헌한 가네시로 모토야스金城基泰(민족명: 김기태金基泰), 주니치中日 드래건즈 등에서 강한 어깨의 포수로 활약한 나카무라 다케시中村武志(민족명: 강무지姜武志), 2000년에 센트럴 리그[2] 수위 타자가 된 요코하마의 긴조 다쓰히코金城龍彦(민족명: 김용언金龍彦) 등, 일본이나 한국의 야구계에서 활약하는 많은 인재들이 이름을 올렸다.

한편, 재일체육회는 한국에서 열리는 전국체육대회에 오늘날까지도 매년 빠짐없이 선수단을 파견하고 있으며, 그 참가자 수는 연인원 1만 명에 이른다. 그중에는 레슬링 한국대표로 뮌헨올림픽

1 일본의 고등학교 야구 선수권대회의 통칭. 마이니치신문사가 주최하는 '봄의 고시엔'이라 불리는 '선발 고교야구대회'(약칭; 센바쓰)와 아사히신문사와 일본고등학교야구연맹이 주최하는 '전국 고교야구 선수권대회'('여름 고시엔')로 나뉜다. 효고현 니시노미야西宮시에 있는 한신阪神 고시엔 구장에서 개최되기에 고시엔대회라는 이름이 붙었다. 일반적으로는 8월에 열리는 '여름 고시엔'을 가리키는 경우가 많다.

2 퍼시픽리그와 함께 일본 프로야구 양대 리그 중 하나로 '세리그'라고 줄여 부른다. 요미우리 자이언츠, 한신 타이거즈, 주니치 드래건즈, 요코하마 DeNA 베이스타즈, 히로시마 도요 카프, 도쿄 야쿠르트 스왈로스의 6개 구단으로 구성되어 있다.

에 출전한 프로레슬러 조슈 리키長州力(민족명: 곽광웅郭光雄), 격투기 선수로 한국에서도 인기를 얻은 아키야마 요시히로秋山成勲(민족명: 추성훈秋成勳), 하코네역전驛傳[3]의 오르막 구간에서 큰 활약을 보인 마라톤의 김철언金哲彦, 전 일본 대표선수로 와세다대 주장과 감독을 역임한 전설의 럭비선수 도요야마 게이치豊山京一(민족명: 최경호崔京浩) 등 한일 스포츠계에 이름을 남긴 선수들도 있었다. 나아가, 도쿄올림픽 동메달리스트인 김의태金義泰(덴리대天理大 출신), 뮌헨올림픽 은메달리스트 오승립吳勝立(덴리대 출신), 몬트리올올림픽 동메달리스트 박영철(도요대東洋大 출신) 등의 유도 메달리스트들도 있다.

이러한 재일코리안 스포츠 선수들은 한국과 일본 사이에서 자신의 정체성에 대해 고뇌하고, 한일 양쪽에서 받는 차별에 괴로워하면서도 독자적인 길을 개척하고 한일 양국 스포츠 발전에 공헌하며 가교의 역할을 맡아 왔다. 그러나 이들의 존재는 한일 스포츠 역사에서 누락되는 경우가 많았다.

예를 들면, 유니티카 야마자키ユニチカ山崎[4]의 선수로 1970년 전

---

3 장거리를 몇 개의 구간으로 나누고 여러 명의 선수가 각 구간을 담당하여 이어 달리는 형태의 경주로 일본어로 '에키덴'이라고 부른다. 일명 '하코네 에키덴'으로 불리는 역전경주의 정식 명칭은 '도쿄 하코네간 왕복 대학 역전경주東京箱根間往復大學驛傳競走'로, 매년 1월 2일과 3일 이틀 동안 10명의 주자가 도쿄 오테마치大手町에서 하코네 아시노코芦ノ湖까지 217.1km를 왕복으로 달리는 대학생 이어달리기 행사이다.

4 일본 여자농구 실업팀 중 하나로 1949년 니치보ニチボー(일본방적) 본점 동호회로 시작하여 니치보 히라노, 유니티카 야마자키 등으로 팀명을 변경해 왔으며 현재는 유니티카 피닉스UNITIKA Phoenix라는 팀으로 이어지고 있다.

일본 선수권대회 최우수선수, 득점왕, 베스트 5에 빛난 이와모토 에이코岩元榮子는 한국에 건너온 뒤 본명인 조영순趙榮順으로 3년간 한국 여자농구 대표팀 주장을 맡았다. 하지만 일본 농구 역사에서 이와모토 에이코, 한국 농구 역사에서 조영순이라는 이름이 각각 기록되어 있기는 해도, 두 사람이 동일 인물로 이야기된 적은 거의 없다. 그러한 곳에 바로 역사의 틈이 있다.

이 책에서는 재일코리안 스포츠 선수나 관계자의 증언과 자료를 토대로, 재일코리안 스포츠 선수의 모습을 기록함으로써 한일 스포츠사의 빈틈을 메우고, 재일코리안이 살아온 생생한 역사를 전하고자 한다.

1948년 런던올림픽으로부터 60년이 지난 후 베이징올림픽에서는 재일코리안 4세 청년 이충성李忠成이 일본식 이름이 아닌 민족명으로 일본 국적을 취득하여 일본 축구 대표팀의 일원으로 활약했다. 이충성은 2011년 아시안컵 결승전에서 일본의 우승을 확정하는 발리슛으로 일본 전체를 열광시켰으며, 그의 평판은 한국에까지 퍼져 나갔다. 재일코리안의 삶 또한 시대와 함께 변하고 있다.

①

현해탄을 오가는 혼신의 흰 공

◇

야구편

✦ 대담

30년 전 고시엔대회 결승을 이야기하다

가네무라 요시아키(호토쿠가쿠엔)

×

한유(교토쇼교)

가네무라 요시아키(좌)와 한유(우). 촬영: 마키노 류타로牧野龍太郎

'1번 중견수 정鄭' '5번 좌익수 한韓'

1981년 8월 21일, 한신 고시엔 구장에서 치러진 제63회 전국 고교야구 선수권대회 결승전은 호토쿠가쿠엔報德學園 대 교토쇼교京都商業(현 교토첨단과학대 부속고등학교). 선공인 교토쇼교의 전광판에 두 명의 한국인 이름이 올랐다. 이 장면은 재일코리안에게 '사건'이라고 할 만큼 강렬한 인상을 남겼다. 그때까지도 많은 재일코리안 야구 꿈나무가 고시엔 땅을 밟기는 했지만, 본명을 걸고 나선 것은 교토쇼교의 이 두 사람이 아시아·태평양전쟁 종전 후 최초였다고 한다.

교토쇼교에는 한유韓裕와 정소상鄭昭相이라는 본명을 쓰는 두 명의 선수 외에, 가네하라 다카요시金原貴義, 구레모토 하루오吳本治勇라는 일본명을 쓰는 재일코리안 선수가 있었다. 한편 호토쿠가쿠엔에도 재일코리안이라는 사실을 숨기지 않고 투수와 타자로 활약하고 있던 에이스 가네무라 요시아키金村義明(민족명: 김의명金義明)를 비롯하여, 다카하라 히로히데高原廣秀, 오카베 미치아키岡部道明, 그리고 2학년 중에는 마쓰모토 마사키松本政輝라는 선수가 있었다.

재일코리안 야구 꿈나무가 뛰었던 그때의 결승전으로부터 30년이 흐른 어느 날. 본명으로 고시엔대회에 출전한 바 있고, 현재는 파친코 체인을 중심으로 한 종합 오락기업 마루한MARUHAN의 대표이사로 매출액 2조 엔의 기업을 이끌고 있는 한유, 그리고 현재 야구 해설가로 활약하고 있는 우승 투수 가네무라 요시아키가 뜨겁게 맞붙었던 그해 여름에 대해 이야기를 나눴다.

한유와 정소상의 불꽃 튀는 포지션 싸움

— 같은 재일코리안으로서, 본명으로 출전한 선수를 보고 어떤 생각이 들었나요?

가네무라 충격적이었지요. 전광판에 1번 정鄭, 5번 한韓이라고 민족명으로 쓰여 있는 것을 보고는 '아, 졌다'라고 생각했어요. 나보다 강렬한 재일코리안의 정신을 가진 녀석이 있었구나, 해서 말입니다. 고시엔의 역사로 보면 전후 최초였지요. '와!' 하는 마음이었습니다. 그때 호토쿠가쿠엔 3학년 중에도 다카하라, 오카베라는 두 명의 재일코리안이 있었는데, 그들도 "대단하네!" 하고 놀라워했지요.

한유 처음에는 교토의 미네야마峰山라는 곳에 살고 있어서 주변에 재일코리안이 없었습니다. 우리 회사(마루한)의 옛날 이름이 니시하라쇼교西原商業였으니까 '니시하라'라는 일본 이름을 가진 사람이 있다는 건 다들 알고 있었겠지만, 나는 유치원 때부터 늘 본명을 썼어요.

— 가네무라 씨도 전혀 숨기지 않으셨지요.

가네무라 나는 민족학교(조선학교) 유치원을 나왔고 누나도 여동생도 민족학교에 다녔으니까 그렇게 배웠지요. 하긴, 어머니는 "너는 먼저 나서서 말해 버리는구나. 굳이 먼저 밝히지는 않아도 되는데 말이야." 하고 말씀하셨지만요.

나는 다카라즈카寶塚 출신인데 거기에는 민단(재일본대한민국민단)과 총련(재일본조선인총련합회) 지부가 있어서, 인구는 적었지만 서로 자기 쪽으로 사람들을 끌어들이려는 분위기가 강했어요. 저는 그게 싫었어요. 어렸을 때부터 야구를 하겠다고 졸라서 호토쿠가쿠엔에 들어갔습니다. 프로 구단에 입단해서 어머니에게 집을 지어 드리자는 게 꿈의 전부였어요.

호토쿠가쿠엔은 부원이 160명이나 되고 훈련도 제일 고될 거라고 생각했는데, 나중에 듣고 보니 교토쇼교는 우리보다 부원도 많고 훈련도 더 자주 했다더군요.

한유 훈련은 많이 했지요. 특히 팀 내 포지션 경쟁이 대단했어요. 당시 우리가 중학교 3년 내내 봤던 고교야구에서는 매년 교토쇼교가 출전했어요. 그러니까 다들 고시엔에 나가고 싶어서 이 학교로 모여든 겁니다. 오사카부나 효고현 등 교토 바깥에서도 모여들어 1학년이 180명이나 되었고 경쟁도 심했지요. (1976년 제58회 대회부터 1978년 제60회 대회까지, 교토쇼교는 3년 연속 여름 고시엔대회에 출전했다. — 저자 주)

한유　그중에서도 정소상과의 포지션 싸움이 가장 치열했습니다. 좌익수나 중견수 자리를 두고 정소상을 포함해서 서너 명이 다투었는데, 끝까지 누가 차지할지 알 수 없었어요.

3학년 봄 고시엔대회를 준비하기 위해 연습을 하고 있는데, 열이 나고 어지럽더니 휘청하는 순간, 수비 연습용 볼에 맞아 쓰러져서 병원에 실려 간 적이 있습니다. 진단 결과 풍진이었어요. 일주일은 쉬어야 했어요. 하지만 그렇게 되면 정소상한테 질 것만 같아 입원 후 링거를 맞고 이틀 만에 병원을 나와서 연습에 복귀했어요. 그런데 호흡 곤란이 오는 등 상태가 점점 악화되었고, 정소상이 선발을 차지했지요.

그러던 중, 오사카의 우에노미야上宮 고등학교(1981년 봄 선발대회 4강 진출팀)와 연습경기를 했습니다. 이 시합에서 정소상이 1번 타자였는데 데드볼을 맞아서 코가 부러졌습니다. 얼굴에 정통으로 맞아서 코피를 쏟고 구급차에 실려 갔지요. 대신 제가 시합에 나가서 끝내기 홈런을 쳤습니다.

저는 당시 부주장이어서 정소상의 문병을 갔습니다. 실력을 발휘해 기회를 잡아야만 하는 경기에서 데드볼에 맞아 코뼈 골절로 입원한 그 친구는 너무나도 복잡한 심정이었겠지요.

여름의 고시엔대회 예선 2주 전에 최종 등번호 발표가 있습니다. 부원이 150명 정도였을까요? 깜깜한 밤중에 그라운드에서 부장이 "등번호를 발표한다!"라고 말합니다. 하지만 누가 선발이 될지는 알 수가 없습니다. 결국 정소상은 (보결 번호인) 등번호 10번을 받았습니다. 그러자 그는, "나는 3년간 고시엔에 나가기 위해 온 힘을 다했다. 3년간 후회 없을 만큼 연습해 왔다. 마지막 여름에 벤치에서 경기를 지켜보는 굴욕은 견딜 수 없다."라며 그날로 탈퇴서를 냈습니다. 가쓰야마 고로勝山五郎 감독은 "너는 등번호 10번이지만 중견수-톱타자로 기용할 예정이다. 출전 기회는 스스로 잡도록!" 하고 말씀하셨지요. 그는 예선에서 5할 가까운 타율을 남겼습니다. 고시엔대회 때는 등번호 8번을 받았고요. 그렇게 해서 고시엔대회에 우리 두 사람의 이름이 나온 겁니다.

가네무라 흥미로운 이야기군요. 거기까진 몰랐어요.

한유 포지션을 다툴 때는 서로 말도 하지 않았습니다. 둘이서 재잘대다 보면 질 것 같다는 느낌이 들어서요. 프로야구의 세계에서 종종 '이 녀석, 부상 좀 당했으면……' 하고 생각한다는 이야기가 있다지만, 마지막엔 정말로 그런 느낌이었어요. 원래는 아주 사이가 좋고 서로 결혼식에서 축사를 할 만큼 지금도 친한 친구이지만, 마지막 반년간은 그런 느낌이었습니다. 정말 지치는 일이었지요.

마지막 여름의 추억

— 교토쇼교는 히가시야마 고등학교와의 맞대결이었지요.

한유 히가시야마 고등학교는 봄 대회의 선발에 나와서 와세다 실업고등학교의 아라키 다이스케荒木大輔(홋카이도 닛폰햄 파이터스 등에서 활약, 현재 야구해설가)를 두들겨 주기도 했어요. 그들은 한번 고시엔대회에 나가 본 적이 있지만 우리는 여름이 마지막 기회였습니다. 그만큼 단단히 마음을 먹었지요.

가네무라 히가시야마가 와세다실업을 이긴 건가요? 선발대회 때는 힘들다는 생각밖에 안 드니까 다른 경기는 잘 보지 못했어요. 호토쿠가쿠엔은 저 3학년 때가 창립 70주년이었습니다. 그때까지 고시엔에 나가서 1차전에서 진 적은 한 번도 없었지요.

1차전 상대는 나중에 요미우리 자이언츠에 입단한 마키하라 히로미槙原寛己가 있는 오부大府 고등학교였습니다. 입장 행진 때 삭발을 하고 다카하라와 둘이서 마키하라를 꺾으러 가자는 생각으로, 그냥 지나가도 되는 걸 일부러 시위하듯 오부 고등학교의 입장 행진 플래카드가 있는 곳까지 달려갔다 왔습니다(웃음). 마키하라 녀석은 아직도 만나면 말하곤 합니다. "그때는 별 이상한 놈도 다 있구나 했었지."라고요.

그렇게 빠른 공은 난생처음 봤습니다. 입장 행진 때 그런 도발까지 했는데 저는 변화구를 던질 수도 없고 힘껏 던져 봤지만 5점을 뺏기고 전혀 상대가 되지 않았어요. 기타하라 고지北原功嗣 감독은

"너 때문에 졌으니 이제 야구를 관두어라."라는 말까지 했어요. 더 이상 의욕도 없었어요.

체면이 구겨져서 다카하라와 둘이서 목 놓아 울었어요. 딱 하루 쉬는 날이 있었는데, 다카하라의 집에서 진탕 마셨지요.

여름의 고시엔대회는 한번 지면 끝나 버리는 거라 정말 진지하게 매 경기에 임했습니다.

한유 교토대회 결승전은 역시 히가시야마 고등학교와의 대접전이었습니다. 1점을 다투는 경기로 연장에 들어가서 10회 초에 가네하라가 도루를 시도하고, 포수가 2루로 폭투를 하자, 무슨 생각이었는지 3루로 달려가고, 또 백업 플레이를 하던 중견수가 3루로 폭투를 하자, 이번엔 홈을 향해 달려가고, 또다시 3루에서 백업하던 피처가 홈으로 폭투를 해서 1점을 얻어 4대 3으로 이겼어요. 종이 한 장 차의 승부였지요.

— 고시엔에서는 2회전인 마에바시前橋 공업고와의 첫 대결에서, 당시 2학년이던 와타나베 히사노부渡邊久信 투수(대담 당시 사이타마 니시다케 라이온즈 감독)를 상대로 2루타를 쳤지요.

한유 와타나베 감독이 고시엔대회에 나간 것은 그때가 유일했어요. 당시는 직구만 던지는 투수였습니다. 0대 2로 지고 있는데, 5회 말에 선두타자가 안타를 쳤습니다. 그 회에 2점을 얻어 결국 5대 4로 역전승을 거뒀지요. 예선의 결승전과 고시엔에서의 2회전을 비롯해, 모두 아슬아슬한 승부였어요. 그렇지만 강팀들이 호토쿠가쿠엔과 붙어서 우리는 비교적 수월하게 올라가는 느낌이었어요.

우리 팀에는 이구치 가즈히토井口和人라는 뛰어난 투수가 있었기 때문에 목표는 4강 진출이었습니다. 하지만 이구치가 고시엔에서 어깨가 조금 안 좋다고 하더니 실제 첫 경기에서는 꽤 점수를 잃었습니다. 이후에 어깨를 회복해서 세 번째 경기쯤부터는 제 실력이 나왔지요. 우리 팀은 타격은 약했기 때문에 이구치에 의존하는 편이었습니다. (교토쇼교는 2회전 상대인 마에바시 공업고에 역전승을 거둔 후, 3회전은 우쓰노미야가쿠엔宇都宮學園을 상대로 연장 11회에서 1대 0, 준준결승은 와카야마공업和歌山工業 고등학교, 준결승은 진제이鎭西 고등학교와의 경기에서 연속 완봉승을 거두며 결승전에 진출했다. 한편 호토쿠가쿠엔은 1회전에서는 모리오카공업盛岡工業 고등학교에 압승했으나, 2회전은 전년도 우승팀인 요코하마 고등학교, 3회전은 아라키 다이스케를 앞세운 하야미早實 고등학교, 준준결승은 난카이南海 호크스(현 후쿠오카 소프트뱅크) 등에서 뛴 후지모토 슈지藤本修二를 거느린 이마바리니시今治西 고등학교, 준결승에서는 이 대회에서 노히트 노런을 달성한 구도 기미야스工藤公康를 에이스로 둔 나고야전기(현 아이치공업대학 메이덴 고등학교) 등 강호와 차례로 대결한 후, 하야미 고등학교에 역전승을 거두는 대접전 끝에 결승전에 진출했다. — 저자 주)

가네무라 2회전 상대는 전년도 우승 팀인 요코하마 고등학교였습니다. 주장 오타니 하루시게大谷晴重의 친척이 돗토리鳥取에서 해수욕객을 상대로 민박을 하고 있어서, 패배하면 바로 놀러 가자는 생각으로 일단 예약을 해 두었지요. 아무래도 어깨가 시리니까 야구선수는 수영을 하면 안 된다는 말을 듣던 시대였거든요. 그때 이겨서 예약을 한 차례 연기했는데 또다시 이겨 버렸지요. 하야미 고등학교 같은 유명한 팀이 많았기 때문에 이번에는 지겠지, 이번엔 지겠지 하고 생각했는데, 정신을 차리고 보니 결승까지 가 버렸지 뭡니까.

이제야 말할 수 있는 이야기

가네무라　그 당시의 야구는 '근성야구'였지 않습니까. 숙소에서도 '적에게 이긴다'는 뜻으로 저녁식사 때 비프스테이크와 돈가스 덮밥을 먹었어요.[1] 후보 선수들은 허겁지겁 덮밥을 먹고 있지, 땡볕 아래서 공을 던지면 메슥거려서 토할 것 같은데 밥은 남겨도 비프스테이크와 돈가스는 집어먹어야 된다는 분위기였습니다. 어머니한테 전화해서 "도저히 못 먹겠어."라고 말하자, "기다려 봐, 금방 갈 테니까."라고 하시며 작은 트럭으로 기숙사까지 오셨어요. 그래서 같은 재일 출신인 2학년 투수 마쓰모토松本를 데리고 함께 집으로 갔습니다. 마쓰모토는 지금 오사카의 미노오箕面에서 불고기집을 하고 있습니다만, 당시 내가 엄청 예뻐했어요.

결승전 전날 밤 마쓰모토랑 같이 어머니께 가서 생맥주를 마시

1　비프스테이크의 일본어 발음인 '비후테키'의 '테키'는 '적敵'의 일본어 발음과 같으며, 돈가스의 '가쓰'는 '이기다(勝つ)'의 일본어 발음과 같다. 따라서 '적'을 '이긴다'는 의미로 비프스테이크와 돈가스를 먹었던 일화를 이야기하고 있다.

며 육회와 추어탕을 먹었습니다. 그러고는 어머니가 "좀 마시면 잠이 잘 올 거야." 하면서 40도나 되는 인삼주를 주셔서 기숙사로 가지고 돌아가서 다카하라와 오카베, 그리고 몇 명이 모여서 함께 마셨습니다.

이건 뒷이야기입니다만, 다카하라도 그렇고 재일코리안들은 모두 술이 세다고 생각했는데 오카베가 숙취 때문에 결승전 당일 아침 연습에 불참했어요. 내가 인삼주를 먹인 탓이다, 이거 참 큰일이다, 하고 생각했지요. 감독은 "내버려 둬."라고만 하시고요. 그래도 그 녀석 아직껏 잘 활약하고 있지요. 지금처럼 사진 주간지가 있었으면 한 방에 아웃이었을 텐데요. 좋은 시절이었죠.

또 다른 이야기입니다만, 내가 경기 중에 주먹 포즈를 자꾸 취하니까, "주먹 포즈는 고등학생이 하면 안 되는 행동이니까 그만둬." 라는 말을 들으며 곧잘 혼나기도 했습니다.

결승전에 대해 이야기하자면, 미안하지만 경기 전날부터 '좋아, 이겼다' 하고 생각한 건 처음이었습니다. 같은 긴키近畿[2] 지역끼리였고, 교토쇼교라면 분명 꺾을 수 있다는 느낌이었거든요.

한유　우리는 결승전까지 간 것에 위화감이 들었어요. 분위기로 보자면 이긴다거나 이길 수 있다거나 하는 느낌은 아니었으니까요. 가네무라에 대한 대비책이라는 것도 특별히 없었고, 그냥 평소처럼 경기에 임했습니다. 상대 투수를 하나하나 연구한다든지 하

2　일본의 교토부와 오사카부 및 시가현, 효고현, 나라현, 와카야마현, 미에현을 아우르는 지역.

는 일은 없었어요. 감독도 기술적인 것은 별로 말하지 않았습니다. 근성론을 앞세우며, "정신력으로 이겨라." 하고 말하는 감독이었지요.

하지만 배팅 연습을 마치고 나자 이제 결승전 한 경기밖에 남지 않은 셈이니까 뭔가 독특한 분위기가 있긴 했어요. 최후의 날이구나, 하는 느낌이랄까요.

— 결승전은 4연투였나요?

가네무라 연습경기에서 두 경기 연속 혼자서 던지기도 하고, 어떨 때는 300구를 던지기도 했습니다. 어깨는 전혀 문제가 없었어요. 원래 허리가 안 좋아서 허리에 침을 맞아 가며 던지긴 했지만요.

나는 직구파처럼 보이지만 사실은 기교파였어요. 당시에는 좋은 투수들이 있었지요. 오부고의 마키하라라든가, PL가쿠엔의 니시카와 요시아키西川佳明(후쿠오카 소프트뱅크 호크스 등에서 선수생활을 했음)라든가, 교토쇼교의 이구치라든가. 냉정하게 나 자신을 볼 때, 아무리 발버둥 쳐도 이들보다 잘하지는 못할 거라 생각했습니다. 그래서 변화구를 던지려 했고 직구는 거의 던지지 않았지요.

한유 컨트롤은 좋았어요.

가네무라 투구 스타일은 사이토 유齋藤佑(전 홋카이도 닛폰햄 파이터즈) 군과 비슷했지요.

◆

우승이 확정된 순간의 가네무라 투수

승패를 가른 플레이

— 대결했을 때, 가네무라 투수의 인상은 어땠나요?

한유 나는 결승전에서 한 타석밖에 서지 않았지만, 나 하나쯤은 거뜬히 잡겠구나 싶었어요. 100구로 완봉패했으니까 가네무라에게는 꽤나 쉬운 상대가 아니었을까 해요.

가네무라 그때까지 싸워 온 강호들보다는 편했지만, 결승 특유의 분위기 속에서 먼저 점수를 빼앗겼으니 위험했지요. 이구치 군은 정말로 좋은 투수고 특히 커브가 일품이었습니다. 홋타堀田 군의 실수 덕분에 완봉승을 할 수 있던 거였으니까요. 스퀴즈 플레이[3]를 당했다면 어떻게 될지 몰랐을 거예요. (호토쿠가쿠엔의 가네무라, 교토쇼교의 이구치의 투수전으로 시작된 결승전은 4회 초 교토쇼교 공격 때 원아웃 상황에서 3루에 발이 빠른 미즈모토 히로시水本啓史, 2루 주자로 홋타 도루堀田徹가 나가 있던 절호의 기회를 맞아 5번 한유 대신 구레모토 하루오를 대타로 기용했다. — 저자 주)

가네무라 대타로 구레모토를 보낸 시점에서, 언제 스퀴즈가 나올지 모르는 상황이었습니다. 스퀴즈가 나올 걸 알면서 빠른 템포로 던질 필요는 없지요. 나는 영리한 투수였으니까요(웃음). 그때

---

3 노 아웃 또는 원 아웃의 상황에서 삼루 주자를 홈인시키기 위하여 하는 희생 번트.

는 정확히 노린 건 아니고 단지 상황을 보려고 무심하게 견제구를 3루로 휙 던졌더니, 두 번째 주자인 홋타 군이 당황해서 튀어나가더군요. 다행이었어요.

한유 스퀴즈 사인을 봤어요. 내가 타자로 나설 시점이었지만, 스퀴즈를 생각하고 번트를 잘 대는 구레모토가 대타로 나왔습니다. 하지만, 두 번째 주자인 홋타가 훅 달려 나가서 아웃되는 바람에 투아웃이 되었고, 구레모토는 원래 타격이 좋지 않았기 때문에 다시 교체가 된 거죠. (0대 0의 투수전이 계속된 7회 말, 4번 가네무라가 좌익수 앞 안타로 2루까지 출루한 다음 원아웃 후, 오카베의 타순이 돌아왔다. — 저자 주)

가네무라 오카베가 숙취로 구토를 하고 연습도 하지 못해 이 녀석 괜찮은가 하며 불렀는데, 내 쪽을 지그시 보더니 눈을 맞춰 오더군요. 그래서 첫 번째 투구 때 달리라고 히트 앤드 런 사인을 보냈습니다. 감독의 사인이 아니었어요. '응' 하고 오카베가 끄덕여서, 첫 번째 투구 때 내가 달리고 오카베가 안타를 쳤습니다. 그렇게 1, 3루가 되고 감독이 스퀴즈 사인을 보내서 선취점을 땄던 거지요.

8회에 2점을 낼 때도 내가 2루로 출루한 후, 니시하라의 안타를 교토쇼교의 우익수 가네하라 군이 다리 사이로 놓친 탓에 한 번에 홈으로 들어왔습니다.

이처럼 여러 장면에서 재일코리안 친구들이 얽혀 있었어요. 구레모토 군 때는 주루에서 실수가 나왔고, 가네하라 군이 공을 놓치는 바람에 오카베가 히트 앤드 런을 성공했습니다. 지금 생각해 보면 운이 좋았어요.

9회, 마지막에 대타로 좌타자 가도角 군이 나왔는데, '그래, 나는 원래 속구 투수였지' 하며 그때 처음으로 투수로서의 자부심 같은 것이 스쳐 갔습니다. 지금까지 이기기 위해 피해 왔지만, 소신껏 직구로 승부를 보겠다고 생각한 겁니다. 그래서 사인에 고개를 저으며 직구만으로 삼구 삼진을 해냈지요. 영상을 보면 마지막 공은 분명 볼이었지만, 그 기세 덕인지 심판이 스트라이크를 줬어요. 그것이 공교롭게도 정확히 100구째였으니, 운명 같기도 합니다. (5만 2,000명이라는 대관중 속에서 치러진 결승전은 2대 0으로 호토쿠가쿠엔이 승리하여 첫 우승을 이뤄 냈다. 가네무라는 투구 수 100개, 3 피안타, 사사구四死球[4] 0개의 호투를 보여 주었다. 경기 시간은 1시간 38분으로 짧았으나 야구 명문끼리의 대결답게 긴장감 넘치는 경기였다. — 저자 주)

어머니의 영향

— 준우승 후 어떤 생각이 들었나요? 재일코리안 사회의 반향도 대단하지 않았나요?

한유 준우승이었지만 만족스러운 마음이 훨씬 컸습니다. 그리고 재일 사회의 반응도 대단했지요. 우선은 본명으로 나와서 결승

---

4 볼넷四球과 몸에 맞는 공死球을 합쳐서 이르는 말로 타석 수에는 포함되지만 타수에는 포함되지 않는다.

까지 살아남았다는 것만으로도 편지를 세 박스 정도나 받았어요. 우리들이 예상한 것 이상의 반응이었습니다. (대회 후 두 학교의 재일코리안 선수 중 가네무라 요시아키, 다카하라 히로히데, 오카베 미치아키, 정소상 이 네 명은 전일본 고교 선발 멤버로 뽑혀 한국 원정을 갔다. 김포공항에서 가네무라가 한국의 매스컴을 향해, "아버지", "어머니" 하고 한국어로 말한 것이 화제가 되었다. — 저자 주)

가네무라 말하지 말걸 그랬어요. 한국말도 잘 모르면서 한국 쪽 매스컴과 인터뷰를 할 때면 내가 '어머니', '아버지'를 몇 번씩이나 말하고 있더라고요. 나중에 그 장면을 보고는, 왜 저렇게 아버지, 어머니란 말을 많이 했을까, 하고 생각했어요. 연회장 같은 데서 한국 선수들을 만나서 더듬더듬 한국말로 이야기를 하면 그쪽에서 냅다 한국어로 "다다다" 하고 빠르게 말을 시키니까, '이래선 안 되겠다, 독학으로 그럭저럭 말할 수는 있어야겠다' 생각해서 한국의 가게들을 꽤 많이 돌아다녔지요(웃음).

한국에서는 "김의명이 서울에 왔다."라며 꽤나 소란스러웠어요. 프로야구 출범 한 해 전년이었는데, J리그 발족 당시의 일본만큼이나 고조된 느낌이었습니다.

한국에 간 덕분에 효도도 할 수 있었습니다. 한국 정부가 부산에 사시는 고모님과의 만남을 주선해 주어서 서울의 롯데호텔에서 아버지와 재회했거든요. 아버지가 그렇게 우시는 모습은 처음 봤어요.

어머니는 총련의 교육을 받은 분이라 "가면 엄마만 못 돌아올 거야." 하고 출발하기 전까지 우셨어요. "일본 고교 선발 멤버로

가는 거니까 괜찮아." 하고 말씀드렸는데도 말입니다. 그렇지만 한번 가시고 난 뒤로는 "자주 가고 싶다."며 태도가 변하셨지요. 모두 한국은 처음이었어요.

— 어머님의 영향을 강하게 받으신 듯하군요.

가네무라 어머니의 가르침이랄까요, 그게 가장 컸지요. 어머니가 "공부하고 싶어도 할 수가 없었다, 그러니까 너는 집에서 공부를 해야 한다.", "가르쳐 주고 싶어도 공부를 가르쳐 줄 수가 없어. 왜냐면 아버지도 어머니도 공부해 본 적이 없거든. 그러니 학교에 가면 필사적으로 선생님한테 공부를 배워야 해.", "넌 조선인이니까 취직을 못할 거야. 두 배로 열심히 해야 인정받을 수 있을 거다. 같은 나쁜 짓을 해도 '어이, 조센' 하는 말을 듣는단다. 특히 다카라즈카에서는 더더욱." 이런 말씀을 많이 하셨어요. 그래서 학교에서 돌아오면 숙제를 펴 놓고 어머니와 함께 앉아서 공부하는 아이가 되었던 거죠.

호토쿠가쿠엔에 들어가서 고시엔대회에도 나가고 프로야구 선수가 되어 한큐 브레이브스(현 오릭스 버팔로즈)에 입단하여 한큐 전차 노선이 지나는 곳에 어머니께 집을 지어 드리고 싶다는 내용의 작문을 해 오면, 어머니는 "넌 착한 아이로구나." 하시며 용돈을 주거나 시장에 갈 때 나만 데리고 가거나 하셨어요. 아버지는 야간 덤프트럭 운전수였는데 집에 돌아오면 혀를 차며 "야구 같은 소리 집어치우고 빨리 취직이나 해라."라고 말씀하곤 하셨지요.

중학교 때부터 호토쿠가쿠엔에 다녔습니다만, 사립이라 돈이 많이 들었어요. 누나와 여동생이 다니던 총련계 학교는 사립 못지 않게 기부금이 많이 들었고요. 그래서 호토쿠가쿠엔에 가기 전에도 제발 보내 달라고 울면서 애원했지만 아버지는 입만 열면 "여유가 없다. 너는 중학교를 졸업하면 취직을 해라."라고 하시니까, 당연히 어머니만 따르는 아이가 되었지요.

어머니는 부업을 하거나 전신전화공사에서 청소 일을 하는 등, 잠잘 시간까지도 아껴 가며 일하셨습니다. "그 대신 약속해라. 배로 노력하지 않으면 안 돼. 세 배 더 연습해야 한다." 하는 말씀을 들으며, 어머니와 함께 열정을 불태웠죠.

그래서 고시엔 선발 출전이 결정되었을 때에도 다들 감독을 헹가래 쳤지만, 나는 감독 몸에 손도 대지 않고 곧장 자전거로 집에 돌아가 어머니께 보고를 드렸어요.

— 고등학교 때 한국 국적으로 변경하셨지요.

가네무라 형이 재일코리안 팀(상세한 내용은 뒤에 서술)의 멤버로 한국에서 열리는 대회에 한 달 정도 가게 되어서 한국 국적으로 변경했어요. 제가 그걸 권유했어요. 북이든 남이든 상관없다. 하루라도 빨리 한국 국적으로 바꿔야겠다. 이렇게 생각하고 있었습니다. 하지만 누나와 여동생은 총련계 학교에 다니고 있었으니까 고시엔에 나갔을 때는 그쪽 사람들도 응원하러 와 주었어요.

고시엔대회에서 우승을 하고 나니까 주변 사람들의 시선도 바뀌었어요. 재일코리안들로부터 팬레터가 많이 왔고, 일본인들한테서는 더 많이 왔습니다. 양쪽으로부터 응원을 받았지요.

30년째 변함없는 인연

— 고교야구의 경험이 일에는 어떤 영향을 주었나요?

한유 야구를 하길 잘했다고 생각합니다. 꿈을 가지더라도 실현하기란 어려운 법이잖아요. 고교야구 인구가 얼마나 되는지 모르지만 모두가 고시엔을 꿈꿔도 갈 수 없는 경우가 더 많지 않습니까. 게다가 결승전에는 더더욱 그렇고요. 하지만 되돌아보면, 고시엔에 가지 못했더라도 좋은 추억이었고, 좋은 청춘 시절이었습니다. 또 좋은 동료를 만났으니, 목표를 가지고 몰두하는 경험은 그 자체로 귀중하다고 생각합니다.

대학을 졸업한 뒤로 야구와는 깊은 인연이 없었지만, 조금 여유가 생긴 뒤로는 야구에 관계하는 사람들과 만나서 다시 추억을 나누거나, 또 이런저런 부탁을 받는 경우도 있습니다.

— 고시엔 우승 투수로서 압박감은 없으셨는지요?

가네무라 전혀요. 오히려 고시엔에서 열광은 끝났다는 느낌이 들어요. 타자로 전향해서 원하던 팀인 한큐에는 못 가고 울며불며 오사카 긴테쓰 버팔로즈라는 풋내기 팀에 들어갔으니, 성장이 꽤나 늦었지요. 한 3년간은 야구가 죽도록 싫었어요. 도망가고 싶다고 생각하던 중, 시즌 오프 때 다카하라가 불러서 한유 등과 함께 송년회를 했습니다. 그들의 얼굴을 보니 아, 다시 힘내지 않으면 안 되겠구나 하는 마음이 솟아나더군요. 모두 열심히 살고 있었어요. 지난 시절 열심히 싸웠던 여름날의 그 순수한 마음이 프로야구를 시작하면서 없어져 버린 거죠. 어른들 사이에서 더러운 세계를 보기도 하고, 여러 일이 있었어요. 그럴 때마다 마음으로 의지가 되는 곳이 그때의 고시엔이었고요. 그럴 때면 우승을 해서 참 좋았다는 생각이 들어요. 아이가 셋이나 있는 아저씨가 되었어도, 그 당시 경기를 보았다거나 하는 사람이 아직 있다는 게 감사하죠. 프로 구단에 들어가면 고시엔 우승 투수라는 것보다도, 드래프트 1위라는 위치에 대한 압박감이 큰 것 같아요. 1위는 높은 계약금을 받았지만, 잘못하면 '계약금 도둑' 취급을 노골적으로 받았으니까요.

나의 원점은 그해 여름입니다. 매년 고시엔의 우승 투수가 나오지만, 30년 전은 한유와 정소상이 있어 준 덕분에 재일코리안으로서 더욱 특별한 해이기도 했고, 프로 구단에 들어가고 나서도 다른 재일코리안한테 여러 모로 신세를 져 왔고요. 또 일본인들한테도 신세를 지고 응원을 받으면서 더블파워를 얻고 있다고 생각하게 된 것도 바로 30년 전 여름이었습니다. 한유 같은 사람이 '니시하라'라든가 하는 통명(일본식 이름)으로 나왔다면 그렇게까지 열광했을까, 하는 생각도 들고요.

한유 30년이 지났다니 믿어지지가 않네요. 그때 멤버들과는 가끔씩 만납니다. 정소상은 교토에서 음식점을 하고 있고, 접골원도 운영하고 있습니다.

가네무라 여러 일을 하고 있네요. 재일코리안의 파워라고 할까요.

한유 30년 전은 가네무라의 독무대 같은 느낌이었어요. 나는 대학에 들어간 뒤로 일을 했지만 가네무라가 프로야구라는 엄혹한 세계에서 싸우는 모습을 계속 지켜봐 왔고, 30년 동안 만나 오고 있습니다.

—끝으로 재일코리안 고교야구 학생들에게 메시지를 부탁드립니다.

가네무라 나 혼자의 몸이었다면 여러 가지 번거로운 일이 많았어도 귀화할 필요가 없었겠지만, 아들 때문에 일본인이 되었습니다. 하지만 생각보다 큰 차이는 없습니다. 보다 글로벌한 사회가 되었고, 한국에서 외국인 선수로서 일본에 오는 그런 시대에, 지금의 재일코리안 아이들에게 우리 어머니가 한 것과 같은 교육을 하는 사람들은 거의 없겠죠. 그런 시대가 아니니까요. 하지만 그 속에서 재일코리안의 뿌리만큼은, 자기 부모의 뿌리만큼은 공부해두면 좋겠어요. 아들에게도 그렇게 가르치고 있습니다. 당당하지 않아도 좋고 나처럼 굳이 먼저 밝히지 않아도 된다. 하지만 숨길 필요도 없고, 누가 재일코리안인지 물어보면, 네 맞습니다, 하고 답할 수 있어야 한다고 생각하면 좋겠어요.

한유 결과적으로 실현된 것이긴 합니다만, 고시엔에 나가고 싶다는 강렬한 바람이 나 자신을 단련시키고 성장시켜 주었습니다.

한국인들은 씩씩하게 살아갑니다. 일본 기업들은 경영자들도 샐러리맨에 가깝고 오너 중심의 기업은 많지 않지요. 하지만 한국의 기업은 오너가 주축이 되어 왕성하게 진격하고 있어요. 이렇게 되어야겠다, 하는 강렬한 바람이 떠받치고 있지 않습니까. 최근에 캄보디아에 다녀왔는데, 해외에 나가면 그러한 것들을 금방 느낍니다. 특히 젊은 사람들은 야구 말고 다른 거라도 좋으니까, '이렇게 되고 싶다' 하는 목표를 찾아 열심히 해 주시기를 바랍니다.

(이 대담은 2011년에 진행되었다. — 저자 주)

◇

TV에서 보던 이미지 그대로 유머가 넘치고 달변가인 가네무라 요시아키. 경영인다운 냉철한 말투를 지닌 한유. 두 사람의 개성은 대조적이지만 30년 전 여름 함께 싸운 동료로 맺어진 인연은 여전히 변함없었다. 그리고 1981년 여름 재일코리안 야구 꿈나무들의 활약은, 젊은 세대 재일코리안에게도 적지 않은 영향을 미쳤다.

1999년 여름 고시엔대회에서 준우승을 거둔 오카야마岡山 이과대학 부속고등학교의 내야수 하태호河泰浩, 1988년 여름 고시엔대회에 출전한 마쓰야마쇼교松山商業 고등학교의 외야수 김윤희金潤熙, 1993년 봄 고시엔대회에 출전한 기타사가北嵯峨 고등학교의 투수 김진일金進一, 1998년 여름 고시엔대회에 출전한 오미近江 고등학교의 투수 문정언文政彦, 2008년 봄과 2009년 여름 고시엔대회에 출전한 쓰루가케히敦賀氣比 고등학교의 내야수 이개李開, 2011년 봄 고시엔대회에 출전한 고쿠가쿠인구가야마國學院久我山 고등학교의 이복건李福健, 같은 해 봄 대회와 여름 대회에 연속으로 출전한 하치노헤가쿠인고세八戶學院光星 고등학교 이기성李基成 등, 고시엔대회에 출전한 재일코리안 야구 꿈나무 중에서도 물론 극히 일부이긴 하지만 본명으로 출전한 학생들을 볼 수 있게 되었고, 지방 대회에서도 본명으로 출전하는 선수들을 자주 볼 수 있다.

한반도에 뿌리를 둔 야구인의 삶의 방식도 시대와 함께 변화하고 있지만, 그 과정 하나하나에 역사의 무게가 담겨 있다.

1981년 여름 고시엔대회의 호토쿠가쿠엔과 교토쇼교의 경기 기록

◇ 호토쿠가쿠엔

〈효고 대회〉

2차전 도반고교東播工業 : 4-0

3차전 데이와出岩 : 6-0

4차전 다카라즈카니시寶塚西 : 1-0

5차전 고토가오카琴丘 : 5-0

준준결승 다키카와滝川 : 5-4(연장 12회)

준결승 이치카와市川 : 3-0

결승 도요대학 히메지東洋大姬路 : 5-1

〈전국대회〉

1차전 모리오카고교盛岡工業 : 9-0

2차전 요코하마橫浜 : 4-1

3차전 와세다실업早稻田實業 : 5-4 (연장 10회)

준준결승 이마바리니시今治西 : 3-1

준결승 나고야덴키名古屋電氣 : 3-1

◇ 교토쇼교

〈교토 대회〉

2차전 후시미고교伏見工業 : 13-0

3차전 고요向陽 : 4-0

준준결승 오타니大谷 : 8-2

준결승 라쿠세이洛星 : 8-2

결승 히가시야마東山 : 4-3(연장 10회)

〈전국대회〉

2회전 마에바시고교前橋工業 : 5-4

3회전 우쓰노미야가쿠엔宇都宮學院 : 1-0(연장 11회)

준준결승 와카야마고교和歌山工業 : 2-0

준결승 진제鎮西 : 1-0

결승전

교토쇼교	000000000	0
호토쿠가쿠엔	00000011×	2

전전과 전후를 가로질러 달려온 전설의 야구인들

인삼밭을 팔아 와세다 대학에 들어간 강타자 김영조

수백 수천 번 타석에 선 프로야구 타자라도 그 첫 타석은 긴장감과 함께 강렬한 기억으로 남을 것이다. 일본 프로야구에서 외국인 선수까지 포함하여 데뷔 첫 타석에서 홈런을 친 선수는 2022년 현재 고마다 노리히로駒田德廣(전 요미우리 자이언츠) 등 67명이다. 이 기록을 최초로 달성한 선수는 전전戰前에 일시적으로 존재했던 아사히군朝日軍이라는 팀의 가네미쓰 아키오金光彬夫다. 전시 중인 1944년 4월 22일의 일이다. 가네미쓰의 상대는 요미우리 자이언츠의 후지모토 히데오藤本英雄였다.

가네미쓰 아키오의 본명은 김영조金永祚. 1923년 전라북도 진안군에서 인삼 재배를 하던 부농의 자식으로 태어났다. 일본의 식민지 지배하에 있던 시기, 와세다 대학 등 일본의 명문대에 들어가는 것은 조선에서도 커다란 명예였다. 김영조의 부모는 외동아들을 와세다 대학에 보내기 위해 인삼밭을 팔고 그 돈으로 대학 정문에 가까운 와세다쓰루마키초早稲田鶴巻町로 이주하여 조선요리 식당을 차렸다.

소년 시절 김영조는 당시 와세다 대학 구내에 있던 야구부 연습장소인 도쓰카戸塚 구장에 다니면서 야구에 빠지게 되었다. 그는 와세다 대학에서 야구를 하겠다는 일념으로 공부와 야구 양쪽에 모두 최선을 다했다.

김영조는 신주쿠 서쪽 하타가야幡ヶ谷의 데이쿄쇼교帝京商業(현 데이쿄대 부속고등학교)에 진학했다. 당시 야구에 힘을 쏟고 있던 학교였다. 야구부 감독은 훗날 주니치 드래건즈의 감독이 되고 주니치의 첫 우승을 달성한 아마치 슌이치天知俊一였다. 아마치는 김영조의 야구 인생에서 최초의 은사였다. 1년 후배로는 일본의 '원조 포크볼 투수'[5]로 불리는 스기시타 시게루杉下茂가 있었다. 스기시타는 김영조의 부모가 운영하는 식당에도 자주 밥을 먹으러 오곤 했었다. 스기시타는 당시를 이렇게 회상했다.

"식당에 갔을 때 맛본 그 매운 맛은 지금도 잊히지 않아요. 몸이 약한 나를 생각하여 '먹어라, 먹어라' 하시니까 매워도 멈출 수가 없었지요. 추운 겨울에 땀을 뻘뻘 흘리면서 먹었던 일을 기억해요."

데이쿄쇼교의 포수나 내야수로 활약한 김영조는 재학 중이던 1939년과 1941년 여름에 열린 도쿄대회에서 두 차례 우승했지만,

---

5 포크볼은 일직선으로 곧게 가다가 갑자기 타자 앞 홈 플레이트에서 급격히 떨어지는 구종이다.

두 번 모두 고시엔까지는 가지 못했다. 1939년은 선수 자격 문제가 제기되었고, 1941년은 전시체제로 인해서였다.

김영조는 1943년 와세다 대학 전문부 법과에 합격하여 동경하던 사각모자를 쓰고 염원하던 야구부에 들어갈 수 있었다. 동급생으로는 모교 와세다 대학이나 아마추어 일본대표팀 감독을 맡은 이시이 도키치로石井藤吉郎가 있었다.

하지만 김영조가 와세다 대학에 들어간 해에 도쿄6대학야구연맹은 군부의 압력으로 해산되었다. 때문에 공식전은 치르지 못했지만 야구부 고문으로 '학생 야구의 아버지'라 불리던 도비타 다다요리飛田忠順(필명은 도비타 스이슈飛田穂洲)는 선수들을 철저하게 훈련시켰다. 김영조는 도비타의 이른바 '정신 야구'의 영향을 강하게 받았다.

그해 가을, 이공계를 제외하고 학생에 대한 징병 유예가 폐지되어 학생들도 전장으로 내몰리게 되었다. 10월 16일 '전쟁터로 향하는 이들을 위한 전별'의 뜻으로 출진 학도 격려 와세다-게이오慶應義塾 전, 이른바 '최후의 와세다-게이오 전'이 도쓰카 구장에서 열렸고, 김영조도 1학년생으로 벤치에 앉아 있었다. 이 경기가 끝나고 김영조는 징병을 피하기 위해 와세다 대학을 일단 그만두고 오사카의 섬유 도매상인 다무라 고마지로田村駒治郎가 운영하는 군수공장에서 일했다.

다무라가 오너로 있던 팀이 바로 아사히군이었다. 당시 프로야구는 '일본야구보국회'라는 이름을 내걸고 있었으며, 선수는 평일에는 군수공장에서 일하고 주말에만 경기를 치렀다. 김영조가 첫 타석을 홈런으로 장식한 것은 바로 그런 시대였다. 전쟁으로 멤버를 모으지 못해서 한 팀당 14~17명의 인원으로 경기를 치렀으나 점차 그마저도 모으지 못해 프로야구는 중단될 수밖에 없었다.

도쿄에도 공습이 격화되어 김영조 일가는 한반도로 돌아가기로 결정했다. 인삼밭을 팔고 일가 모두 이주하여 김영조를 와세다대에 보냈지만 중도에 귀국할 수밖에 없었던 그들의 실망은 이만저만이 아니었다.

해방 후 김영조는 1950년대까지는 한국을 대표하는 강견강타强堅強打의 포수로 활약했고, 은퇴 후에는 농협이나 한국대표팀 감독 등을 맡으면서 보스 같은 존재로서 한국 야구 발전에 공헌했다. 1950년대 중반, 주니치 드래건즈의 감독이던 아마치 슌이치는 에이스이자 애제자인 스기시타 시게루에게서 김영조가 현역으로 야구를 계속하고 있다는 말을 듣고는 "그럼 어떻게 밀항이라도 해볼 수 없을까. 그 녀석이라면 클린업Clean-up[6]을 칠 수 있을 텐데." 라고 말했다고 한다. 밀항은 반농담이지만 그만큼 그의 실력을 평가하고 있었던 것이다.

스기시타는 김영조에게 캐처미트(포수 글러브)를 주는 등 교유를 전후에도 이어 갔다. 또한 김영조는 와세다 대학 동기인 이시이 도키치로나 당시 '천황'이라고까지 불린 고교야구계의 절대적 존재였던 선배 사에키 다쓰오佐伯達夫와도 교유가 두터워 이들과 교

6 4번 타자를 가리키는 말. 한편 일본식 용어로 우리나라에서도 그대로 사용되는 것이 '클린업 트리오'이다. 누상에 있는 주자들을 모두 깨끗이 불러들인다는 뜻으로서 3, 4, 5번의 팀 내 중심 타자를 가리키는 말로 쓰이지만, 보통 클린업은 미국에서 4번 타자에게만 사용되는 용어이다.

◆

1971년 9월 서울에서 열린 제9회 아시아야구선수권대회 도중 연패의 충격으로 병원에 입원한 김영조 감독을 찾아온 선수들이 우승 트로피와 최우수감독 트로피를 전달하는 장면류하며 한국과 일본의 가교 역할을 했다. 1981년 58세로 세상을 떠나기까지, 무슨 일이 있을 때마다 와세다 대학 교가를 부를 정도로 김영조에게 와세다에 대한 추억은 생애 내내 강렬했다.

일본 프로야구 최초의 한반도 출신 선수

김영조가 소년 시절에 열렬히 응원하던 동포 선수가 있었다. 1933년 8월 메이지진구明治神宮 구장에서 열린 사회인야구 여름 제전인 도시대항 야구대회에 경성 대표팀의 투수이자 외야수로 출전한 이영민李榮敏이다.

이 대회에서 '조선의 베이브 루스'라고 불린 이영민의 전방위적인 활약으로 경성 대표팀은 준우승을 했다. 다음 해인 1934년 베이브 루스, 루게릭 등 쟁쟁한 멤버를 갖춘 전미全美 선발팀이 방일했을 때, 조선인으로는 한 명만이 일본대표팀에 선발되었다. 하지만 이때의 일본대표팀을 출발점으로 하여 결성된 요미우리 자이언츠의 전신 대일본도쿄야구구락부에는 들어가지 못하고, 프로야구에도 입단하지 않았다. 이영민은 축구선수로도 알려져 있는데, 당시 조선축구협회(현 대한축구협회) 이사를 맡고 있어 자유롭게 조선을 떠날 수 없는 상황이었다. 뿐만 아니라, 이영민이 근무하고 있던 식산은행은 일본의 국책회사였지만 대우가 좋아서 위험을 감내하면서까지 기반이 불안정한 프로야구에 들어갈 필요는 없었다.

최초의 조선인 프로야구 선수는 1938년 오사카 타이거즈에 입단한 박현명朴賢明이다. 1913년 평양 근교에서 태어난 박현명은 평양고보 시절부터 강한 어깨로 주목받던 투수였고, 경성 체신국에서 뛰고 있던 1938년 여름에는 경성 대표 멤버로 도시대항 야구대회에 출전했다. 그리고 그해 10월에 오사카 타이거즈에 입단한다. 거구였던 박현명은 '6척'(약 182센티미터)이라는 별명으로 불렸다. 하지만 동계 연습의 배팅볼 투수로서 혹사한 탓에 어깨를 다쳐서 제대로 실력을 발휘하지 못하고 그다음 해 팀을 나가게 된다.

퇴단 후에는 평양의 이스즈자동차 소속으로 야구를 계속했지만 해방 후 소식은 분명치 않다. 동생인 박현식은 1950년대 한국을 대표하는 홈런 타자이다. 박현식은 1990년 베이징에서 개최된 아시안게임 등 북한 측과 접촉할 기회가 있을 때마다 형의 소식을 물었으나, 답을 듣지 못한 채 2005년 세상을 떠났다.

해방 후 한국 야구의 리더 중에는 전쟁 전 일본 명문학교의 중심 멤버로 활약한 사람이 많다. 김영조 이외에도 교토쇼교 출신의 강대중姜大中, 헤이안平安 중학교(현 류코쿠대龍谷大 헤이안 중학교) 출신의 박점도朴点道, 요코하마쇼교 출신 최인철崔寅哲 등이 대표적 인물이다.

강대중은 봄과 여름 대회를 합쳐 세 번이나 고시엔대회에 출전했으며, 특히 1940년 선발대회에서는 준우승을 했다. 해방 후에도 한국을 대표하는 명내야수로 활약했지만 그 명성은 오히려 인재 육성 분야에서 널리 알려졌다. 감독으로서 한국 프로야구 최다인 통산 1,476승을 달성하고 2005년 시드니올림픽에서 한국을 동메달로 이끈 김응룡金應龍, 2006년 제1회 월드베이스볼 클래식 4강과 2009년 제2회 준우승을 이루어 낸 명장 김인식金寅植은 모두 강대중 밑에서 뛴 선수들이다.

◆
김응룡과 김인식의 스승이던 강대중

박점도는 3학년 때인 1934년에 교토쇼교의 사와무라 에이지澤村榮治 감독으로부터 고시엔대회 출전을 거절당했으나, 4학년과 5학년 때는 봄과 여름 고시엔대회에 출전했다. 1963년 제5회 아시아야구 선수권대회에서는 한국대표 감독을 맡아서 사상 최초로 일본전 승리와 아시아 제패를 달성하게 된다.

최인철은 요코하마쇼교의 주장으로 1938년 선발대회에 출전했다. 1992년에는 대한야구협회 회장을 맡는 등 야구 행정의 중심적 존재로 활약했으며, 일본의 아마추어야구 리더인 야마모토 에이치山本英一나 사에키 다쓰오와도 친분이 있었다.

전설적인 기록을 남긴 남자들

한편 재일코리안 중에는 식민지 시기부터 활동하다가 해방 후에도 일본의 프로야구에서 활약한 선수들이 적지 않다.

김영조에게 데뷔 첫 타석 홈런을 내준 후지모토 히데오(이후의 나카가미 히데오)는 부산 출신으로 민족명은 이팔용李八龍이다. 후지모토는 1944년 요미우리 자이언츠의 전신인 도쿄 교진군巨人軍의 감독 겸 에이스로 3번 타자에 나섰고, 1950년에는 일본 프로야구사상 최초의 퍼펙트게임을 달성했다. 일본에서 최초로 슬라이더[7]를 던진 이가 바로 후지모토였다고도 알려져 있다. 후지모토가

7 투구의 구종 중 하나로, 공이 거의 일직선으로 날아가다가 미끄러지듯 휘어지는 형태의 구종.

1955년에 은퇴하기까지 투수로서 거둔 통산 성적은 200승 87패, 승률은 6할 9푼 7리로, 그는 2,000이닝 이상 소화한 투수 가운데 최고 승률을 기록했다.

은퇴 후 대한야구협회는 후지모토의 방한을 몇 차례 요청했으나, 후지모토는 일본 국적을 취득한 상태였고 '귀화한 자는 민족의 배신자로 취급되며 죽임을 당한다'는 소문이 떠돌아 계속해서 방한을 거절했다. 하지만 1968년 드디어 방한했을 때, 그의 예상과는 달리 대환영을 받았다. 그는 서울, 부산, 대전, 대구 등에서 야구교실을 열고 한국 야구계에 커다란 영향을 끼쳤다.

조국에서 연일 환대를 받은 후지모토는 "이렇게 환대받을 줄 알았다면 좀 더 빨리 올걸 그랬다."며 눈물을 흘렸다고 한다.

해방 전후 시기에 활약한 타자 중에는 가네다 마사야스金田正泰와 가나야마 지로金山次郎도 유명하다. 헤이안 중학교 시절인 1942년 한신에 들어간 가네다는 '다이너마이트 타선'[8]의 1번 타자로 활약한 후, 1972년부터 1974년까지 한신 감독을 역임했다. 참고로 1951년 기록한 시즌 18개의 3루타는 지금껏 깨지지 않는 일본 프로야구 기록이다.

한편, 기타규슈北九州시 모지門司구의 호고쿠쇼교豊國商業(현 호고쿠가쿠엔)에서 1943년에 나고야(현 주니치 드래건즈)로 입단한 가나야마는 35경기밖에 치르지 않았던 1944년, 겨우 3개의 홈런으로 홈런왕이 된다. 재주가 뛰어났던 가나야마는 전후에 진가를 발휘

---

8 한신 타이거즈의 강력 타선을 가리키는 애칭.

◆

김영조에게 데뷔 첫 타석 홈런을 내주었지만,

그 후 일본 프로야구 최초의 퍼펙트 게임을 달성한 후지모토 히데오(이팔용)

하여 1950년, 1952년, 1953년 세 번 도루왕에 올랐다. 특히 1950년의 74도루는, 1983년 요미우리 자이언츠의 마쓰모토 다다시松本匡史 이전까지의 센트럴리그 기록이며, 1955년에는 사상 최초로 400도루를 기록하였다. 이밖에도 많은 재일코리안 선수가 뛰었으나 대부분 일본식 이름이었기 때문에 그 실태는 충분히 파악되지 않고 있다.

재일코리안임이 확실한 이들 세 명의 공통점은 대단한 기록과 실적을 남겼다는 점이다. 그들에게 야구는 살아가는 수단이자 존재의 증거였다. 차별과 편견이 있는 일본 사회에서 살아가는 데는 실적과 그것을 뒷받침할 기록이 곧 힘이었다. 거기에서 바로 재일코리안 특유의 프로의식이 싹텄다. 그리고 그 정신은 가네다 마사이치金田正一(민족명: 김경홍)나 하리모토 이사오(민족명: 장훈)와 같은 2세 선수들에게 계승되었다.

일본 프로야구 통산 최다승 기록을 보유한 가네다의 400승과 4,490개의 탈삼진은 앞으로도 깨지기 어려울 불멸의 기록일 것이다. 특필할 점은, 그중 353승은 약팀이던 국철(현 도쿄 야쿠르트) 시절에 기록했다는 사실이다. 투수로 등판하며 타석에 섰을 때 그가 때린 홈런 36개는 역대 1위의 기록이다(그 밖에도 대타로 나와 홈런 두 개를 친 기록이 있다). 스스로 타점을 올리고 삼진을 뺏으며 쌓아 올린 승리였다.

최근 히로시마 출신 피폭자로서 자신의 피폭 체험을 이야기하기 시작한 하리모토 이사오의 통산 3,085안타도, 미일美日 통산으로는 이치로에 의해 깨졌지만 일본 프로야구사에서 여전히 빛나는 기록이다. 뿐만 아니라 홈런이 역대 7위인 504회라는 점은 '안타

제조기'라는 그의 별명과 함께 특별히 기록해 둘 필요가 있다.

하리모토는 한국에서도 선망의 대상으로 많은 야구 꿈나무들이 그의 등번호인 10번을 붙이고 싶어 했다. 그 결정적 계기는 여름 고시엔대회에 나가지 못한 재일코리안 학생 야구선수들을 모아 결성된 재일교포학생야구단의 조국 방문 경기였다. 나니와쇼교浪華商業(현 다이타이다이나미쇼大體大浪商) 고등학교 3학년 때 일어난 폭력 사건의 책임을 혼자 짊어진 탓에 대회 출전이 좌절된 하리모토는, 1958년 여름에 학생야구단의 일원으로 조국의 땅을 밟고 '타격왕 장훈'으로 한국인들에게 강렬한 인상을 남겼다.

이 재일교포학생야구단의 조국 방문이 시작된 것은 1956년의 일로, 그것은 한국 야구에서 일대 사건이라 할 만했다.

탄생!
재일교포학생야구단

1956년 8월 8일자 『한국일보』는 「공전의 구연球宴 드디어 개막」이라는 제목으로, 한국 야구에 커다란 전환점이 될 재일교포학생야구단의 조국 방문 경기의 개막을 보도했다.

일본의 식민지 지배로부터 해방된 후 3년간의 미군정기와 한국전쟁을 거쳐 체결된 한미상호방위조약 등의 영향을 받아 한국 야구는 주한미군, 이른바 미8군이 주도하고 있었다. 그들과의 교류 경기인 '8군 리그'를 통해 한국 야구는 미국 야구의 영향을 강하게 받게 되었으나, 당시 야구는 군인이 여가로 하는 스포츠였던 만큼, 그저 거침없이 치고 던지기만 하는 힘 중심의 야구였다. 거기에 일본식의 섬세한 야구를 도입한 것이 바로 여름 고시엔대회에 출전하지 못한 고등학생을 모아 결성한 재일교포학생야구단이었다. 1954년 한국은행 전 부총재인 장기영張基榮은 『한국일보』를 창간했다. 그 후 한국의 정계, 재계, 스포츠계의 실력자가 되는 장기영이 모델로 삼은 것은 개인적으로도 친분이 있었던 '요미우리신문 중흥의 아버지' 쇼리키 마쓰타로正力松太郎였다. 쇼리키는 베이브 루스가 이끄는 미국 대표 선발팀을 초대하는 식의 이벤트로 『요미우리신문』의 지명도를 높여 갔다.

당시 한국일보사로서는 외국 야구팀을 초청한다면 일본, 그것도 고교야구 팀이어야 했다. 그보다 앞서 조선일보사와 동아일보사가 주최하고 있던 고교야구 전국대회는 꽤 인기가 있었다. 더욱이 식민지 시기에는 일본의 야구팀이 조선에서 경기를 하는 일이 많았다. 오락거리가 적은 시대였던 만큼, 일본 야구의 묘기는 많은 조선의 팬들을 매료시켰다. 일본에 대한 감정과는 별개로, 한 번 더 일본 야구를 보고 싶어 하는 사람도 적지 않았다.

하지만 한국의 초대 대통령 이승만은 철저한 반일주의자였기에 일본 팀의 방한은 불가능했다. 그래서 선택된 것이 재일코리안이었다. 당시 한국일보 체육부 기자로 재일교포학생야구단의 조국 방문 경기에 오랫동안 관여해 온 조동표趙東彪는 "일본 야구의 묘미를 보여 주고자 한다면 재일교포들이 적합했죠. 그들의 수준이 높기도 했고요. 그래서 시작한 것입니다." 하고 말한다.

이렇게 재일코리안으로 구성된 야구단을 한국에 초청하기로 했지만 어떻게 선수를 모을 것인가, 애초에 일본과 한국의 국교가 없는데 한국에 갈 수는 있을까 등등 재일코리안 측은 대응에 고심했다. 제1회인 1956년에는 야구를 하는 고등학생 선수를 모을 수 없어서 일단 야구를 그만둔 사람이나 대학생 선수까지 포함하여 멤버를 구성했다.

중심 선수가 된 최대길崔大吉은 도토東都 대학야구[9]의 2부리그에 소속되어 있던 메이지가쿠인 대학 2학년의 주전 포수였다. 최대길은 이렇게 말했다.

"야구부 후배 중에 오두수吳杜洙라는 친구가, '선배! 가지 않겠습니까?' 하며 권유했습니다. 일본식 이름을 쓰고 있었지만 한국인이라고 바로 알 수 있었던 모양이지요." 최대길을 설득한 오두수는 조후調布시에 살고 있었다. 조후시에는 다마가와多摩川의 자갈 채굴을 생업으로 하는 재일코리안이 많이 살고 있었고, 하천변에서 '동네 야구'를 즐기곤 했다. 제1회 조국 방문 멤버 중에는 이렇게 동네 야구를 하던 멤버가 예닐곱 명 있었다.

에이스였던 진태완陳泰完은 '4회전 보이' 권투선수였고,[10] 감독 이수진李壽鎭은 와세다 대학 출신이었다. 야구단의 유니폼도 흰 바탕에 자주색 로고가 박힌 와세다의 상징색과 같았지만 이수진 자신은 사실 축구선수였다. 이처럼 첫 재일교포학생야구단은 최대길 등 현역 선수에 동네 야구 수준의 선수를 더하여 급조된 멤버들로 구성되었다.

"처음이었으니까요. 제대로 야구를 하고 있는 녀석들은 무섭다며 참가하지 않았어요." 하고 회고하는 최대길 자신도 대학팀 감독에게는 "징병제도가 있는 국가이니까 재일한국인에게도 통지가

---

9 도쿄 지역 대학 간 야구 리그로 1925년 고쿠가쿠인대國學院大, 센슈대專修大, 니혼대日本大, 도쿄상대, 도요대東洋大, 슈쿄대宗教大(현 다이쇼대大正大)에 의해 결성되었으며 현재 21개의 대학이 도쿄대학야구연맹에 가입되어 있다.

10 4회전 보이란 A급, B급, C급의 라이선스가 있는 권투에서 4회전(4라운드)까지의 시합밖에 출전할 수 없는 C급 라이선스를 가진 아마추어 선수를 말한다.

◆

1957년, 이승만 대통령과 재일학생야구단

왔습니다. 1개월만 있다가 돌아오겠습니다." 하고 거짓말로 둘러댄 뒤 선수단에 참가했다.

선수들은 도쿄에 모였으나 2주 정도 발이 묶였다. 아직 한일 국교가 정상화되지 않은 때였으니 선수들의 재입국 허가가 좀처럼 떨어지지 않았던 것이다. 최대길은 "자세한 것은 듣지 못했지만 내가 원인이었을지도 모릅니다."라고 회고한다.

사실 최대길 일가는 모두 조선적朝鮮籍이었다.[11] 최대길은 모국 방문이 끝난 후 가장 가까운 민단 시나가와品川 지부에 가서 한국 국적으로 변경했지만 이 원정 당시에는 시간이 없어서 1회만 유효한 임시 여권으로 도항했다. 그런데 이 수속이 지연되고 있었다.

한국으로 출발할 날이 지연되는 사이, 선수들은 백네트도 없는 다마가와의 하천변 공터에서 연습을 이어 갔다. 그러는 사이 재입국 허가가 떨어졌고, 선수단은 8월 4일 기차를 타고 모지항까지 간 후 거기에서 대한해운공사(현 한진해운)의 화객선을 타고 부산을 향해 떠났다.

다음 날 아침, 뱃멀미로 괴로워하며 부산의 방파제를 바라보던 선수들은 눈을 동그랗게 떴다. 며칠 전까지 들판에서 공을 쫓던 선수들을 학생 고적대가 성대하게 맞아 주며 꽃다발을 안긴 것이다. 그들은 부산역까지 지프에 올라타 퍼레이드를 했다. 게다가 부산역에서는 '환영 재일교포학생야구단'이라 쓰인 현수막을 내건 전

---

11 1945년 8월 15일 이후에도 계속해서 일본에 거주하고 있던 조선인 및 그 자손이 1947년 이후 일본의 외국인등록제도의 대상이 됨으로써, 대한민국을 비롯한 어떤 국적도 확인되지 않는 자가 등록하게 된 적籍을 말한다.

용 차량을 타고 서울까지 갔다.

대구, 대전 등 주요한 역에 도착할 때마다 악대가 환영해 주었고, 서울에 도착하자 또다시 시내 카퍼레이드를 했다. 당시 대한체육회 회장이던 이기붕李起鵬의 사저를 방문하기도 했고 최대길 등 선수단 일행의 대표가 라디오 방송에 출연하기도 했다. 그들은 그야말로 VIP 대우를 받았다.

그러나 한편으로는 한국전쟁 휴전으로부터 아직 3년밖에 지나지 않은 시점이었다. 탄흔이 생생한 서울의 거리에서 최대길 일행은 전후의 빈곤을 목도하기도 했다. 최대길은 "노점에서 사과 껍질을 벗겨서 파는데 아이들이 껍질이라도 먹으려고 노인이 껍질 벗기기만을 기다리고 있더군요." 하고 회상한다. 당시 한국은 굶어죽는 사람이 나올 정도로 식량난에 허덕이고 있었다.

다시 야구 이야기로 돌아와 보면, 8월 7일에 열린 첫 시합에서 경기고를 상대로 6대 1로 대승한 재일교포학생야구단은 9승 3패라는 압도적인 우위 속에 대회를 마무리했다. 에이스인 진태완은 정식으로 야구 훈련을 받지 않은 풋내기였지만 복서였던 만큼 팔의 움직임이 좋고, 공이 빠르며 묵직했다. 게다가 포수 최대길은 메이지가쿠인대의 중심 선수였다. 이렇게 배터리[12]가 확실했던 데다가 야수들도 커버 플레이[13]나 중계 플레이[14]를 어느 정도 이해하고 있어서 한국의 선수들을 놀라게 했다. 당시 한국의 고교야구는 1루로 폭투하면 커버가 없어서 주자는 그대로 홈인할 수 있을 정

12 야구에서 투수와 포수를 함께 묶어 이르는 말.

도의 수준이었다.

그러한 와중에도 부산의 경남고만은 재일코리안 팀에게 2승을 거두었다. 경남고 감독인 고광적高光籍은 전전 도쿄의 게이오쇼교京王商業(현 센슈대 부속고등학교)에 유학하여 여름 도쿄대회에서 준우승을 한 적도 있었다. 해방 직전 한국으로 돌아와 한국 고교야구계의 명지도자가 된 인물로 알려져 있었다. 재일교포학생야구단에 연승한 경남고의 내야수 김희련金熺璉은 당시를 이렇게 회고했다.

"당시의 재일교포라고 하면 최대길이라는 포수가 기억에 남아 있습니다. 파이팅이 넘치고 송구도 빨랐어요. 하지만 우리 감독님도 일본 스타일을 배워 오신 분이라 기술적으로는 뒤지지 않았어요. (…) 재일교포가 와서 우리나라의 야구가 한 단계 상승한 것은 사실입니다. 슬라이딩이나 베이스러닝 등에서 배울 점이 많았어요."

또한 재일코리안 선수들은 배트, 볼, 글러브 같은 야구 용구를 한국에 기증하기도 했다. 그때까지 미국인용으로 만들어진 무거운 배트를 휘두르던 한국의 야구선수들은 재일교포학생야구단에 의해 자신들의 몸에 맞는 야구 용구를 가질 수 있었다.

제1회 조국 방문 경기에 참가한 일에 대해 최대길은 힘주어 말했다. "그 경험은 나의 재산입니다."

---

13 다른 포지션의 선수가 비어 있는 누에 들어가서 포구하는 것.

14 외야수가 홈이나 각 누로 바로 공을 던지지 않고, 중간에 있는 다른 수비수를 거쳐 송구하는 것.

분단된 조국에서 고뇌한 명외야수 배수찬

최대길은 이듬해에 열린 제2회 조국 방문 경기에는 코치로 참가했다. 제2회 조국 방문 경기에서도 재일코리안 팀은 13승 2무라는 압도적인 우세를 보여 주었다. 그중에서도 경이로운 활약을 한 선수가 있었는데, 11경기에 등판하여 낙차 큰 커브로 조국의 타선을 꽁꽁 묶은 에바라荏原 고등학교(현 일본체대 에바라)의 배수찬裵壽讚이었다. 배수찬은 49세의 젊은 나이에 세상을 떠났다. 최대길은 그를 회상하며 쓸쓸하게 말했다. "친구를 먼저 보내고는 망연자실할 때가 있는데, 그게 바로 배수찬이었어요. 나를 '형님'이나 '선배'라고 불렀고 유머도 있는 녀석이었지요."

에바라고에는 다이요大洋(현 요코하마 DeNA 베이스터즈)에 들어간 고다 마사루幸田優가 있었기 때문에 배수찬은 주로 외야수로 항상 클린업 트리오의 한 축을 맡고 있었다. 에바라고는 당시 와세다실업고, 메이지대학메이지고 등과 함께 도쿄에서는 매년 우승 후보로 거론되는 강호였지만 배수찬은 고시엔대회에 출전하지 못했다. 마지막 여름 도쿄대회에서도 준준결승에서 메이지대학메이지고와의 연장전 끝에 패배했다. 즉 고시엔대회에 출전하지 못했기 때문에 조국을 방문하게 된 것이다.

프로 구단에 들어갈 수 없었던 배수찬은 당시 대기업이 재일코리안에게는 문을 굳게 닫아 두었기 때문에 중소기업에 들어가 동호인 야구 정도의 수준에서 계속 뛸 수밖에 없었다. 그리고 1960년, 이번에는 고교를 졸업한 야구선수를 모은 재일교포 성인야구단 멤버로 방한한 것을 계기로 한국의 실업팀인 교통부 야구단에 들어가게 된다.

배수찬은 한 해 전에 열린 제3회 아시아 야구 선수권대회에서 한국대표로 선발되었으며, 1962년 제4회, 1963년 제5회에도 연속 국가대표로 선발되며 1960년대 한국 야구를 상징하는 명외야수로 알려졌다. 그의 정확한 타격은 정평이 나 있었다. 1960년대 초 한국에 영주 귀국하여 1962년부터는 기업은행에서 뛰었다. 기업은행 시절 배수찬의 동료였던 경남고 출신의 김희련은 "배수찬은 외향적이고 한국어도 능통했다."고 회상했다.

1960년대 한국의 대표팀이나 실업팀에서는 많은 재일코리안이 뛰고 있었다. 재일 2세 중에서 드물게 한국어가 뛰어났던 배수찬은 한국에서 자란 선수와 일본에서 자란 선수 사이의 통역을 맡기도 했다. 또한 한국대표팀은 도쿄에서 경기를 할 때마다 배수찬의 소개로 에바라고의 운동장에서 연습을 하기도 했다. 그만큼 에바라고에 있어서도 배수찬은 친근한 존재였다.

그러한 배수찬에게도 다른 사람들에게 좀처럼 말할 수 없는 괴로움이 있었다. 부모가 비교적 초기에 '귀국선'을 타고 북한으로 건너간 것이다. 주변 사람들의 이야기를 종합하면 여동생이 총련 간부와 결혼하여 그 관계로 북한에 가게 되었다고 한다. 본인은 한국에서 야구를 하고 있는데, 부모가 한국과 격하게 대립하고 있는 북한에 가 버렸다는 사정 때문에 배수찬의 마음속 고통은 짐작할 수도 없을 만큼 컸을 것이다.

하지만 한국 사회의 실력자이기도 했던 한국일보사 사장 장기영으로부터 "너는 야구만 열심히 하면 된다."라는 격려를 받으며 한국에서도 특별한 지장 없이 생활할 수 있었다. 다만 부모가 북한에 있다는 사실을 한국에서 결혼한 부인에게도 오랫동안 말할 수 없었던 듯하다.

한국에서는 특별히 문제없이 생활할 수 있었다고는 해도, 군사정권 시대에 북한으로 간 부모를 둔 배수찬은 항상 감시 대상이었다. 박정희 대통령을 암살하기 위해 북한의 공작원이 청와대 근처까지 침입한 이른바 '1·21 사태', 체포된 공작원의 이름을 따서 '김신조 사건'이라 불리며 전국을 떠들썩하게 한 사건이 일어난 1968년, 배수찬은 술자리에서 무심코 정부에 비판적인 발언을 했다는 이유로 당국에 의해 감금되었다. 그리고 한강 북측 강변에 있던 군의 보안사령부인 서빙고 대공분실로 끌려갔다. 그곳은 남산에 있던 KCIA(한국중앙정보부)와 함께 혹독한 고문으로 유명한 곳이었다.

배수찬은 그곳에서 반죽음에 이를 정도의 고문을 받았다. 배수찬으로서는 고문에 의한 몸의 상처도 컸겠지만 마음의 상치가 훨씬 컸을 것이다. 당시 대한야구협회 회장이 정계의 실력자 김종필의 형인 김종락이 아니었다면, 훨씬 심각한 상태가 되었을 것이다.

북한에서는 야구를 거의 하지 않았다. 재일코리안들은 취직 차별 같은 문제로 일본에서 제대로 된 활동 기회를 얻을 수 없었다. 야구를 하고 싶다면 선택지는 한국뿐이었다. 한국 야구계 간부들은 일본의 발전된 야구 기술을 도입하기 위해서도 재일코리안 선수를 적극적으로 받아들였다. 1960년대 재일 사회에서는 아직 조선적 쪽이 많았다. 일가가 총련 활동에 깊이 관여하고 있다 해도 본인이 우수한 야구선수라면, 김종락의 지시로 조선적에서 한국 국적으로 비교적 용이하게 국적을 변경할 수 있었다. 그러나 야구를 하기 위해 혼자서 국적을 바꾸는 것은 가족 안에 38선을 만드는 일이기도 했다.

십몇 년 전, 나는 예전 한국대표로 활약한 적 있는 한 재일코리안에게 취재를 요청했다가 "한국에 관한 좋은 추억이 하나도 없다."라는 말과 함께 거절당한 적이 있다. 주변에 여러 가지로 물어보니, 부인 쪽의 친척이 총련계 금융기관의 간부였다는 것이다. 그 때문에 일본에 돌아왔고 그 후로도 고생이 많았던 모양이다.

배수찬은 1970년대부터 한국의 대학이나 실업팀의 감독을 맡고, 1982년 프로야구가 시작된 후로는 1984년 삼미 슈퍼스타즈, 1985년 OB 베어스(현 두산 베어스)의 코치를 맡았다. 하지만 이 무렵 배수찬은 과음을 하기 일쑤였고 당뇨병과 백내장을 앓고 있어서 야구 지도에도 지장이 있을 정도였다. 술자리에서 실수를 하는 일도 많아지고 점점 한국에서 살아가기 어렵다고 느꼈다. 그래서 1985년 말에는 아르헨티나로 이민을 갔다. 본래 목적은 일본으로 돌아오는 것이었다. 자기 혼자서라면 어떻게든 하겠지만, 가족 전원이 일본으로 이주한다면 한국에서 곧바로 가는 것보다는 아르헨티나를 경유하는 쪽이 쉽다고 생각했기 때문이다.

실제로 배수찬은 아내와 자식들보다 먼저 일본으로 돌아왔다. 에바라고 2년 선배로 다이요 웨일스와 도쿄 야쿠르트 스왈로즈 등에서 뛴 구와타 다케시桑田武와 함께 술집을 돌아다니는 모습이 자주 목격되었다. 1986년 배수찬은 당뇨병이 악화되어 세상을 떠났다.

괴로움 많은 야구인의 삶이었으나, 그래도 에바라고 선배에게는 이렇게 말했다고 한다. "한국에 가서 야구를 할 수 있어서 좋았어요." 부모가 북한으로 가 버린 슬픔을 안고 있으면서도, 좋아하는 야구에 전념할 수 있었고 마지막에는 프로야구 코치도 되었다. 무엇보다도 한국 야구의 발전에 공헌했다는 자부심도 있었을 것이다.

다만, 그가 마지막 장소로 선택한 것은 소년 시절의 추억이 가득 남아 있는 일본이었다. 에바라고 시절의 동료들로부터 전송을 받으며, 배수찬은 반세기도 되지 않는 짧은 인생을 마감했다.

'야신'이라 불린 남자 김성근의 반골 정신

파란만장했던 감독 생활

교토 출신의 한국 프로야구 SK 와이번스의 감독이었던 김성근金星根은 야구의 신, '야신'이라고 불렸다. 2016년까지 거둔 감독 통산 1,372승은 역대 2위의 기록이다. 2007년, 아직 역사가 짧은 팀인 SK의 감독에 취임한 뒤 2007년, 2008년, 2010년에 세 번의 우승을 이루어 냈다.

하지만 김성근의 진면목은 오히려 약팀을 상위로 끌어올리는 부분에서 발휘된다. LG 트윈스의 감독이던 2002년에도 그러했다. 서울 잠실야구장을 본거지로, 한국 프로야구에서 굴지의 인기를 자랑하던 LG는 부진이 계속되면서 인기에도 그림자가 드리워져 갔다. 2001년 시즌 도중 감독 대행이 되었다가 2002년 시즌에 정식 감독이 된 김성근은 그해 4위로 간신히 포스트 시즌에 진출할 수 있었다. 준플레이오프에서 시즌 3위 현대 유니콘스를 꺾고, 2위 기아 타이거즈와의 플레이오프에서는 3승 2패의 격전을 펼친 LG는 시즌 1위인 삼성 라이온즈와 그해의 왕좌를 놓고 한국시리즈에서 다투게 되었다. 시즌 4위였던 LG는 1위 삼성과는 15게임 차가 벌어진 채 리그를 마감했다. 시즌 성적은 한국시리즈에 가산되지 않지만, 전력 면에서 보았을 때, 그리고 플레이오프의 피로가 누적된 LG에게 이승엽 등의 스타 선수가 포진한 삼성이 어렵지 않게 승리할 것으로 예상되었다.

하지만 한국시리즈에서는 김성근 감독의 용병술과 작전이 적중하면서 예상 외의 명승부가 펼쳐졌고, 3승 2패로 6차전에 돌입했다. 6차전도 9회 초까지는 LG가 9대 6으로 리드하여 최종 제7차전으로 넘어가게 될 것으로 예상되었다. 하지만 9회 말 삼성은 이승엽의 3점 홈런으로 동점까지 쫓고, 이어서 마해영의 끝내기 홈런으로 역전승을 거두며 한국시리즈에서 우승했다.

우승 인터뷰에서 삼성의 김응룡 감독은 LG 김성근 감독에 대해, "마치 무슨 신과 싸우고 있는 듯했다. 투수 교체와 대타 기용의 능숙함은 기가 막힐 정도였다."라고 칭찬했다. 이를 계기로 김성근은 '야신'으로 불리게 되었다. 하지만 LG의 프런트는 김성근의 섬세한 야구를 'LG가 추구하는 야구가 아니다'라는 이유로 비판하고 코치진 교체를 요구했으며, 이를 거부하자 김성근은 사실상 해임되었다.

이러한 트러블은 처음이 아니었다. 김성근은 한국 프로야구가 시작된 1982년 OB 코치가 되고 나서 1984년부터 1988년까지는 감독을 맡았으며, 1989년부터 1990년까지 태평양 돌핀스의 감독을

◆

SK 감독 시절의 김성근

맡아 약팀을 플레이오프에 진출시킬 정도로 기량을 끌어올렸다. 1991년부터 2년간은 삼성의 감독을 맡고 해태(현 기아)의 2군 감독을 거쳐, 1996년부터는 쌍방울 레이더스의 감독이 된다.

1997년에 시작된 미증유의 금융경제위기IMF로 구단 소유 기업이 도산하자, 주력 선수를 다른 팀으로 방출하는 등 혼란스런 와중에도 쌍방울은 김성근 감독의 절묘한 지도로 1997년 준플레이오프, 1998년 플레이오프에 진출했다. 하지만 2군 클래스의 선수나 타 구단에서 방출된 선수 정도밖에 남지 않은 1999년에는 더 이상 방도가 없어 김성근은 감독직을 사퇴하고, 그해 쌍방울은 해체의 길을 걷게 되었다. 다음 해 SK가 쌍방울을 인수했다. 이러한 상황에서도 1997년, 1998년 선전했던 김성근의 수완은 높이 평가되어야 할 것이다.

김성근은 삼성과 LG의 2군 감독을 거쳐 LG의 1군 감독이 되었으나 2002년 말에 해임된다. 많은 팀을 맡은 것은 그의 수완이 그만큼 뛰어나다는 평가도 되지만, 그만큼 그만둔 횟수가 많다는 것은 구단과의 마찰도 적지 않았음을 말해 준다. 예전에 김성근은 이렇게 말한 바 있다.

"한국의 프런트는 현장을 무시하고 복종을 요구하는 경우가 많아요. 가만히 있으면 고통은 아랫사람들 몫이죠. 팀의 장래, 선수의 장래를 생각하지 않아요. 그런 걸 가만히 보고 있을 수가 없어요. 야구인의 프라이드지요. 프라이드를 무너뜨리면서까지 야구를 할 생각은 없어요. 내가 열심히 해서 해고되는 거라면 후회는 없어요. 네, 네, 하고 프런트에 복종하더라도 성적이 나쁘면 잘려 버리잖아요. 그럼 남자로서 어느 쪽을 선택할 거냐는 말이에요."

결코 타협을 허락하지 않는 완고한 자세와 야구인으로서의 흔들림 없는 프라이드. 그 자존심을 떠받치고 있는 것은 나고 자란 교토를 떠나 부모 형제와 헤어진 채로 조국에서 야구를 하겠다고 마음먹었을 때 가진 굳은 결의였다.

한국으로의 영주 귀국

1942년 김성근은 3남 3녀의 6남매 중 다섯째이자 남자 형제 중에서는 막내로 태어났다. 어릴 때 부친을 사고로 잃고, 형들이 짊어진 집안 살림은 항상 힘들었다. 야구 소년으로 자랐던 김성근이지만, 헤이안이나 교토쇼교 같은 사립 명문학교에 갈 돈은 없어서 공립학교의 입시를 치르고 근처에 있는 부립府立 고교인 가쓰라桂 고등학교에 입학했다.

당시 가쓰라 고교는 여름 대회 후 3학년이 은퇴하면 부원이 부족해지는 상황이라 고시엔은 꿈도 꿀 수 없었다(이후 가쓰라 고교는 1975년 여름 고시엔대회에 출전했다). 고등학교 시절 김성근의 포지션은 투수와 1루수였는데 3학년 때 출전한 여름 시합도 교토 대회 2회전에서 일찌감치 패했다. 고시엔대회에 나가지 못한 그는 이후 재일교포학생야구단에 참가하게 된다. 서울의 경동고에는 훗날 해방 후 한국에서 처음으로 일본 프로야구에 진출한 백인천白仁天이 등장하는 등, 한국 야구의 수준이 급격히 높아지고 있었다. 그래도 재일코리안 팀은 13승 1무 2패라는 압도적인 승률을 자랑했다.

한국은 아직 빈곤한 시대였으나, 처음으로 조국에 간 김성근은 민족의식에 커다란 변화를 일으켰다.

"학교에 가도 한국인이라는 열등감이 없어졌어요. 학교에 갈 때는 냄새가 날까 봐 김치 같은 건 먹지도 않았던 내가, 반 친구들을 집에 데려올 수 있게 되었으니까요."라고 김성근은 당시의 변화를 회상한다.

1960년 봄에도 성인야구단 멤버로 방한한 그는, 이 원정을 계기로 부산의 동아대에 진학했다. 동아대에서는 1학년이었지만 대학춘계연맹전에서 최우수선수상을 수상하는 등, 한국을 대표하는 투수로 두각을 나타내기 시작했다. 하지만 언어가 통하지 않는 조국에서의 생활에 적응하지 못해 1년을 채우지 못하고 일본으로 돌아갔다. 2011년 3월 동아대는 김성근의 이후의 활약을 인정하여 명예학사 학위를 수여했다.

1961년 봄 그는 재일교포학생야구단에 있을 때 신세를 진 재일본대한야구협회의 최태환崔泰煥의 권유로 난카이 호크스의 테스트를 받게 된다. 최태환은 과거 난카이전철의 난바難波역 앞에 있던 오사카구장 근처에서 세탁소를 운영하고 있었고 난카이 호크스 관계자들과도 친했다.

1개월 가까이 사카이堺시의 나카모즈中百舌鳥에서 실시된 전지훈련에 참가하면서 받은 테스트에서 결과적으로 불합격을 받았으나, 부립 무명학교 출신인 김성근으로서는 난카이 호크스의 코치로부터 처음으로 투구의 기초를 배우면서, 그 후에 비약할 수 있는 계기가 되었다.

그 후 사회인야구팀의 테스트를 받았지만, 합격한다 하더라도 도시대항 야구대회에 나갈 만한 대기업은 재일코리안에게는 문이

굳게 닫혀 있었으므로, 입사는 불가능했다. 그러던 중 교토의 상호차량相互車輛이라는 회사에 가까스로 들어가게 되었다. 이 회사에는 야구팀이 있었으나, 점심시간에 캐치볼을 할 정도일 뿐 연습은 거의 없었다. 김성근은 일을 빨리 마치고 모교인 가쓰라고에서 후배들에 섞여 연습을 했다.

보다 본격적으로 야구를 할 수 있는 곳을 찾던 김성근은 제2회 재일교포학생야구단의 멤버로 한국 교통부에서 뛰고 있던 배수찬의 도움을 받아 한국의 실업팀에서 뛸 결심을 한다.

김성근이 교통부에 들어간 1961년 10월, 그해 도시대항 야구대회에서 준우승을 한 신미쓰비시중공新三菱重工(현 미쓰비시중공)이 일본 야구팀으로서는 해방 후 처음으로 한국을 방문했다. 김성근은 교통부나 실업팀의 한국 선발 투수로서 신미쓰비시중공과의 시합에서 좋은 경기를 선보이며, 그다음 해 1월에는 타이베이臺北에서 개최된 제4회 아시아 야구 선수권대회의 한국대표로 선발되었다.

이 대회에서 포수였던 백인천과 배터리를 이룬 김성근은 전년도 도시대항 야구대회에서 우승한 일본석유(현 JX-ENEOS)를 주축으로 한 일본 팀을 상대로 호투를 선보이며, 1차전은 0대 2, 2차전은 1대 2로 아깝게 패배했지만 선전을 펼쳤다. 1959년 도쿄에서 개최된 제3회 대회 때 일본에 1대 20으로 참패한 것을 생각해 보면 엄청난 발전이었다.

당시는 타이완과 한국 간 직항편이 없어, 대회 후 한국 선수는 일본을 경유해야 했다. 김성근은 일본으로 향하는 기내에서, 심판으로 참가한 사회인야구의 실력자 야마모토 에이치로부터 "팀을 소개해 줄 테니 일본에 남으라."는 말과 함께 일본 사회인야구팀

◆

1962년 제4회 아시아 야구 선수권대회에서. 21번이 김성근, 2번이 백인천,
12번이 이 대회 감독을 맡은 김영조

입단을 권유 받고 이를 흔쾌히 수락했다. 참고로 이때 일본에 머무르던 한국 선수단 중 백인천은 숙소를 몰래 빠져나와 재일본대한야구협회 최태환의 중개로 도에이東映 플라이어스(현 홋카이도 닛폰햄)의 미즈하라 시게루水原茂 감독과 면담을 갖고, 도에이 입단 건을 매듭짓는 중이었다. 백인천이 경동고 시절인 1960년 일본 원정을 갔을 때부터 도에이는 백인천을 '제2의 하리모토(장훈)'라며 주목하고 있었다.

한편, 김성근은 일본에 머무를 생각이었지만 한국에서 아시아 야구 선수권대회의 건투를 빌며 환영회를 열어 줄 테니 돌아오라는 연락이 왔다. 그는 일본에 곧 돌아올 생각으로 한국으로 갔다. 대한체육회 회장이자 박정희가 이끄는 국가재건최고회의 부의장 이주일李周一과의 환담 등 일련의 환영 행사는 김성근에게 민족으로서의 자긍심을 느끼게 해 주는 것이었다. 그래도 환영 행사가 끝나면 김성근은 일본으로 돌아갈 작정이었다.

하지만 김성근은 일본에 돌아가고 싶어도 갈 수 없게 되었다. 자신을 교통부로 이끈 배수찬이 야구부 내의 파벌 싸움에 휘말려 궁지에 몰렸기 때문이다. 원래 팀 안에서는 출신지 등에 따른 대립이 있었다. 재일코리안인 배수찬은 그러한 배경이 약한 만큼 우선적인 표적이 되었다. 게다가 팀의 운영자금이 부족한 와중에도 재일코리안 선수는 기량이 뛰어나다는 이유로 다른 선수보다 많은 급여를 받았다. 그런 만큼 배수찬에 대한 공격이 심해서 결국 설 자리를 잃고 있었다.

한국에 돌아온 지 얼마 되지 않은 김성근이 그러한 대립의 집중적인 공격 대상이 되는 일은 거의 없었지만, 신세를 진 선배의 곤경을 보고도 모른 체하며 일본으로 돌아갈 수는 없었다. 그렇다고 해서 교통부에서 뛸 수 있는 상황은 이미 아니었다. 일본에 돌아가지 못하고 한국에서는 갈 곳을 잃은 배수찬과 김성근에게 손을 내민 인물은 일본에서 활동한 적이 있는 김영조였다.

김영조가 감독을 맡고 있던 농업은행은 농촌 지역에서는 농협으로, 도시 지역에서는 중소기업은행(기업은행)으로 분리되어 기업은행에서도 따로 팀을 만들게 되었다. 농협의 감독은 김영조가 계속해서 맡고, 기업은행 팀 결성을 앞두고 배수찬과 김성근도 멤버로 들어가게 되었다. 재일코리안의 괴로운 입장을 알고 있던 김영조는, 배수찬이나 김성근에게 "한국에서 야구를 하다 보면 기분 나쁜 일도 있을 것이다. 참고 힘내라." 하고 격려해 주었다고 한다.

김성근은 기업은행의 에이스이자 한국 실업팀의 간판 투수로 활약했지만 한 가지 고민이 있었다. 일본에서 출국할 때 재입국 수속을 하지 않으면 일본에서의 재류 자격을 잃게 되는데, 한일국교 정상화 전에는 재일코리안의 법적 지위가 극히 불안정하여 재입국 허가가 떨어지지 않을 때도 있었다. 허가가 났다고 해도 그 유효기간을 얼마로 할 것인가는 기본적으로 출입국관리국의 재량에 좌우되는 경우가 많았다.

1964년 겨울, 실업팀 리그에서 최다승 투수가 되기 위한 경기를 치르고 있던 김성근은, 재입국의 유효기간이 만료되어 가고 있었다. 때문에 시즌의 중요한 시점이기는 했지만 수속을 위해서 어쩔 수 없이 일본으로 돌아갔다. 하지만 예상과 달리 재입국 허가가 나지 않았다. 출입국관리국에 연줄이 없었던 김성근은 그 결정을 뒤집을 수 없었다.

그렇게 되자 김성근은 한국에서 야구를 포기하고 일본에서 살 길을 찾거나, 그렇지 않으면 부모 형제와 결별하고 한국으로 영주 귀국하거나 둘 중 하나를 선택할 수밖에 없었다. 스물을 갓 넘긴 젊은이에게는 너무나도 무거운 선택이었으나, 김성근에게 망설임은 없었다.

"야구가 하고 싶었어요. 그리고 여기(한국)에서는 여기 나름의 생활이 가능했으니까요."

경제성장 전의 한국에서 은행은 대우도 좋고, 인기가 높은 직장이었다. 더욱이 재일코리안 선수의 경우 야구 실력에 대한 평가도 더해져서 급여는 일반 은행원보다 더 좋았고, 생활도 자유로웠다. 그리고 야구를 계속하려면 한국에 남는 것 외에는 달리 길이 없었다.

하지만 어머니는 맹렬히 반대했다. 여동생들과 함께 일본에 있어 달라고 필사적으로 설득하고, 한국에 가지 못하도록 여권을 숨기기도 했다. 하지만 김성근의 머릿속에는 한국에 가는 일뿐이었다. 그는 다다미 밑에서 어머니가 숨겨 둔 여권을 찾았다. 그 상황이 되자 어머니도 단념하며 말했다.

"어쩔 수 없구나. 네가 택한 인생이니 네가 책임져야 한다. 혹시 잘못되더라도 부모 형제를 원망하지 말거라."

어머니가 아들의 영주 귀국을 반대한 것은, 가족을 떠나보내고 싶지 않다는 생각과 함께, 한국에서 살아가는 일이 얼마나 혹독한지를 잘 알고 있는 재일 1세의 눈으로 볼 때 막내아들이 아무래도 염려되었기 때문이다. 어머니의 말에는 아들의 각오를 바라는 무게감이 있었다. 그것을 김성근도 단단히 새겨 두었다.

"그것이 지금까지 삶의 근본이지요. 무슨 일이 있어도, 그 누구

탓도 하지 않을 때가 많았어요."

1964년 겨울, 김성근은 일본의 재류 자격을 포기하고 한국으로 향했다. 한일 간 국교가 정상화된 것은 그로부터 1년 후의 일이다. 하지만 당시로서는 언제 실현될지 모르는 국교정상화를 기다릴 여유가 없었다.

오사카 국제(이타미) 공항에서 가족들의 전송을 받으며 김성근은 이것으로 가족과는 이별이라고 생각했다. 비행기 안에서 계속 눈물이 났다. 그러고는 맹세했다. '내가 정한 일을 후회하지 말자. 다른 사람에게 기대지 말고 스스로 해결하자. 그리고 한국 최고의 야구선수가 되자.'

이 생각이 김성근의 한국에서의 삶을 떠받쳐 왔다. 하지만 그러한 생각 때문에 번번이 부딪치는 일이 많은 인생을 살게 된 것도 사실이었다. 어째서일까. 재일코리안이 자금이나 기술을 가지고 있을 때 한국인들은 기본적으로 환영해 준다. 하지만 재일코리안이 한국 사회에서 경쟁 상대로 부상하면 곧바로 공격의 대상이 되기도 쉬웠다. 조국으로의 영주 귀국은 김성근에게 새로운 싸움의 시작이었다.

일관된 신념

1965년 시즌부터 김성근은 한국에서 본격적으로 야구를 시작한 셈이지만, 일찍이 혹사시켜 온 어깨 통증이 심해져서 식사를 하는 일조차도 자유롭지 못한 상황이 이어졌다. '야구를 할 수 없게 되면 어떻게 살아가야 하나.' 김성근은 불안과 억울함으로 사람들이 보든 말든 마구 눈물을 흘리곤 했다. 하지만 고민할 여유 따위는 없었다. 아직까지 의사소통도 부자유스러운 조국에서 살아가기 위해서는 야구밖에 없었다. 데이터 분석을 독학으로 연구하고, 상대의 습관을 파악하는 기술을 몸에 익히면서 그는 지도자로서 살아가기로 결심했다.

1960년대 후반부터 1970년대에 걸쳐 한국에서는 전에 없던 고교야구 붐이 일었다. 한국 야구의 성지 서울운동장(동대문운동장 야구장의 전신, 2007년 철거)이 전국대회 1차전부터 관중석이 꽉 찰 만큼 인기가 있었다. 그 열기 속에서 김성근은 고교 감독으로 커리어를 쌓아 간다. 그러한 실적을 인정받아 1982년 프로야구가 시작되면서 OB의 코치가 되었고, 1984년에는 감독이 되어 명장의 길을 걷게 되었다.

치밀한 야구, 능숙한 데이터 분석, 선수 기용의 수완에서 그는 발군의 실력을 보여 주었다. 하지만 그러한 야구는 '쪽발이 야구'라며 비난받았고, 노골적으로 '반半쪽발이'라며 그를 비난하는 신문도 있었다. 하지만 자신의 신념과 스타일을 바꿀 수는 없었다.

"한국 사람은 같이 모여 마시거나 먹거나 해야 하지만, 나는 그 시간이 아까워요. 그럴 시간 있으면 야구를 생각해야지. 남자란 몸으로 승부를 봐야지, 입으로 하는 게 아니니까." 이러한 김성근의 삶의 방식이 오해를 산 적도 많았다. 하지만 믿을 수 있는 것은 자신뿐이라는 생각이 한국 생활 동안 몸에 배었다. 때로는 어떤 면에선 상상도 할 수 없는 일을 감당해야만 했다.

쌍방울 감독 시절인 1998년, 컨디션이 좋지 않아 검사를 받아

보니 위에서 암세포가 발견되었다. 다행히 초기 단계였지만 김성근은 그 사실을 주변에 숨겼다. 9월에 조용히 종양 제거 수술을 받고 다음 날 그라운드에 올랐다. 물론 의사는 만류했다. 하지만 '약한 모습을 보였다간 끝'이라는 생각은 무서울 만큼 철저했다. 수술한 사실을 밝힌 것은 그로부터 10년 후의 일로, 감독 통산 1,000승을 거두고 부동의 명장 지위를 굳히고 난 뒤였다.

그러한 김성근이 점차 변한 것은 2005년과 2006년, 바비 발렌타인(본명 로버트 존 발렌타인Robert John Valentine) 감독과 의기투합하여 일본 프로야구 퍼시픽리그 지바千葉 롯데 마린스의 코치를 맡으면서부터이다. 2002년 한국시리즈에서 선전하고도 감독을 사임할 수밖에 없었던 이후, 그는 제자가 감독으로 있는 성균관대를 비롯하여 고교나 대학 팀의 순회 코치를 맡고 있었다. 그러던 2004년 어느 날, 한국 프로야구 시찰을 위해 방문한 발렌타인과의 회식 자리에 나간 그는 발렌타인에게서 "우리 팀에 오지 않겠나."라는 권유를 받았다. 김성근은 처음에는 농담인가 하고 생각했지만, 진심임을 알고는 처음으로 일본 프로 팀의 유니폼을 입게 되었다.

쾌활하고 익살스러운 발렌타인의 팀 분위기 조성 능력은 놀랄 만한 것이었다. 이후 김성근은 2007년 SK의 감독에 취임한다. 동양인에게는 좀처럼 발렌타인 같은 스타일은 받아들이기 어렵지만, 이때의 김성근은 이전에 비해 부드러워졌다는 이야기를 자주 듣게 되었고, 실제로 그러한 인상을 주기도 했다.

그렇다고는 해도 혹독한 연습은 변함없었다. 새해 일찍이 시작되는 봄 훈련에서는 오전 9시부터 연습을 시작하여 식사 등의 휴식을 끼고 밤 9시, 10시까지 계속된다. 게다가 김성근은 일흔에 가까운 나이에도 불구하고, 거의 모든 과정을 함께하며 지도했다. 수비 연습을 위해 공을 쳐 주는 펑고fungo 타구의 강도와 능숙함을 보면 전혀 나이를 느낄 수 없었다.

김성근은 그때까지 한국시리즈를 제패한 적이 없었으나, 2007년 그러한 노력이 결실을 맺어 결국 우승을 이루어 냈다. 43년 전 부모 형제와 이별하는 비행기 속에서 했던 맹세, 한국에서 최고가 되겠다는 목표를 결국 실현시킨 것이다. 어머니는 이미 돌아가셨지만, 일본에 갔을 때 무덤 앞에서 그 사실을 보고했다고 한다.

김성근의 꿈은 아직 훨씬 앞을 향하고 있었다. 한국시리즈에서 우승한 후, 도쿄 돔에서 일본, 한국, 타이완, 중국의 우승팀이 겨루는 아시아시리즈가 열렸다. SK는 예선 리그에서 일본시리즈 우승팀인 주니치 드래건즈에게 6대 3으로 승리하며 아시아시리즈 3회째에 일본 팀에게 최초의 패배를 안겼다. 그리고 11월 11일, SK는 아시아시리즈 결승전에서 또다시 주니치 드래건즈와 대결하게 되었다.

경기 전 벤치에서 그에게 "드디어 결승이군요." 하고 말을 걸자, 김성근은 "꿈이었으니까요……." 하고 감개무량한 듯이 중얼거렸다. 한국에서 산 지 거의 반세기. 발버둥 치며 고생해 온 날들이었지만 한국 야구를 사랑하는 마음은 누구보다 강했다. 그러한 김성근에게 어린 시절 동경하던 일본의 프로야구 팀과 진검으로 맞붙는 일은 비원悲願 그 자체였다.

결승전은 접전이었으나 5대 6으로 패했다. 하지만 그것은 김성근에게 집념을 불태울 만큼 새로운 목표가 생긴 것이나 다름없었다. 그 후에도 단지 한국에서 우승하는 것만이 아니라, 일본을 이기는 것까지도 염두에 두고 훈련에 힘썼다.

승리에 과도하게 집착하는 그의 태도를 비판하는 목소리가 있는 것도 사실이다. 하지만 2011년의 한국 프로야구 여덟 구단의 감독은 한 팀을 빼고 모두 김성근과 그 문하생이었다. 고교, 대학 감독까지 포함해 김성근이 키운 인재가 약진하는 한국 야구를 떠받치고 있는 셈이다.

"선수들이라면 알 거야. 야구인으로서 그거면 됐다고 생각해."

김성근에게는 지금껏 쌓아 온 실적과 그가 키워 낸 많은 인재들이야말로, 긍지 높은 남자의 훈장인 셈이다.

2011년 시즌 도중인 8월 18일, 팀 운영 방식이나 이후의 재계약 문제를 둘러싼 구단과의 갈등 끝에 김성근은 SK 감독에서 해임되었다. 그러자 팬들이 분노하며 팀 내에도 동요가 일어났다.

SK의 감독에서 해임된 김성근은 2011월 12월에 막 결성된 고양 원더스의 감독에 취임했다. 고양은 겨우 한 팀뿐인 독립 리그의 팀으로, 기존 프로 팀에서 방출되거나 프로에 들어갈 수 없었던 선수들로 구성되어 프로야구의 2군 팀과 오픈전 형식으로 경기를 한다. 한국 야구 최초의 시도로서, 이 또한 조국에서 싸움을 계속해 온 김성근다운 선택이었다. (김성근은 2018년 일본 프로야구 후쿠오카 소프트뱅크의 코치 어드바이저로 취임한 후, 2022년 10월 자리에서 물러났다.—저자 주)

임창용을 키운
에히메 출신의 영웅 신용균

야와타하마 고등학교의 에이스

도쿄 야쿠르트의 수호신이라 불리며 활약한 임창용. 주니치 드래건즈의 수호신이었던 선동열이나 전 오릭스 버팔로즈의 이승엽 같은 한국 야구의 슈퍼스타들이 일본 진출 1년차에는 적응하지 못하고 고생한 것에 비해, 임창용은 2008년 야쿠르트에 입단하자마자 그해에 33세이브를 기록하며 야쿠르트 수호신 자리를 굳건히 지켰다. 그런데 임창용이 일본 프로야구에서 이처럼 인정받는 투수로 성장하는 과정에 대단히 큰 역할을 한 인물이 있다.

임창용은 1995년 광주 진흥고를 졸업하고 해태에 입단했지만 공이 빠른 데 비해 컨트롤이 좋지 않아 좀처럼 잠재력을 드러내지 못했다. 해태의 김응룡 감독은 1996년에 2군 감독에 취임한 신용균申鎔均에게 "어떻게든 저 녀석을 10승쯤 할 수 있는 투수로 만들어

봐."라며 임창용의 육성을 맡겼다. 신용균은 공을 던지는 팔의 위치를 내리는 등 투구 자세를 교정했는데, 이후 컨트롤이 좋아졌을 뿐만 아니라 공도 오히려 빨라졌다. 신용균은 김응룡에게 "10승 정도가 아니에요. 20승은 할 수 있어요."라고 말했지만 김응룡은 반신반의했다. 한발 더 나아가 신용균은 "10년간 마무리는 걱정 없을 만큼 좋아질 거예요."라며, 그를 마무리로 기용할 것을 조언했다. 신용균은 "저 녀석은 심장이 전혀 달라. 그 무엇이 와도 평온하다니까." 하고 말했다. 실제로 임창용은 1998년, 1999년, 2004년 세이브 1위 타이틀을 획득하는 등, 한국을 대표하는 마무리 투수로 성장했다.

이처럼 임창용을 키워 낸 신용균은 효고현 니시노미야西宮시에서 태어나 전시 중 소개지疎開地였던 에히메愛媛현에 위치한 현재의 세이요西予시에서 자란 재일코리안으로, 일본 이름은 히라야마 요킨平山鎔均이었다.

오즈大洲 중학교에서 야구를 시작한 신용균은 그 지역의 명문고인 야와타하마八幡浜 고등학교에 진학한다. 동급생으로는 훗날 한큐 브레이브스에서 활약하는 야노 기요시矢野清가 있었다.

당시의 여름 고시엔대회는 도쿄, 오사카 등의 대도시를 빼고 인근에 있는 부현府縣들과 대표 결정전을 치를 수밖에 없었다. 그중에서도 '야구 왕국' 에히메현과 가가와香川현이 대표를 다투는 기타시고쿠北四國 대회는 전국에서 손꼽는 격전지였다. 하지만 신용균이 3학년 때인 1958년은 제40회 기념대회라고 하여 각 도도부현都道府縣에서 한 팀씩 대표로 출전할 수 있게 되었다. 전국대회에 출전할 수 있는 다시없을 기회였다.

하지만 강속구 투수였던 신용균은 공을 너무 세게 던져 온 탓에 여름 대회를 앞두고 팔꿈치 통증이 생겨 3주간은 공을 던질 수 없는 날이 이어졌다. 투구가 가능해진 후에도 어깨나 팔꿈치에 부담을 느껴 팔을 내리고 사이드 스로sidearm throw[15]로 던졌다. 그러자 오히려 공이 더욱 예리해졌을 뿐만 아니라, 새로운 무기인 싱커[16]를 던질 수도 있게 되었다. 후에 신용균이 임창용의 투구 폼을 교정한 것도 이러한 자신의 경험이 있기 때문이다.

신용균은 커브와 싱커를 구사하여 에히메현 대회를 승리로 이끌었고, 결승전에서도 닛타新田 고등학교의 타선을 5안타 1실점으로 막으며 4대 1로 승리했다. 그리하여 야와타하마 고등학교는 전국대회 첫 출전을 결정지었다.

제40회 기념대회는 당시 미군 시정권施政權 아래에 있던 오키나와에서 슈리首里 고등학교가 처음으로 출전한 것을 비롯해 출전 학교들이 바로 지난 대회의 23개교에서 47개교로 증가했기 때문에, 고시엔 구장만이 아니라 근처의 니시노미야 구장에서도 경기가 열렸다. 야와타하마 고등학교는 운이 따르지 않아 첫 경기를 니시노미야 구장에서 치렀기 때문에, 신용균은 개회식 때 고시엔의 흙을 살짝 집어 주머니에 넣었다.

첫 경기의 상대는 대회 최고의 좌완 투수로 평가받으며 후에 메

---

15 투수가 공에서 손을 뗄 때 팔을 지면과 거의 평행하게 휘두르면서 공을 던지는 투구법, 또는 그것을 잘 구사하는 투수를 말한다. 사이드암 스로side-arm throw라고도 한다.

16 야구 투구의 구종 중 하나로 처음에는 직구처럼 보이다가 갑자기 아래로 가라앉는 구질을 지닌다.

이지대에 진학한 야마다 시게토시山田茂利가 속해 있는 기요미즈히가시清水東 고등학교였다. 경기는 투수전으로 전개되며 0대 0인 채 진행되다가 7회 말, 야와타하마 우익수가 공을 놓치고 두 개의 스퀴즈를 허용하며 3점을 잃고 0대 3으로 패했다. 신용균은 "좋은 기억으로 남았을 뿐 분하다는 생각은 없었다."고 하면서도 "다만 하나 아쉬운 건 고시엔의 무대에서 싸워 보지 못한 것이다."라고 말한다. 그래도 '야와타하마에 히라야마平山가 있다'는 평판은 전국에 퍼졌다.

이 시대에 일본은 이미 고도경제성장기에 돌입하고 있었고 기업 홍보 및 사원의 사기 향상을 위해 야구팀이 속속 탄생했다. 당연히 선수 확보 경쟁이 과열되어 전국대회에서 호투를 보여 준 신용균에게도 러브콜이 이어졌다. 하지만 제안을 받고도 막상 가 보면 "유감이지만……"이라는 말과 함께 거절당하는 일이 반복되었다. 한국 국적이 문제시되는 게 분명했다. 보통은 히라야마라는 일본명을 쓰고 일본인처럼 생활하고 있었으며 차별이라 할 만한 일도 거의 없었다. 그랬던 신용균이 인생에서 처음으로 받은 차별은 가혹했다.

야와타하마고의 입장에서도 전국대회에 첫 출전하는 데 기여한 공로자인 만큼 필사적으로 신용균의 일자리를 찾아보았으나, 좋은 답은 좀처럼 들려오지 않았다. 야와타하마고의 야구부 책임교사였던 도쿠다 세쓰지로徳田節次郎는 요미우리 자이언츠 감독을 역임한 후지모토 사다요시藤本定義의 동생이었다. 그러한 인맥으로 히로시마 도요 카프나 요미우리 자이언츠에서 뛰었던 히가사 가즈오樋笠一夫가 감독으로 취임한 신생팀 야시카Yashica가 스카우트를 하러 왔다. 그때까지 계속 거절만 당해 온 신용균은 마음이 내키지 않았지만, 도쿠다의 강력한 권유로 히가사 감독을 만났다. 히가사는 "(국적을 포함해서) 사장에게 전부 이야기해서 OK를 받았다."고 하며 신용균에게 입단을 요청했다.

반신반의로 도쿄 본사에 가서 만난 창업자 우시야마 요시마키牛山善政는 "지금까지 차별당하며 젊은 나이에 괴로웠겠군요. 우리 회사는 세계 80개국에 카메라나 여러 물건들을 수출하고 있습니다. 따라서 국적은 전혀 관계가 없습니다." 하고 말하며, 신용균의 눈앞에서 인사부장을 불러 야와타하마고에 채용 결정 전보를 보내도록 지시했다. 신용균에게는 꿈과 같은 일이었다. 1983년에 교세라京セラ에 흡수 합병되지만 야시카 카메라는 세계적으로 알려져 있었다.

사실 가난한 소년 시절을 보낸 우시야마는 "조선에 가면 일하면서 야학에 다닐 수 있다."는 말에 속아서 일본 식민지 지배하의 조선으로 건너간 뒤, 규슈 출신의 늙은 주인 밑에서 조선인 점원과 함께 노예처럼 일한 적이 있었다. 그러한 체험이 있었기 때문에 한국인의 심정도 이해할 수 있었을 것이다.

야시카의 야구부는 공장이 있는 나가노長野현 스와諏訪시를 거점으로 했다. 신용균은 스와 호수 주변을 달리며 투구의 위력을 높이고, 투수로서 한층 성장을 더해 갔다. 1962년에는 시즈오카静岡의 구나기草薙 구장에서 개최된 사회인야구 선발대회인 베이브 루스배 쟁탈 대회에서, 전년도와 그해 도시대항 야구대회 우승 팀인 일본석유를 상대로 싸워 0대 1로 패했지만 연장 25회라는 대접전을 선보이며 금세 명성을 얻게 되었다. 또한 같은 스와시의 라이벌인 산쿄세이키三協精機(현 일본전산 산쿄)의 보강 투수(예선 때 같은 지역에서 패한 팀의 선수를 임대할 수 있는 제도)로서 도시대항 야구대회에도 출전하게 되었다.

신용균은 프로구단의 제안도 받았지만, 고생 끝에 들어간 회사인 만큼 정년까지 야시카에서 일할 작정이었다. 그리고 일본 국적을 취득할 준비도 하고 있는 중이었다. 하지만 1963년 여름을 끝으로 신용균은 일본의 사회인야구계에서 돌연 모습을 감춘다. 신용균의 운명이 크게 바뀐 여름이었다.

한국 야구의 구세주

1963년 여름 신용균은 도시대항 야구대회 예선에서 패하고 보강 투수로도 선발되지 못한 채 거의 스케줄이 비어 있었다. 그때 재일한국인 성인야구단이 한국 원정 경기를 위해 선수를 모집하고 있었다. 전년도 베이브 루스배 쟁탈 대회에서 선전한 신용균은 민단 측으로부터 집요한 권유를 받았다.

이 시대의 한국은 박정희가 군사쿠데타로 실권을 잡고 권력 기반을 굳히고 있었지만 정세는 매우 불안정했다. 주변 사람들은 "설령 한국에 가자는 이야기가 있어도 가서는 안 된다."는 말을 하곤 했다. 그래서 성인야구단 권유도 거절했다. 그러나 민단 측에서 계속 요청을 해 왔고 이것이 사장인 우시야마 요시마키의 귀에도 들어가 어느 날 그에게서 전화가 걸려 왔다. "가지 않아도 되는가?" 하는 우시야마에게 신용균은 "가지 않겠습니다."라며 한국행을 거부했다. 하지만 우시야마는 "이삼 일 생각해 보고 전화 주게."라며 전화를 끊었다.

부모님은 "고향집이 어떻게 되어 있는지 궁금하기도 하고, 좀처럼 갈 일이 없으니까 이참에 가 보면 어떻겠니."라고 권했다. 신용균은 고민 끝에 한국행을 결심했다. 이를 들은 우시야마는 "잘 생각했네. 자기 나라를 아는 것도 중요하지 않은가."라고 말하며, 신용균에게 특별 휴가를 내어 주었다.

"공항에서 시내로 가는 길도 포장이 되어 있지 않았고, 가난한 나라구나 하는 게 제일 처음 받은 인상이었습니다." 이런 감상은 신용균뿐 아니라 이 시대에 한국에 간 재일코리안 누구라도 느낀 인상이었을 것이다. 재일코리안 선수단의 한국 원정 일정 중에는 각자의 고향을 방문하는 시간이 주어졌다. 하지만 소집일까지 채우지 않고 도중에 고향에서 선수단 숙소로 돌아오는 선수가 적지 않았다.

재일코리안 중에는 경상도 지방의 농촌이 고향인 사람들이 많았다. 당시는 아직 도로도 거의 정비되지 않았고, 전기도 들어오지 않는 곳이 많았다. 화장실도 땅을 파고 판자를 걸쳐 놓아 발판으로 삼고 그 주변을 짚으로 덮는 정도였다. 재일코리안 선수가 용변을 보고 있으면 일본에서 온 사람이라고 신기해하며 이웃 꼬마가 엿보러 오는 일도 있었다고 한다.

신용균의 뿌리가 되는 땅은 남해안에 위치한 경상남도 사천이지만 고향에는 가지 않았고 신용균이 부산에 있는 동안 숙부가 찾아왔다. 신용균은 그때를 이렇게 기억했다.

"숙부는 굳이 고향에 데리고 가서 가난한 환경을 보여 주고 싶지 않다는 생각을 했는지도 모릅니다."

다시 야구 이야기로 돌아가면, 재일코리안 성인야구단은 한국의 실업팀, 대학 선발팀, 군인팀과 경기를 치렀는데, 신용균의 싱커는 지금껏 본 적 없는 마구나 다름없었고 재일코리안 팀이 압도적인 강세를 보였다.

원정이 대강 마무리되고 배로 일본에 돌아가기 위해 부산에 도착했을 때, 서울의 대한야구협회가 신용균에게 전화를 했다. 9월 21일부터 서울에서 개최되는 제5회 아시아 야구 선수권대회의 한국대표 후보로 선발되었으니 한국에 남으라는 것이었다. 회사원인 신용균으로서는 자기 마음대로 결정할 수 있는 일이 아니었으므로 회사에 전화를 했다. 그러자 "그것 축하할 일이네." 하고 간단히 휴가 연장 허가를 내려주었다.

이때의 성인야구단 조국 방문 경기는 애초에 한국대표 선수를 스카우트하기 위한 목적이 있었다. 1954년에 시작된 아시아 야구 선수권대회는 제1회와 제2회는 마닐라에서, 제3회는 도쿄에서, 제4회는 타이베이에서 개최되고 제5회는 처음으로 한국의 서울운동장에서 개최하기로 결정되었다. 그때까지 한국 야구는 우승은커녕 일본을 한 번도 이긴 적이 없다. 자국에서 개최하는 대회에서 보기 흉하게 패배해 버리면 한국 야구의 장래에 어두운 그림자를 드리우게 된다. 따라서 수준이 높은 재일코리안의 힘이 어떻게든 필요했다. 성인야구단 참가를 거부하는 신용균을 열심히 설득한 것도, 일본석유와 연장 25회라는 혈전을 펼친이 우완 투수가 어떻게든 필요했기 때문이다.

한국대표팀 후보 합숙에는 대표 17명의 엔트리에 대비하여 26명이 참가하고, 5회에 걸친 선발 테스트로 선수가 걸러졌다. 하지만 신용균은 이미 내정되어 있었고, 그가 대표팀 합숙에 참여한 것은 팀 적응을 위해서였다.

제5회 아시아 야구 선수권대회에 출전하는 한국대표팀 감독은 헤이안 중학교 출신의 박점도, 코치는 데이쿄쇼교와 와세다대를 거쳐 아사히군에서 뛴 김영조가 맡았다. 팀의 에이스는 신용균이었고, 포수인 서정리徐廷利도 다지미고교多治見工業 고등학교 소속 선수로서 신용균이 출전한 제40회 전국대회에 출전하여 역시 신용균과 마찬가지로 고시엔 구장이 아닌 니시노미야 구장 경기 때 히메지미나미姬路南 고등학교에 패한 바 있었다. 유격수는 야마구치山口현에 있는 하야토모早鞆 고등학교 출신의 박정일朴正一, 외야수는 에바라고 출신의 배수찬으로, 주요 포지션은 모두 재일코리안이 차지하고 있었다. 여기에 대항하는 일본대표는 여름의 도시대항 야구대회에서 우승한 교토시의 세키스이화학積水化學을 중심으로 한 팀이었다.

대회는 한국, 일본, 타이완, 필리핀이 전원 2회씩 시합을 하는 것으로 실시되었다. 한일 모두 2연승으로 올라간 9월 25일의 최초의 한일전. 한국은 신용균, 일본은 세키스이화학의 쓰쓰미 도루堤亨가 맞붙는 에이스 대결이 되었다. "국적은 달라도 일본에서 태어나서 교육을 받았고, 친구들 중에도 일본인이 많았고, 사고방식도 일본인과 다르지 않았다고 생각해요. 시합에서는 'KOREA'라는 마크를 달겠지만 아직 야시카 소속이었고, 일본의 선수와는 앞으로도 더 자주 만나겠고요. 한두 달 전까지는 야시카의 유니폼을 입고 일본을 활동 무대로 삼았기 때문에 묘한 느낌이었습니다." 이처럼 일본과의 경기를 앞두고 신용균은 한국대표로서의 책임을 느끼면서도 묘한 감정이 들었다고 말한다.

시합은 1회 초 유격수 박정일의 실책으로 1점을 내주었지만, 1회 말 박현식이 홈런을 치고 동점으로 쫓아갔다. 박현식의 형은 한국 출신 중에 처음으로 일본의 프로야구팀에 들어간 박현명이었다. 그 후로는 신용균과 쓰쓰미 도루, 그리고 5회 도중부터 구원투수로 투입된 후지테쓰 무로란富士鐵室蘭 소속 선수 사토 스스미佐藤進의 투구였다. 이후 7회 말에 박현식이 만루에서 밀어내기[17]로 1타점을 얻고, 5번 타자 서정리가 만루 주자를 모두 불러들이는 2루타로 4점을 획득하여 승부를 결정지었다. 신용균은 9회에 1점을 잃었지만 5대 2로 한국이 이기며 일본전 최초의 승리를 거두었다.

관중석에서는 흥분을 억누르지 못한 관객이 그라운드로 밀려들며 신용균을 목마 태우는 등 대소동이 펼쳐졌다. 국민들이 흥분한 나머지 선수가 다칠 수도 있으므로 외출하지 말라는 지시가 내려질 정도였다.

9월 29일 일요일. 제5회 아시아 야구 선수권대회의 최종전은 우승을 건 한일 간의 두 번째 대결이었다. 선발 투수는 첫 번째 경기와 마찬가지로 신용균과 쓰쓰미 도루.

관중의 열기는 뜨거워지고 있었지만, 응원단장을 맡은 남성이 관중들을 향해 지나친 야유나 물건을 던지는 등의 행위를 하지 말라고 계속해서 호소했다.

---

17 주자 만루 시 투수가 상대 팀 타자에게 볼넷이나 몸에 맞는 공, 타격 방해 등을 허용해 3루 주자가 1타점을 얻는 것을 말한다.

"대일 교섭이 난항을 겪고 있던 시기이다 보니 당국 차원에서 지시를 했는지도 모르겠습니다. 경비 같은 것도 삼엄했고요." 하고 신용균은 말한다. 이 경기에서 일본 선수단에 불미스러운 사고가 발생할 경우, 일본과의 국교정상화 교섭에 악영향을 미칠 거라는 걱정도 있었다. 한국 측으로서는 무슨 일이 있어도 그것만은 피해야 했다.

경기는 한국이 1회 초에 4번 타자 김응룡의 희생 플라이[18]로 선제공격을 시도하고 신용균이 투구를 하면서 일본은 공략의 실마리를 찾지 못하고 있었다. 그러다가 8회 말, 4구로 출루한 박현식을 1루에 두고, 4번 김응룡이 승부를 결정짓는 투런 홈런을 쳤다.

이날, 한국의 전 타점인 3점을 거둬 낸 김응룡은 북한의 평안남도 평원군에서 출생했지만 한국전쟁 때 어머니와 헤어져 아버지와 함께 부산으로 피난한 인물이다. 1960년대에는 한국을 대표하는 홈런 타자로 활약했고, 1982년 프로야구가 출범한 뒤에는 해태, 삼성의 감독으로서 역대 1위인 1,476승을 거두었다.

김응룡의 홈런으로 승부는 결정이 나서 한국이 3대 0으로 승리하며 첫 우승을 달성했다. 최종전에서 신용균은 4피안타 완봉. 탈삼진은 겨우 세 개였지만, 변화구를 구사한 정교한 투구가 빛났다.

우승을 거머쥔 박점도 감독과 김영조 코치는 사람들의 시선은 아랑곳하지 않고 눈물을 흘렸다. 신용균과 서정리라는 일본 출신

---

18 야구 타격 기록의 일종으로, 노아웃이나 원아웃 상황에서 타자가 공을 치고 야수가 외야에서 공을 플라이 아웃시킨 후 3루 주자가 홈인하면 타자에게 타격 기록이 주어진다.

의 배터리가 한국 야구의 역사를 바꾼 순간이었다.

식민지 시기부터 야구는 일본 쪽이 늘 한 수 위였으며, 한국은 일본에 대적할 수 없다는 의식이 강했다. 과거 제4회 아시아 야구 선수권대회에서도 그러했다. 그런데 한국이 일본에 연승하면서 우승을 거두자 야구 관계자뿐 아니라 나라 전체가 흥분의 도가니였다.

1963년 10월 15일에는 민정이양을 위한 대통령선거가 실시될 예정이어서 한국은 뜨거운 정치의 계절을 맞고 있었다. 이러한 가운데 대통령선거에도 입후보했던 국가재건최고회의 의장 박정희는 아시아 야구 선수권대회 폐회식이 끝나자마자 서울운동장에서도 가까운 장충동의 국가재건최고회의 의장 공관에 선수단을 초대했다. 박정희는 대한야구협회 회장 선우인서鮮宇麟瑞의 안내로 선수 한 명 한 명을 소개 받고 악수를 나누었다. 신용균은 당시를 "이런 사람이 쿠데타를 일으켰구나. 겉보기엔 자그마한 사람이구나, 하고 생각했어요."라고 회상했다.

우승컵이나 트로피 앞에서 박정희는 기분 좋은 듯 말했다. "지금처럼 나라가 괴로운 때에 희망의 빛을 주어 국민이 얼마나 기뻐하는지 모른다. 원하는 건 뭐든지 들어주겠다. 세계여행이라도 좋다." 그러자 대한야구협회의 간부는 "서울운동장에 야간 조명을 설치하는 것은 모든 야구인의 염원입니다." 하고 말했다.

공사가 늦어지긴 했지만 1966년 9월 30일, 아시아 야구 선수권대회 우승의 포상으로 설치된 서울운동장의 조명탑이 완성되었다. 야간 경기 개막 때는 1963년 대통령선거에 당선된 박정희도 부인과 함께 참석했다.

야시카를 그만두고 한국으로

제5회 아시아 야구 선수권대회를 마치고, 한국에서 열렬한 환영을 받은 후 신용균은 직장으로 복귀했다. 야시카 측은 건투를 빈다는 의미로 금일봉을 건네주었다. 하지만 어느 날 신용균은 회사 측으로부터 호출을 받았다. "일본의 아마추어 야구선수가 한국에 가서 뛰는 것은 부당하다, 일본에서 야구를 계속할 거라면 앞으로는 한국에 가서는 안 된다며 일본사회인야구협회가 항의를 해 왔다." 라는 말을 들었다. 다만 아직 타진 단계로 구체적인 처분이 나온 것은 아니었다.

신용균은 재차 국적이 문제가 된 것에 충격을 받고 항변했다. "수영의 야마나카 선수도, 보통은 유학하고 있는 학교에서 미국의 대항전에 나가고 올림픽 때는 일본에 돌아오지 않습니까."

멜버른올림픽, 로마올림픽, 도쿄올림픽 등 세 번의 올림픽에 출전하고 4개의 은메달을 획득한 일본의 수영 선수 야마나카 쓰요시山中毅는 서던캘리포니아 대학 선수로도 활약하고 있었다. 소속된 팀의 선수로서 경기에 나갈 때와 국가대표 선수로서 국제대회에 나갈 때의 소속 국가가 별개인 것은 지금 보면 당연한 일이지만, 당시만 해도 일본에서는, 특히 아마추어 야구에서는 생각할 수 없는 일이었다.

그래도 야시카 측은 신용균을 전면 지원하고 있었다. 다만, 재일코리안이 일본의 일류 기업에 들어가는 것은 극히 예외적이었던 만큼 신용균으로서는 뒤를 이을 재일코리안 후배도 생각해야 했다. 그렇지 않아도 일본에는 무사안일주의의 체질이 있다. 문제가 표면화되어 상황이 복잡해질 경우, 자신의 주장이 받아들여진다 하더라도 다른 재일코리안 후배에게 민폐를 끼치는 것은 아닐까. 그런 생각을 했다. 더욱이 우승의 주역인 신용균은 대한야구협회로부터 "국민이 기다리고 있다."라는 뜻이 담긴 초청장을 받은 상태였다. 신용균은 야시카에서 계속 일할 생각이었지만, 거센 파도에 휩쓸리듯 한국의 실업팀에서 뛰게 되었다. 이렇게 신용균은 일본의 사회인야구라는 무대에서 아무도 모르게 모습을 감추었다.

제5회 아시아 야구 선수권대회 우승의 열기로, 그때까지 봄과 가을로 나뉘어 실시되던 실업팀 리그전은 다음 해인 1964년부터 13팀이 한 팀당 48경기를 하는 풀시즌제로 변경되고 사실상 세미프로처럼 운영되었다.

신용균은 크라운맥주와 한일은행 팀에서 뛰다가 1968년에 일본으로 돌아갔다.

"3년 정도 더 해 달라는 말을 들었지만 한국에 영주할 생각은 없었고, 동생이 토목 사업을 시작해 일손을 보탤 겸 일본에 돌아가기로 했습니다." 신용균의 경우, 김성근과 달리 실업팀 소속인 동시에 대학에도 적을 두고 있어서 일종의 유학비자 같은 형태로 1년간 유효한 재입국 허가를 얻어 일본의 재류 자격을 상실할 일은 없었다.

그러나 신용균은 다시 한국으로 돌아오게 된다. 1982년 프로야구가 시작되자 우수한 지도자가 필요해진 한국으로부터 한국을 대표하는 투수였던 신용균이 러브콜을 받은 것이다. 1985년에 과거 인천을 본거지로 한 삼미, 1986년부터는 김성근 감독이 인솔하는 OB, 1989년부터는 태평양의 코치를 거쳐, 1993년에는 쌍방울 감독을 역임하고, 1996년부터는 해태의 2군 감독으로 취임하여 임창용을 키워 냈으며, 1999년부터는 삼성의 2군 감독을 맡았다.

2004년에 다시 일본으로 돌아간 그는 한국의 선수가 일본에서 치료 받는 일을 돕거나, 전력 외적으로도 한국에서 활동할 장을 잃은 유망 선수들을 일본의 독립 리그에 소개시켜 주는 등, 한일 사이의 가교로 활동했다. 다시 현장으로 돌아갈 생각은 없었으나, 2010년 제자이기도 한 기아의 조범현 감독의 요청으로 현장에 복귀하여 재활이나 육성을 주로 담당하는 3군 코치를 맡았다. 2011년 가을 기아에서 나온 후로도 야구를 통한 한일 교류에 힘써 왔다.

신용균의 활약에 힘입어 아시아 야구 선수권대회에서 우승한 포상으로 설치된 서울운동장의 조명탑도, 우승의 환희에 흠뻑 취했던 당시의 그라운드도, 2007년 도시개발에 따라 철거되었다. 그러나 그 우승을 계기로 성장하기 시작한 한국 야구는 2006년의 제1회 WBC에서 4강 진출, 2009년의 제2회 WBC에서 준우승, 2008년 베이징올림픽에서는 우승까지 달성하였다. 특히 일본전에 강하다는 점이 두드러졌다. 그 시작은 신용균의 오른팔에 있었다.

조국에서 활약한 재일코리안 2세와 3세들

한국 실업팀에서 뛴 일본 프로야구 출신 선수

1963년 제5회 아시아 야구 선수권대회에서 한국이 우승하고 그 이듬해부터 한국 야구가 세미프로화되면서 일본에서 활약하고 있던 한국인 선수들도 많은 자극을 받았다. 이에 조국에서 뛰는 재일코리안 선수들이 증가하게 되었다. 즈시가이세이逗子開成 고등학교에 다니던 시절 가나가와현 유일의 강속구 투수라는 평가를 받았던 김영덕金永德(일본명: 가네히코 나가노리金彦任重)은 기대 속에 난카이 호크스에 들어갔지만 상황이 여의치 않았다. 등판 기회가 있으면 상대 벤치로부터 "어이, 조센진." 하고 야유당하는 일도 자주 있었다고 한다.

"하리모토 씨는 일류이니까 당당하게 한국인이라고 말할 수 있는 게 부러웠어요."

26세가 된 김영덕은 일본 프로야구에서 뛰는 것에 한계를 느끼고 있던 차에 제5회 아시아 야구 선수권대회에서 한국이 우승하는 것을 지켜보았다. 조국에서 뛰는 일에 매력을 느낀 김영덕은 도에이 플라이어스에서 뛰고 있던 백인천에게 한국 팀을 소개받아서 1964년 대한해운공사에 들어갔다. 김영조처럼 해방 전의 프로야구 경험자를 빼고는 한국 실업팀 야구 최초의 일본 프로야구 출신 선수인 만큼 그 실력은 절대적이었다. 팀에서는 에이스 4번. 슈트[19], 싱커 등 다채로운 변화구에 한국의 타자들은 속수무책이었다. 9월 25일 조흥은행과의 경기에서는 퍼펙트게임을 달성했다.

"일본에서는 노무라 가쓰야野村克也 씨의 미트를 노리고 던진 만큼, 여유가 있었다."라고 말했던 김영덕은 한국에서는 투구를 즐기는 여유조차 있었다. 1년째의 방어율은 0.32로, 점수를 거의 잃지 않았다고 해도 좋았다.

이듬해부터는 크라운맥주, 그 이듬해부터는 한일은행에서 뛰다가 한국인 여성과 결혼한 김영덕은 한국에 영주하기로 결심한다. 김영덕은 한국대표팀 선수 및 감독을 역임하고, OB 감독으로 프로야구 원년인 1982년에 우승을 차지한 것 외에도, 삼성 감독으로서 1985년에 우승을 거머쥐었다. 빙그레 이글스(현 한화) 감독으로서도 1988년, 1989년, 1991년, 1992년 네 번의 한국 시리즈 진출을 달

---

19 야구에서 투구가 옆으로 변하면 투심two seam, 아래로 떨어지면 싱커sinker라고 한다. 일본에선 투심을 좀 더 세분화해 보다 변화 폭이 큰 구질을 '슈트'라고 한다. 한국 야구에서는 '역회전'이라 표기되다가 최근에는 없어진 용어다. 메이저리그에서도 슈트라는 말은 쓰지 않는다.

성하는 등, 한국 프로야구계에서 굴지의 명장으로 위세를 떨쳤다.

또한 김영덕은, 한일 간 국교가 체결된 1965년 이후로는, 일본 프로야구 출신의 재일코리안 선수들을 한국에 적극적으로 불러들였다. 1966년에는 난카이 호크스의 후배인 내야수 가네무라 기요시金村淸(민족명: 김동률)가 제일은행에, 1967년에는 긴테쓰 버팔로스의 내야수였던 기무라 가쓰오木村勝男(민족명: 허종만)가 당시 김영덕의 소속팀이던 한일은행에 입단했다. 한국에서는 1999년 일본 문화가 개방되기 시작했지만 그 훨씬 전부터 재일코리안 선수들은 한국 실업팀에서 뛸 수 있는 조건이 마련되어 있었다. 당시 일본에서는 소위 '야나가와 사건'으로 인해 프로야구와 사회인야구가 절연 상태에 빠지고 프로야구 은퇴자를 사회인 측에서 일절 받아주지 않고 있었다. 야나가와 사건이란, 3월 1일부터 10월 31일까지는 프로야구 측에 사회인야구 선수와 계약을 하지 않도록 요구한 일본사회인야구협회의 의향을 무시하고 주니치 드래건즈가 1961년 4월에 일본생명의 야나가와 후쿠조柳川福三와 계약함으로써 발생한 프로-아마추어 야구계 사이의 트러블이다. 한국에서는 그러한 프로-아마추어 간의 문제가 없었기 때문에 프로야구 출신의 재일코리안 선수가 한국 실업팀에서 뛸 수 있게 되었다. 1970년에는 한큐 브레이브스와 한신 타이거즈에서 뛴 가네모토 히데오金本秀夫(민족명: 김호중)가 한일은행에 입단한다. 그들은 한국대표팀의 중심 선수로서 아시아 야구 선수권대회 등에서 활약했다.

또한 대표팀 선수로는 오노미치쇼교尾道商業 고등학교 출신으로 서울 성균관대 및 기업은행 투수로 활약한 한광홍韓光弘도 선발되었다. 뿐만 아니라, 해방 전 교토쇼교에서 뛴 강대중과 그를 이어

난카이 호크스 출신의 김영덕이 감독을 맡은 한일은행에는 야시카 출신의 신용균, 야마구치현 하야토모早鞆 고등학교 출신의 박정일, 긴테쓰 버팔로스 출신의 기무라 가쓰오, 그리고 오사카쇼교 대학 출신의 최의광崔義光이 소속되었고, 얼마 뒤 가네모토 히데오가 뒤따라 합류했다. 팀 안에서는 일본어와 한국어가 뒤섞이며 오갔다.

한국의 고시엔대회

일본에서 프로 경험이 없는 박정일, 한광홍, 최의광 등은 기업은행에서 뛴 전 SK 감독 김성근, 도쿄 에바라고 출신의 배수찬 등과 함께 재일교포학생야구단에 참가하기도 했었다.

1956년에 시작되는 재일교포학생야구단의 조국 방문 경기는, 히로시마 도요 카프의 최초 우승에 공헌한 가네시로 모토야스(민족명: 김기태)가 오사카 고노하나쇼교此花商業(현 오사카 가이세이) 고등학교 시절 참가한 1970년의 경기까지는 한국 각지를 순회하는 방식으로 진행되었다. 하지만 이듬해부터는 조국 방문 경기를 기획한 한국일보 주최로 시작된 봉황대기 쟁탈 전국 고교야구대회에 참가하는 형태로 전환되어 경기를 이어 갔다. 이 대회는 한국 내 전체 가맹교(라고는 해도 50개교 정도밖에 없다)가 예선 없이 한 번에 대전하는 방식이었는데, 8월에 개최된 점 때문에 '한국의 고시엔'이라고도 불린 대회였다.

이 대회에서 재일코리안 팀('재일동포'라는 이름으로 출전)은 1974년, 1982년, 1984년 세 번의 준우승을 차지했다. 1984년 대회에는 주니치 드래건즈 등에서 포수로 활약한 나카무라 다케시中村武志(민족명: 강무지)가 출전하여 감투상敢鬪賞을 수상했다. 타점왕 경쟁에서도 2위에 올랐다.

이 대회에서 우승한 서울고에는 LG 등에서 1990년대 한국 프로야구를 대표하는 포수로 활약하게 되는 김동수가 있었다. 김동수는 나카무라에 대해, "강한 어깨가 인상적이었습니다. 같은 포수로서 부러울 정도였어요."라고 말했다. 하지만 경기는 연투 금지라는 대회 규정 때문에 에이스가 던지지 못했기에 재일코리안 팀이 3대 12로 대패했다. 8월 26일자 『한국일보』는 「서울고 전원 안타, 재일동포 초토화」라는 제목의 기사를 게재했다.

다만, 재일코리안 팀이 결승전에 세 번 진출하면서도 우승하지 못한 배경에는 재일코리안 팀에 우승을 넘겨주어서는 안 된다는 한국 야구계의 정서가 심판의 판정에 영향을 미친 점도 있었을 것이다. 또한 재일코리안 팀 앞에는 4강의 벽이 가로놓여 있었다.

1970년대 후반부터 전국대회 4강에 진출한 선수에게 대학 진학 시 특기생 자격이 주어지는 이른바 '4강 제도'가 실시됨으로써, 8강전은 인생을 건 싸움이 될 정도였고 심판 매수에 관한 소문이 끊임없이 도는 등, 경쟁이 점차 치열해졌다.

프로야구의 탄생 등에 힘입어 한국 야구의 수준이 향상하는 가운데, 재일코리안 팀은 좀처럼 승리할 기회를 얻지 못했다. 그리고 전국대회의 성적으로 대학 진학이 결정되는 점도 있고 해서 그러한 제도의 틀 바깥에 있는 재일코리안 팀의 입장이 미묘해져 버렸다. 재일코리안 팀은 1회전을 앞두었을 때만 해도 참가를 환영받는 분위기였으나, 계속 이기면서 상황은 급변하여 완전히 원정경기 같은 분위기 속에서 시합을 치르게 되었다. 1994년에 참가한 조국 방문 경기에서도 마찬가지였다.

당시의 재일코리안 팀은 요코하마 DeNA에서 활약하는 긴조 다쓰히코金成龍彦(민족명: 김용언)를 비롯하여, 훗날 프로야구나 대학 팀 등에서 활약하는 선수들이 다수 포진해 있는 매우 강한 팀이었다. 1회전은 청주기계공업(현 청주공업) 고등학교를 상대로 압승했다. 이때까지만 해도 환영받는 분위기였으나, 2회전에서 부산의 명문고 동래고를 상대로 11대 4로 대파한 후부터는 심판의 판정도 점차 엄격해졌고, 3회전에서 우승 후보로 손꼽히던 휘문고에 쾌승을 거두자 분위기가 더욱 어수선해졌다. 휘문고에는 당시 한국 고교야구계 굴지의 투수이자 훗날 보스턴 레드삭스 등을 거쳐 한국 프로야구 두산 베어스에서 에이스로 활약한 김선우가 있었다.

8강은 완전히 원정경기 같은 상황이었다. 재일코리안 팀은 서울의 명문고 덕수상고(현 덕수고)를 상대로 격렬한 타격전 끝에 7대 9로 패했다. 덕수상고는 이 대회에서 우승했다. 8강전 당시 4대 9로 패색이 짙었던 9회 말, 일사 주자가 없는 상황에서 타석에 들어선 긴조는, 대형 중월 홈런을 치며 강한 추격 의지를 보여 주었다. 이 대회에서 긴조는 투수로서는 150킬로미터에 가까운 강속구를 던지고 타자로서는 5할을 넘는 타율을 기록하여 한국 야구팬들에게 확실한 인상을 남겼다. 2000년에 긴조가 센트럴리그 수위 타자가 되었을 때는 한국의 미디어도 이를 특필한 바 있다.

하지만 이러한 재일코리안 선수들을 모집하는 일은 꽤나 곤란한 작업이었다. 원래 재일코리안 선수의 소속을 조사하여 찾는 일만 해도 어려움이 따랐던 데다가, 고시엔 출전을 건 여름 대회에

져서 해이해져 있는 선수를 단기간에 불러 모으는 일은 이만저만 한 일이 아니었다. 더구나 주최사인 한국일보사의 경영 상태가 생각보다 좋지 않아서 원정 자금의 보조가 곤란해진 적도 있으며, 1997년을 끝으로 더 이상 재일코리안 팀의 파견은 이루어지지 않았다.

한국 측 관계자 중에는 "더 이상 재일교포로부터 배울 것도 없고 그들을 부를 만한 메리트가 없다."라고 말하는 사람도 있었다. 한국 측에서 보자면, 재일코리안 팀이 약해지면 부를 만한 '메리트'가 없고, 반대로 강하면 한국 선수들의 대학 진학에 영향을 미치니까 이기지 않았으면 한다는 것이었다. 거기에 재일이라는 위치가 가진 서글픔이 있었다.

후쿠시와 니우라, 혹은 장명부와 김일융

봉황대기 대회에서 활약한 강무지(나카무라 다케시)와 김용언(긴조 다쓰히코)은 특히 열성적인 야구팬 사이에서 알려진 존재라면, 한국 야구팬 누구라도 알고 있는 재일코리안 선수라고 하면 장훈(하리모토 이사오) 외에는 장명부와 김일융金日融을 꼽을 수 있을 것이다.

장명부는 요미우리 자이언츠, 난카이 호크스, 히로시마 도요 카프 등에서 뛰었던 후쿠시 히로아키福士明夫이다. 일본 프로야구사에서 '에나쓰江夏의 21구'[20]로 알려진 히로시마 도요 카프 대 긴테쓰 버팔로즈의 경기로 치러진 1979년의 일본시리즈 7차전, 마무리

◆

(좌) 후쿠시 히로아키(장명부), (우) 기모토 시게미(김무종)

투수였던 에나쓰 유타카江夏豊가 등장하기 전 마운드에 올랐던 투수다. 또한 김일융은 요미우리 자이언츠의 에이스로 활약한 니우라 히사오新浦壽夫이다.

1982년에 출범한 한국 프로야구는 전력 균형을 도모한다는 취지로 당초 1985년부터 예정되어 있던 '외국에 거주하는 한국적 및 부계가 한국적인 자'에 해당하는 재외한국인, 즉 실질적으로는 재일한국인의 영입을 1983년으로 앞당겨 인정하기로 했다. 전년도 단연 최하위였던 삼미 슈퍼스타즈에 후쿠시와 더불어 내야수 기야마 에이큐木山英求(민족명: 이영구)가 들어가고, 여섯 팀 중 4위였던 해태에는 홋카이도 닛폰햄과 한신 타이거즈의 투수였던 우다 도쇼쿠宇田東植(민족명: 주동식)와 히로시마 도요 카프의 포수였던 기모토 시게미木本茂美(민족명: 김무종金戊宗)가 들어갔다.

후쿠시는 선수로서는 정점이 이미 지났지만 베테랑다운 노련함으로 한국의 타자들을 농락하는 투구를 구사했다. 상대의 예상을 뒤집는 투구 기술로 후쿠시는 '너구리'라는 애칭으로 불리기도 했다. 1983년에는 무려 30승(16패)을 거두었다. 한국 프로야구의 역사 동안 이 기록을 깬 투수는 지금까지 존재하지 않으며, 20승도 대단한 오늘날과 견주어 본다면 앞으로도 나오기 힘든 불멸의 기록이다.

이 같은 프로야구 경험자들은 아무리 근소한 차이라도 이기면

---

20 1979년 11월 4일에 펼쳐진 일본시리즈 7차전(히로시마 도요 카프 대 긴테쓰 버팔로즈)에서, 히로시마 도요 카프의 에나쓰가 9회말에 던진 총 21구를 말한다. 야마기와 준지山際淳司의 논픽션 『에나쓰의 21구』(角川書店, 1981)로도 유명한 '에나쓰의 21구'는 이 9회말의 공방전 자체를 통칭한 것이기도 하다.

이겼지 지는 시합으로 어떻게 앞날을 이어 갈 것인가, 라는 사고방식으로 1년 시즌을 내다보았다. 이들은 막 프로야구가 시작된 한국에 프로란 무엇인지를 보여 주었다.

초창기 한국 프로야구의 영웅이자 공로자인 후쿠시 히로아키의 말년은 너무나 쓸쓸했다. 2005년 4월 14일자 『아사히신문』 사회면 한편에 작은 기사가 실렸다.

> 13일 오후 4시 40분경, 와카야마和歌山현 미나베みなべ초의 한 마작점에서 '남성이 쓰러졌다'는 119 신고가 있었다. 미나베 경찰서에 따르면 남성은 프로야구 히로시마 도요 카프 등에서 투수로 활약한 후쿠시 히로아키 씨(54)로, 발견 당시 이미 사망한 상태였다.

일본 프로야구계에서도 활약한 한국 야구의 영웅이 기이반도紀伊半島[21]의 산간 마을에서 쓸쓸히 죽음을 맞이한 것이다. 이 뉴스는 한국에서도 보도되어 충격을 안겼다.

한편, 재일코리안 선수의 참가가 인정된 1983년에는 우다 도쇼쿠(주동식)와 기모토 시게미(김무종) 등의 활약에 힘입어 해태가 첫 우승을 거두었다. 해태는 후신인 기아를 포함해 한국 프로야구 통산 최다인 10회 우승을 자랑하는 팀인데 우다와 기모토는 그 황금시대의 문을 연 공로자이기도 하다.

---

21 혼슈 중앙부에서 남쪽의 태평양으로 돌출된 일본 최대의 반도. 행정적으로는 미에三重현 마쓰사카松阪시 이남 지역, 나라奈良현의 고조五條·요시노吉野 지역, 와카야마현 전역이 포함된다.

이듬해인 1984년은 니우라와 더불어 긴테쓰의 포수였던 이시야마 가즈히데石山一秀(민족명: 송일수)가 삼성에 들어갔다. 요미우리 자이언츠의 에이스로 활약한 니우라는 입단 초부터 주목받는 존재였다. 다만 니우라는 일본에 귀화했기 때문에 입단 회견에서는 "다시 한 번 귀화할 생각은 없는가?"라는 질문에 "가족과 상의해 결정하겠다."라고 답했다. 다시 한국 국적으로 되돌릴 생각은 없었지만, 삼성 구단에 폐를 끼칠 것을 생각해 이후의 질타를 각오하면서까지 속마음을 말하지 않았다.

니우라는 요미우리 자이언츠에 들어갈 때에도 국적이 문제가 된 적이 있었다. 니우라는 시즈오카쇼교 고등학교 정시제[22] 1학년으로 입학한 후에 주간부에 들어갔다. 그 첫해인 1968년 고시엔대회 제50회 기념대회로 치러진 여름 대회에서 그는 1회전은 시가滋賀현의 이카李香 고등학교를 상대로 15탈삼진을 기록하고, 3회전에서는 다카마쓰쇼교高松商業 고등학교를 상대로 1안타 완봉승을 거두면서 팀을 결승전으로 이끌었다. 결승전에서는 시합 전 타격 연습에서 배트가 부러져 평상시에 많이 쓰던 왼손 중지에 외상을 입었지만, 기력을 발휘한 투구를 보여 주었다. 오사카의 고코쿠興國 고등학교에 0대 1로 패하긴 했으나 강속구의 좌완 투수인 니우라는 '가네다 2세'로 주목받았다.

여름의 고시엔대회에서 상위에 오른 고등학교는 가을에 개최되는 국민체육대회에 출전한다. 준우승인 시즈오카쇼교도 물론 출

---

22 주간 정규 수업시간 외에 특별한 시간이나 시기를 이용하여 수업 받는 제도.

전했지만, 재일외국인이 국민체육대회에 출전할 수 있게 된 것은 1981년 시가滋賀 국민체육대회부터였다. 따라서 니우라는 한국 국적이라는 이유로 출전하지 못했다. 당시 니우라는 1학년이었지만, 이미 그때부터 메이저리그도 관련되어 있는 프로 구단의 선수 확보 경쟁이 시작된다. 당시의 드래프트[23] 제도로는 일본의 학교를 나와도 외국인이면 드래프트 대상이 될 수 있었다. 그래서 니우라는 고등학교를 중퇴하고 요미우리 자이언츠에 들어갔다. 이를 계기로, "일본 출생자는 일본인으로 간주하는" 것으로 규칙이 변경되면서 재일외국인도 드래프트 대상이 될 수 있었다.

1966년의 드래프트 회의에서 난카이 호크스가 지명한 야마모토 다다오山本忠男(민족명: 이충남)는 헤이안고 시절인 1962년에 재일교포학생야구단 멤버로 방한했고, 1983년에는 한국 프로야구 삼성의 감독 대행을 맡기도 했다. 드래프트 지명 당시의 국적은 분명하지 않은 부분도 있지만, 1965년의 드래프트 회의 개시부터 니우라가 요미우리 자이언츠에 입단한 1968년 사이 여러 명의 재일코리안 선수가 지명되었다. 재일코리안 선수의 대부분은 '일본인으로 간주되어' 프로야구에 들어갔지만, 니우라의 경우 국민체육대회에 출전할 수 없었던 일을 계기로 외국 국적이라는 사실이 눈에 띄었기 때문에 애매한 제도에 휘둘린 셈이다.

본인의 의사와는 무관하게 한국인임이 밝혀지며 요미우리 자이언츠에 들어간 니우라는, 노골적인 야유와 차별을 견디면서, 결과

---

23 신인 선수를 선발하는 일을 일컫는 말이다.

가 바로 나오지 않아도 계속 그를 기용해 준 나가시마 시게오長嶋茂雄 감독 밑에서 두각을 보이며 요미우리 자이언츠의 에이스로 성장했다. 하지만 1980년대 들어 그간 몸을 혹사해 온 과정들이 누적되어 몸이 말을 듣지 않거나, 에가와 스구루江川卓, 니시모토 다카히西本聖 등의 젊은 세대가 대두하면서 등판 기회가 점차 줄어들었다. 1984년 니우라는 삼성에 입단했다.

한국에서는 국내 원정경기를 비롯해 어디로든 이동할 때면 전용 버스를 이용하지만, 니우라는 혼자 철도로 이동하는 등 언제나 일본에서의 습관과 자신만의 스타일을 고수했다. 그러한 태도에 반발이 있던 것도 사실이나, 1985년에는 25승 6패 5세이브라는 성적으로 삼성의 한국시리즈 우승에 공헌하는 등의 실적을 남겼다. 1990년대 초까지 삼성의 좌완 투수들 중에는 투구 동작을 할 때 등을 늘리며 던지는 니우라와 유사한 폼의 투수가 많아서 그 영향력을 짐작할 수 있었다.

후쿠시와 니우라, 즉 장명부와 김일융은 지금도 계속 언급되곤 하는 명투수이지만, 한국의 프로야구가 한층 성장하면서 이미 전성기가 지난 재일코리안 선수들은 한국에서 주목할 만한 결과를 남기지 못하게 되었다. 투수로는 가나모토 세이키치金本誠吉(민족명: 김성길), 야수로는 다나카 미노루田中實(민족명: 김실)를 끝으로 두드러지는 활약을 보이는 재일코리안 선수는 더 이상 나타나지 않는다.

언더핸드 스로(Underhand throw)[24] 투수 가나모토(김성길)는 한큐 브레이브스 시절에는 9년 동안 1승밖에 거두지 못했지만, 1987년 삼성으로 이적한 뒤로는 1989년에 14승 11패 2무, 1990년에 13승 6패 3무, 1991년에 16승 12패 18무라는 성적을 남겼고, 1989년과 1990년은 올스타전에도 출전했다.

홋카이도 닛폰햄의 외야수였던 다나카(김실)는 1994년부터 2000년까지 삼성, 쌍방울, OB(1999년부터 두산으로 팀명 변경) 세 개의 구단에서 뛰었으며, 1996년과 1998년에는 올스타전에도 출전했다. 파워는 없으나 번트나 주루가 뛰어났던 다나카는, 섬세한 야구를 구사하는 교토 출신의 김성근 감독 밑에서 중용되었다.

이러한 재일코리안 선수는 한국에서 선수 생활을 마친 뒤 일본으로 돌아갔지만, 최일언(야마모토 가즈히코山本一彦)과 송재박(요시모토 히로시吉本博) 두 사람은 한국에 남아 오랫동안 코치로 활약했다.

시모노세키쇼교 고등학교와 센슈대 투수로 활약하고 1984년 OB에 입단한 최일언은 처음에는 한국말을 잘 몰라서 한국 생활을 힘들어했다. 그래서 시즌이 끝나면 일본으로 돌아가서 쉬고, 그러다 보면 다시 야구가 하고 싶어 복귀하는 상태를 초반 몇 년 동안 반복하며 한국에서의 기반을 쌓아 갔다. 1992년에 현역에서 은퇴한 그는 이듬해부터 OB, 한화, SK의 코치를 역임하고, 2021년 도쿄 올림픽에서는 한국대표팀 코치를 맡았다.

난요공업南洋工業 고등학교 출신으로 태평양클럽 라이온즈 및

24 투구법의 하나로, 팔을 어깨 밑에서 위쪽으로 추어올리면서 공을 던지는 일이다.

이를 계승한 크라운 라이터즈·사이타마 세이부 라이온즈를 거쳐, 다이요 웨일스로 이적한 포수 및 외야수 송재박은, 1987년에 자유 계약 선수가 되자 세이부 라이온즈 시절 신세를 진 당시의 구단 관리부장 네모토 리쿠오根本睦夫에게 인사차 전화를 했다. 이때 그는 하리모토 이사오를 소개받았다. 당시 하리모토는 한국 프로야구 기구인 한국야구위원회KBO의 총재특별보좌관 직함을 가지고 있었고 한국 야구계와 강한 유대 관계로 맺어져 있었다. 그러한 하리모토를 통해 송재박은 OB에 입단했다. 송재박은 현역 마지막 해인 1991년에 한국의 태평양에서 뛴 것 외에는, 2017년까지 계속해서 두산(구, OB)의 코치로 일했다.

코치는 원칙적으로 1년 단위 계약이므로, 최일언과 송재박 모두 그렇게 오랫동안 코치를 맡아 온 것은 대단한 일이다. 송재박은 "맡겨진 일을 열심히 했을 뿐입니다."라고 말하지만, 그런 성실함이 평가에 한몫했을 것이다.

②

재일에 깃든 국기國技
축구의 자긍심

◇

축
구
편

이유형에서 이충성까지, 축구 한일전 60년

만약 진다면 현해탄에 몸을 던져라

대부분의 한일전 경기는 '숙명의 대결'로 불린다. 그중에서도 '숙명'이라는 말에 가장 어울리는 종목은 축구이다. 특히 한국인은 이를 강하게 느낀다.

J리그가 시작되기 전 일본에서는 멕시코올림픽 동메달 획득 등으로 일시적인 호응을 얻기는 했어도 축구는 기본적으로 비인기 종목 스포츠였다. 한편, 공 하나만 있으면 경기를 할 수 있고, 몸과 몸이 부딪치는 축구는 경제적으로 빈곤하고 식민지 지배 등 억압의 시대가 이어진 한국에서는 가장 인기 있는 스포츠로 '국기國技'라고도 불렀다.

식민지 시기, 스포츠 경기는 일본과 정면으로 맞붙을 수 있는 유일하다고 해도 좋은 기회였다. 대부분의 스포츠에서는 일본이 우위였지만 가장 인기 있는 축구는 조선 팀이 일본을 압도했다.

지금의 전국 고교축구 선수권대회의 전신인 전국 중등학교 축구대회를 보면, 1928년 제10회 대회에서 평양의 숭실중학이 우승한 것 외에도, 해방 전 마지막 대회였던 1940년 제22회 대회에서는 서울 보성중학이 타의 추종을 불허하는 압도적인 기세로 우승했다.

해방 전 가장 권위 있던 종합 스포츠대회인 메이지진구 체육대회(해에 따라 명칭이 조금씩 다름)에서는, 1935년 경성축구단, 1939년과 1940년 함흥축구단, 1941년 평양일본곡물산업, 1942년 평양병우平壤兵友 팀이 우승하여 조선인을 열광시켰고 일본 동포들에게도 용기를 주었다.

경성축구단 및 함흥축구단의 선수로 메이지진구 체육대회에 출전한 이유형李裕瀅(2003년 사망)은 생전, "메이지진구대회는 민족을 대표하여 나가는 것이니까 반드시 이겨야만 한다고 생각했어요."라고 말했다.

해방 후 독립한 한국이 축구로 일본과 처음 대결한 것은 1954년 3월 7일의 일이다. 하지만 첫 한일전이 실현되기까지는 우여곡절이 있었다.

1954년 6월에 스위스에서 개최된 축구 월드컵 아시아 예선에는 일본, 한국, 중국이 엔트리에 포함되었으나, 중국이 사퇴했기 때문에 한일 간의 일대일 승부가 되었다. 하지만 반일주의자로 알려진 당시 대통령 이승만은 일본과의 경기를 결사반대했다. 한국전쟁은 휴전을 앞두고 있었지만, 사회는 불안정하여 국민들은 힘겨운 생활을 이어 가고 있었다. 그러한 상황에서 오랫동안 식민지 지배로 고통을 안긴 일본과의 축구에서 지기라도 한다면, 국민의 충격이 얼마나 클 것인가 하는 점이 이유였다.

일본과의 대결이 불가능하리라고 예상되던 때, 실현을 위해 나선 사람은 경기축구단이나 함흥축구단의 전 멤버이자, 일본대표로도 선발된 적이 있는 이유형이었다. 당시 경기의 실현을 위해 실질적으로 나설 수 있는 인물은 대한축구협회 이사이자 대한체육회 이사이기도 한 이유형밖에는 없었다.

1953년 4월, 한국 축구대표팀은 동남아시아 원정을 떠났다. 아직 전쟁 중인 한국으로 오려는 팀이 없어서, 국제 경기의 경험을 쌓기 위해서는 직접 밖으로 나가는 수밖에 없었다. 원정에는 1만 4,000달러[1] 정도가 필요했지만, 전쟁으로 경제도 파탄 직전이고 외화의 유출은 엄격히 제한되었다. 따라서 원정 중에 경기를 통해 얻은 수입으로 이를 변제하기로 약속하고 정부로부터 1만 4,000달러를 빌려 일단 원정을 떠났다. 하지만 원정에서 기대되는 수입은 얻지 못하고, 1만 4,000달러는 고스란히 대한축구협회의 빚으로 남았다.

거액의 빚을 떠안은 대한축구협회로서는 국제 경기를 언급할 수 있는 상황이 아니었다. 그래서 상부 단체인 대한체육회의 힘을 빌릴 수밖에 없었는데, 이에 따라 두 단체 모두에서 이사를 맡고 있던 이유형의 힘이 필요해졌다. 사실 이유형은 한국대표팀이 동남아시아 원정을 위해 출발하기 전부터 한일전 실현을 위해 움직

---

1 현재 가치로는 약 14~15만 달러에 해당한다.

이고 있었다.

1953년 2월, 이유형은 도쿄 오차노미즈お茶の水의 이노우에 안과에서 치료를 받기 위해 일본을 방문했다. 그때 이유형은 일본에 대한체육회 지부를 만들기 위해 규약 등을 지참하고 있었다. 이유형은 말한다. "어찌되었든 커다란 목적은 일본에 오는 한국 선수들을 도와주기 위한 것이었습니다. 한국 선수에 대한 재일코리안의 조력은 대단히 컸으니까요."

이후에 자세히 말하겠지만, 재일코리안 사회에서는 이미 스포츠 활동이 활발했고, 1948년의 런던올림픽이나 1952년의 헬싱키올림픽에서는 재일코리안이 전면적으로 한국대표팀을 후원해 주기도 했다. 한국전쟁으로 피폐해진 한국에서는 재일코리안의 힘이 어떻게든 필요했다. 재일 사회에 본국 체육회의 정식 지부가 생기고 한국의 전국체육대회에 재일코리안이 출전할 수 있게 되면서, 본국과 재일코리안 사이에 좀 더 본격적인 교류가 가능해졌다.

일본에는 이유형의 동생인 주오中央 대학 축구부 출신 이유철李裕哲이 있었다. 이유형은 동생 유철을 만나, 대한체육회 일본지부를 만들고 그와 동시에 "월드컵 예선에서 일본과 시합을 할 테니 협력해 달라."고 부탁했다.

이유철은 같은 주오대 축구부 출신의 김동춘金東春 등에게 부탁하여, 우선은 대한체육회 일본지부 결성을 위해 동분서주했다. 그렇게 1953년 5월 5일, 그때까지의 재일 스포츠 활동을 발전시키는 형태로 재일체육회가 탄생했다. 회장은 국교정상화 전의 대사관 역할을 하던 주일한국대표부의 참사관 유태하柳泰夏, 부회장은 조사이城西택시 사장 신희辛熙였다.

이해 가을 서울에서 개최된 한국의 전국체육대회에 재일체육회는 축구 종목에만 선수단을 파견했다. 이에 대해서는 후술하겠지만, 신희 등 재일체육회 간부는 대회가 끝난 후에도 서울에 남아 축구 한일전을 실현하기 위한 활동을 활발히 전개했다.

일본에서 온 동포들을 대한체육회 간부들은 열렬히 환영했다. 왜냐하면 당시 이사장 정상희鄭商熙가 하코네 역전경주에 참가한 적 있는 메이지대 출신의 장거리 주자였던 것을 비롯해, 대한체육회에는 일본 유학 경험자가 다수 있었기 때문이다.

재일체육회의 신희 등이 한일전 실현을 위해 교섭을 거듭한 상대는 당시 대한체육회 회장 이기붕이다. 이기붕은 아들을 이승만의 양자로 보내는 등, 이승만의 측근 중에서도 최측근으로 1960년 학생혁명으로 이승만 대통령이 하야하자 가족이 동반 자살한 인물이다. 그만큼 이승만과 가까운 존재였으므로 일본과의 경기를 반대하는 이승만을 설득할 수 있는 인물은 이기붕밖에 없었다.

신희와 함께 활동한 당시 재일체육회 상무이사 김세기金世基는 이렇게 회상한다.

"이기붕 선생이 계신 곳에 열세 번 정도 갔습니다. 신희 씨는 말솜씨가 좋고 파격적인 사람이었기 때문에 선생은 신희 씨의 얼굴을 보는 것만으로도 와하하 하고 웃으시는 것 같았어요. '선수들의 일본 체재비는 전혀 필요 없습니다. 또한 대한축구협회의 부주의로 인한 책임도 재일체육회가 대신 지겠습니다'라고 말하며 설득했지요."

재일체육회는 한국 선수단의 일본 체재비는 물론, 동남아시아 원정에서 대한축구협회가 진 약 1만 4,000달러의 빚까지도 모두 대신 지불할 것을 약속하며 설득을 했다. 신희 일행의 요청을 받아들인 이기붕도 이승만을 설득했다. 그 결과, 일본인이 한국에 상륙하는 것은 허용되지 않았지만 일본에서 경기를 하는 것은 승낙을 받았다. 홈 앤드 어웨이[2] 원칙을 버리고, 두 경기 모두 어웨이로 일본에서 하는 조건이었다.

대통령의 최종 허가를 얻기 위해 대한체육회 회장 이기붕, 이사 이유형, 그리고 재일체육회의 신희 등은 경무대에서 이승만과 면담했다. 신희는 이승만에게 호소했다. "일본에는 백만의 동포가 있습니다. 일본과의 시합이 백만 동포의 사기에 미치는 영향은 정치적으로 말하면 돈으로 대신할 수 없는 것입니다."

당시는 아직 총련 결성 전이지만 재일 사회에서는 북한을 지지하는 좌익 진영이 우세했다. '정치적'이라는 것은 바로 이를 말한다.

함경남도 출신의 신희는 해방 직후, 공산 세력에 의해 다리에 총을 맞아 다리를 질질 끌다시피 하며 북위 38도선을 넘어 남한에 들어온 뒤에, 한국에서는 수술을 할 수 없어서 일본으로 건너간 인물이다. 그는 확고한 반공주의자였다. 원래 반공주의자였던 이승만은 한국전쟁을 거치며 그 사상을 보다 강고하게 다지고 있었다. 따라서 이승만은 신희의 말에 크게 동의했다. 그리고 이승만은 대한축구협회 이사이기도 한 이유형에게 말했다. "가도 좋지만, 책임은 지게. 만약 진다면 현해탄에 그대로 몸을 던지게."

이유형도 각오를 굳히고 대답했다. "반드시 이길 테니 걱정 마

---

2 자기의 홈 그라운드에서 상대를 맞아 경기한 다음, 같은 상대의 홈 그라운드에 가서 그 상대와 경기를 하는 방식이다.

십시오." 이렇게 하여 1954년 3월에 첫 한일전 개최가 결정되었다.

역도산도 참가한 모금 활동

이유형은 한국대표팀 감독도 맡기로 했다. 일본대표팀 감독은 아시아·태평양전쟁 전부터 감독을 맡고 있던 다케노코시 시게마루竹腰重丸였다. 전전의 일본대표팀 선수였던 이유형은 다케노코시와는 친한 사이였다. 일본대표팀 시절의 추억을 이유형은 이렇게 말한다.

"다케노코시 씨는 매우 엄한 분이었지만, 나를 좋게 생각해 주었고 연락도 자주 왔습니다. 나와 다케노코시 씨는 서로 일본식 축구를 배우고, 한국식 축구를 가르친 사이입니다."

이때의 한국대표팀 코치였던 배종호裵宗鎬는 전전 와세다대 주장을 맡은 인물로, 같은 선수로서 출전하는 박규정朴奎禎, 민병대閔丙大와 함께 전전에는 일본대표로 뛰고 있었다. 또한, 한국대표의 에이스 스트라이커 최정민崔貞敏은 북한의 인민군 병사로 한국전쟁에 참전했다가 한국 쪽으로 탈주한 인물이다.

이때의 멤버로는 재일코리안인 이석의李錫儀도 참가했다. 이석의는 주오대 선수로, 일본축구협회 전 회장인 나가누마 겐長沼健과는 동료 사이였다. 2008년에 별세한 나가누마는 생전 이석의에 대해, "드리블이 뛰어나고 하체가 강한 선수였다."고 회상했다.

또한 이석의의 누나가 긴자銀座에서 다이쇼엔大昌園이라는 불고기 식당을 했는데, 그곳은 일본인이건, 한국을 지지하는 사람이건,

북한을 지지하는 사람이건, 국적이나 이데올로기에 상관없이 축구를 사랑하는 젊은이들이 모이는 장소가 되었다.

선수단 단장은 본래 축구 관계자가 맡도록 되어 있었지만, 최초의 한일전은 대한체육회 주도로 진행되었기 때문에 대한체육회 회장이자 메이지대 출신인 정상희가 맡았다.

한편, 대한축구협회의 빚을 포함한 선수단의 체재비 일체를 맡게 된 재일체육회는, 신희를 사무국장으로 하는 재일본후원회를 설립하여 모금활동 등 선수단을 맞이할 준비를 했다. 그때 신희와 함께 실질적인 진두지휘를 맡은 것은 재일체육회 부회장 정건영鄭建永이다.

마치이 히사유키町井久之라는 일본명을 가진 정건영은, 당시 '긴자 호랑이'로 불리며 나중에 폭력단 동성회東聲會가 되는 불량배 조직을 이끌고 있었다. 오랫동안 정건영 밑에서 행동을 함께해 온 김세기는 이렇게 말한다.

"신바시新橋의 암시장 같은 곳에서 여러 트러블이 있었어요. 조련(재일본조선인연맹) 계열에, 한국계에, 그리고 일본의 야쿠자까지 얽혀 있었지요. 거기서 이런저런 비참한 일이 있었던 겁니다. 그것을 우리 사장(정건영)이 중재해서 동성회가 만들어진 것이지요."

상세한 것은 후술하겠지만 해방 직후, 좌익 세력인 조련과 지금의 민단으로 이어지는 한국계 단체의 대립과 충돌은 끊임없이 반복되고 있었다.

재일체육회 전 회장 김영재金英宰는, 생전의 정건영으로부터 다음과 같은 말을 들었다고 한다.

"나는 야쿠자가 되고 싶어서 된 건 아닐세. 전후 암시장에서 밥을 먹지 못하고 여러 가지 일들을 하다 보니, 전장에서 돌아온 귀환병 녀석들이 전부다 나한테 달라붙지 뭔가. 그것이 점차 발전해서 조직이 된 걸세. 환경이 그렇게 만든 거야."

폭력 조직은 어떤 이유가 있어도 용인해서는 안 된다. 하지만 아시아·태평양전쟁 종전 후 일본에 그러한 조직이 형성된 역사적 배경은 파악할 필요가 있다.

정건영은 1966년에 동성회를 해산하고 동아상호기업이라는 회사를 세워 사업가로 변모한다. 동성회 시대이든 동아상호기업 시대이든, 그의 조국과 스포츠에 대한 정열은 대단한 것이었다. 적어도 1970년대까지는 정건영 없이 한국의 스포츠를 이야기할 수 없을 정도로 그 영향력은 대단했다.

최초로 열리는 한일전의 모금활동에는 프로레슬러로 데뷔한 지 얼마 안 된 역도산力道山도 오사카 공연 때에 수십만 엔이라는 금액을 기부했다. 뿐만 아니라, 한국전쟁에 따른 조선특수로 급성장한 오사카의 사카모토방적阪本紡績 사장인 서갑호徐甲虎와의 면회에도 함께했다. 한일전을 앞두고, 서갑호나 롯데의 신격호辛格浩(일본명: 시게미쓰 다케오重光武雄)처럼 부유한 인물은 물론, 그렇지 않은 많은 사람들이 해방 후 처음으로 일본과 경기를 하는 선수단을 맞이하기 위해 자금을 댔다. 이로써 선수단의 체재비는 물론 대한축구협회의 빚까지도 재일코리안들이 모은 자금으로 충당할 수 있었다.

그리하여 1954년 3월 1일, 한국 선수단이 도쿄에 도착했다. 다음날 한국대표팀 감독 이유형은 동생 이유철의 안내를 받아 정건영을 만났다. 정건영은 이유형에게 "자금은 이렇게 기부를 할 테니

자금에 대해서는 이런저런 생각하지 말고 어찌됐든 이겨 주게."라고 말하며 50만 엔을 건넸다. "그렇게 용기를 북돋워 주었습니다."라고 이유형은 회상한다.

3월 7일, 메이지진구가이엔明治神宮外苑 경기장(훗날의 국립 가스미가오카霞ヶ丘 경기장)에서 역사적인 첫 한일전이 열렸다.

이날 경기장의 그라운드 상태는 최악이었다. 경기 3일 전 도쿄에 큰 눈이 내려 쌓여 있었다. 어떻게든 제설은 했지만, 진흙탕처럼 된 그라운드에는 눈이 녹은 차가운 물이 고여 있고 살얼음이 깔려 있었다. 최악의 그라운드 컨디션에 한국대표팀 감독 이유형은 옛 지인인 일본대표팀 감독 다케노코시 시게마루에게 시합 연기를 요청했지만 일정상 시합은 강행되었다.

경기 전, 기미가요君が代와 함께 한국의 애국가가 연주되었다. 그것을 들은 이유형은 '우리나라도 드디어 독립했다'는 현실을 실감했다. 메이지진구가이엔 경기장은 전전의 메이지진구 체육대회나 일본대표 경기에서 몇 번이고 경험한 바 있었다. 하지만 태극기가 걸리고 국가가 연주되는 것은 상상할 수 없는 일이었다. 그만큼 감개무량했다.

어쨌든, 경기장의 컨디션은 나빴지만 오히려 이는 완전히 일본 측에 재해로 작용했다. 후방의 선수들은 슬라이딩을 하며 한국의 공격을 온몸으로 막았지만, 얼음물처럼 차가운 물을 몸 전체로 뒤집어쓰며 체온을 빼앗긴 탓에 거의 동사 상태나 다름없었다. 당시 규정으로는 선수 교체가 허용되지 않았던 데다가, 갈아입을 유니폼도 준비되어 있지 않아서 너무나 추운 나머지 일본 선수들의 움직임은 완전히 멈춰 버렸다.

한편 한국 팀은 추위에는 적응이 되어 있어서 등에서 훈기를 뿜어 내며 일본의 골대를 맹폭했다. 시합은 나가누마 겐의 선제골이 터져 일본이 앞서나갔지만 그 후 한국의 일방적인 페이스로 한국이 5대 1로 역전승했다. 응원객도 일본보다 한국 쪽이 훨씬 많았다. 게다가 북한을 지지하는 사람들도 이때만큼은 같은 민족으로서 한국을 응원했다.

일주일 후에 같은 장소에서 실시된 2차전은 2대 2로 끝났지만, 1승 1무로 한국이 승리하여 월드컵 첫 진출을 결정지었다. 그날 밤 신주쿠에서는 한국 선수단과 재일코리안들의 축하연이 성대히 열렸다. 이는 3월 16일자 『동아일보』에 「해방 후 처음의 환희—한일 축구 결승에 눈물의 재일동포」라는 기사로 보도되었다. 한국으로 돌아온 이유형은 '아아, 살아 돌아왔구나'라고 실감했다.

당시 한국대표였던 사람들에게 이야기를 들어 보면 대부분은 이렇게 대답했다. "일본에 이겼다는 것은, 자신감이라기보다는 자긍심이지요." 축구로 일본을 이긴다는 것은 식민지 지배로 빼앗긴 민족의 자긍심을 돌려받는 것이나 다름없었다.

하지만 축구에서 한국과 일본이 대결의 역사만 만든 것은 아니다. 후에 다케노코시 시게마루가 방한했을 때, 이유형 외에 1936년 베를린올림픽에 조선 출신으로 유일하게 일본대표로 출전한 김용식金容植, 그밖에 배종호, 민병대 등 일본대표였던 사람들이 다케노코시에게 감사의 마음을 전하기 위해 반지를 선물했다. 갑작스런 선물에 다케노코시는 "일본에서도 이런 걸 받아 본 적이 없는데. 고맙네." 하고 말하며 눈물을 흘렸다.

식민지 시기 그들은 분명 일본대표로 뛰는 것에 대해 복잡한 마음이 들었을 것이다. 하지만 이유형은 "모두 스포츠를 사랑하는 사람이었기 때문에 선수들 사이에서는 차별은 없었습니다." 하고 말한다. 그리고 1954년 3월의 한일전을 계기로, 독립한 국가끼리 자존심을 건 대결과 교류의 역사가 시작되었다.

월드컵 공동 개최로 전환기를 맞은 한일관계

월드컵 본선에서 한국은 헝가리에 0대 9, 튀르키예에 0대 7로 완패하고, 체력적으로도 전술적으로도 세계와의 격차를 실감했다. 1956년 제1회, 1960년 제2회 아시안컵을 제패하며 아시아 최강임을 과시하기도 했지만 이후 세대교체가 제대로 이루어지지 않아 쇠퇴의 시기를 맞게 되었다.

한편 일본은 도쿄올림픽을 앞두고 서독에서 데트마어 크라머 Dettmar Cramer를 코치로 영입하여 급속히 실력을 키워 나갔다. 그리고 1968년 멕시코올림픽에서는 가마모토 구니시게釜本邦茂, 스기야마 류이치杉山隆一, 모리 다카지森孝慈라는 멤버를 앞세워 동메달 획득의 쾌거를 거두었다.

하지만 도쿄 국립 가스미가오카 경기장에서 열린 멕시코올림픽 아시아 예선에서 한국과 일본은 3대 3으로 비겼다. 이때 한국대표팀에는 훗날 국가대표 감독이 되어 한국을 월드컵으로 이끄는 김정남, 이회택, 김호 등이 포함되어 있었다.

바둑이 취미인 와세다대 출신의 모리 다카지와 고려대 출신의 김정남은 와세다대와 고려대의 정기전을 통해 친분을 맺어 왔다.

훗날 1985년 10월에 열린 멕시코월드컵 아시아 최종 예선에서는 감독으로 서로 대결하게 된다.

한국의 공격력을 경계하는 일본을 상대로 한국은 일부러 공격권을 내주었다. 일본의 공격으로 생기는 허점을 한국이 놓치지 않아 도쿄 국립 가스미가오카에서 열린 시합은 2대 1로 한국이 승리했다. 서울 잠실스타디움에서 열린 2차전도 한국이 1대 0으로 연승하여, 1954년 스위스월드컵 이후 첫 월드컵 출전권을 따냈다. 한국은 1986년 멕시코월드컵에서부터 2022년 카타르월드컵까지 연속해서 월드컵 본선 진출을 이뤄 냈다.

한국은 1983년에 프로리그가 출범했고, 한국 프로축구의 저력을 실감한 일본은 본격적으로 프로화를 추진했다. 그리고 1993년 축구 J리그가 탄생하여 공전의 축구 붐이 일어났다.

그해 카타르 도하에서 열린 미국월드컵 아시아 최종 예선으로 열린 한일전에서 일본은 미우라 가즈요시三浦和良의 골로 1대 0으로 한국에 승리했다. 일본이 월드컵 예선에서 한국에 거둔 첫 승이었다.

한일전 패배 다음 날인 1993년 10월 26일자 『스포츠서울』은, 「망신」이라는 제목으로 보도를 하며 이렇게 적었다. "한국인은 오랫동안 일본에 대해 하나의 커다란 자긍심을 가지고 있었다. 다른 것은 그렇다 치더라도, 축구만큼은 일본에 지지 않는다는 것이다."

일본에 진 충격은 그만큼 컸다. 하지만 3일 후 분위기는 일변한다. 최종 이라크전에서 이기기만 하면 비원의 월드컵 첫 진출이 결정되는 일본은 경기 내내 리드하다가 추가 시간에 동점으로 쫓기면서,

거꾸로 한국이 월드컵 진출을 결정짓게 되었다. 이른바 일본에서 일컫는 '도하의 비극'이고, 한국에서 일컫는 '도하의 기적'이었다.

당시는 2002년 월드컵 개최지가 FIFA(국제축구연맹) 회장 주앙 아벨란제로부터 지지를 받고 있던 일본으로 결정되리라고 예상되던 때였다. 하지만 이 '도하의 기적'으로, 한국 내에서는 '올림픽도 만국박람회EXPO도 아시아 최초는 모두 일본이었지만 축구 월드컵만큼은 일본에 양보할 수 없다'는 여론이 끓어올랐다.

그리고 매우 드문 격렬한 유치 경쟁의 결과, 1996년 5월 31일, 2002년 월드컵은 한일 공동 개최로 결정되었다. 공동 개최가 결정될 당시, 재일체육회 회장 김영재는 이 결정으로 인해 기대하는 것이 있었다고 한다.

"공동 개최는 아주 좋은 것이라고 생각했습니다. 왜냐면 우리 재일코리안은 대부분 일본에 영주한다는 생각을 가지고 있지, 돌아간다는 생각을 하지는 않습니다. 우리들이 무엇을 할 수 있는가를 생각하면, 양국의 가교 역할 이외엔 없습니다. 좋은 기회였어요. 어느 한쪽만 성공한다고 하면 성공이라고 할 수 없지요. 공동 주최가 아니라 공동 개최이지 않습니까."

1997년 9월 28일 도쿄 국립 가스미가오카 경기장에서 열린 프랑스월드컵 아시아 최종 예선 한일전에서는 재일체육회와 재일한국청년회가 중심이 되어 "함께 가자, 프랑스로"라고 쓰인 현수막을 걸었다. 이 경기는 일본이 역전패하여 궁지에 몰렸지만, 11월 1일에 서울 잠실스타디움에서 열린 한일 2차전에서는 한국의 서포터들이 같은 현수막을 걸었다. 월드컵 출전을 조속히 결정짓고 여유가 있기도 했지만, 한국의 서포터들은 2대 0으로 일본이 승리했음에도

"닛폰! 닛폰!" 하고 성원을 보냈다. 이때, 일본축구협회 회장으로 공동 개최라는 '씁쓸한' 선택을 했던 나가누마 겐은, '한국과의 공동 개최는 분명 잘될 것이다'라고 확신했다고 한다.

일본이 월드컵 첫 진출을 이뤄 내고, 처음으로 한일 동시 출전을 이룬 1997년 프랑스월드컵에서 재일체육회는 일본인과 한국인이 상대방 국가를 함께 응원하자는 공동 응원을 기획하여 실행했다. 일본인 72명, 재일코리안이 주축이 된 한국인 57명으로 구성된 공동응원단은 일본 대 자메이카, 한국 대 벨기에 경기를 서로 응원하며 일본과 한국, 재일코리안과 일본인 사이에 교류의 폭을 넓혔다. 또한 재일체육회를 중심으로 모금활동을 벌여 약 3억 엔을 한일 양국의 대회조직위원회에 기증했다.

2002년 월드컵은 대회 명칭에 관한 문제 등도 있었지만, 월드컵 사상 최초의 공동 개최, 게다가 역사 문제 등으로 응어리가 남은 일본과 한국의 공동 개최였음을 생각해 보면, 대회가 무사히 끝난 것만으로도 대성공이었다고 할 수 있다. 특히 월드컵 공동 개최를 계기로 한일관계는 극적으로 변화했다. 그러한 한일 공생 시대를 상징하는 히어로가 2011년 1월 출현한다.

영웅을 만든 혼신의 발리슛

2011년 1월 29일, 도하에서 열린 축구 아시안컵 결승전. 일본 대 호주 경기 연장전 후반 40분, 이충성의 발리슛에 일본 전역이 숨죽인 끝에 환호를 터뜨렸다.

시합 후 이충성은 "내가 영웅이 된다, 영웅이 된다, 하고 스스로 되뇌며 피치를 올렸습니다." 하고 말했다. 부정적인 생각이 강한 오늘날 일본에서는 보기 드문, 자신감에 찬 강렬하고도 긍정적인 말이었다. 하지만 이는 거기까지 이르는 동안 그가 거쳐 온 고난의 증거이기도 했다.

1985년 도쿄 다나시田無시(현 니시도쿄시)에서 재일 4세로 태어난 이충성은 초등학교 시절을 민족학교에서 보냈다. 그리고 한편으로는 지역 클럽에서 축구를 하며 재능을 키워 나갔다. 아버지 이철태李鐵泰도 요코하마 플뤼겔스의 전신인 요코하마 트라이스타 사커 클럽 등에서 활약한 선수였다. 어머니 쪽 친척으로 전설적 강호였던 재일조선축구단의 에이스로 활약하고 북한 대표로도 뽑혔으며 이와타磐田 주빌로 등의 J리그 팀에서도 뛰었던 김종성金鍾成이 있다.

그 지역 팀인 고미네FC, 요코가와전기横河電氣(현 요코가와 무사시노FC)의 주니어 유스, FC도쿄의 유스팀을 거쳐, 2004년에 FC도쿄의 톱 팀으로 올라간 이충성은, 같은 해 U-19 한국대표팀 후보로 선발되어 대표팀 합숙에 참가했다.

가슴 가득 희망을 안고 참가한 한국대표 합숙에서 이충성이 느낀 것은 소외감이었다. 합숙 중에는 재일코리안을 멸시하는 '반쪽발이'라는 말을 듣는 등 냉랭한 공기를 느꼈다.

일본으로 돌아온 이충성은 FC도쿄에서 가시와 레이솔로 이적하여 스트라이커로서 진가를 발휘했다. 또한 득점력 부족으로 고민하던 베이징올림픽 일본대표팀(23세 이하)의 소리마치 야스하루反町康治 감독은 이충성에게 관심을 보였다.

올림픽 대표가 되기 위해서는 일본 국적을 취득해야만 한다. 이충성은 고민에 고민을 거듭했다. 그리고 한국 동남부에 있는 선조의 묘를 참배하고 돌아온 뒤 일본 국적을 취득하기로 결심했다. 단, 일본명 오야마大山가 아닌, 민족명인 '이李'라는 성을 가지고 귀화했다.

스포츠 선수가 일본에 귀화하는 일은 지금은 드문 일이 아니다. 진위가 분명치 않은 소문 수준의 이야기까지 포함하면, 일본으로 귀화한 재일코리안 선수도 꽤 있다고 한다. 그러나 본명으로 뛰고 있던 재일코리안이 본명 그대로 일본에 귀화한다는 것은 이례적인 일이었다.

이충성 스스로 "두 개의 길이 있음을 보여 주고 싶다."라고 말한 것처럼, 재일코리안의 새로운 삶의 방식을 모색한 결과였다. 이충성의 선택에 대해서는 재일 사회에서도 일본인 중에서도 부정적인 의견이 많을 것이다. 이충성은 그러한 비판을 각오하며 자신의 인생을 열어 가기로 했다.

베이징올림픽에서는 왼쪽 무릎을 다쳐 자기만의 플레이를 맘껏 펼치지는 못했다. 무리를 하며 경기를 뛰다가 왼쪽 무릎 반월판 연골에 부상을 입고 수술을 받았다. 그 후 히로시마로 이적했지만 출전 기회까지 얻지는 못했다. 하지만 2010년 9월 히로시마의 에이스 사토 히사토佐藤壽人의 부상으로 찾아온 기회를 이충성은 놓치지 않았다.

일본대표로 뽑힌 아시아컵에서도 내내 출전 기회를 얻지 못하던 그는 결승전 연장 전반 9분부터 출장하여 통쾌한 발리슛으로 우승을 결정지었다. 물론 운도 따랐을 것이다. 하지만 운은 노력을 거듭해서 쌓은 실력과 집념이 없으면 찾아오지 않는다. 혼을 실은 이충성의 발리슛은 일본 축구 역사에서 '비극'의 땅이었던 도하를 영광의 땅으로 바꾸어 놓았다.

2011년 8월 10일, 삿포로돔에서 열린 한일전에 이충성은 선발로 출장했다. 한일전은 이충성이 어렸을 때부터 동경해 온 무대였다. 그 경기에서 이충성은 가가와 신지香川眞司에게 힐패스[3]로 선제골을 어시스트하고, 3대 0으로 일본이 승리하는 데 기여했다.

한편, '이李'라는 성을 가진 선수가 일본대표가 되는 일은 식민지 시기에도 있었다. 최초의 한일전을 실현하기 위해 분주했던 이유형은 일본대표가 되었다. 물론 자신의 의지로 일본대표가 된 이충성과는 같은 일본대표라 하더라도 크게 다를 것이다. 그렇지만 피지배민족으로서 어쩔 수 없이 일본대표가 된 이유형도 일본인 감독 다케노코시 시게마루 등과는 견고한 신뢰 관계를 쌓고 있었다. 그렇다고 자기 의지로 일본대표에 선발된 이충성이라고 해서 결코 뿌리가 되는 땅을 소홀히 여기는 것은 아니었다. "일본도 한국도 모두 자랑스럽게 생각하고 있다."라고 하는 이충성의 말에서 거짓됨은 찾아볼 수 없었다.

---

3 축구에서 발뒤꿈치로 하는 패스.

고라쿠엔 구장에서 개최된 국제 축구 경기

훈련부장 오야마 마스타쓰, 혹은 최영의

재일코리안이 만들어 나간 축구 이야기의 배경을 아시아·태평양전쟁 종전 직후의 일본으로 되돌려 보자.

오늘날 재일체육회로 이어지는 전후의 재일코리안 스포츠 활동은 1945년 11월에 결성된 조선건국촉진청년동맹(건청) 체육부로부터 시작된다. 초대 부장으로는 도쿄 YMCA의 체육주사였던 채수인蔡洙仁이 취임했다.

종전 직후 일본에는 조국으로의 원활한 귀국이나 생활 지원, 조국 독립에의 기여 등을 목적으로 하는 재일코리안 단체가 속속 결성되었다. 그러한 단체가 대동단결하여 재일본조선인연맹(조련)을 설립했다.

1945년 10월 15일, 히비야공회당에서 개최된 결성대회 1일차에는 좌우 이데올로기에 관계없이 재일본조선인연맹의 결성이 만장일치로 결의되었다. 하지만 거기에 앞선 10월 10일, GHQ[4]의 지시에 따라 공산주의 운동의 지도자 김천해金天海가 일본공산당의 도쿠다 슈이치德田球一, 시가 요시오志賀義雄 등과 함께 도쿄 후추府中 형무소에서 출소하면서, 좌익 측이 세력을 확장하고 있었다.

료코쿠兩國 공회당으로 장소를 옮겨 열린 대회 2일차에 좌우 대립이 결정적으로 일어났다. 대의원으로 그곳에 있었으며 재일학도의용군동지회 회장을 맡기도 한 이봉남李奉男은 이렇게 회상한다.

“니가타新潟인지 돗토리鳥取인지 후쿠이福井인지 어느 지역의 대의원이었다고 생각되는데, 단상을 가리키며 ‘여기 앉은 자 중에 친일파가 있다’, ‘반동분자가 있다’, ‘매국노가 있다’라고 말하며 권일權逸 씨 등을 쫓아냈지요. 권일 씨는 도망치느라 정신없었어요.”

후에 민단 중앙단장과 한국 국회의원을 역임한 권일은, 전전 만주국 재판관이었던 인물로, 조련에서는 준비위원회 부위원장으로 취임했다. 이때 회장을 빠져나온 우익 진영 젊은이들이 모여 결성한 것이 조선건국촉진청년동맹(건청)이었다. 건청은 민단의 모체 중 하나이다.

건청에는 체육부 외에 훈련부가 있었는데 훈련부 부장으로 최맹호崔猛虎라는 이름이 기록에 남아 있다. 이 최맹호라는 이름을 쓴 인물의 본래 한국명은 최영의崔永宜이다. 『가라테 바카 이치다

4 General Headquarters. 1945년 10월 2일부터 1952년 4월 28일까지 일본에 있었던 연합국 최고사령부를 말한다.

이空手バカ一代』[5] 등으로도 알려진 극진(교쿠신)가라테極眞空手의 창시자 오야마 마스타쓰大山培達다. 건청의 훈련부장이란 말하자면 군사훈련 책임자였다.

재일 사회의 최대 세력인 조련은 건청을 적대 세력으로 간주하고, 1945년 11월 29일에는 조련의 전투부대가 간다神田 진보초神保町에 있던 건청 사무소를 습격했다. 사건은 주민의 통보로 쫓아온 MP(미군 헌병)에 의해 수습되었지만, 다음 날 곤봉, 죽창 따위로 무장한 조련이 트럭 두 대에 나누어 타고 건청을 습격했다. 이른바 '간다의 시가전'이었다.

건청은 인원수로는 압도적인 열세였으나, 어떻게든 견딜 수 있었던 것은 최영의(오야마 마스타쓰), 그리고 훗날 폭력단 동성회를 조직하는 정건영(마치이 히사유키) 등이 있었기 때문이다.

그런데 오야마 마스타쓰에게 가라테를 가르친 것은 조영주曺寧柱라는 인물로, 그는 리쓰메이칸立命館 대학 출신의 고주류 가라테剛柔流空手 달인이었다. 조영주는 이시와라 간지石原莞爾가 창설한 '동아연맹'의 열렬한 신봉자였다. 제국일본이 세운 괴뢰국 만주국에서 '민족협화' 등을 주창한 이시와라는 조선에도 신봉자가 많았다. 조영주와 더불어 정건영도 그중 한 사람이었다. '동성회'라는 이름도 '동아연맹'에서 따온 것으로 원래는 우익단체였다.

---

5 1971년부터 1977년까지 『주간소년매거진週刊少年マガジン』(講談社)에 연재된 일본 만화와 이를 원작으로 한 TV 애니메이션, 영화 등을 말한다. 이야기 초반부가 극진가라테의 창시자 최영의(오야마 마스타쓰)의 일대기로 시작된다.

건청 대 조련의 축구 경기

조련과 건청 사이의 대립은 수습 곤란한 진흙탕 속으로 빠져들고 있었다. 그러던 중 건청 부위원장 서종실徐鐘實이 조련의 습격을 받고 납치되는 사건이 발생했다. 그 모습을 이봉남은 이렇게 증언한다.

"서종실이 두들겨 맞고 피를 흘린 채 붙잡혀 갔는데 그 행방을 알 수가 없었어요. 히비야의 삼신빌딩(2007년 철거) 근처에 있던 빌딩(구 아사히생명 빌딩)에 미군 헌병대 본부가 있었는데, 메이지대를 나온 권혁황權赫晃과 이유천李裕天(훗날 민단 중앙단장)이 영어를 잘하니까 그곳에 가서 사정을 설명하고는 찾으러 간 거죠. 찾다 보니, 한 트럭 안에 관 같은 것이 있길래 열어 보니까 서종실이 밧줄에 묶여 있는 거예요."

건청은 GHQ와 관계가 깊었다. 그들을 이어 준 것은 '함咸'씨 성의 대위와 '손孫'씨 성의 소좌 등 미군에 소속된 한국계 미국인이었다. GHQ와의 교류 증거로, 건청은 1946년 5월 14일과 15일, 고라쿠엔後樂園 구장에서 연합국군과의 국제축구대회를 개최했다. 대회에 참가한 것은 영국군, 소련군, 재일중국인, 그리고 건청이었다. 당시 미국에서 축구는 그다지 인기가 없어 참가하지 않았다. 일본의 참가는 GHQ의 명령으로 보류되었다.

건청 체육부장으로 대회 실현을 위해 분주했던 채수인은 생전, 그리운 듯이 이렇게 말했다.

"해방에 대한 감사와 친선을 목적으로 고라쿠엔 구장의 외야에서 시합을 했어요. 관중도 많았고, 일본 정부로부터 간식을 배급받기도 했습니다. 고라쿠엔 구장에서 축구를 한 것은 우리가 처음이 아니었을까요. 지금 생각해 보면 감개무량합니다."

이 대회에서는 영국이 우승했다. 영국 등 외국 함대가 일본에 들를 때면 건청과 축구 경기를 했다. 또 건청은 구소련과 6인 배구 경기도 했다. 정확한 자료는 없지만 이 경기가 일본에서 최초로 열린 6인 배구였을 가능성이 높다.

피로 피를 씻을 정도로 거친 무력 충돌을 거듭하고 있던 건청과 조련이었으나, 젊은 사람들끼리는 축구 시합을 하는 등 교류도 있었다. 1946년 가을 무렵, 보통 사카모토坂本라고 불리던 건청 멤버 김광선金光宣이 소를 끌고 건청 훈련소에 나타났다. 모두가 "그거 어디서 난 거야?" 하고 묻자, 김광선은 "축구 경기에서 이겼거든." 하고 대답했다.

이봉남은 말한다. "사카모토는 축구선수였어요. 아라카와荒川 하천부지인가 하는 곳에서 소를 걸고 조련과 축구 경기를 해서 이긴 거지요. 다 함께 소를 잡아 먹었어요. 정치적인 윗사람들이라면 그렇지 않았겠지만 축구를 좋아하는 녀석들이니까 같이 축구도 하고 그랬던 겁니다."

축구선수였던 사카모토는 1947년 4월 26일, 건청의 동료들에게 살해되었다. 당시 건청에는 일본 정부로부터 '맥주권'6이 배급되었는데, 사카모토가 그 반 가까이나 가지고 있어 멤버들 사이에 불

---

6 전시 중의 통제 경제로 1941년에 가정용 맥주를 미리 배부된 표와 교환하는 제도가 실시되었다. 전후에도 배급 제도가 당분간 계속되었지만 진주군용이 우선이었기 때문에 1946년에서 1947년에 걸쳐 일본인에게 1인당 연간 14병의 배급이 이루어졌다.

만이 거세지고 있었다. 그 불만이 방아쇠가 되어 결국 린치로 발전하여 죽음에까지 이르른 것이다. 경찰력이 강화되기 이전, 질서보다는 힘이 통하는 시대의 비극이었다.

재일코리안이 시작한 주오 대학 축구부의 '전후戰後'

멕시코올림픽에서 동메달을 획득한 일본 축구대표팀 감독이자 전 일본축구협회 회장 나가누마 겐, 멕시코올림픽에 선수로 참가하여 동메달을 딴 가마타 미쓰오鎌田光夫, 구와하라 야스유키桑原樂之, 야마구치 요시타다山口芳忠, 오기 아리타쓰小城得達, 거기에 가네다 노부토시金田喜稔, 후쿠다 마사히로福田正博, 나카무라 겐고中村憲剛를 비롯하여 수많은 일본대표 선수를 배출한 주오 대학 축구부. 그 영광스런 축구부는 종전 직후, 부원이 부족하여 해체 직전이었다. 그러한 위기에서 주오대 축구부를 구해낸 것이 재일코리안 학생조직인 재일본조선학생동맹(학동) 멤버들이었다.

학동은 종전 직후인 1945년 9월에 결성되었다. 당시 니혼대에 다니며 결성 멤버의 한 명으로 참가한 김세기는 분명히 말했다. "학동에는 좌익도 우익도 없었어요." 조련과 건청의 충돌 같은 좌우 이데올로기 대립의 영향은 학동도 당연히 받았을 테고 굳이 말하자면 보수에 가깝기는 했지만, 학동은 기본적으로 정치적 중립을 표방했다.

학동에서는 축구가 인기를 끌어 학동 내부에만도 축구팀이 네 개나 생길 정도였다. 특히 건청과의 대항 경기는 관객이 1만 명 이상이나 모이는 재일 사회의 일대 이벤트였다.

그런 학동의 축구팀에 손을 내민 것은 일본축구협회 이사를 오랜 기간 역임한 인물로, 당시 주오대 감독을 맡고 있던 오노 다쿠지小野卓爾였다. 자신은 주오대에 입학한 적이 없지만, 학동 멤버로서 오노와 만난 김세기는 당시를 이렇게 회상한다.

"학동에는 위원장 김규성金奎成이나 김동춘 등, 주오대가 가장 많았어요. 주오대는 선수가 없어서 대학 리그에 나가지 못하는 상태였죠. 우리들도 서로 연습은 하고 있었지만, 정기전에 들어가지 못하면 당시에는 아무것도 할 수 없었어요. 그래서 오노 씨가 '모두 주오대에 들어가서 같이 뛰자'고 열심히 권유한 거죠."

멤버가 부족한 주오대 축구부, 그리고 내부의 선수만으로는 일본의 공식 대회에 출전할 수 없었던 학동 멤버들의 이해관계가 맞아떨어졌다. 주오대에는 첫 한일전에서 한국대표 감독을 맡은 이유형의 동생 이유철처럼 원래 재일코리안 학생이 많았다. 이렇게 주오대에는 멤버 11명 중 9명이 재일코리안, 경기에 따라서는 한 명을 빼놓고 전원이 재일코리안인 경우도 많았을 만큼 재일코리안이 많이 모였다. 그리고 주오대는 1947년에 간토關東 리그 3부에서 우승을, 1949년 2부에서 우승을 하며 1부로 승격했다.

전 일본대표팀 골키퍼로 히로시마시의 니호히메邇保姬 신사에서

궁사宮司[7]로 일한 와타나베 히데마로渡部英麿(2011년 사망)는 고쿠가쿠인대 시절 2부 리그에서 주오대와 싸운 적이 있다. 생전에 와타나베는 당시를 이렇게 회상했다.

"주오대는 골키퍼 한 명만 일본인이고 나머지는 모두 조선인이었어요. 분명히 0대 7로 졌습니다. 모두 가죽점퍼 차림을 하고 왔지요. 고쿠가쿠인대에는 축구를 배운 녀석이 반도 안 되었기 때문에 공을 되받아 차는 것도 제대로 하질 못했습니다."

종전 후 얼마 되지 않은 이 시기, 누구나 전력을 다해 살아가던 시대였던 만큼, 이렇게 많은 재일코리안 선수가 활동한다는 것은 재일 쪽에도, 주오대 쪽에도 이만저만 곤란한 일이 아니었다. 그 곤란함을 극복하는 일은 오노 다쿠지 감독의 열정이 아니었으면 불가능했을 것이다. 3부에서 1부로 승격하기까지, 주오대에서 뛴 니시다 미쓰오西田光男(민족명: 조상현曺祥鉉)는 『주오대학 축구부 80년사』(주오대학 학우회 축구부 OB편집부 발행)에서 이렇게 말한다.

"생활은 빈곤하고 연습은 고되었다. 오노 감독은 그런 나를 그냥 볼 수 없었는지 매번 버스비를 주면서 격려해 주셨다. 나는 그 버스비로 빵을 사 먹으며 굶주림을 달랬고, 나카노中野에 있던 집에서 네리마練馬 훈련장까지 번갈아 오가며 달렸다. 감독님의 생활도 윤택하지 않았다는 것을 알았기에 나는 그 마음이 사무치도록 고마웠다."

간토 리그 1부로 올라간 1950년에는 재일코리안 학생이 거의 졸

---

7 신사의 제사 책임자로, 신사의 업무나 직원 관리 등을 맡기도 한다.

업하였고, 그렇지 않아도 한국·조선인이 너무 많은 것을 문제 삼으려는 움직임도 있어, 일본인 선수가 대폭 증가했다. 하지만 많은 재일코리안이 소속되는 전통은 그 후로도 이어졌다. 그 대표적인 선수가 훗날 한국대표가 되는 이석의였다.

전 일본축구협회 회장 나가누마 겐이 간사이가쿠인關西學院 대학을 졸업하고 주오대에 학사 입학을 한 것은 1953년이었다. 젊은 OB 대부분은 재일코리안이었다. 게다가 팀메이트로는 이석의가 있었기 때문에, 재일코리안은 나가누마에게 친근한 존재였다. 1996년 5월 31일에 2002년 월드컵이 한일 공동 개최로 결정된 후로 나가누마는 한국에 갈 기회가 늘었다. 한국 측 관계자 대부분이 나가누마의 됨됨이에 호의를 품고 있었다. 그것이 대회 준비의 초기 단계에 공동 개최 상대라는 의식을 향상시키는 데에 도움이 되었다. 주오대에서의 경험이 공동 개최 성공의 기반이 되었다고도 할 수 있을 것이다.

'재일 전全코리아' 선발팀이 넘은 벽과 넘지 못한 현실

최초의 한국 전국체육대회 참가

1953년 5월 대한체육회 일본지부인 재일체육회가 발족하면서 한국에서 열리는 전국체육대회(전국체전)에 선수단을 파견하기로 되었으나 문제는 재입국 허가를 얻는 일이었다. 재입국 허가가 없는 채로 출국하면 일본에서의 재류 자격을 상실하게 된다. 오늘날에는 특별 영주 자격이 있는 재일코리안에게 원칙적으로 최장 4년까지 수차례 재입국 허가가 주어지지만, 당시에는 일본과 한국에 국교가 없어 재류 자격 자체가 매우 불안정했다.

1952년 4월 28일에 샌프란시스코강화조약이 발효됨에 따라, 재일코리안은 일본 국적을 박탈당하고 명실상부 외국인이 되었다. 하지만 법적 지위에 관해서는 항복문서가 조인된 1945년 9월 2일 이전부터 일본에 재류하고 있는 자에 관해서는 재류 자격 및 기간이 결정되기까지는 계속 재류할 수 있다고 하여 일단 재류를 인정한다는 정도로 취급되었다. '재입국 허가'란 일종의 사증(비자)과 같은 것으로, 허가 여부는 출입국 관리 담당자의 재량에 따라 결정되는 부분이 컸다.

1953년 10월 17일부터 서울에서 개최되는 한국의 전국체육대회에 참가하는 재일코리안 선수단은 25명이었다. 그 정도 숫자의 사람들이 한꺼번에 재입국 허가를 신청하는 일은 이전까지 없었다. 일본의 출입국관리국도 처음에는 난색을 표했다. 그때 힘을 발휘한 것이 오야마 마스타쓰(최영의)의 가라테 스승인 조영주를 신봉하며 협회 사무국에서 일하는 등 열심히 활동하고 있던 동아연맹의 인맥이었다. 재일체육회 결성 당시 이사였던 이봉남은 그 배경에 대해 이렇게 설명한다.

"출입국관리국 직원 중에는 전전 중국의 일본대사관이었나 영사관이었나 하는 데서 근무하던 사람들이 많았지요. 그들 중에는 동아연맹 관계자가 있어서 조영주 씨를 통해 연줄이 닿았습니다."

출입국관리국은 법무성 관할이지만, 1952년까지는 외무성이 관할하고 있었고 1953년은 아직 외무성 관계자도 많았다. 이시와라 간지가 주창하고, 조영주, 정건영 등으로 이어지는 동아연맹의 계보는 초기 재일체육회에서 중요한 버팀목이 되었다. 스포츠의 힘으로 복잡한 한일관계를 호전시키기를 기대했던 출입국관리국 관계자들도 적극적으로 한국행을 지지해 주었다.

이렇게 한국으로 향하게 된 셈이지만, 한국전쟁 휴전 후 얼마 되지 않았던 한국에서는 서울 여의도 비행장을 아직 사용할 수 없는 상황이어서, 우선 부산에 내린 뒤 거기서부터 야간열차를 타야만 했다. 재일코리안 선수단의 주무자였던 김세기는 "그때는 경상도에 아직도 게릴라가 남아 있다고 해서 경비가 삼엄했습니다. 서울도 황량하기 그지없고, 과연 사람들이 살고 있는지도 의심될 만큼 죽어 있는 거리 같았습니다."라고 회상했다.

한국전쟁 휴전협정이 조인된 것은 대회로부터 약 두 달 보름 전인 1953년 7월 2일. 전쟁의 상흔은 생생했고 산악지대에서는 빨치산이 아직 활동하고 있었다. 하지만 오히려 그러한 시대였기에 전국체육대회에 대한 국민의 관심은 드높았다. 개막식에 재일코리안 선수단이 입장하자, 관중석에서는 우레 같은 박수소리가 들려왔다. "감동이고 뭐고, 눈물이 줄줄 흘러내려서 어찌할 바를 몰랐어요."라고 김세기는 말한다.

재일코리안 선수단이 한국의 전국체육대회에 참가한 최초 3년간은 축구 종목 외에는 참가하지 못했다. 조국을 방문할 수 있는 기회가 거의 없었던 시대, 재일코리안 선수단에 들어가기 위한 경쟁도 치열했다. 파견 3회째인 1955년부터 오늘날에 이르기까지, 선수 또는 임원으로 빠짐없이 전국체육대회에 참가한 재일체육회 전 회장 김영재는, 긴키대 학생 시절 처음으로 참가한 전국체육대회 선수 선발전을 앞두고는 부상을 참아 가며 훈련했다.

"선배가 있던 도쿄공업대의 운동장을 사용할 수 있어서 한 달 가까이 합숙했습니다. 30명 정도의 참가자 중 선발된 사람은 15명 정도였으니 모두 다 필사적이었어요."

떳떳하게 조국의 전국체육대회에 참가하게 된 선수들은 신이 났다. 김영재는 그때를 이렇게 회상했다. "재일코리안 선수단이 온다고 해서 시내 퍼레이드를 준비해 주었고, 가는 곳마다 대환영이었습니다. 고려대 운동장에서 병참단[8]과 시합을 했는데, 관객들은 검은 학생복을 입고 '와아!' 하며 소란이었습니다. 공이 두 개로 보일 정도였어요. 어지러워서 비틀대는 것이 춤추는 것처럼 보인다고 '서커스단'이라는 별명도 얻었습니다. 0대 6인가로 졌어요. 한국 축구는 강했지요." 1950년대 한국 축구는 특무대, 첩보대, 병참단 같은 군대 팀이 강세였다.

한편, 재일교포학생야구단 때와 마찬가지로 재일코리안 선수단이 지니고 있던 스포츠용품은 한국의 스포츠계에서는 아주 귀중한 것들이었다. 당시 한국에서는 스포츠용품을 만드는 시설도 없었고 그럴 여유도 없었다. 스포츠용품은 식민지 시기부터 써 오던 것을 쓰거나 미군에게서 받은 물건을 조달받았지만, 해방된 지 10년 가까이 된 데다 그 사이 한국전쟁도 겹치면서 일본이 남기고 간 스포츠용품은 더 이상 사용할 수 없는 상태였다. 그런 만큼 재일코리안 선수단으로부터 새로 받은 용구는 대단히 귀중했다. 이봉남은 "자신들이 사용하는 것 이외에도 여분을 가지고 가서 그쪽 협회에 건넸습니다. 배구 네트까지 가지고 갔으니까요."라고 말한다. 이에 김영재는 "축구공은 거기에도 있었지만 일본에서 가져간 것은 국가대표급이 사용하고 있던 거였어요. 테니스 라켓이나 하키 스틱 같은 것도 가져갔어요."라고 덧붙인다.

그런가 하면, 일본에서 가지고 간 속옷이나 구두 따위가 남대문

---

8 과거 육군에서 병참 물자 수급 등의 업무를 담당한 부대. 한국전쟁 중인 1951년 3월 창단된 병참단 축구팀은 육군 대표팀, 충의, 웅비 등을 거쳐 1983년 해군 체육부대인 해룡, 공군 체육부대인 성무와 통합하여 현재의 상무 팀이 되었다.

시장에서 비싸게 팔려서 그것으로 한밑천 잡은 사람도 있었다고 한다.

재일 전코리아 선발팀

한국의 전국체육대회에 참가한 선수와 관련하여, 김영재는 의외의 이름을 꺼냈다.

"간사이 대학의 성문경成文慶 같은 이는 임시 여권으로 함께 (전국체육대회에) 나갔어요. 간사이가쿠인대학의 이창석李昌碩도 함께 갈 계획으로 수속을 했습니다만 재류 자격 문제가 있어 재입국 허가가 떨어지지 않았고요."

성문경과 이창석은 북한을 지지하는 총련 산하 재일조선축구단의 주요 멤버였다. 특히 이창석은 '간사이가쿠인 분위기 메이커'로 일본 축구계에도 이름이 알려져 있었다.

재류 허가를 위해서는 전전부터 계속하여 일본에 체재하고 있어야 한다는 조건이 필요했지만, 김영재에 따르면 이창석은 한 차례 한국에 돌아간 뒤에 일본에 되돌아와서 '특별재류허가'라는 형태로 재류를 인정받은 상태였고 당시에는 일본 국외로 나가는 것이 허용되지 않았다. 같은 입장에 있었어도 잘 처리가 된 사람이 있었지만 이창석의 경우는 그렇지 못해서 한국의 전국체육대회에 참가하지 못한 것이다. 반면 성문경의 이름은 1955년 한국의 전국체육대회에 참가한 재일코리안 선수단 명부에 확실히 기재되어 있다. 1회에 한해 유효한 임시 여권, 이른바 '린파스臨パス'를 사용

하여 한국의 전국체육대회에 참가한 것이다.

그런데 이창석이나 성문경 같은 재일조선축구단의 주력 멤버들에 더하여, 전 한국대표 이석의, 전 민단 중앙 단장 정해룡丁海龍, 전 재일체육회 회장 김영재 등 한국계 인물들도 포함된 '재일 전全코리아' 선발팀이 결성되어 일본의 전全간토 선발팀이나 전全간사이 선발팀과 시합을 벌였다고 한다.

필자는 도쿄 미나미아자부南麻布에 있는 재일체육회 사무실에서 오래된 자료 더미를 뒤적이다가, 표지에 '쇼와 32년 축구 친선시합 재일 전코리아 선발 대 전간토 선발(昭和32年 蹴球親善試合 在日全コリアン選抜對全關東選拔)'이라 쓰인 인쇄물을 발견했다. 대회 장소는 고라쿠엔 경륜장으로, 간토축구협회가 주최한 경기였다.

인쇄물 뒷면에는 출전 선수의 이름이 기재되어 있다. 재일 전코리아 선발 멤버로는 코치 겸 선수로 전 한국대표 이석의, 선수로는 간사이대 OB 성문경, '간사이가쿠인 분위기 메이커' 이창석, 주오대 김명식金明植 등의 이름이 올라 있다. 한국 측은 이석의가 중심이 되어 멤버를 뽑고, 총련 간부와 논의하여 멤버를 결정했다.

멤버 중에는 도쿄교육대(현 쓰쿠바대)의 이동규李東奎라는 이름이 있는데, 이것은 발음이 같은 이동규李東揆의 오식이 아닐까 한다. 이동규는 1959년 간토 리그 2부 강등을 결정짓는 경기에서 결승골을 넣으며 도쿄교육대가 2부로 전락하는 것을 막은 선수로, 그 이듬해 졸업하고 나서 북한으로 건너갔다.

전간토 선발팀 중에도, 감독으로는 당시 일본대표 감독이던 다카하시 히데도키高橋英辰, 선수로는 야에가시 시게오八重樫茂生를 비롯하여, 다카모리 야스오高森泰男, 다카바야시 다카시高林隆, 가마타 미쓰오鎌田光夫, 기무라 아라와木村現, 우치노 마사오內野正雄, 이와부치 이사오岩淵功, 니노미야 히로시二宮寛 등 일본대표 선수들의 이름이 열거되어 있다.

이처럼 '재일 전코리아' 선발팀이 결성될 수 있었던 것은, 정치적으로는 민단과 총련이 격렬하게 대립하고 있었다고 해도 적어도 스포츠 세계에서는 같은 민족으로서 교류가 활발했기 때문이다. 재일체육회 전 회장 김영재는 일관되게 민단 측 사람으로 활동했지만, 오사카에 있는 민족학교인 겐코쿠建國 고등학교 시절에는 지금의 총련계 조선학교도 포함하여 모든 민족학교가 참가하는 조선인 대회에도 출전했다. 1946년에 설립된 겐코쿠고는 1976년부터 한국 정부의 지원을 받아 한국계 학교가 되지만, 그 이전에는 정치적 중립이라는 입장이었다. 겐코쿠고는 한국을 지지하는 측 스포츠 대회에도, 북한을 지지하는 측 스포츠 대회에도 모두 참가하고 있었다. 김영재는 말한다.

"총련의 체육회 간부는 우리 선수들에게 잘해 주었어요. 대부분 축구선수 출신이었으니까 상상 외로 모두 선후배 사이 같았습니다. 서로에게 벽은 없었어요."

적어도, 스포츠의 세계에서만이라도 이러한 교류가 계속되었다면 재일 사회의 공기도 많이 달라졌을 것이다. 하지만 재일 사회에서 남북 교류는 1959년을 기점으로 쇠퇴의 길로 들어선다. 김영재는 이렇게 말한다.

"북송이 시작되기 전까지 스포츠는 '올코리아', 그러니까 총련 간부도 민단 간부도 서로 나란히 시합을 응원하고 친구처럼 지냈습니다. 하지만 북송 때문에 완전히 둘로 갈라져 버렸어요."

한국 측은 '북송', 총련 측은 '귀국사업'이라 부르는 북한으로의 귀환사업에서는, 1959년 12월 14일 첫 번째 귀국선을 시작으로 1984년까지 약 9만 3,000명이 일본에서 북한으로 건너갔다.

총련 측은 북한을 '지상 낙원'이라 선전하며 북한으로의 '귀국'을 부르짖고 이를 저지하려는 민단 측과 격렬하게 대립했다. 1965년 일본은 한국과만 국교를 체결했다. 조국의 분단이 보다 구체적인 문제로 재일코리안 한 사람 한 사람에게 닥쳐 온 시대였다. 더 이상 스포츠에서도 '재일 전코리아'라는 팀은 곤란해졌다.

그러던 중 1961년 8월, 재일조선축구단이 탄생한다. 이 팀은 일본의 공식전에는 출전할 수 없었지만, 일본의 강호와 경기를 하며 압도적인 기세를 보여 주어 '환상의 강팀'으로 불렸다. 함께 축구를 하고 있던 동료가 총련 산하의 재일조선축구단으로 가 버린 것에 대해, 재일체육회 전 회장 김영재는 분한 마음이 들었다.

"나처럼 조직에서 자란 인간이야 그렇다 쳐도, 선수들은 되도록 많은 경기에 나가고 싶어 하지 않습니까. 민단의 체육회가 좀 더 제대로 했으면 그렇게 빠져나가 버리지는 않았을 거예요. 그들 중에서 사상적으로 이렇게 저렇게 한쪽으로 기울어져 있던 이들은 거의 없지 않았을까요."

물론 자신의 사상적인 신념으로 재일조선축구단에 참가한 사람도 있었을 것이다. 하지만 야구선수 중에는 가족이 총련계였어도 한국을 선택한 도쿄 에바라고 출신의 배수찬처럼, 스포츠 선수에게 중요한 것은 무엇보다도 활동할 수 있는 장이다.

민단계에서도 1958년에 재일본대한축구협회(이하, '재일축구협회')를 결성하여 태백클럽 같은 팀을 구성하며 활동을 했지만, 휴

면상태와 재건을 거듭했다. 최근에는 드디어 활동이 활발해져서 한국에서 열리는 대회에도 출전할 수 있게 되었다. 재일축구협회에는 시니어와 주니어 팀이 있는데, 1996년에 발족한 무궁화 주니어 팀에서는 FIFA 주관의 공식 대회에 출전하는 선수가 등장하기도 했다.

독일에서 뛴
재일코리안 축구소녀 강유미

고교 시절부터 한국으로

2011년 일본의 여름은 독일에서 개최된 여자월드컵에서 '나데시코 재팬'[9]이라 불리는 일본 여자축구 국가대표팀이 우승을 거두면서 뜨겁게 끓어올랐다. 지금까지는 이른바 음지의 존재였던 여자축구가 갑자기 세간의 주목을 받게 된 것이다. 그로부터 한 달쯤 후에 열린 런던올림픽 아시아 예선에서도 일본 여자 대표팀은 4승 1무의 성적으로 선두로 통과하여 진정한 강팀임을 증명했다.

최근에는 일본뿐 아니라, 동아시아의 여자축구의 수준이 빠르게 높아지고 있다. 과거 세계 최상위권이던 중국은 점차 쇠퇴하

---

9 일본 여자축구 국가대표팀의 별칭으로 '패랭이꽃'이라는 뜻을 가진 '나데시코なでしこ'는 예부터 일본 여성을 지칭하는 말이기도 했다.

는 듯하지만, 2008년에는 북한이 U-20 여자월드컵에서 준우승을 거두고, U-17 대회에서는 우승을 거머쥐었다. 2010년에는 한국이 U-20 여자월드컵에서 3위, U-17 대회에서 우승을 했다. U-17 대회의 준우승은 일본이었다.

일본 여자 대표팀이 우승하기 바로 1년 전, 같은 독일에서 7월 13일부터 8월 1일까지 U-20 여자월드컵이 열렸다. 이 대회에서 한국은 3위에 올라, 그 시점에서 FIFA가 주관하는 국제대회로는 역대 최고 성적을 거두었다.

그 한국대표 팀의 포워드였던 강유미康裕美는 1991년 도쿄에서 태어나 중학교까지는 도쿄에서 자란 선수이다. 강유미가 축구를 시작한 것은 도쿄 아다치足立구에 있는 우메지마梅島 제2소학교 2학년 때부터이다. 부친이 재일한국인 축구팀인 무궁화 시니어에서 뛴 관계로 그 클럽의 주니어팀에 들어갔다.

재일축구협회에 소속된 무궁화 주니어는 매주 일요일마다 신주쿠에 있는 도쿄한국학교에서 훈련을 받는 초등학생 팀이었다. 강유미는 초등학생 때 남자아이들과 섞여 공을 찼다.

"훈련은 어쨌거나 즐거웠어요. 연습이 있는 일요일이 늘 기다려졌습니다." 하고 말하는 강유미는 정말 축구를 좋아하는 소녀였다. 강유미의 언니도 축구를 했다. 이처럼 그녀는 축구 가족 속에서 자랐다. 한국이 4강에 진출한 2002년 한일월드컵 때에는 가족 모두가 한국을 응원했다. "박지성과 베컴을 좋아했어요."라고 말하는 강유미의 뿌리는 월드컵 경기장 중 하나가 위치한 제주도 서귀포였다.

중학교에 들어가서도 강유미는 기타北구의 사쿠라걸즈 팀에서

◆
2015년 동아시안컵 여자축구대회 중국전에서 상대 선수 두 명 사이를 돌파하는 강유미.

축구를 계속했다. 이 팀은 도쿄도東京都 대회에서 매년 준우승이나 4강까지 오르는 강호였다. 발이 빠른 강유미는 도쿄 선발에도 뽑힌 적이 있었다. 그래도 한국인이라는 자각이 강한 그녀가 목표로 한 것은 한국 국가대표이며, 한국 국가대표가 되는 것이 어릴 적부터 꿈이었다.

강유미는 재일축구협회의 주선으로 중학교 1학년생인 13세 때 U-17 한국대표팀 합숙에 참가하게 되었다. 그렇지만 이 연령대 선수들에게 네 살 차는 대단히 큰 차이이다.

"체력적으로도 힘들어서 연습을 전혀 따라갈 수 없었어요."라고 강유미는 회상했다. 하지만 나이차가 크다 보니 다른 선수들에게 강유미는 여동생 같은 존재였다. 여자아이들끼리라는 점도 작용했을 테지만, 이충성이 맛본 것 같은 소외감은 없었다고 한다.

강유미는 한국어를 거의 하지 못했지만 골키퍼 중에 일본어를 조금 할 줄 아는 선수가 있었는데, 중학생이기는 하지만 지금부터 한국에서 뛰어 보지 않겠느냐는 권유를 받았다.

"나는 아직 실력이 안 되니까 일본에서 좀 더 열심히 한 다음에 한국에 가고 싶다고 말했습니다. 언니들에게는 귀여움도 받고 굉장히 자극도 받았어요."

도쿄로 돌아간 강유미는 공원에서 자율훈련을 늘리는 등 축구를 하는 마음가짐이 이전과는 전혀 달라졌다. 그리고 재일축구협회가 선전에 힘쓰기도 해서, 그녀는 여자축구의 강호인 서울의 동산정보산업고에 스포츠 특기생으로 입학했다.

이 학교는 여자 축구의 강호로, 1년 선배로는 사와 호마레澤穗希 등의 일본 여자축구 국가대표팀 주력 선수가 소속된 INAC 고베 및 잉글랜드의 첼시FC 위민에서 뛴 지소연이 있었다. '여자 메시'라 불리며 한국 국가대표의 중심 선수가 된 지소연은 한국에서는 각별한 존재이다. 지소연에 대해 강유미는 "차원이 달라요. 잘해도 너무 잘해요."라고 말한다.

일본보다 선후배 관계가 훨씬 엄격한 데다 한국어를 띄엄띄엄 말하는 정도여서 강유미는 처음엔 집으로 돌아가고 싶었다고 한다. 말이 아직 서툰 상태에서 4인실 기숙사 생활을 한다면 집단생활에 익숙하지 않은 오늘날 젊은이들 중에는 그냥 돌아와 버리는 사람도 있을 것이다. 하지만 강유미는 달랐다. "전혀 걱정 없었습니다. 고등학교 분위기도 좋았고, 기숙사 밥도 맛있었어요." 어린 만큼 언어 습득도 빨랐고, 한국 생활에 적응하는 데에도 그리 많은 시간이 걸리지 않았다.

한국의 학교 체육은 철저한 엘리트주의이고, 기본적으로 프로나 국가대표를 목표로 하는 선수 외에는 체육부 활동을 적극적으로 하지는 않는다. 고등학생이 되면 수업에는 거의 출석하지 않고 스포츠에 전념하는 방식이 꽤 일반화되어 있다. 강유미도 대회가 가까워지면 "오전 훈련, 오후 훈련, 밤에는 개인 훈련이었습니다."라고 말하듯이, 축구에만 빠져 사는 생활을 하게 되었다. 대회가 없을 때면 오전 중에는 수업을 받지만, 대회는 연 4, 5회 있었으므로 철저히 축구 중심의 생활이 이어졌다.

운동부원이 수업에 거의 출석하지 않고 경기나 훈련만 하는 것에 대하여, 학생의 학습권 침해이며 운동 기계로 만들어 버린다는 비판도 많다. 고등학생의 경우 2009년부터 남자 축구가, 2011년부터 야구가 '주말 리그제'를 실시하여 경기는 여름방학 등의 휴가

기간을 제외하고 주말이나 휴일에만 실시할 수 있고, 평일은 수업에 출석하는 것을 의무화했다. 주말 리그제는 이후 다른 경기 종목으로 확대되었다. 하지만 한국의 학생 선수들은 초등학교 고학년부터 이미 스포츠 중심의 생활을 보내고 있었던 만큼 이에 대한 우려의 목소리도 높았다.

강유미의 입장에서 보자면 일본에서 중학교에 다닐 때는 주말밖에 축구를 하지 못해서 오히려 축구에 굶주려 있던 부분도 컸을 것이다. 그래서 이처럼 축구에 푹 빠져 살던 생활에 대해서도 그녀는 "축구에 전념할 수 있어서 좋았습니다."라고 말한다.

꿈의 무대

축구 실력을 착실히 키워 간 강유미는 1학년 때는 교체 멤버였지만 2학년이 되자 주전 선수가 되었고 U-18의 한국 국가대표로도 선발되었다. 2008년 7월에 오사카 나가이長居 스타디움에서 개최된 오사카축구페스티벌에서 그녀는 한국 국가대표로서 데뷔전을 치렀다. 이때 U-17의 일본 국가대표와 대결을 펼쳐 1대 2로 패했다.

"대표가 된 것은 기뻤지만 일본에는 지고 싶지 않았다."라고 강유미는 말한다.

이어 U-20 여자월드컵 예선인 U-19 아시아 선수권대회 대표로도 뽑혔지만, 이 시기 강유미는 무릎 연골에 부상을 입어 수술을 받았기 때문에 대표팀 합류를 포기했다. 강유미가 결장한 U-19 아시아 선수권대회에서는 일본이 우승하고 한국은 준우승, 그리고 3위에 북한이 올라 함께 본선 대회 진출을 결정지었다.

예선에 결장하면 본선 대회에 나갈 수 없는 경우도 흔했지만 강유미는 U-20 여자월드컵 한국 국가대표로 선발되었다. 그만큼 한국 축구계의 기대를 보여 주는 것이기도 했다.

강유미는 4대 0으로 대승을 거둔 첫 경기인 스위스전에서는 후반전 중간에 출장했다. 7월 21일 미국전에서는 선발로 출장했다. 한국은 가나전에도 이겨 2승을 거두었고 이미 결승 토너먼트 진출이 결정된 상황이었다. 그래도 월드컵 입장곡에 맞춰 경기장으로 들어가서 애국가를 들을 때의 기분은 각별했다.

"나는 대한민국 국적이니까 한국 국가대표가 되고 싶다는 꿈을 품고 살아왔어요. 애국가를 들을 때는 감동한 나머지 눈물이 날 것 같았습니다. 초등학교 때 축구를 막 시작한 무렵 있었던 일 같은 여러 기억이 머릿속에 떠올랐어요."

경기에서는 긴장한 탓에 여유가 없었다고 한다. 경기는 0대 1로 한국이 패했다.

그 후 강유미의 출전 기회는 없었지만, 한국은 콜롬비아와의 3, 4위 결정전에서 1대 0으로 이겨 FIFA 주관 대회에서 한국 축구 역사상 최고 순위인 3위를 거두었다.

사상 최초의 쾌거에 전국 각지가 들썩였다. 가장 주목받은 선수는 8골로 득점 2위에 오른 지소연이지만, 강유미도 "조금씩 팬이 늘어났습니다."라고 말한다.

하지만 U-20 여자월드컵에서 3위라는 쾌거를 거둔 지 3개월도 지나지 않아, 이번에는 U-17 여자월드컵 결승전에서 승부차기 끝에 일본을 무너뜨리고 한국이 우승함으로써 관심은 한꺼번에 U-17 쪽으로 쏠렸다.

한국의 여자월드컵 첫 국제 경기는 1990년 9월 6일, 2007년 철거된 서울 동대문운동장에서 열린 일본과의 친선경기였다. 이때는 일본에 1대 13으로 대패했다. 태권도나 농구 등의 경험자들을 불러 모은 팀으로, 소질이 있는 몇몇 선수도 있었지만 당시의 한국 여자 축구는 축구라고 하기에는 한참 먼 수준이었다.

하지만 1996년 애틀랜타올림픽부터 여자 축구가 올림픽 정식 종목으로 채택되면서 전력을 강화해 나가기 시작했다. 나아가 2002년 월드컵에서 한국이 4강에 진출하자 한국 여자 축구에 대한 인식이 변화했다.

자주 하는 농담 중에 젊은 여성이 남자친구에게서 듣기 싫은 이야기가 군대 이야기와 축구 이야기이고, 최악은 이 둘을 합쳐 군대에서 축구를 한 이야기라는 말이 있다. 군대에서는 예부터 훈련과 레크레이션을 겸하여 축구를 자주 했다. 독일의 분데스리가에서 따와 '군대스리가'라는 말도 있을 정도로 축구는 남자들의 전유물이었다.

하지만 2002년 월드컵의 열기 속에서 여성들도 축구의 매력을 알게 되었다. 이 시대에 축구를 시작한 '2002년 세대'가 남녀를 불문하고 한국 축구의 수준을 끌어올리고 있다.

동산정보산업고를 졸업한 강유미는 지소연과 마찬가지로 서울의 한양여대에 진학, 2009년에 발족한 대한민국의 가장 상위 여자 축구 리그인 WK리그의 팀에 들어가 풀리그 대표가 되는 것을 목표로 맹훈련을 해 왔다.

2011년 11월 15일, WK리그 드래프트 회의에서 강유미는 충남 일화에 드래프트 1위로 선발되어 꿈을 향한 첫걸음을 내딛었다. 하지만 U-17 월드컵에서 한국이 우승을 하고 그 아랫세대도 성장하면서, 대표를 향한 경쟁은 더욱 치열해졌다. 그 점은 강유미 본인도 자각하고 있었다. 강유미는 "지지 않을 거예요. 노력밖에 없습니다." 하고 힘주어 말했다. 말수는 적지만, 가족과 떨어져 한국에서 사는 그녀의 결의가 얼마나 강한지 알 수 있었다. 2015년에 캐나다에서 개최된 월드컵에는 한국대표의 주전 멤버로 출전하기도 했다.

일본 국가대표가 된 이충성, 북한 국가대표가 된 정대세, 그리고 한국의 여자 국가대표가 된 강유미. 각각의 선수가 각각의 판단으로 선택한 축구 인생에서 최고의 플레이를 하는 것은 재일코리안 사회를 넘어 동아시아의 축구 발전으로도 이어질 것이다.

③

메달리스트를 배출한
'승부'의 계보

◇

유
도
편

덴리 대학 출신,
한국 유도 최초의 메달리스트 김의태

쓰루하시의 김해 도장

식민지 시기 한반도에서도 유도는 인기를 끌었다. 해방 후 한국 유도는 서울시청 근처 소공동에 있던 고도칸講道館 조선지부가 있던 곳을 중심으로 시작되었다.

한편 재일코리안 중에도 유도인이 많았다. 그러한 유도인들, 특히 간사이 지방 유도인의 거점이 된 곳은 수많은 재일코리안이 사는 오사카 쓰루하시鶴橋의 김해金海 도장이었다. 가수 와다 아키코和田アキ子의 부친 김기숙金基淑이 연 도장이다. 1972년 뮌헨올림픽에서 은메달을 획득한 덴리대 출신 오승립은 김해 도장을 이렇게 기억한다.

"김해 도장에는 신코가쿠엔神港學園 시절 도쿄올림픽에 출전하는 한국 국가대표의 연습 상대로 간 적이 있어요. 한국 국가대표가 오사카에 올 때면 그곳에서 연습을 했지요. 쓰루하시에서는 아주 유명한 도장으로, 너비가 다다미 50장쯤 되는 곳이었을 거예요. 그 무렵 와다 아키코의 아버님은 유도복을 입고 있긴 했지만 지도는 하지 않았습니다."

익명의 한 재일코리안 유도인은 "와다 아키코가 노래를 잘하는 건 자기 아버지를 닮아서지. 아버님도 노래를 잘했거든."이라고 말하기도 한다.

김해 도장에 모인 유도인을 비롯한 오사카 근처의 유도인을 중심으로 1958년 재일본대한유도회(이하 '재일유도회')가 결성되었다. 초대 회장으로는 1955년 쓰루하시에 설립된 재일한국인계 금융기관인 신용조합 오사카흥은大阪興銀 이사장 이희건李熙建이 취임하였다. 다음 해에는 재일 유도인들이 최초로 조국 방문 경기에 참가했는데, 당시 김해 도장의 김기숙이 감독을 맡았다.

이처럼 김해 도장은 한국계이기는 하지만 재일코리안이 많이 모여 살던 쓰루하시 거리에 있었기 때문에, 정치색에 관계없이 많은 문하생이 모여들었다.

그중에서 유명한 이가 프로레슬러 다이도잔 마타미치大同山又道(민족명: 고태문高太文)다. 그는 1961년 총련이 추진하는 '귀국사업'을 통해 북한으로 건너갔다. 다이도잔은 북한 유도의 발전에 커다란 공헌을 한 것으로 알려져 있다. 그의 딸이 김정은의 모친 고영희高英姬라는 이야기가 재일 사회에 널리 알려져 있기도 하다. 하지만 다이도잔의 딸과 김정은의 모친 고영희는 별개의 인물이라는 설도 있다.

어찌되었든, 재일유도회에서는 1961년 파리에서 개최되는 제3회 세계 유도 선수권대회의 한국대표 선발전을 겸한 전국 종합 개인유도대회에 선수를 파견하고자 했다. 이를 위해 도쿄의 고도칸에서 재일코리안 예선대회를 개최하여 긴키대의 김덕용金德容, 덴리대 출신 김동배金東培, 그리고 덴리대의 김의태金義泰가 본국 대회에 출전하게 되었다.

이 중 김동배는 1959년과 1960년 한국의 전국 종합 개인유도대회에서 우승하였으며, 김덕용은 같은 대회에서 준우승을 차지했다. 당시 덴리대 2학년이던 김의태는 본국 대회에 처음 출전하였는데, 그는 바로 한국 유도 사상 최초의 올림픽 메달리스트가 되는 인물이다.

몸이 떨릴 만큼 감동적이었던 조국 방문

김의태는 아시아·태평양전쟁이 일어난 1941년에 합성피혁 신발 산업이 발달한 고베시 나가타長田구에서 태어났다. 지역이 지역이니만큼 그의 아버지는 구두 직공으로 겨우 생계를 이어 나가고 있었다.

그가 유도와 처음 만난 것은 다니고 있던 가구라神樂 소학교의 교정에서 고베시 중학교 유도대회가 개최된 것을 보았을 때였다. 중학교 입학 후 망설임 없이 유도부에 들어간 그는 2, 3학년 때 효고현의 단체전에서 우승하고, 유도 강호인 신코가쿠엔 고등학교에 입학했다. 고등학교 때는 긴키 지역 대회에 출전하는 등, 그 실력은 효고현 넘버원이라는 평가를 받았다. 하지만 이 시대까지는 전국 고교 종합체육대회(인터하이)에는 개인전이 아닌 단체전밖에 없었다. 효고현에는 전국 굴지의 강호인 호토쿠가쿠엔이 있었고, 신코가쿠엔은 효고현 예선에서 호토쿠가쿠엔에 패하여 김의태는 전국 무대에는 서지 못했다.

그래도 김의태의 이름은 전국에 퍼져 나갔다. 영입에 가장 적극적이던 메이지대를 비롯해 와세다대, 니혼대, 도요대 등에서 러브콜을 보내왔다. 그런데 정작 김의태가 선택한 곳은 덴리대였다.

"아버지가 '도쿄에 가고 싶은 너의 마음은 잘 알겠지만, 덴리대에 가서 학교 선생이 되지 않겠니?' 하고 말씀하셨습니다. 그곳은 지도자 양성소였거든요." 이렇게 유도의 지도자가 되기 위해 덴리대에 진학했지만 덴리대는 김의태를 스카우트하러 오지 않았다. 당시 덴리대를 이끈 지도자 마쓰모토 야스이치松本安市는 후에 김의태에게 이렇게 말했다고 한다.

"그때는 학생을 받으면 반드시 취직을 시켜야만 했는데 한국인은 취직할 수 없었다. 네 유도 실력이라면 어디든 갈 수 있을 거라고 생각했다."

마쓰모토 야스이치는 전전 마지막 전일본 유도 선수권대회인 1941년 대회의 우승자이며, 전후에 처음으로 부활한 1948년 대회에서도 우승을 차지했다. 신망이 두텁고 학생 때부터 '두목'이라고 불려 온 인물이다. 혹독하게 단련시키는 만큼 졸업 후의 진로를 돌보는 것도 지도자의 임무이지만, 재일코리안을 취직시키는 일은 너무나도 어려웠다.

덴리대의 전체 훈련은 준비운동을 포함해서 겨우 두 시간 정도였다. 하지만 연습 내용은 엄청난 밀도를 가지고 있었다. 덴리대

도장은 다른 대학의 약 10배 가까운 규모인 다다미 500장 정도나 되어 부원 전체가 동시에 부딪히기 같은 연습을 할 수도 있었다. 이러한 환경 속에서 김의태는 급속도로 실력을 키우며 1학년 때부터 정규 선수로 경기에 나갔다. 그리고 1961년 9월, 재일코리안 예선대회를 거쳐 한국 전국대회에 출전했다. 이것이 김의태에게는 첫 번째 조국 방문이었다.

처음으로 밟은 조국 땅에 김의태는 복받쳐 오르는 기쁨에 몸이 떨릴 만큼 감동했다. 하지만 한편으로는 거리를 걸으면서 조국의 가난을 피부로 느끼기도 했다.

그해 5월 16일, 육군 소장 박정희는 군사쿠데타를 일으켜 실권을 장악했다. 박정희가 내건 '혁명공약' 중 특히 중시한 것이 기아에 신음할 정도로 빈곤한 상황의 해결과 '국가 자주경제'의 재건이었다. 당시 한국 상황을 보고 김의태는 '혁명은 일어나야 할 것이 일어난 것이다'라고 생각했다고 한다.

전국 종합 개인유도대회는 체중 무제한급으로 실시되었는데 일본에서 강호와 힘겹게 맞붙어 온 재일코리안의 실력은 압도적이었다. 우승은 김덕용, 준우승은 김동배, 3위는 김의태로, 재일코리안이 상위 3위까지 독점하며 나란히 세계선수권대회에 출전했다.

제3회 세계 유도 선수권대회는 1961년 12월 파리의 쿠베르탱 스타디움에서 개최되었다. 이 대회는 유도가 세계적인 스포츠 '주도JUDO'가 되었음을 상징하는 대회였다.

같은 해 6월 IOC(국제올림픽위원회) 총회에서는 유도를 3년 후 개최 예정인 도쿄올림픽 정식 종목으로 채택했다. 이를 이어받아 세계선수권대회 전에 열린 국제유도연맹 총회에서는 체중과는 상관없이 무제한급으로 행해져 오던 방식을 고쳐, 다음 대회인 제4회부터는 라이트, 미들, 헤비급에 무제한급을 포함한 네 개 체급으로 나누어 실시하기로 결정했다.

제1회와 제2회 세계선수권대회에서 우승과 준우승을 독점한 일본은 이 제3회 대회 때는 네덜란드의 '괴물' 안톤 헤싱크Anton Geesink를 상대로 준준결승에서 가미나가 아키오神永昭夫, 준결승에서 고가 다케시古賀武, 결승전에서 소네 고지曾根康治가 차례로 패하여 왕좌를 처음으로 내주었다.

한국 쪽에서는 김의태의 건투가 빛났다. 새롭게 정해질 체급에서는 미들급에 해당했지만 아직까지는 무제한급만으로 벌어진 이 대회에서는 준준결승에서 신장이 2미터나 되는 이탈리아 선수와 대결했다. "기술을 걸어도 닿지가 않아요. 어떻게 하면 좋을까 하다가 코너를 이용하자고 생각하며 업어치기로 이겼습니다." 이렇게 상대를 제압하고 그는 준결승에 진출했다. 준결승에서는 소네 고지에게 패하고, 3위 결정전에서도 고가 다케시에 패했다.

하지만 고가와 김의태의 시합을 두고 국제유도연맹 사무국장인 폴 보넷 모리Paul Bonét-Maury는 "이것이 진정한 유도였다."라고 칭찬해 마지않았으며, 프랑스 석간지 『프랑스 수아르France Soir』에서는 "세계선수권은 네덜란드의 괴물이 가져갔지만, 고가와 김의태의 시합으로 우리는 유도의 절묘한 기술을 만끽했다. 이것만으로도 세계선수권대회를 개최한 의의가 있었다."라며 최고의 찬사를 보냈다.

파리에서 세계선수권대회가 개최된 1961년은 김해 도장에서 수업을 한 다이도잔이 북한으로 건너간 해이기도 하다. 북한을 '지상

낙원'이라 선전한 총련과, 북한으로의 '송환'을 저지하려는 민단이 격렬하게 대립하던 시대였다. 특히 재일코리안이 많이 사는 지역에서는 이웃끼리 서로 반목하는 경우도 적지 않았다.

고베시 나가타구도 재일코리안이 많이 사는 지역으로, 김의태도 그와 같은 반목을 경험했다. 또한 유도에서의 활약이 눈에 띄었던 김의태는 북한에서 열리는 경기에 출전을 권유받기도 했다. 하지만 김의태는 어릴 때 자신을 귀여워해 준 사촌형들이 해방 후 한국으로 돌아갔다가 한국전쟁에서 전사한 뒤로 북한에 대한 강한 거부감을 가지고 있었다.

"그 다정했던 형님을 죽이다니…… 하는 생각이었습니다. 그래서 공산주의란 무엇인가 하는 것을 공부해 보기도 했습니다. 북한으로 귀국한 친구도 있어요. 나는 가지 말라고 했습니다. 일본에서도 먹고살기 어려운데 북한에서는 어떻게 먹고살 수 있겠니, 하고 말했습니다."

2위든 3위든 종잇장 차이

재일 사회는 소란스러웠지만, 김의태는 도쿄올림픽을 목표로 맹연습을 계속했다. 1963년에는 예비 도쿄올림픽인 도쿄 국제 스포츠대회가 개최되었는데, 유도 미들급에 출전한 김의태는 1968년 전일본 선수권대회(체중 무제한급)에서 우승하게 되는 마쓰사카 다케시松阪猛를 누르고 결승전에 진출했다.

결승전 상대는 일본 국내에서도 라이벌이던 주오대의 오카노

이사오岡野功. 시합 초반에는 다리후리기에 성공한 김의태가 리드했다. 하지만 이때의 결승전은 시합 시간이 15분이나 되었다. 또한 유도가 국제적인 스포츠 경기로 발전하고 있는 흐름에 맞추어, 이 대회부터는 시합 진행 시간을 표시하는 큰 시계가 설치되었다.

김의태가 시계를 흘끗 보니 6분 30초 정도가 지나 있었다. 아직 8분 이상 남았다고 생각한 순간, 작은 틈이 생겼다. 오카노가 허점을 놓치지 않고 업어치기에 성공했다. "그 틈을 놓치지 않은 오카노는 대단한 선수라고 생각해요."라고 김의태는 회상했다.

하지만 김의태가 일본을 괴롭게 만든 것은 틀림없었다. 도쿄올림픽의 유도 종목에서 일본에게 4체급 전체 제패는 목표라기보다는 의무나 명령에 가까웠다. 최대의 난관은 무제한급 헤싱크였지만, 헤싱크 외에 일본 선수를 이기는 누군가가 있다면 그건 김의태 정도밖에 없었다.

전 체급 제패를 노린 유도 일본 국가대표 감독은 김의태의 덴리대 은사인 마쓰모토 야스이치였다. "재일한국인인 이상 어쩔 수 없다. 그것만은 분명히 이해했습니다." 그것은 김의태에게 있어 체념할 수밖에 없는 현실이었다.

김의태에게 더욱 가혹했던 현실은 덴리대 졸업 후 도쿄올림픽까지 반년 동안 고독한 훈련을 이어 가야만 했다는 점이다. 지금이라면 국립 종합 훈련 기관인 진천선수촌에서 나라의 지원을 받으며 훈련할 수 있다. 하지만 당시 한국에는 김의태를 한국으로 불러서 훈련시킬 여유조차 없었다.

덴리대에서 훈련을 할 수는 있었다. 하지만 대학을 졸업한 후 부모에게 경제적 부담을 지울 수는 없었다. 졸업한 후 본가로 돌아가니 아버지가 "너 돈은 있느냐?"라고 물었다. 있을 리가 없었다. 아버지는 "좀 더 주고 싶지만 어린애가 있으니까 이것밖에 없다."며 10만 엔을 내밀었다. 당시 대졸 초임이 2만 엔대 후반. 10만 엔이면 상당히 많은 돈이었다. 아버지의 마음을 생각하자 눈물이 났다.

1964년 6월, 서울 장충체육관에서 실시된 도쿄올림픽 한국대표 최종선발대회에 출전한 김의태는 미들급에서 압도적 기세를 보이며 우승했다. 또한 라이트급에서는 히로시마 에이신盈進 고등학교 3학년의 박청삼朴清三이 우승하며 나란히 본선 대회 출전을 결정지었다. 박청삼은 전년도 인터하이 라이트급에서 3위를 기록했었다.

도쿄올림픽에서 박청삼은 1, 2회전을 이겼으나 준준결승에서 구소련의 아론스 보골루보프스 Ārons Boguļubovs와의 대결에서 기술을 걸었다가 반격당해 아쉽게 패했다.

김의태는 1회전 14초, 2회전 19초, 준준결승 1분 30초 만에 상대를 제압하며 준결승에 진출했다. 준결승전 상대는 오카노 이사오. 사실상 결승전이었다. 이때까지 김의태는 오카노와 세 번 대결하여 모두 패했다.

"그는 천재예요. 체력, 기술, 정신력의 삼박자를 모두 갖춘 선수였습니다. 특히 도쿄올림픽의 오카노는 강했어요." 김의태도 오카노의 강력함을 인정했다.

오카노 역시 마찬가지였다. "주의했던 건 역시 김의태 선수였다. 특히 발걸기를 조심했다."(『요미우리신문』, 1964년 10월 22일자) 이처럼 서로 상대의 강점을 알았던 만큼, 초반에는 두 선수 모두 허리를 낮춰 옷깃을 잡고 신중한 경기 운영을 했다. 하지만 중반 이후 공격 숫자가 많았던 것은 오카노였기 때문에 그가 판정승으로 이겼다.

일본 국가대표팀 감독이기도 한 은사 마쓰모토 야스이치는 경기 후 "어이, 김, 고생했다."며 위로의 말을 건넸으나, 김의태의 귀에는 들어오지 않았다. 그는 대기실에 들어가서 큰소리로 울었다.

"분해서 운 건 아니었어요. 이렇게 드디어 청춘이 끝났구나, 하고 생각했을 뿐입니다. 그러자 이유 없이 눈물이 났어요."

결승전에서는 오카노가 독일의 볼프강 호프만Wolfgang Hofmann을 1분 36초 만에 누르기로 이기며 우승했다. 김의태는 동메달을 땄지만 실력만큼은 2위라는 것을 누구라도 인정하는 바였다.

당시 대한체육회 회장을 지낸 민관식閔寬植은 세상을 떠나기 전 『중앙일보』(2005년 11월 24일자)에 연재한 수기에서 이렇게 쓰고 있다.

> 김 선수의 동메달만으로도 나는 감격하지 않을 수 없었다. 그는 어려움을 이기고 조국을 위해 싸웠다.

나라로부터 어떤 지원도 받지 못한 채 딴 메달인 만큼 더욱 가치 있었다. 한국 유도, 그 영광의 역사는 김의태의 동메달에서부터 시작되었다.

도쿄올림픽이 끝난 지 두 달 후, 박정희 대통령은 김의태와 그의 부모를 청와대로 초청했다. "마케테 모시와케 아리마센(져서 면목 없습니다)."이라고 일본어로 말하는 김의태에게, 박 대통령은 "니이모 산이모 가미히토에나(2위나 3위나 종잇장 차일세)."라며 유창한 일본어로 격려해 주었다.

도쿄올림픽 후 1966년, 한국은 서울의 북쪽 외곽에 있는 태릉에 국립 트레이닝 센터를 건설했다. 김의태는 기회가 있을 때마다 한국에 가서 유도를 지도했다. 또 한국에서 그의 지도를 받으러 텐리대로 오는 선수도 많았다. 김의태는 그러한 선수들의 일본 생활을 돌보아 주기도 했다.

1968년 멕시코올림픽에서는 유도가 종목으로 채택되지 않았고, 그 4년 후 뮌헨올림픽에서 부활했다. 김의태는 한국 국가대표 선발전에서 우승하여 본선 대회에 출전했으나 2회전에서 패했다.

"내 시대는 끝났다, 나는 1960년대의 선수였다는 걸 깨달았습니다."라고 김의태는 말한다. 그는 이후 지도자가 되기 위한 공부에 더욱 열의를 쏟았다. 4년 후 몬트리올올림픽에서 그는 재일코리안으로서는 이례적으로 한국 국가대표 감독에 취임했다.

김의태는 받기 역할을 해 주는 연습 상대를 자처하며 한국 국가대표 선수를 단련시키는 한편, 상대 선수의 분석이나 선수들의 식사에도 신경을 썼다. 그리하여 "메달 하나만 따도 훌륭하다."라는 주변의 예상을 뒤엎고 은메달 1개, 동메달 2개라는 성적을 남겼다. 김의태는 이렇게 강조한다.

"내가 자부심을 가지는 것은, (1984년) LA올림픽까지의 한국 유도는 모두 다 나의 유도였다는 점입니다. 왜냐면 코치도 모두 내 제자들이었으니까요."

김의태는 유도 명문 텐리대 교수로 일본 유도의 발전에도 공헌해 왔다. 동시에, 한국 유도 최초의 올림픽 메달리스트로서 한국이나 재일코리안의 유도 발전에 미친 영향 또한 가늠하기 어려울 정도로 크다. 그중에서 가장 큰 영향을 받은 이는 고베시의 가구

◆
도쿄올림픽에서 동메달을 획득한 김의태

라 소학교, 오하시大橋 중학교, 신코가쿠엔 고등학교, 덴리대까지 모두 김의태와 같은 길을 걸어온 뮌헨올림픽 은메달리스트 오승립이었다.

도쿄올림픽과 재일 사회

김의태가 출전한 도쿄올림픽은 북한도 참가 의사를 표명해서 한국 정부나 재일한국인 사회를 긴장시켰다.

1964년 3월, 전전의 교토제국대(현 교토대) 출신 민관식은 대한체육회 회장에 취임한 직후 도쿄로 향했다. 그리고 국교정상화 이전의 대사관에 해당하는 주일대표부를 비롯하여, 민단과 재일체육회에 지원을 요청했다. 이를 받아들여 당시 민단 중앙 고문이던 이유천을 회장으로 내세운 도쿄올림픽 재일한국인 후원회가 결성되었다.

목적은 크게 세 가지였다. 첫째는 한국 선수의 강화 훈련 지원, 둘째는 한국에서 올림픽 참관단 3,000명 초청, 셋째는 재일동포 응원단 결성이다. 재일 후원회는 이를 실행하기 위한 예산을 1억 4,600만 엔으로 산정하고 모금활동을 벌여 목표액을 상회하는 금액을 모았다. 이와 같은 활동을 당시 동성회 회장이던 정건영(마치이 히사유키)이 물심양면으로 지원하고 있었다.

이러한 지원을 받아서, 메달 획득 유망 종목인 레슬링, 복싱, 마라톤의 35명을 사전에 도쿄로 파견해 훈련시킬 수 있었다. 그리고 도쿄올림픽에는 224명이나 되는 대규모 선수단이 파견되었다. 도쿄올림픽 이전의 로마올림픽에는 67명, 다음에 열린 멕시코올림픽에는 78명의 선수단을 파견했음을 생각할 때, 이례적인 규모였다.

한국 측으로서는 북한을 뛰어넘는 규모의 선수단을 파견하여 세를 과시할 필요가 있었다. 하지만 그러한 정치적 의도와는 별개로, 한국의 경기 종목 대다수는 도쿄올림픽을 통해 비로소 진정한 의미의 국제 무대를 경험하게 되었다.

이에 더하여 3,000명의 참관인이라는 것도 다양한 의미를 가진다. 당시 재일 사회는 총련계가 6할, 민단계가 4할 정도의 비율로, 북한을 지지하는 총련계가 우위를 점하고 있었다. 하지만 북한에서 그만한 참관단을 파견하는 것은 불가능했기에 도쿄올림픽은 재일 사회에 한국의 존재감을 보여 줄 수 있는 절호의 기회였던 셈이다. 나아가 당시는 한일국교정상화 교섭이 막바지에 이르고 있었지만 한국에는 일본과의 국교정상화에 반대하는 의견도 뿌리 깊이 존재했다. 그러한 와중에 일본을 눈으로 직접 봄으로써 대일 감정을 완화시키는 효과도 기대할 수 있었다.

9월 18일에 한국 선수단 제1진이, 23일에 제2진이 도쿄에 도착하여 요요기代々木의 선수촌에 들어갔다. 하지만 거기서 기다리고 있는 것은 "조선 선수단을 열렬히 환영한다."라는 문구와 함께 김일성 사진이 인쇄된 전단지를 나누어 주는 총련 멤버였다. 당시 『동아일보』의 특파원으로 현장을 취재한 김광희金珖熙는 이렇게 회상했다.

"그때는 민단과 조총련(총련)의 갈등이 엄청났습니다. 조총련 사람들이 남한 선수촌에 와서 삐라를 나눠 주거나, 권유를 하거나 했습니다만, 일본 경찰은 남북 관계를 신경 쓰고 있었기 때문에 관여할 수가 없었습니다."

당시 『평화신문』의 특파원으로 현장을 취재한 전 재일학도의용군동지회 회장 이봉남도 이렇게 증언한다.

"확실히 경찰이 개입하면 국제 문제로 번지니까 관여하지 않았습니다. 격투도 있었어요. 조총련의 젊은 녀석들이 선수촌에 난입해서 마치이 씨 쪽의 젊은이들과 충돌하여 부상자도 나오고 했습니다. 이 역시 경찰은 보고만 있을 뿐이었고요."

도쿄올림픽에서 북한은 부스럼과도 같은 존재여서 경찰도 섣불리 관여할 수 없었다. 북한의 참가 문제가 국제적인 관심사가 되었기 때문이다.

북한 선수단은 10월 4일 소련 함선 야쿠티아호로 입항한 후 철도를 이용해 도쿄에 입성했다. 하지만 선수단은 선수촌에 들어가지 않고 고다이라小平시에 있는 조선대학에 묵었다. 금메달 유망주로 여자 육상 중거리의 간판 선수였던 신금단辛金丹에 대한 출전 자격이 인정되지 않아 선수촌에 들어갈 수 없게 되자 다른 선수들도 이에 동조한 것이다.

1962년에 인도네시아 자카르타에서 개최된 제4회 아시안게임 당시, 중국과 아랍 국가들을 고려하고자 한 수카르노 대통령의 뜻을 따라, 대회조직위원회는 타이완과 당시 아시아경기연맹에 속해 있던 이스라엘을 초대하지 않았다. 이러한 조치가 정치적 차별을 금지한 올림픽헌장에 위배된다고 본 IOC는 인도네시아의 도쿄올림픽 참가 금지를 결정하였다.

이에 대해 수카르노 대통령은 IOC와 절연을 선언하고, 독자적으로 신흥국들로만 이루어진 국제대회 GANEFO(The Games of the New Emerging Forces)를 개최했다. IOC 및 각 경기 국제단체들은 강경하게 반발하며 해당 대회 출전자는 선수 자격은 물론 올림픽 등의 참가 자격을 박탈당할 것이라고 표명했다.

대부분의 국가들은 이러한 제재를 두려워하며 GANEFO에 최상위급의 선수들을 참가시키지 않았지만, 당시 IOC에서 탈퇴한 중국과 북한은 최정예 선수들을 출전시켰다. 특히 신금단은 공인된 기록은 아니지만 이 대회 400미터와 800미터에서 세계기록을 수립했다.

GANEFO에 출전한 신금단은 도쿄올림픽 참가 자격을 박탈당했다. 도쿄올림픽 조직위원회의 필사적인 중재로 IOC는 출전을 용인했지만, 국제육상경기연맹은 대회 직전까지도 방침을 변경하지 않아서 결국 신금단은 도쿄까지 오긴 했으나 대회에 출전하지 못하게 되었다. 북한 선수단은 이에 항의하여 대회 이틀 전인 10월 8일, 선수단 전체 철수를 결정했다.

신금단은 한국전쟁 때 생이별한 아버지가 한국에 있었다. 당시 서울 세브란스병원에 근무하고 있던 아버지 신문준辛文濬은 딸을 만나기 위해 한국 참관단 소속으로 도쿄에 와 있었다. 재일한국인후원회 회장 이유천은 도쿄올림픽 조직위원회의 협력을 얻어 부녀 상봉을 실현시키려 백방으로 애썼으나, 북한 측으로부터는 "신금단에게 아버지는 없다."라는 차가운 답변만 돌아왔다.

하지만 끈질긴 교섭 끝에, 귀국일인 10월 9일 조선총련중앙회관에서 부녀는 아주 짧은 몇 분 동안 상봉할 수 있었다. 당시 현장을 취재한 김광희 특파원은 이렇게 말한다.

"북한 측에서 신금단을 보호하려고 스크럼을 짜고 있어서 두 사람이 제대로 이야기를 할 수는 없었습니다. 신금단의 부친은 옷가지 같은 선물을 가지고 왔지만 신금단 쪽 사람이 '이런 건 필요 없다. 우리는 풍족하게 살고 있다'라고 말하며 그걸 버리고 말았습니다."

신금단의 이야기는 한국에서도 크게 보도되어 국민들의 눈물샘을 자극했다. 북한 선수단은 도쿄올림픽 개막 하루 전, 폭풍처럼 도쿄를 떠났다.

금메달에 가장 가까이 간
'아름다운 패자' 오승립

텐리 대학 주장

도쿄올림픽이 끝난 지 얼마 후, 고베의 한 중국요리점에서 김의태의 동메달 획득을 축하하는 모임이 열렸다. 당시 신코가쿠엔 고등학교에 재학 중이던 오승립도 모임에 초대되어 선배의 모습을 눈부신 듯 바라보고 있었다.

"재일한국인에게는 여러 가지 쓸쓸한 면이 많았어요. 한 사람의 인간이 이뤄 낸 위업에 재일한국인들이 이렇게 기뻐해 주다니. 저 자신도 재일한국인들을 기쁘게 해 주고 싶다는 생각이 강했어요. 그래서 저분 다음을 잇고 싶다는 생각으로 더욱 열심히 유도를 하게 되었습니다."

오승립은 1946년 고베시 나가타구에서 태어났다. 김의태의 집과는 걸어서 5, 6분 정도의 거리였으며, 그의 부모 역시 합성피혁 신발 관련 산업에 종사하고 있었다.

중학교 1학년 때 유도를 시작한 오승립은 중학교 시절은 효고현에서 3위, 긴키 대회에서도 3위의 성적을 거두었다. 긴키 대회에서 3위를 하고 학교의 조례 시간에 표창장을 받았지만, 상장을 건넨 후 교장은 전교생 앞에서 "조선인이 사건을 일으키면 곧바로 퇴학시키겠다."고 말했다.

오승립이라는 본명으로 생활하게 된 것은 대학 입학 후부터로, 그 전까지는 구레하라吳原라는 일본명을 쓰고 다녔으나, 교장은 오승립이 재일코리안이라는 것을 이미 알고 있었다. 그러니 그를 괴롭히려 한 발언이라고밖에 생각되지 않았다.

"상장을 모두의 앞에서 건넨 후 그런 말을 하다니, 비상식적인 일이었지만 그것이 통하던 때였으니까요." 당시를 떠올리며 오승립은 쓸쓸한 표정을 지었다.

고등학교는 김의태와 마찬가지로 자택에서 통학할 수 있는 신코가쿠엔에 입학했다. 고3 여름에는 효고현 대회의 헤비급에서 우승하여 인터하이에 출전했다. 인터하이에서는 1969년 세계선수권대회 헤비급에서 우승하는 후쿠오카 난치쿠南筑 고등학교의 스마 슈지須磨周司에 패했다. 그해의 인터하이 유도 헤비급 우승자는 스마였고, 준우승은 1969년 세계선수권대회 무제한급에서 우승하는 아와安房 고등학교의 시노마키 마사토시篠巻政利였다. 상당히 수준 높은 경기가 치러진 해였다.

오승립은 와세다대에 들어가고 싶었지만 와세다에는 특기생 제도가 없었다. 부모에게 부담을 주고 싶지 않았던 그는 특기생으로 입학할 수 있는 덴리대에 진학했다.

약 100명의 유도부원이 있는 덴리대에서는 학년마다 주장이 있고 4학년 주장이 전체 주장이 되었다. 오승립은 4년간 줄곧 주장을 맡았다. 1973년 세계선수권대회 무제한급의 우승자이자 1976년 몬트리올올림픽 라이트헤비급에서 금메달을 딴 니노미야 가즈히로二宮和弘는 동급생이자 부주장이었다. 1996년 애틀랜타올림픽부터 2004년 아테네올림픽까지 올림픽 3연패를 달성한 노무라 다다히로野村中宏의 숙부이자, 자신도 뮌헨올림픽 라이트미들급에서 금메달을 획득한 노무라 도요카즈野村豊和는 오승립이 전체 유도부 주장을 맡았을 때, 1학년생이었다.

오승립은 대학 1학년 때, 김의태의 동생인 김칠복金七福과 함께 한국의 전국체육대회에 출전하기 위해 처음으로 조국 땅을 밟았다. 개최지는 광주였으나, 대회가 끝난 후 부모의 고향인 제주도를 처음으로 방문했다. 당시는 오늘날처럼 리조트 개발이 이루어지기 전의 시대였다.

"제주도에는 아무것도 없었어요. 고향은 지금 지명으로 말하면 신제주라는 곳입니다만, 밤이면 칠흑같이 어두웠어요. 할머니 집을 찾는 데 하룻밤이 걸렸습니다. 할머니 집에서는 돼지를 키우고 있었어요." 제주도는 양돈이 발달한 지역이었다.

오승립은 대학 2학년 때 간사이 학생 선수권대회 미들급에서 우승하고, 3학년 때는 헤비급, 4학년 때는 무제한급에서 우승했다. 몸집이 커져서 그런 것만이 아니라, 우승을 하면 체급을 올려 출전하는 것이 마쓰모토 야스이치 감독의 방침이었다.

4학년 때 전일본 학생 선수권대회 미들급에서 준우승을 했다. 오승립의 앞을 가로막은 것은 후쿠오카공업대의 소노다 이사무

園田勇였다. 오승립은 3학년이던 1967년, 도쿄에서 개최된 유니버시아드 대회에 한국대표로 출전했는데, 그를 결승전에서 무너뜨린 것도 역시 소노다였다. "오른쪽 발다리후리기와 허리후리기가 장점이라는 것과 기술은 비슷했지만 소노다는 나보다 스피드가 있었어요. 지금까지 겨뤄서 이기지 못한 건 소노다 이사무뿐이었습니다."

오승립이 대학교 4학년이던 때에 멕시코올림픽이 열렸다. 하지만 멕시코올림픽에는 유도 종목이 채택되지 않았다. 그다음 해, 역시 멕시코시티에서 개최된 세계선수권대회는 김칠복과 함께 한국대표로 출전했지만, 역시 준결승에서 패하고 둘 다 3위에 그쳤다.

오승립은 덴리대 졸업 후 가와이河合 악기제작소에 취직했다.

"졸업 후에는 덴리대에 남을 생각이었습니다. 하지만 마쓰모토 감독님이 친아버지처럼 생각하던 2대 신바시라眞柱(덴리교를 대표하는 지도자로 2대 신바시라는 나카야마 쇼젠中山正善) 님이 별세하셔서 덴리대를 그만두셨어요. '덴리대에 너를 남겨 두면 가장 어리니까 고생할 거다. 가와이 악기제작소에 유도부를 만들 테니까, 거기로 가거라' 하고 말씀하셔서 갔던 겁니다."

가와이 악기제작소에서는 마쓰모토 야스이치가 유도부 고문이 되었다. 가와이 악기제작소에는 덴리대 외에도 메이지대, 다쿠쇼쿠拓殖 대학 등의 출신자가 입단하였고, 고졸자 중에는 훗날의 프로레슬러 그란 하마다グラン浜田도 있었다.

오승립은 가와이 악기제작소에 2년 정도 있었지만, 뮌헨올림픽에서는 유도가 정식 종목으로 채택되었기 때문에 올림픽에 어떻게든 나가고 싶었다. 그래서 보다 훈련에 집중하기 위해 덴리대로 다시 가고 싶었지만, 회사에서 허락하지 않아서 도망치다시피 덴리대로 돌아갔다. 이후 건설회사에 적을 두면서 덴리대를 거점으로 연습을 하고, 틈틈이 서울의 경희대에서 유도를 지도하거나 태릉선수촌에서 연습을 하며 올림픽을 준비했다.

뮌헨올림픽의 유도 종목에 재일코리안으로는 라이트헤비급의 김의태와 미들급의 오승립이 선발되었다.

메달보다 값진 은사의 말

1972년 8월 26일 뮌헨올림픽이 개막했다. 한국은 해방 후 올림픽에서 금메달을 한 개도 따지 못하고 있었다. 어떻게든 금메달을 따고 싶었던 당시 대한체육회 회장 김택수金澤壽는 개·폐막식에서 선수단이 입는 블레이저를 금색으로 정하는 등, 금메달을 향한 강한 의지를 드러냈다.

한국 선수단을 더욱 긴장시킨 것은 북한 선수단이 이 대회를 통해 하계올림픽에 사실상 처음 참가하게 되었다는 사실이었다. 당시는 남북한이 경쟁적으로 우위를 주장하던 시대여서 스포츠에서도 한국은 북한에 져서는 안 되었다.

그러나 대회 3일째, 북한은 사격의 이호준이 우승하여 사실상 첫 참가한 올림픽에서 금메달을 획득했다. 한편 한국은 개회 후 8일이 지나도 금메달은커녕 메달을 한 개도 따지 못하고 있었다. 대회 9일째, 유도 경기로는 3일째에 등장하는 오승립이 무조건 메달을 획득해 주고, 나아가 가능하면 금메달까지 따는 것이 한국 선수단의 바람이었다.

뮌헨올림픽에서는 일본 유도도 바싹 추격을 당하고 있었다. 유도 경기 첫날 헤비급에서는 니시무라 모토키西村昌樹가 동메달을 따는 데 그쳤고, 둘째 날 라이트헤비급에서도 오승립의 덴리대 선배인 사사하라 후미오笹原富美雄가 2회전에서 소련의 쇼타 초치슈빌리Shota Samsonovich Chochishvili에게 패하면서 일본 유도로서는 처음으로 메달을 놓쳤다. 라이트헤비급은 소련의 초치슈빌리가 패자부활전에서 올라와, 한 번 패했던 데이비드 스타브룩David Collin Starbrook을 상대로 결승전에서 설욕하며 우승을 거머쥐었다.

이러한 상황에서 오승립이 맞이한 것이 미들급 경기였다. 일본 대표는 주오대 출신으로 경시청에 소속된 세키네 시노부關根忍였다. 도쿄올림픽과 마찬가지로 미들급은 주오대와 덴리대의 대결이 되었다.

세키네는 그해 전일본 유도 선수권대회에서 헤비급 선수들을 차례로 제치고 우승한 바 있었다. 전일본 유도 선수권대회의 왕자가 일본 유도의 왕자가 된다. 게다가 세키네는 오승립과 두 차례의 대결에서 모두 이긴 전력이 있었다. 세키네로서는 패해서도 안 되고, 패할 리도 없는 싸움이었다.

두 사람은 준준결승에서 만났다. 시합은 예상과 달리 오승립이 움직임에 생기가 없던 세키네를 일방적으로 공격했다. 심판들은 판정에 들어갔다. 심판 세 명 모두 오승립의 손을 들어주었다. 오승립은 이렇게 말한다.

"사람들은 말려들지 않을까 생각했을지도 모르지만, 나름대로 대책을 강구하며 여러 가지를 시도했습니다."

세키네는 왼팔이 길어서, 극단적인 왼쪽 변형의 자세로 상대의 움직임을 봉쇄하는 이른바 '구미고로시組み殺し'를 한 다음 다리걸기 기술을 반복하는 것이 특기였다. 오승립은 '구미고로시'를 깨트리기 위해, 예를 들면 그해 정월의 전국 고교 럭비대회에서 우승한 덴리고 럭비부의 포워드와 스크럼을 짜는 등, 다양한 연습을 하며 힘을 키우고 있었다. 따라서 "그때는 질 생각이 전혀 없었다."라고 할 만큼 자신감을 가지고 임한 대회였다.

준결승에서 오승립은 프랑스의 장 폴 코슈에게 밭다리후리기로 한판승을 거두며 결승전에 진출했다. 결승전은 패자부활전에서 올라온 세키네와의 재대결이 되었다.

결승전에서도 오승립이 일방적으로 공격하며 시합을 우위로 끌고 갔다. 하지만 준결승전까지는 6분이었던 경기 시간이 결승전에서는 10분이나 되었다. 그중 9분 40초 정도까지는 오승립이 일방적인 우세를 보였다. 하지만 경기 종료가 얼마 남지 않은 시점에서 세키네는 몸 버리기[1]로 떨어뜨리기 기술을 걸었고 오승립은 쓰러졌다.

"9분 40초 정도까지는 완벽했지만, 끝에 가서는 조금 소극적으로 되었어요. 세키네 씨 입장에서는 떨어뜨리기였을지 몰라도, 내 쪽에서 보면 뒤엉키는 것 같은 느낌이었습니다. 옆으로 떨어뜨리기가 되긴 했습니다만, 마음속으로는 뭐, 괜찮을 거야, 하고 생각하고 있었던 거지요."

---

1 일본어로 스테미捨て身라 부르며 자신이 쓰러지면서 그 기세를 사용해 던지는 기술을 가리킨다.

◆

뮌헨올림픽의 오승립(좌)

그대로 시합은 끝나서 승부는 판정기判定旗로 결정 나게 되었다. 오승립이 바라본 전방과 우측 심판은 오승립의 승리를 의미하는 백기를 들었다. 이겼다고 생각하며 반대 측 심판을 보니 세키네의 승리를 의미하는 적기를 들고 있었다. 그리고 주심도 적기를 올림으로써 세키네의 금메달이 확정되었다.

"어? 하고는 생각했지만, 그때는 그걸로 끝났을 뿐입니다. 할 만큼 했으니까요."

그렇다 해도 내용 면에서는 오승립이 우세였음을 일본의 미디어 보도가 여실히 보여 준다. 9월 4일자 『요미우리신문』은 「세키네 석연치 않은 승리, 대조적으로 '아름다운 패자'였던 오吳」라는 제목으로 다음과 같이 보도한다.

> "세키네 선배와는 두 번 시합해서 모두 졌습니다. 어려운 상대입니다. 오늘은 전력을 다했습니다. 승부는 어느 쪽이든 좋습니다. 판정에 불복은 없습니다." 오승립은 후련한 표정으로 말했다. 물론 일본어였다. 메달 수여식이 끝난 후에는 일본의 하마노浜野 감독, 가미나가 아키오 코치에게 "감사했습니다." 하고 인사했다. 오승립은 '아름다운 패자'였다.

또한 같은 날 『아사히신문』은 "금메달은 땄지만 이날 시합 내용은 일본 유도의 위기를 새삼 느끼게 한 인상 깊은 결과였다."라고 보도했다.

『마이니치신문』은 보다 신랄했다.

> 하지만 정말 이긴 것일까. "경기 중 당신이 이겼다고 생각하지는 않았는가?" 하는 질문에 오승립은 "심판의 판정에 따르겠다. 나는 있는 힘껏 싸웠을 뿐이다. 감사한다." 하고 말했다. 시원시원한 말이었다. (…) 하마노 감독은 "자칫하면 졌을지도……"라고 하며 낮은 목소리로 덧붙였다. "결승 심판은 세 명 모두 외국인이었지요. 그들은 기술을 잘 모릅니다." 그런 걸까.

대부분의 국가에서 올림픽 보도는 자국 선수들 편에 서는 법이다. 같은 판정이라도, 각자 자국 선수 편에 서서 서로 정반대 해석을 내놓는 경우는 흔하다. 그런데도 이들 보도는 오승립의 경기 내용이 얼마나 훌륭했는지를 말해 주고 있다.

『마이니치신문』은 단상 위에서 고개를 숙이고 있는 세키네와 팔을 들고 의기양양하게 걷는 오승립의 사진을 게재했다.

오승립의 은메달은 뮌헨올림픽에서 한국이 획득한 유일한 메달이었고, 오승립은 한국 선수단을 불명예스러운 노메달의 공포에서 구했다. 하지만 몇십 초만 버티면 한국이 그토록 염원하던 금메달을 획득할 수 있었던 만큼, 불만을 품은 사람도 있었다. 유도 선수단 해산식에서 관계자 중에는 "너, 마지막엔 일부러 쓰러져 준 거지? 일본에 살고 있으니까 일본에 져 준 거냐?"라고 말하는 사람도 있었다. 참다못한 오승립은 생각한 바를 한국어로 잘 전달하기 어려웠으므로, "실례지만 일본어로 말씀드리겠습니다." 하고 자신의 마음을 쏟아냈다.

"시합을 하는 인간의 기분을 생각하신다면 그런 말이 나옵니까? 나는 내 나름대로 최선을 다했고, 나라를 위해서도 정말 열심히 노력했습니다. 지고 싶어서 지는 인간은 그 누구도 없습니다."

그것은 재일코리안으로 살아온 오승립의 필사적인 외침이었다.

"한국에 오면 '반쪽발이'라고 부르고 일본에서 재미 좋았냐는 말까지 듣습니다. 일본에서는 외국인이라 부릅니다. 도대체 어쩌란 말입니까. 우리들 마음을 모른다는 생각이 들었어요."

오승립이라는 이름은 오늘날 한국 스포츠계나 재일 사회에서 그리 알려지지 않았지만, 틀림없이 그는 한국 스포츠의 영웅이자 재일의 영웅이다. 그러나 재일코리안 쪽에서 본다면, 만약 이때 이겨서 해방 후 첫 금메달을 재일코리안인 오승립이 획득했다면 그 후 재일코리안에 대한 한국의 인식은 달라지지 않았을까 하는 생각이 들기도 할 것이다.

판정 문제를 떠나 오늘날의 방식대로라면 오승립이 금메달이었다. 왜냐하면 뮌헨올림픽 때 미들급과 라이트헤비급에서 패자부활전을 통해 올라간 선수가 우승까지 간 것이 문제시되어, 이후에는 패자부활전을 통해 올라가는 경우 최고 3위까지만 할 수 있도록 규정이 바뀌었기 때문이다. "예선에서 진 사람이 결승에 올라가서 금메달을 딴다는 건 이상하다고 해서 룰이 바뀐 거지요. 그건 그래야 하는 게 맞고요."

하지만 오승립이 은메달이라는 결과에 불만을 가진 것은 아니다. 오승립은 뮌헨올림픽에서 메달 이상의 기쁨을 얻었다.

경기장에는 은사 마쓰모토 야스이치가 배심으로 와 있었다. 결승전 종료 후, 마쓰모토가 있는 곳으로 인사를 하러 가니 마쓰모토는 "오늘 너는 정말 강했다. 네가 학생 시절에 오늘 같은 경기를 했다면 두 번 정도는 우승했을 거다." 하고 말하며 오승립을 안아 주었다.

일본 유도를 궁지로 몰아넣은 상대국 선수를 전일본유도연맹 임원이 안아 준 셈이니, 사정을 모르는 사람에게는 어쩐지 이상한 광경으로 비쳤을 게 틀림없다. 가까이 앉아 있던 코치 가미나가 아키오도 그 광경을 보고도 못 본 척을 했다고 한다.

"그렇게 기뻐해 주는 마쓰모토 선생님의 말씀을 들었을 때는 정말 아무 말도 하지 못했어요. 최고였어요. 메달을 받는 것보다 그 말씀이 가장 기뻤습니다."

오승립은 은사의 말씀을 전별금 삼아 일선에서 물러나게 된다. 적을 두고 있던 건설회사의 사장으로부터 "잠시 유도를 그만두는 게 어떻겠는가?" 하는 말을 듣고, "일본에서 나고 자란 사람의 기질이랄까, 신세를 진 분한테는 꼭 보답을 해야 한다."는 생각으로 은퇴를 결심했기 때문이다.

네덜란드뿐 아니라 소련, 프랑스, 쿠바 등이 수준을 끌어올리면서, 유도의 본가인 일본의 입장은 위태로워졌다. 그 와중에도 미들급만큼은 올림픽과 세계선수권대회 모두 일본이 사수해 왔다. 그리고 4년 후 몬트리올올림픽에서도 오승립이 끝내 이기지 못한 소노다 이사무가 일본의 아성을 사수하기 위해 등장했다. 소노다에 대항한 한국대표는 이번에도 재일코리안이었다.

스포츠 강국을 향한 기반 정비와 재일코리안의 역할

도쿄올림픽을 계기로 한국 스포츠는 큰 변화를 맞이했다. 한국은 224명이라는 대규모 선수단을 파견하면서도 은메달 2개, 동메달 1개라는 성적을 거두었다. 이에 비해 일본은 금메달 16개, 은메달 5개, 동메달 8개를 획득하며 세계 유수의 스포츠 강국으로 약진하고 있었다. 당시 대한체육회 회장 민관식은 스포츠 행정의 확립과 훈련에 전념할 수 있는 환경 정비의 필요성을 절감했다.

민관식은 도쿄 요요기에 있는 일본 스포츠의 총본산이라 할 수 있는 기시岸 기념체육관을 보고, 한국에도 비슷한 건물을 지어야겠다고 결심했다. 그래서 서울시청 옆에 토지를 확보하여 1966년 6월 30일, 지하 1층, 지상 10층의 체육회관이 완성되었다. 낙성식에는 박정희 대통령과 민주공화당 의장 김종필 등이 참석했다. 서울올림픽 개최를 계기로 한국 스포츠의 총본산으로서의 기능은 서울 남동부에 있는 올림픽공원 안으로 이전했지만, 건물은 오늘날에도 남아 있다.

체육회관 낙성식과 같은 날, 서울 북쪽 외곽의 태릉에 국립 트레이닝 센터(국가대표 선수촌)가 문을 열었다. 개장 당시에는 사무소나 식당 등이 있는 본관에 488명의 선수가 숙박할 수 있는 기숙사를 마련한 정도였지만, 점차 체육관이나 실내풀 등의 시설을 확충하고 면적도 10배로 늘어났다.

당시 한국의 1인당 국민소득은 110달러 정도로 아직 빈곤했고, 정부로서도 산업기반의 정비에 힘을 쏟고 있던 시대였다. 하지만 남북이 각자의 우위를 격렬하게 주장하고 있던 시대였던 만큼 결과가 확실히 나오는 스포츠에서 질 수는 없는 노릇이었다. 민관식은 그러한 정치적 상황을 역이용하여 스포츠의 기반 정비에 필요한 예산을 확보했다.

그렇다 하더라도 당시의 한국으로서는 한계가 있었으므로 재일코리안의 힘이 필요했다. 그러한 상황에서 재일코리안 정건영(마치이 히사유키)의 공헌이 상당했음은 한국에서도 알려져 있다. 해방 전에는 축구 일본대표 선수로 활약하고 해방 후에는 대한체육회 임원을 역임한 이유형은, 생전에 정건영에 대해 "일본에서는 불량배 소리를 듣지만, 한국 스포츠를 크게 도운 인물"이라고 말했다. 실제 서울시청 근처에 세워진 체육회관의 엘리베이터 홀에는 지금은 없어졌지만 '기증 정건영'이라고 한글로 된 현판이 걸려 있었다.

또한 국립 트레이닝 센터가 제대로 기능하기 위해서는 용품 조달 등이 필수였다. 그러한 역할은 해방 직후부터 재일코리안의 스포츠 활동에서 중심적인 역할을 해 온 채수인이 담당했다.

재일체육회 사무실에는 1967년 11월 18일로 날짜가 명시된 〈육상경기 용구 기증 취지서〉, 즉 재일체육회에서 본국 체육회에 기증한 육상경기 용구의 명세가 남아 있다. 그 문서를 보면 원반(목제) 남성용 80장 및 여성용 20장, 원반(합죽형合竹型) 남성용 30장 및 여성용 30장, 포환(놋쇠) 남성용 20개 및 여성용 20개, 해머(놋쇠) 남성용 20개 등이 기증되었고, 그 외에도 창던지기나 장대높이뛰기 같은 다양한 육상경기 용구가 기증되었다.

이러한 자금이나 용구를 통해 한국의 스포츠는 체제를 정비해 가면서, 그 후 발전의 기초를 쌓아 올렸다.

고독한 동메달리스트 박영철의 유도 한길

상처 입은 소년 시절

1960년대부터 1970년대 초반에 걸쳐 한국 유도계에서 재일코리안의 존재는 절대적이었으며, 국제 경기에서 상위권 진출이 기대되는 것도 재일코리안들이었다. 하지만 도쿄올림픽에서 유도가 정식 종목으로 채택되자, 한국에서도 유도에 대한 열기가 고조되면서 한국 내 경쟁이 격화되었다. 이에 따라 재일의 입장도 보다 긴박해졌다.

1976년 몬트리올올림픽에서 한국 유도는 헤비급의 장은경張銀景이 은메달, 미들급의 박영철과 무제한급의 조재기趙在基가 각각 동메달을 획득했다. 그중, 조재기는 덴리대에서 장기 합숙을 하며 일본에서 성장한 선수이긴 했으나, 일본에서 나고 자란 재일코리안 선수는 박영철뿐이었다. 한국이 참가 보이콧을 선언한 모스크바올림픽을 건너뛰고, 1984년 LA올림픽에서 한국 유도는 금메달 2개, 은메달 2개, 동메달 1개라는 대약진을 보여 주었다. 하지만 그중에 재일코리안은 없었다.

그러한 의미에서, 몬트리올올림픽에서 동메달을 획득한 박영철은 한국 유도에서 재일코리안의 입지가 약해져 가는 시대에 재일코리안의 의지를 보여 준 유도인이라고 할 수 있다. 하지만 거기까지 이르는 도정은 한일 양쪽의 차별과 맞닥뜨리는 너무나도 험난한 길이었다.

박영철은 1954년 히로시마현과 인접한 야마구치현 구가군玖珂郡에서 태어나 어릴 적에 교토로 이주했다. 부모는 유젠조메友禅染[2] 관련 업종에 종사하고 있었다. 유젠조메나 니시진오리西陣織[3] 같은 교토의 전통 산업에는 예로부터 재일코리안이 다수 종사하고 있었다.

박영철은 교토의 깃쇼인吉祥院이라는 곳에 살았던 소학교 3학년 때까지는 박이라는 성을 쓰고 있었으나, 가쓰라桂로 이사한 뒤에는 이노우에井上라는 일본명을 쓰게 되었다.

"지금 생각해 보면 한국인이 일본명을 쓰면 위축되는 부분이 있어요. 이노우에로 바꾸고 처음엔 '이노우에' 하고 누가 불러도 그게 저를 부르는 말인지를 몰랐어요. 다른 사람들과 다르다는 걸 느끼면서 충격을 받았지요."

---

2 화려한 문양을 특색으로 하는 교토 지방의 전통 염색법.

3 현재 교토시의 북서부 일대에 해당하는 지역의 옛 지명인 니시진에서 발전하여 생산되어 온 직물로, 염색한 실로 무늬를 직조하는 기모노가 유명하다.

아무리 일본명을 사용한다 해도, 교사를 포함해서 많은 이들로부터 따돌림이나 차별을 받았다. 어떤 교사가 수업 중에 "이웃나라 사람이 우리 교실에 있구나." 하고 말해서 모두가 박영철 쪽을 빤히 쳐다보는 것을 그저 고개 숙인 채 견뎌야 했다. 유도부에 들어가고 싶다고 생각했지만 교사로부터 "너는 안 된다."는 말과 함께 거부당했다.

"교토 사람들은 음습하다고 할까요, 반대로 말하면 노골적이지요. 너무나 상처를 받았고, 내가 처한 상황을 저주했어요." 상처 입은 마음을 토해내듯 박영철은 초등학교 때는 싸움만 하는 아이였다.

중학교는 그 지역의 가쓰라 중학교로 진학했는데, 이 학교는 긴키 대회에서 우승하는 등 중학교 유도의 강호였다. 박영철은 입학식 날 직원실에 가서 유도부 고문인 니시西라는 나이 든 선생에게 "유도를 하고 싶습니다. 선생님, 유도복을 빌려 주십시오." 하고 말해서 유도를 시작했다고 한다. 박영철은 왜 그렇게 유도를 하고 싶었을까.

"나에게는 아무것도 없다는 게 뻔히 보였어요. 사회적으로도 우리 집이 어떤 위치에 놓였는지 알고 있었고요. 내가 어떻게 살면 좋을까, 괴로웠습니다. 우울한 에너지가 쌓이고 쌓였어요. 그래서 유도를 하면서 갈증을 해결하려는 마음 같은 게 생겼던 거예요. 상대방을 이기면 잘했다는 칭찬을 듣습니다. 간단했지요. 그렇게 기뻐해 주는 일이라면 무엇이든 할 수 있다, 그런 마음이었던 겁니다."

아침부터 밤까지 연습으로 날을 지새웠다. 나이든 선생은 박영철을 차별하는 일 없이 훈련시켜 주었다. 싸움을 할 일도 없어져서 싸움은 일절 하지 않게 되었다.

이노우에 에이테쓰井上英哲라는 일본명은 교토의 유도계에서 상당히 알려지기 시작했다. 중3 때에도 긴키 대회에 출전하여 단체전에서 우승했다. 하지만 단체전 우승의 주역이었던 박영철은 개인전에는 기용되지 않았다. 3학년 때는 그 나이 든 선생이 이미 은퇴하고 젊은 교사가 뒤를 이었는데 그가 마지막 단계에서 차별을 한 것이다.

그래도 박영철에게는 고등학교 서너 곳에서 러브콜이 왔다. 그중에서 그는 강호 교토쇼교(현 교토첨단과학대 부속고등학교)에 진학하게 되었다. 교토쇼교 유도부 고문인 오스미 가즈오大角一夫는 박영철에게 "너는 대한민국 국적이니까 한국대표로 올림픽에 나가라. 그러려면 도쿄로 가야 한다." 하고 말하며 유도인으로서 나아가야 할 길을 제시했다.

도쿄의 대학에 진학하기 위해서는 인터하이에 나가서 전국에 이름을 알릴 필요가 있었다. 3학년 때 인터하이 교토부 예선을 조금 앞두고 수학여행이 있었다. 오스미 선생은 박영철에게 "너 수학여행에 갈 셈이냐. 가면 일주일 이상 훈련을 못할 거다."라고 말했다. 박영철은 잠시 생각한 후, "가지 않겠습니다."라고 대답했다고 한다. 후에 인권파를 자처하는 어느 교사가 오스미 선생이 수학여행에 못 가게 했냐고 물었을 때에는 "제 의지로 가지 않으려는 겁니다."라고 대답했다.

"그때 가지 않길 잘했어요. 수학여행에 가지 않고 저는 남아서 혼자 수련을 했지요. 절대 지지 않겠다고 생각했습니다." 박영철은 교토부 예선에서 우승하여 야마가타山形현 쓰루오카鶴岡시에서 개최된 인터하이 유도 경기에 출전했다.

고3 때 박영철은 체중이 75~76킬로그램이었으나, 당시 75킬로그램 이상의 선수는 체중 상한이 없는 헤비급에 해당되었다. 100킬로그램이 넘는 선수를 만나 결국 이기지 못하고 인터하이는 16강에서 끝나 버렸지만, 그래도 이후 도요대, 메이지대, 다쿠쇼쿠대, 아오야마가쿠인青山學院대 등에서 러브콜을 보내왔고 결국 도요대에 입학했다.

집념으로 거머쥔 대표 자리

도쿄 분쿄文京구 하쿠산白山에 있는 도요대 근처에는 유도의 총본산인 고도칸이 있다. 고도칸에서는 수도권을 중심으로 전국의 실력자들이 모여 연습을 하고 있었다. 박영철도 그러한 실력자들과 함께 수련을 거듭했다. 도쿄올림픽 헤비급 금메달리스트 이노쿠마 이사오猪熊功, 라이트헤비급 세계챔피언 야마시타 야스히로山下泰裕 같은 선수를 길러 낸 사토 노부유키佐藤宣踐, 헤비급 세계챔피언 다카키 조노스케高木長之助와 엔도 스미오遠藤純男, 그리고 3년 아래인 도카이東海 대학의 야마시타 야스히로까지. 박영철은 이들과 대련을 했다.

"야마시타랑은 자주 대련하며 서로 던지기도 하고 그랬습니다. 대련 상대가 되어 준 녀석이지요. 그가 대학교 1학년 때 저는 4학년이었어요."

도쿄에 있는 대학에 다닌다는 최대 장점은 다양한 상대와 수련이나 시합이 가능하다는 점이었다. 도요대 근처에 메이지대가 있었고, 당시 메이지대에는 훗날 전일본유도연맹 회장과 제5대 고도칸 관장을 역임하게 되는 몬트리올올림픽 무제한급 금메달리스트 우에무라 하루키上村春樹가 있었다. 박영철은 우에무라와도 자주 대련했다.

하지만 유도부 세계엔 구태의연한 면도 있어서, 나쁜 의미로는 '체육회' 그 자체였다. 대련할 때 1학년은 3, 4학년을 메치거나 조르기를 시도하면 안 된다는 불문율이 있었으나, 박영철은 상관하지 않고 선배를 메치거나 졸랐다. 그러고 나서 건방지다는 이유로 공격을 받고 두들겨 맞은 적도 있었다. 그러면 다시 폭력을 휘두른 선배를 대련 중에 메치거나 졸랐다. 살벌하고 엄격한 분위기 속에서 공포를 견디지 못하고 밤이 되면 몰래 도망쳐서 아침이 되면 보이지 않는 동급생이나 후배도 있었다.

"참 지독했지요. 열여덟 살짜리 아이가 들어오면 스물두 살짜리 형님이 방장이지요. 형무소 같았어요. 지금은 그런 건 없지만요."

이런 환경이었지만 그러한 가운데서 강해진 것도 사실이었다. 대학교 3학년 때, 전일본 학생 선수권대회 미들급에서 박영철은 3위를 차지했다. 또 4학년이 된 1976년에는 도쿄 학생 체중별 선수권대회 미들급에서 우승했다. 몬트리올올림픽이 개최되던 해였다.

박영철은 전년도 12월부터 한국 국가대표 선발대회에 참가하여, 1976년 4월에 실시된 최종 선발전에 진출했다. 최종 선발전에서도 순조롭게 승리를 거듭하면서 올림픽 출전까지는 단 1승만이 남아 있었다.

하지만 그 경기에서 박영철이 아무리 상대를 메치고 메쳐도, 심판은 한판은커녕 점수조차도 인정하지 않았다. 그렇게 박영철은 한국 선수에게 판정패했다. 노골적인 재일 차별이었다.

박영철은 너무나도 불합리한 판정을 납득하지 못한 채, 경기장에서 내려오지 않고 그대로 주저앉았다. 경기장 아래에서는 재일 유도회 회장 이도술李道述이 "이상하지 않느냐?"며 필사적으로 항의했다. 이도술은 전전부터 오사카에서는 굴지의 유도인으로 알려졌으며 재일 사회의 유도 발전에 공헌한 인물이었다.

박영철과 이도술의 행동에 관중석도 소란스러워졌다. 미묘한 판정이 아니라, 명백히 박영철이 이기고 있는 시합이기 때문이었다. 그리하여 임원들의 협의 끝에 최종 예선을 다시 실시하게 되었다. 박영철은 재경기로 치러진 최종 예선을 3전 전승으로 장식하며 몬트리올올림픽 출전권을 따냈다.

시합 후 이도술은 박영철에게 "거기서 그냥 내려왔다면 졌겠지." 하고 말했다. 말 그대로 집념으로 얻어 낸 한국 국가대표 자리였다. 박영철은 말한다.

"내 쪽에서 이렇게 메치고 있는데 무엇 때문에 지겠습니까. 도리대로라면 그게 맞는 거지요. 하지만 심경은 이해가 갔습니다. 왜 한국에서 열심히 하고 있는 사람이 나가지 못하고 나 같은 녀석이 뽑혀야 하느냐는 것이었죠."

뮌헨올림픽에서 몬트리올올림픽까지 4년간, 한국의 스포츠는 크게 변하고 있었다. 올림픽 메달리스트는 병역이 면제되고 연금도 받을 수 있게 되었다. 스포츠에서 우수한 성적(전국대회 4위)을 거둔 선수는 스포츠 특기생으로 대학에 입학할 수도 있었다. 해방 이후 올림픽에서 금메달을 한 개도 획득하지 못한 한국으로서는 선수에게 동기부여를 하기 위한 '당근 작전'을 제도화한 것이다. 다른 한편으로는 병역 등 한국의 제도적 범위 바깥에 있는 재일코리안에 대한 차별이 심해졌다.

국립 트레이닝 센터인 태릉선수촌에 들어가도, 박영철에게는 코치를 비롯한 관계자들이 적대감을 드러냈다. 유도로 이기지 못하자 밤에 술집으로 데려가서 코를 납작하게 해 주려 하기도 했다. 원샷은 기본이고, 재떨이나 신발에 술을 붓고 들이켜라고 강권할 때도 있었다.

게다가 술로도 이기지 못하자, 어느 선수는 "너 이거 할 수 있냐?"며 유리컵을 와드득 깨물어 보였다. 할 수 있다며 박영철도 컵을 이로 깨려고 하자 주위 사람들이 말렸다. "너 그대로 깨물어 버렸다면 그 녀석 주먹에 입이 찢겼을 거다." 나중에 들은 이야기였다.

보통 사람이라면 죽는소리를 했을 것이 틀림없었다. 하지만 박영철은 소년 시절부터 받아 온 차별, 흡사 형무소와 같았던 대학 생활을 통해 정신적으로는 꽤나 거칠어져 있었다.

그렇게 다가온 몬트리올올림픽에서 미들급인 박영철의 라이벌은 뮌헨올림픽 은메달리스트 오승립이 끝내 이기지 못한 소노다 이사무였다. 한국대표팀 합숙을 덴리대에서 했을 때, 소노다도 연습에 참여해서 시합한 적이 있었다. 그때는 무승부였기 때문에 박영철은 충분히 승부가 되리라고 생각했다.

두 사람은 8강에서 만났다. 소노다의 특기는 허벅다리걸기. 박영철은 되치기 기술인 손으로 허벅다리걸기가 특기였다. 당시 일본 국가대표 코치였던 도쿄올림픽 미들급 금메달리스트 오카노

◆

몬트리올올림픽 개회식 전의 박영철(우)

이사오는 고도칸에서 박영철의 유도를 자주 보아 왔기 때문에 그의 손기술을 알고 있었다. 때문에 소노다는 특기인 허벅다리걸기 기술을 시도하지 않았다.

일진일퇴의 공방이 이어졌으나 종료 직전, 소노다가 발다리후리기인 척하며 안다리후리기를 걸어서 박영철은 엉덩방아를 찧었다. 이것이 유효가 되어 박영철은 패했다.

박영철은 패자부활전에서 올라와 3위 결정전에서 프레올림픽 Pre-Olympic[4] 우승자인 서독의 마르엔케에게 업어치기로 한판승을 거두어 동메달을 획득했다. 강호를 상대로 따낸 가치 있는 동메달이었다. 3위 결정전에서 한판승을 거둔 순간, 중계석에 있던 이노쿠마 이사오가 "됐다!" 하며 기뻐하는 모습이 보였다. 이노쿠마 또한 고도칸에서 대련을 해 준 인물이었다.

원통한 은퇴

동메달을 획득한 박영철을 오사카 국제공항(이타미공항)에 마중와 준 것은 아버지와 이웃집 아저씨 두 명뿐이어서 세 사람은 조촐한 축하연을 가졌다. 이후 고교 시절 선생님이 자리를 만들어 준 것 외에 승리를 축하하는 연회 같은 것은 없었다. 도요대 유도부 창설 이래 첫 올림픽 메달리스트였지만, "차가웠지요. 나라는 달

---

4 올림픽 1년 전 테스트로 개최되는 비공식 경기 대회의 관용 명칭.

라도 돌아오면 축하 파티 같은 것이라도 해 줄 법한데요. 쓸쓸한 생각이 들었습니다." 하고 박영철은 말한다.

"메달을 딴 것은 사실이지만 일본의 어느 대학에서도 선생으로 받아 줄 리는 없었습니다. 졸업을 앞두고 이런 저런 회사에 이력서를 냈습니다만, 국적을 한국이라고 쓰지 않습니까? 그러면 죄다 탈락이었습니다. 취직은 무리라는 생각에 공부도 할 수가 없었고, 유도로 살아갈 생각도 없었어요. 일본에서 어떻게 살아가면 좋을까, 어리광은 전혀 통하지 않았죠."

도요대 졸업 후에는 모스크바올림픽을 목표로 삼고 훈련 거점을 김의태가 있는 덴리대로 옮겼다. 나라奈良로 가면 일도 얻을 수 있을 거라는 소리를 들었지만 실제로는 없었다. 교토 라쿠난洛南 고등학교 교사로 일해 보지 않겠느냐는 권유를 받아, 비상근 강사로 유도를 1년 정도 가르쳤다. 하지만 앞으로의 인생을 생각하여, 접골사 자격증을 따기로 마음먹었다. 이를 위해서 고등학교 비상근 강사를 그만두고 야간학교에 다니며 자격증 공부를 했다. 한편으로는 덴리대 유도부 OB가 사장으로 있는 건설회사에 신세를 지며 생활비를 벌어서 모스크바올림픽을 목표로 연습을 게을리 하지 않는, 초인적인 스케줄을 소화했다.

그렇게 한국에서의 선발대회를 통과하여 모스크바올림픽 출전권을 따냈다. 1978년부터 체중별 계급이 대폭 변경되어, 박영철은 78킬로그램급 대표가 되었다. 이 체급의 일본대표는 덴리대 출신으로 세계선수권대회 4연패를 이룬 후지이 쇼조藤猪省太였다. 1978년 세계선수권대회에서는 패했지만, 덴리대에서 대련했을 때는 이긴 적도 있어서 금메달에 대한 자신감도 충분히 있었다.

하지만 모스크바올림픽을 앞두고 한국은 소련의 아프가니스탄 침공에 항의하는 미국의 요청에 따라 참가를 보이콧했다. 역시 보이콧을 선언한 일본에서는 유도의 야마시타 야스히로와 레슬링의 다카다 유지高田裕司 등이 참가를 필사적으로 호소하며 한 맺힌 눈물을 흘렸다.

한편 이 무렵 한국은 박정희 암살 사건부터 광주 5·18민주화운동, 전두환의 정치적 실권 장악 및 대통령 취임으로 이어지는 격동의 시대를 겪고 있었다. 한국에서는 올림픽에 신경 쓸 겨를이 없었다. "모스크바올림픽 보이콧은 나로선 재앙이나 마찬가지였지요. 유도를 어떻게든 하고는 있었지만 경제적으로는 가난의 구렁텅이에서 헤어나지 못하고 있었어요. 협력자도 없었고, 앞으로 4년간 더 해보자는 생각도 할 수 없었습니다. 모스크바올림픽에 나가지 못하게 되자 단호히 현역을 그만두었습니다." 박영철은 조용히 일선에서 물러났다.

4년 후 열린 LA올림픽에서는 함께 고도칸에서 수련하던 3년 후배 야마시타 야스히로가 경기 도중 왼쪽 장딴지 근육이 파열되면서도 우승을 거두어 일본 전체를 감동시켰다. 그 모습을 보고 어떤 느낌이었는지 박영철에게 물으니, "아…… 음……." 하고 말을 잇지 못하던 그는, "그 사람은 천재니까요. 돌아올 곳이 있었고요." 하고 말했다. 그러자 옆에서 듣고 있던 부인이 이렇게 덧붙였다.

"옆에서 보는데 정말 쓸쓸해 보였어요. 사실 대학 지도자로 나갈 수도 있었겠지만 재일코리안이었잖아요. 정말 가엾다고 생각했어요."

이 말을 이어받은 박영철은 말했다. "나로서는 분하지만 그게 현실입니다. 유도는 직업으로 삼을 일이 아닌 거죠. 어디까지나 자신을 단련시키기 위한 소양, 그러한 의미로 삼았습니다."

현재 박영철은 신오사카역에서 그리 멀지 않은 곳에 접골원을 운영하고 있다. "이왕 한다면 전문가가 되어야지요." 박영철의 접골원에는 도쿄에서 당일치기로 왔다 가는 사람도 있을 정도로 환자가 전국에서 모여든다고 한다.

"자식은 차별을 받게 하고 싶지 않아서."라고 말한 박영철은 일본 국적을 취득했다. 국적 취득과 함께 몬트리올올림픽 동메달에 대한 장려금으로 지급되는 연금 수령도 중지되었다.

"국적이 바뀌어도 수속을 하면 받을 수 있다고 들었습니다만, 보는 사람에 따라서는 (귀화는) 자기 나라를 버린 것이라고 볼 수도 있으니까요. 연금만 받는 비겁한 짓은 할 수 없다고 딱 거절했습니다." 하지만 "한일 간 친선이 가능하다면 저는 돌아갈 겁니다."라고 말하듯, 한일 양국 유도의 발전이나 교류에 도움이 되고 싶다는 그의 생각은 여전히 강렬하다.

오사카에서 심판으로 활동하는 등 유도와의 접점은 있어도, 그가 가진 실력과 업적에 걸맞은 기회는 주어지지 않고 있다. 쓸쓸함과 안타까움이 느껴졌다.

영웅과 악역 사이
추성훈

일본 귀화

2008년 6월 22일 서울 월드컵경기장에서 열린 월드컵축구 아시아 3차 예선에서 한국과 북한의 경기는 0대 0 무승부로 끝났다. 취재 구역에서 대기하던 한국 기자의 옆을 북한 선수 대부분이 침묵하며 지나쳐 간 것과 달리, 당시 J리그 가와사키 소속의 정대세는 혼자 기자의 질문에 적극적으로 답하고 있었다.

"한국에서 뛰고 싶은 생각은 있습니까?"라는 질문에 정대세는, "TV에 나오고 싶습니다. 추성훈 선수처럼 되고 싶습니다."라고 대답했다.

아키야마 요시히로秋山成勳라는 일본명을 가진 추성훈은 당시 맥주 광고나 버라이어티 쇼, 음악 프로그램에 폭넓게 등장하며 한국에서 높은 인기를 얻고 있었다. 하지만 그때로부터 6년 전까지만 해도 전혀 다른 입장이었다.

2002년 가을 부산에서 개최된 아시안게임의 주역은 '미녀 군단'이라 불린 북한 여성응원단이었지만, 추성훈 또한 주목받은 선수 중 한 명이었다. 하지만 당시에는 지역 미디어가 "추성훈이 일장기를 달고 참가했다."라고 보도하는 등 '배신자' 취급을 하기도 했다.

2002년 10월 1일 구덕체육관에서 실시된 유도 남자 81킬로그램급 결승전은 추성훈, 그리고 한국의 안동진安東珍의 대결이었다. 관중석에서 추성훈에게 야유를 쏟아내는 가운데 추성훈이 판정승을 거두며 우승했다. 그러자 관내에서는 야유가 더욱 커졌다. 경기 후 인사가 끝나자 추성훈은 모친이 앉아 있던 관중석 쪽으로 달려갔다.

경기 후, 한국의 기자로부터 "조상의 나라에서 한국을 이긴 기분이 어떤가?" 같은 노골적인 질문이 이어졌다. 추성훈은 표정을 바꾸지 않고, "나라를 이긴 것이 아니라 한 사람의 유도 선수로서 이긴 것입니다."라고 답하며, 맹렬한 야유에 대해서도 "야유 또한 나의 힘으로 삼자고 생각했기 때문에 기분은 나쁘지 않았습니다."라고 대답했다.

회견이 끝나자 통역을 자원한 부산의 한 대학교수는 "추성훈이 일본으로 귀화한 것은 한국 측의 잘못이 있었기 때문입니다." 하고 말해 주었다.

추성훈은 1975년, 재일코리안이 많이 살고 있는 오사카시 이쿠노生野구에서 태어났다. 부친 추계이秋啓二도 유도인으로, 한국의 전국체육대회에 출전하여 몬트리올올림픽을 목표로 삼은 적이 있다. 그때 수영 대표 선수였던 유은화劉銀花와 만나 결혼했다. 추성

◆

2002년 10월 1일 부산아시안게임 결승전의 추성훈

훈도 부친의 영향을 받아 세 살 때부터 유도를 시작했다.

재일코리안이 많이 사는 지역에서 자란 만큼, 특별히 차별받는 일 없이 성장한 추성훈은 명문 세이후清風 고등학교에 진학했다. 2학년 때는 인터하이에서 16강에 진출하여 야마시타 야스히로 감독이 이끄는 도카이대로부터 러브콜을 받기도 했다. 다만 특기생이 되기 위해서는 3학년 때 인터하이에 출전해야 했다. 그러나 인터하이 직전 후쿠오카에서 개최된 단체전 전국대회인 긴슈키金鷲旗 대회에서 왼팔 척골尺骨이 골절되어 인터하이에 출전하지 못하게 되었다. 입학 조건을 충족하기가 어려워진 추성훈은 도카이대를 단념하고 부친과 같은 긴키대에 진학했다.

대학 진학 후에도 골절 후유증으로 괴로워했으나, 3학년 때 전일본 학생 유도 체중별 선수권대회 71킬로그램급에서 2위를 차지했다. 한편, 아버지처럼 한국의 전국체육대회에도 참가했다. 졸업을 앞두고는 유도팀에 공력을 들이고 있던 부산시청에 스카우트되었다. 추성훈은 아버지의 권유도 있고 해서 1998년에 부산시청에 입단했다. 중학생 때까지는 여름방학이 되면 한국의 외가에 간 적도 있기 때문에 한국어를 조금은 알아들을 수 있었다.

추성훈은 한국에서 착실하게 실력을 쌓아 올림픽 한국 국가대표를 노리는 위치까지 올랐다. 실제로 1999년 한국에서 열린 국제유도 선수권대회에서 3위에 올랐고, 이듬해 선수권대회와 2001년 몽골에서 개최된 아시아선수권대회에서는 우승을 거두었다. 하지만 올림픽이나 아시안게임 같은 큰 대회의 출전이 걸린 시합이 되면 전혀 다른 역학이 작동하곤 했다.

시드니올림픽 대표 선발대회에서는 명백한 승리임에도 불구하고 판정패를 당했다. 너무나도 불공정한 판정에 어머니 유은화가 심판에게 대드는 모습이 한국의 미디어에서 보도되기도 했다. 하지만 부산시청 감독으로부터 "아직 약하니까 판정까지 가는 거다."라는 말을 들은 추성훈은 대꾸할 말이 없었다.

불공정한 판정에는 재일코리안에 대한 차별도 관련되어 있지만, 유도의 경우 그뿐만이 아니라 용인대 소속 선수나 용인대 출신 선수 외에는 모두 불공평한 대우를 당한다는 생각을 대체로 공유하고 있었다.

용인대는 해방 후 유도 사범 양성학교로 설립된 곳으로, 예전의 명칭은 '대한유도학교'였다. 이후 점차 학과를 확충하여 대학으로서 체제를 정비해 나가며 1992년부터 지금의 교명을 사용하게 되었다. 일류 선수를 다수 배출하며 한국 유도를 이끌어 온 것도 사실이지만, 심판도 대부분 용인대 출신으로 불공정한 판정이 항상 문제시되고 있었다.

추성훈도 비판의 목소리를 내기도 했다. "유도로는 이기더라도 경기에서는 지고 말아요. 어떻게 해 볼 도리가 없었죠. 한국 선수들은 대부분 느낄 겁니다. 정말 대단해요. 용인대 졸업생, 재학생에 대한 특별대우 말입니다. 용인대 선수와 붙어서 판정에 가게 되면 반드시 지고 맙니다. 그러한 압박감 속에서 경기를 하다 보니까 시합이 이상해져 버립니다. 그러한 체질이 한국 유도의 약점이기도 합니다."

하지만 추성훈이 일본으로 귀화를 결심한 것은 판정 문제만은 아니었다. 국가대표급 선수가 되면 태릉선수촌에 들어가서 제대로 영양이 관리된 식사를 제공받고 훈련장도 정비되어 있으므로,

연습 환경으로는 여러 혜택을 누릴 수 있게 된다. 하지만 추성훈은 말한다. "훈련 방식이 맞지 않았습니다. 군대식이랄까, 선수의 주장을 들어주지 않는 거죠. 고등학교 때로 돌아간 느낌도 들고 뭔가 당하고 있다는 기분이 들었습니다. 다른 선수들하고 이야기를 하다 보면 나 자신도 어떻게 하면 게으름을 피울 수 있을까 하는 쪽으로 머리가 돌아가는 것 같았습니다. 이대로라면 저 자신이 발전할 수 없겠다고 생각했어요."

2002년 아시안게임 때도 한국의 기자로부터 "한국 생활에 무언가 불만이라도 있었는가?" 하는 질문을 받았다. 추성훈은 "유도를 하는 환경이 저와 맞지 않는다고 생각했습니다. 어떠한 스포츠에도 파벌은 있지요. 그것 때문에 귀화한 건 아닙니다." 하고 답했다.

급변하는 평가

추성훈은 새로운 도전으로 2001년 일본 국적을 취득하여 활동 무대를 일본으로 옮겼다. 그러나 일본 국적을 취득했다고 해서 일본 국가대표가 될 수 있는 것은 아니었다. 일본에서는 전일본 대학 선수권대회에서 2위라는 성적을 남겼지만, 상위 레벨에서 그 정도 성적을 가진 선수는 얼마든지 있었다.

하지만 "그때까지 일본의 문화밖에 알지 못했는데 한국에 가서 여러 경험을 하면서 시야가 넓어졌다."고 말하는 추성훈은 확실히 늠름해져 있었다.

2001년 고도칸배 전일본 체중별 선수권대회 81킬로그램급에서 우승한 후, 이듬해 일본에서 열린 세계선수권대회, 파리 세계선수권대회까지 차례로 제패하며 이 체급의 정상이 되었다. 그리고 1년 전까지 활동했던 부산에서 열린 아시안게임에 출전했다.

완전히 원정경기가 된 관중석에는 어머니 유은화가 있었다. 그녀는 "(귀화를 결심하기까지) 아들이 가장 힘들었을 거라 생각해요. 난 무엇보다도 아들의 의지를 존중하고 싶었어요." 하고 말했다. 심지어 3년간 동고동락해 온 부산시청 유도부원들도 일본대표가 된 추성훈을 응원해 주었다. 이 대회에서 추성훈은 금메달을 획득했다.

추성훈의 다음 목표는 2004년 아테네올림픽 출전이었다. 하지만 추성훈은 일본대표 최종선발전 며칠 전에 고열에 시달리느라 실력을 발휘하지 못한 채 준결승에서 패하여 출전 기회를 놓쳤다. 이때를 계기로 추성훈은 현역 은퇴를 결심한다.

은퇴 후에는 도장을 열어 후진을 지도하는 길도 생각했으나, 그가 선택한 것은 종합격투기 진출이었다. 필자는 그 소식을 들었을 때, 역시 그다운 선택이라는 인상을 받았다. 추성훈을 처음 만난 것은 2002년 여름, 나가노현에서 열린 일본대표 합숙훈련 때였다. 그때 추성훈은 금빛으로 머리를 염색하고 몸에 착 달라붙는 화려한 파란색 트레이닝복을 입고 있었으며, 다른 유도인들에 비해 이채를 띠고 있었다.

"눈에 띄는 걸 좋아해서요." 이렇게 말하는 추성훈의 분위기는 전통적인 유도인보다도 격투기 선수에 가까웠다. 그리고 종합격투기로 전향한 후에도 그는 비교적 순조롭게 적응해 나갔다.

하지만 2006년 마지막날에 열린 'K-1 PREMIUM 2006

Dynamite!!'[5]를 계기로 추성훈에 대한 시선은 급변한다.

이때 추성훈과 사쿠라바 가즈시櫻庭和志의 경기는 '세기의 대결'이라 불릴 만큼 가장 주목받았다. 경기는 추성훈의 맹공에 사쿠라바가 TKO패하는 것으로 2006년을 마무리했다. 하지만 새해가 밝자 상황이 급변한다. 시합 전 추성훈은 보습크림을 몸에 발랐는데 이것이 K-1 규정 위반이었던 것이다. 그 결과 경기는 무효가 되고 추성훈은 파이트머니 전액 몰수, K-1 등 경기 출전 무제한 정지라는 징계를 받게 되었다.

보습크림을 바른 것이 본인 말처럼 고의가 아니라 하더라도, 프로로서 인식이 부족했음은 부정할 수 없다. 하지만 추성훈은 그가 저지른 잘못 이상으로 비난을 받으며 악역이 되었다. 특히 그가 본래 한국인이었다는 점 때문에 일본에서 더욱 표적이 된 것이다.

이러한 처분이나 일본 내에서 추성훈에게 쏟아진 비방 및 중상모략과 반비례로, 한국 내에서는 그를 옹호하는 분위기가 고조되었다. 그러던 중 2007년 10월 28일 서울에서 열린 복귀 무대에서 호쾌히 KO승을 거두며 한국에서 추성훈의 인기는 급등했다.

2009년부터는 활동 무대를 미국 종합격투기 UFC로 옮겼다. 하지만 2011년 8월 6일 경기까지 TKO로 패하며 UFC에서 3연패를 당했다. 일시적으로 은퇴한다는 소문도 들려왔지만 추성훈은 "이대로 끝낼 수는 없다."며 현역으로 계속 뛸 것을 표명했다.

2011년 3월 하순, 추성훈은 동일본대지진 지원을 위해 일본 신

---

5 2006년 12월 31일 일본 오사카에 있는 교세라 돔 오사카에서 K-1과 Hero's가 개최한 연례 킥복싱 및 종합격투기 행사.

주쿠나 오사카의 미나미[6] 등지에서 가두 모금활동을 벌였다. 그 모습은 한국에서도 보도되었는데, 이때 추성훈은 "만약 한국에서 무슨 일이 일어났다면 일본은 반드시 도울 겁니다. 그러니 한국도 일본을 도와주십시오." 하고 말하며 한국에도 모금을 호소했다.

한국과 일본의 관계는 매우 민감하다. 어떤 리듬으로 인해 우호적인 분위기가 단번에 식어 버리는 일도 드물지 않다. 추성훈의 지명도는 한국에서나 일본에서나 영웅으로서든 악역으로서든 대단히 높다. 그러한 이유로 비난의 대상이 되기도 쉽지만, 오히려 그렇기 때문에 독자적인 입장에 서서 민감한 양국 사이의 가교가 될 수 있는 것은 아닐까.

---

6 오사카시 주오구의 난바·신사이바시·도톤보리·센니치마에를 중심으로 한 번화가의 총칭.

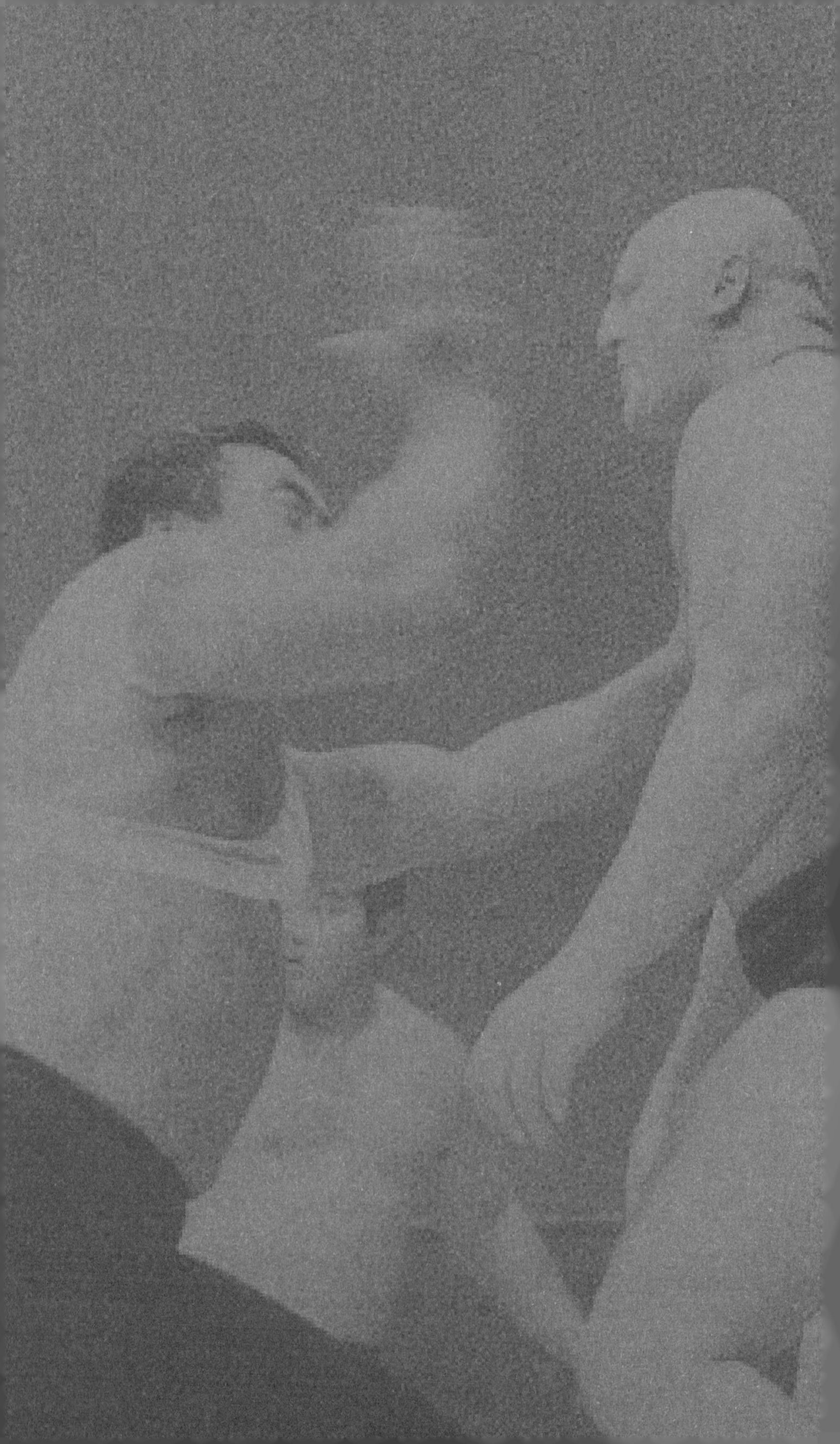

④

한국 스포츠
영광의 역사, 그 단서

◇

레슬링 편

메이지 대학 출신 한국 레슬링 선구자들의 파란만장한 인생

한국 레슬링의 시조

1966년 미국 오하이오주 트레드에서 개최된 레슬링 세계선수권대회 자유형 플라이급에서 장창선張昌宣이 우승을 차지했다. 모든 경기 종목을 통틀어 대한민국 건국 이래 최초의 세계선수권대회 우승이었다. 또한 1976년에 개최된 몬트리올올림픽 레슬링 자유형 62킬로그램급에서 획득한 양정모梁正模의 금메달. 이것은 대한민국 건국 이래 최초의 올림픽 금메달이다. 이처럼 한국 스포츠의 빛나는 역사는 레슬링에서 시작했다고 해도 과언이 아니다. 그러한 레슬링을 한국에 전파한 것은 식민지 시기 메이지대에서 활약한 유학생들이었다.

한국 레슬링의 시조는 1915년 경상북도 의성에서 태어난 김종석金鍾奭이다. 유복한 지주 가정에서 자란 김종석은 서울의 배재고등보통학교를 졸업한 후, 1935년에 메이지대로 유학을 떠났다. 그곳에서 유도부에 들어갔지만 수준이 너무 높아서 도저히 겨룰 수가 없었다. 잘못 들어왔다고 생각하고는 도장을 나가 어슬렁거리던 때 눈에 들어온 운동이 바로 레슬링이었다. 당시는 아직 일본에 레슬링이 들어온 지 얼마 되지 않아 메이지대의 레슬링부도 1934년에 막 창설된 시점이어서 김종석으로서도 충분히 해 볼 만한 운동이라는 생각이 들었다. 실제로 김종석은 1937년 전일본 선수권대회 라이트급에서 우승하고, 1940년에는 메이지대 레슬링부 제7대 주장으로 뽑혔다.

김종석의 뒤를 쫓듯, 메이지대 레슬링부에는 많은 조선인들이 들어갔다. 전전의 메이지대 레슬링부에는 훗날 전일본 선수권대회에서 우승하는 황병관黃柄寬, 김석영金石永 외에도 김극환金克煥, 김옥규金玉圭, 양재헌梁在憲, 주봉덕朱鳳德, 곽동윤郭東允 등과 같은 조선인 유학생이 있었다. 그중에서도 황병관은 '풍운아'로 불리며 레슬링 외의 분야에서도 이름이 알려진 인물이다.

황병관은 1919년 평양의 대지주 집안에서 태어났다. 부친 황오黃澳는 릿쿄대立教大에 유학하여 영문학을 전공하는 한편, 산악부 소속으로 일본 알프스 등정에 도전하기도 했다. 황오의 동생 황탁黃濯은 메이지대의 권투 선수로 유명했다.

서울 중앙고보 교사인 황오의 장남으로 태어난 황병관은 서울에서 소년 시절을 보냈다. 황병관이 중앙고보에 진학했을 무렵, 황오는 양정고보로 전근했다. 그때 양정고보에는 1936년 베를린올림픽 마라톤에서 금메달을 획득하는 손기정도 다니고 있었는데, 손기정이 4학년과 5학년일 때 담임을 맡은 교사가 바로 황오였다.

중국과 조선의 국경에 가까운 신의주 출신인 손기정은 당시 황오의 집에서 하숙하고 있었다.

손기정이 훈련을 위해 당시 남산에 있던 조선신궁의 돌계단을 뛰어 오르내릴 때면 황병관도 함께 달렸으나 도저히 상대가 되지 않았다. 힘에는 자신이 있었지만 달리는 데에는 한계를 느낀 황병관은 중앙고보에서 육상부에 들어가 포환던지기 등의 투척 종목에 열중했다.

황병관은 포환던지기에서는 조선의 중등 부문(중학과 고보) 중 일인자로 장래가 기대되었다. 그런데 3학년 때 육상부 동료 5, 6명과 길을 걷다 십수 명의 불량배에게 둘러싸인 적이 있었다. 육상부인 만큼 발이 빠른 사람들은 틈을 보아 도망쳤으나 황병관과 다른 한두 명은 붙잡혔다. 황병관은 타고난 괴력으로 상대를 차례차례 쓰러뜨렸다. 소동을 알게 된 경관이 달려와 그들을 연행했다. 더 큰 문제는 황병관이 쓰러뜨린 상대 중 한 명이 중상을 입고 말았다는 것이다.

그래도 미성년자들의 싸움이고 황병관의 부친이 교사이기도 해서 엄중한 주의를 받은 후 석방되었다. 그러나 아버지의 명예를 더럽혔다는 자책감에 황병관은 중앙고보를 자퇴해 버렸다.

자퇴한 황병관은 학교에 다니는 친구들을 만나는 것이 괴로워서 아버지 황오에게 "일본으로 유학 보내 주십시오." 하고 간청했다. 처음에는 반대했지만, 아버지 황오는 병관의 끈질긴 애원에 두 손 들고 유학을 허락했다. 아들이 걱정된 황오는 양정고보의 애제자인 김극환에게 병관을 잘 보살펴 달라고 부탁했다. 김극환은 양정고보 육상부 주장을 맡고 단거리 선수로 활동하기도 한 인물로,

양정고보 졸업 후 메이지대에 유학 중이었다.

황병관은 중등교육을 끝내지 않은 자를 대상으로 한 메이지대 예과 제1종에 합격하여 입학했다. 그러고는 김극환이 소속되어 있던 레슬링부에 들어갔다.

김극환은 김종석, 황병관, 김석영처럼 전일본 선수권대회의 우승 경험은 없지만, 일본 레슬링에 혁명을 불러온 인물이다. 레슬링에는 주로 힘이 필요한 기술과 스피드라는 두 가지 요소가 있는데, 초기의 일본 레슬링은 유도 경험자가 많아서 유도 기술을 응용하는 스타일이 주류였다. 하지만 양정고보에서 육상 단거리와 럭비를 했던 김극환은 스피드감 넘치는 재빠른 태클이 장점으로, 일본의 레슬링에 스피드를 도입했다.

한편, 일본 챔피언이 된 김석영의 본가는 서울 서쪽의 항구도시 인천을 대표하는 영화관 애관극장愛館劇場을 경영하는 부유한 집안이었다. 애관극장은 복합 상영관이 되어 현재도 영업을 하고 있다. 김석영의 부친 김윤복金允福은 영화관 경영 외에도 인재 육성에 힘을 기울여 상업학교를 설립했다. 이 학교는 해방 후 동산東山중고등학교가 되었다. 김석영은 주로 수영을 전문으로 하다가 메이지대에 유학하면서 레슬링을 시작했다.

황병관이 메이지대에 입학한 1938년, 김극환이 페더급, 김석영이 라이트급, 황병관이 페더급에서 각각 신인 선수권대회 우승을 차지하며 일본 레슬링계에 그 존재가 알려지게 되었다. 황병관의 경우에는 레슬링의 실력도 좋았지만, 다른 일화도 많았다.

조선인 강제 퇴출 사건

지금은 리버티타워가 세워져 있는 메이지대 기념관 건너편에서 하숙하고 있던 황병관은 고학생이 많은 메이지대에서 드물게 여유로운 송금을 받고 있었다. 메이지대, 와세다대, 게이오기주쿠慶応義塾, 센슈대 등 4개 대학 대항전을 며칠 앞둔 어느 날, 황병관은 김극환과 신주쿠에서 스키야키를 배터지게 먹은 후 한 잔 하고 싶어져서 혼자서 바에 갔다. 거기서 그는 불량배들과 시비가 붙어 폭력 사건을 일으키고 말았다. 경찰로 연행되었지만 황병관이 시합을 앞두고 있다는 것을 안 경찰서장이 "시합까지 미뤄 줄 테니까 끝나면 돌아오라."고 하며 일단 석방했다. 시합에 이기고 약속대로 돌아온 황병관에게 감탄한 경찰서장은 "열심히 연습하게. 그리고 다시는 경찰서 신세는 지지 말게." 하고 말하며, 폭력 사건을 불문에 부쳤다고 한다.

또 어느 여름방학 중에 서울에 돌아간 황병관은 종로 번화가에서 어떤 덩치 큰 남자와 식당에서 싸움이 붙어, 식당 밖으로 나와 싸운 적이 있었다. 스피드에서 앞선 황병관은 그 덩치 큰 남자의 펀치를 피한 뒤 재빨리 팔을 붙잡아 던져 버렸다. 『이야기 한국체육사 13-레슬링 1: 레슬링 풍운록』(조동표 지음, 서울올림픽기념 국민체육진흥공단)에서는 그 덩치 큰 사나이를 "김모金某는 독립투사의 아들이라는 것을 배경으로, 해방 후에 다양한 활동으로 각 방면에 이름이 널리 알려지고 국회의원까지 된 인물이다."라고 언급하고 있다. 실명을 거론하고 있지는 않지만 김모란 다름 아닌 김두한金斗漢일 것이다. 2002년 한국에서 폭발적인 인기를 끈 드라마 〈야인시대〉, 그리고 3편까지 제작된 영화 〈장군의 아들〉의 주인공이자, 식민지 시기 조선을 대표하는 의협으로 알려진 인물이다. 싸움으로는 조선에서 무적으로 알려져 있었다. 그 김두한을 이긴 황병관은 조선에서 가장 싸움을 잘하는 남자였던 셈이다.

레슬링으로 1939년 및 1941년 전일본 선수권대회에서 우승하고 국제대회에도 출전한 황병관은 1942년 메이지대를 그만둔다.

아시아·태평양전쟁에 돌입하여 전시체제가 점차 삼엄해지고 있던 1942년 여름의 어느 날, 1939년도에 레슬링부 제6대 주장을 맡았던 기요미즈 레이키치淸水禮吉가 군복 차림으로 도장에 나타나서, 무라타 쓰네타로村田恒太郞 주장에게 이유도 말하지 않고 갑자기 "오늘부터 조선인을 탈퇴시켜라." 하고 명령했다. 기요미즈는 자신의 뒤를 잇는 제7대 주장으로 김종석을 지명한 인물이었다. 조선인을 주장으로 삼는 일은 당시로서는 이례적이어서 기요미즈가 조선인에 대한 차별의식이나 편견, 적개심을 가지고 있었다고는 생각하기 어렵다. 또한 공평하고 넓은 마음가짐은 메이지대 레슬링부가 자랑하는 바이기도 했다. 그런데 왜 조선인들은 그만두어야 했던 것일까. 당시 메이지대 재학 중이었고 황병관 등과도 친하게 지냈던 전 재일학도의용군동지회 회장 이봉남은 그 이유를 이렇게 생각했다. "조선인 학도지원병 제도에 대해 메이지대와 니혼대는 반대가 심했어요. 이런 점이 그러한 상황을 만들어 낸 게 아닐까 합니다."

또 당시 조선인 유학생이 모이면 조선 독립을 모의할 가능성이 있다 해서 특고경찰 등이 전담을 하고 있었다. 그래도 스포츠 경기 같은 데서 조선인 유학생이 모여 민족의 언어로 이야기하거나 응원하는 모습은 눈감아주곤 했었다. 하지만 1941년 11월, 한 사건이 일어났다.

메이지진구가이엔 경기장에서 개최된 종합 스포츠대회인 메이지진구 국민체육대회 축구 일반부 결승전에서, 조선대표인 평양일본곡물산업이 히타치제작소에 3대 2로 이기며 우승했다. 여기에 흥분한 조선인 응원객이 그라운드로 내려와서 선수를 헹가래치는 등의 행위를 했다.

메이지진구 국민체육대회는 메이지진구의 봉축 행사로, 관중석에는 황족도 있었다. 그러한 가운데 벌어진 조선인의 행위는 "신성한 메이지진구 국민체육대회를 더럽혔다."라고 하며 문제가 되었고, 조선의 스포츠 관계자가 조선총독부에 사죄하는 사태로 번졌다. 그 이듬해 대회에서는 조선인 팀 시합에 헌병이 7, 8미터 간격으로 배치되어 조선인 응원단을 감시했다. 한국에서 '평양일곡사건'이라 불리는 이 사건을 계기로, 스포츠에서 조선인에 대한 감시도 훨씬 삼엄해졌다. 조선인 부원의 강제 퇴출도 이런 움직임과 관계있을지 모른다.

어떻게 보면 메이지대에는 조선인 유학생이 많이 모였기 때문에 군이나 경찰의 주시 대상이 되었다고도 할 수 있다. 김종석, 김옥규, 양재헌, 주봉덕 등은 졸업했지만 황병관을 비롯해 김극환, 곽동윤, 김석영 등은 아직 재학 중이었다. 레슬링부 퇴출 처분을 받은 조선인 선수들 중 어떤 이는 조용히 떠나거나, 어떤 이는 그 자리에 주저앉거나, 어떤 이는 후배에게 화풀이로 폭력을 휘두르거나 했다고 한다. 그리고 그 이튿날부터 메이지대 레슬링부 도장에서 조선인의 모습은 사라졌다. 황병관은 메이지대 졸업증서를 받지 못한 채 조선으로 돌아갔다.

비명의 죽음

일본의 패전으로 조선이 해방되었을 때, 황병관은 본가가 있는 평양에서 지내고 있었다. 다시 레슬링을 시작하려는 마음으로 황병관은 김극환과 함께 일본인이 떠나고 빈 건물이 된 식산은행(원래는 일본의 국책은행)의 당구장에 도장을 만들었다. 일본인이 떠난 민가에서 다다미를 가져와 매트 대신 깔았다. 하지만 그곳은 얼마 못 가 공산당에게 압수당하고 말았다.

그래서 황병관 등은 평양 길거리에 즉석으로 매트를 만들어 깔고 실연을 해 가면서 레슬링의 보급을 도모했다. 힘이 세고 유머러스했던 황병관은 금세 평양 시민들 사이에서 인기를 얻었다. 하지만 황병관은 좀더 본격적으로 레슬링을 하기 위해 서울로 가고 싶다는 소망이 간절해졌다. 더군다나 해방 후 소련군이 진주하고 공산당이 좌지우지하고 있는 38선 이북에서 대지주인 황병관 일가가 무사할 리 없었다.

황병관은 부친 황오에게 작별인사를 올리고 38선을 넘었다. 서울로 온 황병관은 종로에 있는 YMCA에서 레슬링 연습을 했다. 그런 가운데, 한국이 1948년 런던올림픽에 출전하기로 결정되었다. 올림픽 출전이라는 목표가 생긴 황병관은 한층 더 열정적으로 훈련에 임했다.

1946년 3월에 조선아마추어레슬링협회(현 대한레슬링협회)가 창설되었다. 해방 전 아쉬움을 남기며 메이지대 레슬링부에서 축출된 황병관, 김극환, 김석영, 곽동윤이 나란히 이사로 선출되었다. 김극환은 평양의 인민위원회 체육부장 자리에 있다가 서울에서 레슬링을 하기 위해 월남하였으며, 김석영은 해방 후 고향 인천에서 도장을 열었고 곽동윤도 마찬가지로 충북 청주에서 도장을 열었다. 그들은 모두 런던올림픽 국가대표 선발 경기에 참가했다.

KOC(당시 조선올림픽위원회)의 지시로 레슬링은 감독과 선수를 합쳐 네 명이 정원으로 결정되었다. 최종적으로는 김극환이 감독 겸 페더급 선수로 출전하고 여기에 라이트급 김석영, 웰터급 황병관이 합류하여 세 명의 메이지대 출신 선수가 출전하게 되었고, 이에 더하여 밴텀급에서는 지금의 학제로는 고등학생에 해당하는 한상룡韓相龍이 발탁되었다. 곽동윤은 김극환에게 패해 국가대표 자리를 놓쳤다.

런던올림픽에서는 황병관이 5위, 김석영이 6위로 선전했지만 세계와의 실력 차를 실감하기도 했다. 올림픽에서 돌아온 황병관은 현역을 은퇴하고 후진 육성에 힘을 기울였다. 그러던 가운데 1950년 6월 25일 한국전쟁이 발발했다.

서울은 3일도 지나지 않아 함락되어 북한 인민군의 지배하에 들어갔다. 인민군은 대지주 집안 출신에다 인기도 많아 이름이 잘 알려져 있던 황병관을 찾는 데 혈안이 되었다. 서울에 남은 황병관은 친구들의 집을 전전하며 필사적으로 도망 다녔다. 9월 15일 맥아더 장군의 인천상륙작전으로 서울 탈환에 성공했지만, 가을이 되자 중국의 인민지원군이 참전하여 인민군이 다시 기세를 얻었다. 이듬해 1월 4일에 서울은 다시 인민군에게 점령당했다.

바로 이 '1·4후퇴' 때 북한 지역을 포함하여 많은 사람들이 남쪽을 향해 피난 행렬을 이어 갔기에 부산 등의 남부 지방은 피난민으로 붐볐다. 황병관도 그 속에 있었다.

인구 팽창으로 혼란해진 부산에서 황병관은 한국 레슬링을 재건하겠다고 결심했다. 한국 레슬링의 역사를 계승하며 새로운 역사를 만들기 위해서, 그리고 무엇보다도 이듬해로 다가온 헬싱키 올림픽에 대비하기 위해서 훈련이 가능한 환경을 만드는 일에 분주했다. 다행히 메이지대 레슬링부 선배로 대한레슬링협회 이사장을 맡고 있던 김옥규가 부산세관에 근무하고 있어서, 그의 협력을 받아 연습장을 마련할 수 있었다.

황병관은 부친과 헤어져 38선을 넘고, 전쟁 속에서 도망을 다니다가 전화戰火로부터 얼마쯤 떨어진 부산으로 피난하여 레슬링 지도를 본격적으로 시작했으나, 이내 어이없는 죽음을 맞고 만다.

황병관은 한국 최고 번화가인 명동을 세력권으로 삼아 '명동의 황제'라고 불린 이화룡李華龍과 같은 이북 출신이라는 이유로 친하게 지내고 있었다. 전쟁 중 부산으로 피난해 온 이화룡은 조직을 다시 일으켜 세우기 위해 사무실이 필요했기 때문에 부산의 어느 빌딩을 빌리려고 했다. 하지만 그 빌딩은 부산 폭력단 두목인 고정목高正睦의 세력권 안에 있었다. 부산에서 '마사이치'라는 일본명으로 알려진 고정목은 국제시장을 장악하고 있었다. 당시 국제시장은 한국전쟁 중에 부산이 임시수도가 되면서 유통의 중심이 된 곳이다.

이화룡이 빌딩을 빌리기 위해서는 고정목을 통해야 했지만, 만일의 사태를 염려한 황병관은 메이지대에 함께 다녔던 신성호愼性鎬

라는 사내와 함께 이화룡을 따라갔다. 회담은 부산의 번화가인 광복동의 한 다방에서 이루어졌지만, 명동을 주름잡던 이화룡과 피난지 부산의 활황으로 세력을 확대하고 있던 고정목의 대화가 부드럽게 진행될 리 없었다. 그러던 중 신성호가 갑자기 격앙되어 고정목을 다방 바닥에 쓰러뜨리더니 구둣발로 밟기 시작했다.

너무 지나쳤다고 생각한 이화룡은 다방을 나간 후 혼자 고정목의 집에 사죄하러 갔다. 그런데 이화룡이 좀처럼 돌아오지 않자 보복당한 것은 아닌지 걱정한 황병관이 고정목의 집을 찾아갔다. 그런데 그곳에서 고정목은 권총으로 황병관의 가슴과 복부를 쏘았고 황병관은 그 자리에서 즉사했다. 1952년 2월 28일, 겨우 33세의 젊은 나이에 맞은 죽음이었다. 아무리 죽음이 일상이 되는 전쟁 중이라 해도 황병관의 죽음은 많은 사람들을 슬픔에 빠뜨렸고, 그의 장례는 체육인장으로 집행되었다.

한편 황병관과 함께 메이지대 레슬링부에서 땀을 흘리고 런던올림픽에도 출전한 김석영은 한국전쟁 발발 직후 북한 인민군에게 잡혀서 의용군에 입대했다가 탈출에 성공했다. 하지만 1·4후퇴 때 남쪽으로 피난하기 위해 올라탄 배가 충청도 앞바다에서 폭풍우를 만나 침몰하는 바람에 세상을 떠났다.

또한 고등학생 신분으로 런던올림픽에 출전한 한상룡은 한국전쟁 중에 북쪽으로 가서 북한 레슬링의 발전에 공헌했다. 하지만 1964년 도쿄올림픽 때 열린 국제레슬링연맹 총회에서 한상룡의 모습이 목격된 후로 그의 소식은 들리지 않았다.

메이지대 레슬링부 출신의 주봉덕은 해방 후 평양에 진주한 소련군에게 총살당했다.

한편, 메이지대 시절부터 황병관과 행동을 함께하는 일이 많았던 김극환은 국가대표 감독이나 대한레슬링협회 회장으로서, 같은 메이지대 출신 곽동윤과 함께 한국 레슬링의 발전에 공헌했다.

한국 레슬링의 시조인 김종석은 메이지대 졸업 후 아마카스 마사히코甘粕正彦가 이사장으로 있는 만주영화협회에 취직했으나, 해방 후에는 고향 의성으로 돌아가 중학교 및 고등학교 교사로 일했다. 교육자로서 인생을 보내는 한편 고향 경상북도의 스포츠 발전에도 진력한 김종석은, 한국이 세계 유수의 레슬링 강국이 되는 모습을 지켜보며 1995년 80세의 나이로 조용히 숨을 거두었다.

런던올림픽과 요코하마 사건

황병관 등이 출전한 런던올림픽은 1948년 7월 29일부터 8월 14일까지 열렸다. 폐회식 다음 날 한국 정부가 수립되었는데, 그로부터 1950년 한국전쟁에 이르기까지는 참으로 혼란한 시대였다.

프롤로그에서도 썼듯이, 한국 선수단은 6월 23일 하카타항에 도착하여 거기서부터 기차를 타고 요코하마로 향했다. 당시 일본의 대도시에는 공습 흔적이 생생하게 남아 있었다. 한국 선수단 67명이 묵을 만한 숙소가 없어서 선수단은 당시 미군이 접수한 요코하마 사쿠라기초櫻木町역 인근 화물역(구 히가시요코하마역)에 정차해 있던 기차 안에 간이침대를 들여 놓고 차 안에서 숙박을 했다.

역에서는 재일본조선체육협회가 중심이 되어 환영회가 열렸다. 재일본조선체육협회는 1947년 4월에 발족한 재일코리안 스포츠 단체로, 발족 당시에는 정치적 입장에 관계없이 우파인 민단이나 건청과 함께 좌파인 조련 멤버도 이름을 올리고 있었다. 하지만 38선을 사이에 두고 남북에 각각 이데올로기가 다른 국가가 탄생한 것이 결정적인 계기가 되어, 런던올림픽이 가까워졌을 때 조련 멤버는 재일본조선체육협회를 떠났다.

런던올림픽에 출전하는 한국 선수단의 환영회에 조련 멤버가 들어와서 대혼란에 빠지기도 했다. 당시 건청 멤버였던 재일학도의용군동지회 회장 이봉남은 이렇게 회상한다.

"그쪽에서도 '환영회를 하고 싶다'며 찾아왔어요. 자기들 진영으로 데리고 가려는 의도가 있었던 겁니다. 우리가 '그래선 안 된다'고 하자 난투가 벌어졌어요. 정건영(마치이 히사유키)이나 이유천이나 이희원 같은 사람들이 중심이 되어 싸우고 방어했습니다. 대단한 시대였지요."

38선 이남 지역에서는 남한 단독정부 수립에 반대하는 사람들이나 노동자 등의 민중봉기가 빗발치고 이를 진압하는 과정에서 일반 시민들을 포함하여 많은 희생자가 나오고 있었다. 또한 런던올림픽 멤버로 선발되지 못한 젊은 축구선수들이 대회 후 대거 월북하는 사건도 일어났다.

런던올림픽 출전 멤버로는 평양에서 인기가 있었던 황병관을 비롯하여 북한 지역 출신도 많았다. 일본에 들른 한국 선수들을 북한 측으로 유인하려는 조련 및 이후에 설립된 총련과, 이를 저지하려는 한국 측의 갈등은 훗날에도 계속 이어지게 된다.

당시 조련의 난입을 방어한 정건영은 센슈대 출신으로 이후 '긴자 호랑이'라 불릴 만큼 완력이 강했으며, 같은 대학 출신인 이유천과 릿쿄대 출신인 이희원은 대학 시절 권투부에 소속되어 있었다. 이 세 사람이 모두 도쿄 나카노에 살고 있었기 때문에 '나카노 3인방'으로 불리기도 했다.

당시 한국에서는 스포츠 용품을 제대로 만들 수 없는 환경이라서 재일코리안들이 모금한 64만 3,500엔으로 축구 유니폼 같은 스포츠 용품을 조달하여 기증했다.

한국전쟁의 발발로, 1951년 3월에 인도 뉴델리에서 개최된 제1회 아시안게임에 한국은 참가할 수 없게 되었다. 이듬해 7월에 개최된 헬싱키올림픽에는 축구처럼 인원이 많은 구기 종목은 제외되었지만 한국에서 41명의 선수단을 파견할 수 있었다.

하지만 상황은 런던올림픽 때보다 더 좋지 않아서, 모든 방면에서 재일코리안들의 도움을 필요로 했다. 이에 따라 1949년 설치된 주일한국대표부 김용식을 회장으로 하여 재일한국인 헬싱키올림픽후원회가 조직되고, 재일본조선체육협회에서 개칭한 재일한인체육회의 채수인이나 남궁수南宮琇 등이 사무를 맡아 자금 확보에 힘썼다. 그 결과 1,209만 9,000엔이나 되는 모금이 확보되었다. 후원회는 그 돈을 활용하여 선수단 유니폼이나 우비, 보스톤백, 경기에 필요한 도구 등 대회 출전에 필요한 모든 물품을 기증했다.

한국 선수단은 헬싱키로 향하기 전 약 2주간 일본에 체재했다. 전쟁 중에 만족스러운 연습을 할 수 없는 선수들을 위해, 일본의 연습장이나 연습 상대 등도 재일코리안들이 알선해 주었다.

헬싱키올림픽에서는 권투의 강준호姜俊鎬와 역도의 김성집金晟集이 동메달을 획득했다. 오늘날 한국의 시점에서 보면 저조한 성적이지만, 이 대회는 문자 그대로 '참가에 의의가 있는' 대회였으며, 한국전쟁 중에 거둔 최대의 성과이기도 했다.

한국 스포츠사를 바꾼 도쿄에서의 3개월, 장창선

19위에서 4위로

황병관과 김석영은 한국전쟁의 한복판에서 비운의 죽음을 맞이했으나 그들의 레슬링은 다음 세대로 계승되었다.

한국전쟁 휴전으로부터 얼마 지나지 않은 1954년, 필리핀 마닐라에서 개최된 제2회 아시안게임 레슬링 종목에서 임배영林培榮이 동메달을 획득했다. 인천 앞바다에 있는 덕적도 출신인 임배영은 인천에서 김석영에게 레슬링을 배웠다. 김석영의 부친이 창설한 동산중학교 레슬링부 감독으로 있을 때 임배영이 발굴한 인재가 바로 한국 최초의 세계 챔피언이 되는 장창선이었다.

가장 가벼운 플라이급(52킬로그램 이하) 선수였던 장창선은 작은 체구였지만, 70세를 바라보는 2011년에 그를 만났을 때에도 여전히 그 단단함을 유지하고 있었다. 서울과 인천을 잇는 경인선의 종점 바로 전역인 동인천역 앞, 지금은 보기 드물어진 다방에서 만난 그는 입을 열자마자 이렇게 말했다.

"옛날 우리나라에서는 모두 고생을 했습니다만, 우리 집은 특히 더 가난했어요. 하지만 가난한 게 나쁜 것만은 아닙니다. 가난함이 무기가 될 수 있으니까요."

장창선은 일본이 아시아·태평양전쟁에 돌입한 지 얼마 되지 않은 1942년 인천에서 태어났다. 어린 시절에 아버지를 여의고, 어머니가 동인천역 근처 신포시장에서 콩나물을 팔며 생계를 이어 갔지만 수입이 적어서 생활은 고되었다.

초등학생이 되자 아침에는 신문배달을 하고, 방과 후에는 여름이면 아이스캔디, 겨울이면 찹쌀떡 따위를 팔며 가계를 도왔다. 성장기 전인 소년 시절부터 무거운 짐을 지고 일했기 때문에, 장창선의 어깨뼈는 지금도 변형되어서 튀어나와 있다. 그 대가로 강인한 육체를 얻었다.

동산중은 특별활동이 필수여서 그는 레슬링부에 들어갔다. 레레슬링부 감독이었던 아시안게임 동메달리스트 임배영은 장창선의 소질을 발견하고 열심히 지도했지만, 장창선은 집안 살림을 도와야 했기 때문에 아르바이트를 그만둘 수가 없었다.

레슬링 연습에 전념할 수 있게 된 것은 서울의 인창고에 들어가고 나서부터였다. 교장 손상교孫祥敎는 장창선을 자기 집에 하숙시키고 수업료도 면제해 주는 한편 장학금까지 지급했다. 장학금에는 훈련에 전념하느라 일을 할 수 없게 된 장창선에게 생활비를 보태 준다는 의미가 담겨 있었다. 그는 이 장학금을 본가로 보냈다.

훈련에 집중할 수 있게 되면서 실력이 늘었고, 고3 때에는 국가대표로 선발되어 한국 내에서는 무적의 존재가 되었다. 1962년 인도네시아 자카르타에서 개최된 아시안게임에서 은메달을 획득하면서 2년 뒤 도쿄올림픽에 대한 기대가 높아졌다.

도쿄올림픽을 1년 앞둔 1963년 10월, 한국의 레슬링 선수단 21명이 2개월 체류 예정으로 도쿄에서 강화 합숙훈련을 실시했다. 단장은 메이지대 출신의 김극환, 감독은 황병관의 애제자이자 멜버른올림픽에서 4위를 차지한 이상균李相均이었다.

한국이 아직 빈곤하던 시대였음에도, 이만큼의 장기합숙을 할 수 있었던 것은 재일코리안들의 전폭적인 지지가 있었기 때문이다. 그중에서도 재일코리안 사업가로서 1969년부터 1971년까지 재일체육회 회장을 역임한 범진규范塡圭는 도쿄 분쿄구에 있는 여관을 통째로 빌려 선수들의 숙식을 해결해 주었다.

당시 일본에서는 체급별로 메이지대, 고쿠시칸國士舘 대학, 일본체육대 등으로 나뉘어, 일본 국가대표 선수 선발을 겸한 강화 합숙훈련을 실시했다. 장창선이 속한 자유형 플라이급은 메이지대에서 합숙을 하고 있었다.

황병관, 김극환, 김석영 등의 모교이기도 한 메이지대에는 일본 각지에서 플라이급 대표 후보 20명이 모여들었다. 거기에 장창선을 포함한 21명이 스파링을 했지만, 한국에서 무적이었던 장창선은 19위에 그쳤다. 뒤에서 세 번째 성적이었다.

"한국에서는 장창선과 붙으면 무조건 진다는 식으로 경쟁 상대가 없었습니다." 장창선이 말하듯이, 한국에서는 그를 상대한다고 하면 처음부터 뒤로 물러서는 경우가 많았다. 하지만 일본에서는 공격적인 선수도 있는가 하면 수비적인 선수도 있고, 특기나 스타

일도 다종다양하여 상대하는 데 애를 먹었다.

그래도 장창선은 한국 선수단 중에서도 가장 성과가 기대되는 선수였다. 성장하는 흔적을 보여 주지 않는다면 한국으로 돌아갈 수도 없었다. 그래서 당시 대한체육회 회장 민관식이나 단장 김극환에게 부탁하여 일본 훈련 기간을 한 달 연장했다.

도합 3개월의 도쿄 합숙이 끝났을 무렵, 장창선의 순위는 21명 중 4위까지 올라 있었다. 일본 최강이라 할 수 있는 니혼대 재학생 요시다 요시카쓰吉田義勝는 이기지 못했지만, 세계 최강의 실력을 자랑하고 있던 당시 일본에서 4위에 오른 만큼 올림픽에서도 메달의 가능성이 보였다. 장창선은 "일본에서는 상대의 힘을 이용하는 법을 배웠어요." 하고 말한다.

도쿄올림픽에서는 역시 요시다의 벽을 넘지 못했지만 2위를 차지하며 한국 레슬링 역사상 최초의 올림픽 메달인 은메달을 획득했다.

김극환은 도쿄올림픽에 레슬링 감독으로 참가했다. 황병관과의 추억이 가득한 도쿄에서 이룬 쾌거에 김극환은 "오늘의 감격을 저 세상의 황병관에게 보여 주고 싶었다."고 말하며 눈물을 흘렸다고 한다.

장창선은 스승 김극환에 대해 "엄격한 분이었습니다. '그 상태로 시합에 나갈 셈이냐'며 자주 화를 내셨지요." 하고 회상했다.

세계 제패의 파급 효과

올림픽에서 메달을 획득했지만, 대한레슬링협회에는 자금이 거의 없어서 세계선수권대회에까지 선수를 파견할 수 있는 상황이 아니었다. 1966년에는 미국 오하이오주의 트레드에서 세계선수권대회가 개최되었다. 도쿄올림픽에서 장창선의 은메달로 레슬링에 대한 관심이 고조되는 가운데, 협회로서는 어떻게 해서든 선수를 파견하고자 했다. 그래서 당시 '피스톨 박'이라 불리던 대통령 경호실장 박종규朴鐘圭에게 간청하여 자금을 마련했다.

하지만 감독과 코치는 자비로 참가하도록 결정이 났고, 선수도 상위 진출이 기대되는 4명만 파견할 수 있었다. 이처럼 소수 인원일지라도 그나마 선수를 파견할 수 있었던 것은 도쿄올림픽에서 장창선이 은메달을 땄기 때문이었다.

가장 기대를 모은 선수는 당연히 장창선이었다. 이 대회의 플라이급은 장창선과 일본의 가쓰무라 야스오勝村靖夫, 미국의 샌더스, 이렇게 세 명이 우승을 놓고 경쟁을 했다. 당시의 레슬링은 판정승에 배드마크bad mark 1, 판정패에 배드마크 3, 폴fall[1]에 배드마크 4의 벌점을 매기는 배드마크 제도가 채택되고 있어서, 배드마크가 6점을 넘으면 실격되는 규칙이었다.

세 명의 대결에서는 장창선이 가쓰무라와 샌더스와 각각 무승부로 시합을 마친 상태였다. 나머지 가쓰무라와 샌더스의 대결에

1 상대 선수의 붙잡기로 두 어깨가 바닥에 눌려 1~2초 동안 움직이지 못한 채 제압당하는 것으로, 폴이 선언되면 폴을 따낸 선수의 승리로 경기가 끝난다.

서 가쓰무라가 이기면 가쓰무라의 우승이 확정되고, 무승부일 경우 가쓰무라와 장창선이 배드마크 동점을 얻게 되며, 샌더스가 폴승을 거두면 샌더스와 장창선이 배드마크 동점, 만약 샌더스가 판정승하는 경우에는 장창선이 우승하게 되는 상황이었다. 그리고 배드마크가 같은 경우 모든 시합이 끝난 후 계량하여 체중이 가벼운 쪽이 우승자가 되었다.

장창선은 자기 시합이 끝난 뒤 가쓰무라와 샌더스의 대결이 종료되기까지 40분의 시간을 남겨 두고 있었다. 계량에 따라 우승이 좌우될 가능성도 있어서 장창선은 시합이 끝나도 물을 마시기는 커녕, 그대로 경기장 내에 있는 사우나에 감금되다시피 했다. 경기 중에 다친 코가 욱신거려 '죽을 것 같다'고 외쳐도 감독과 코치들은 절대 꺼내 주지 않았다.

가쓰무라-샌더스 전은 결국 무승부였다. 기절 직전 의식이 몽롱한 상태로 사우나를 나와서 체중계에 올라간 장창선은 가쓰무라보다 아주 약간 가벼워서 우승을 차지하게 되었다.

이것은 1948년 건국 이래, 모든 스포츠를 통틀어 최초로 거둔 세계선수권대회 우승이었다. 그처럼 역사적인 쾌거였지만, 장본인인 장창선은 "죽는 줄 알았어요. 금메달을 땄다는 것보다도, 우선 물을 마실 수 있어서 기뻤어요. 해 본 적 있는 사람이라면 모두 알 거예요." 하고 당시 상황을 말했다.

그의 우승에 한국 전체가 들썩였다. 박정희 대통령은 장창선에게 집 한 채를 선물해 주었다. 이로써 장창선의 모친은 처음으로 발 뻗고 잘 수 있게 되었다고 한다. 장창선은 말한다.

"일본에서 훈련을 했기 때문에 지금의 내가 있는 것입니다. 재일교포가 없었다면 거기 갈 수조차 없었겠지요. 여러 가지로 많은 도움을 받았습니다."

장창선이 세계선수권대회에서 우승한 1966년, 이 우승에 자극받기라도 하듯 레슬링을 시작한 소년이 있었다. 부산 출신의 양정모다. 그가 태어난 해는 황병관이 살해당한 1952년. 나고 자란 곳도 황병관의 사망 현장에서 가까운, 오늘날 부산타워가 서 있는 용두산 동쪽이었다.

연습벌레였던 양정모는 1971년 세계 주니어 선수권대회 자유형 페더급(62킬로그램 이하)에서 2위를 차지하며 장래가 촉망되는 존재로 떠올랐다.

태릉선수촌의 모범생이라고 불릴 만큼 연습 태도가 성실했다. 태릉선수촌에 인접한 해발 500미터의 가파른 불암산을 약 10킬로그램의 모래주머니를 달고 뛰어오르는 크로스컨트리는 너무나 고되어서 '눈물의 고개'라고 불렸으며, 아무리 강인한 선수들일지라도 공포에 떨었다. 양정모는 15킬로그램의 모래조끼를 입고 이 불암산을 일주일에 두 번 오르내렸다.

이러한 노력의 성과로 그는 1974년 이란의 테헤란에서 개최된 아시안게임에서 당시 세계 최강이던 몽골의 오이도프를 꺾고 우승했다. 2년 후의 몬트리올올림픽 때 건국 이래 최초의 금메달을 가져다줄 것이라는 기대가 더욱 높아졌다.

몬트리올올림픽 레슬링 자유형 62킬로그램급은 양정모, 오이도프, 그리고 미국의 데이비스 이 세 명의 싸움이 되었다. 오이도프는 데이비스에 판정승한 반면, 양정모는 데이비스에게 폴승을 거두었기 때문에 대회 전체의 배드마크로 보아서 양정모는 오이도프와의 대결에서 폴패만 당하지 않으면 우승할 수 있는 상황이었다.

양정모는 오이도프에게 점수가 뒤처져도 무리를 하지 않고 8대 10으로 판정패했다. 그래도 배드마크가 1점 적었기 때문에 양정모가 우승을 거두었다. 한국에서 그토록 염원하던 금메달이었다. 양정모의 입장에서는 최종전에서 이긴 후에 얻은 금메달은 아니었기 때문에 개운하지 않은 감은 있었다. 그래도 양정모는 말한다.

"귀국해서 카퍼레이드를 했을 때, 국민들은 미소로 저를 환영해 주었습니다. 일상생활에서 힘든 일도 있었을 텐데, 그런 것도 잊은 듯이 기뻐하며 환영해 주는 모습을 보고 메달을 딴 보람을 느꼈습니다."

이 금메달을 계기로, 레슬링뿐만 아니라 한국의 젊은 선수들은 자신들도 금메달을 딸 수 있다는 높은 목표를 가지고 훈련에 몰두할 수 있게 되었다. 1986년 서울에서 개최된 아시안게임에서는 종합 스포츠대회에서 처음으로 금메달 획득 수로 일본을 앞지르고, 1988년 서울올림픽에서는 전체 4위로 12개의 금메달을 획득하며 한국은 요지부동의 스포츠 강국으로 발전했다. 그 원점이 된 것이 바로 1963년 도쿄에서의 장기 합숙훈련이었다.

몬트리올올림픽에서 금메달을 획득한 양정모는 사실 4년 전 뮌헨올림픽 국내 선발대회에서도 우승하여 본선 대회에 진출하리라고 생각했었다. 하지만 당시 한국은 소수정예주의였기 때문에 자유형에는 세 명밖에 나갈 수가 없어 양정모는 선발되지 못했다. '이렇게 열심히 해도 올림픽에 나갈 수 없는 거라면 무슨 의미가 있나' 하며 레슬링을 그만둔 적도 있다. 하지만 "4년 뒤가 있지 않느냐."는 주변 사람들의 설득으로 반년 후 연습을 재개하여 이뤄 낸 성과가 몬트리올올림픽 금메달이었다.

그 뮌헨올림픽 당시 양정모가 차지할 수 있을 것으로 생각했던 세 번째 대표 자리는 재일코리안인 곽광웅郭光雄이 차지했다. 곽광웅은 훗날 프로레슬러로 한 시대를 풍미하는 조슈 리키長州力이다.

프로레슬링의 혁명전사 조슈 리키, 그 혼신의 외침

국적의 벽

레슬링 전일본 선수권대회 우승자 중에는 1952년 헬싱키올림픽에서 전후 일본 최초의 금메달을 획득한 이시이 쇼하치石井壓八, '애니멀'이라는 애칭으로 불린 도쿄올림픽 금메달리스트 와타나베 오사무渡邊長武, 세계선수권대회 4회 우승을 비롯하여 1970년대 무적을 자랑한 몬트리올올림픽 금메달리스트 다카다 유지 등, 일본 스포츠사를 빛낸 쟁쟁한 이름들이 있다. 그중에는 한국인 몇 명도 포함되어 있다.

전전 메이지대에 유학한 김종석, 황병관, 김석영, 그리고 1975년 선수권대회에 특별 참가한, 한국 건국 이래 최초의 금메달리스트 양정모가 그들이다. 그리고 또 한 사람, 한국 국가대표로 올림픽에 출전한 선수가 있다. 1973년 자유형과 그레코로만형에서 모두 우승한 센슈대의 요시다 미쓰오吉田光雄이다. 요시다의 본명은 곽광웅. 바로 자신의 시대를 쌓아올린 프로레슬러 조슈 리키이다.

조슈 리키는 1951년 야마구치현 도쿠야마徳山시(현 슈난周南시)에서 3남 1녀 중 막내로 태어났다. 충북 옥천 출신의 재일 1세였던 부모는 폐품 회수업에 종사했다. 하루 종일 일해도 수입이 많지 않고 가난해서였을까, 부모는 자주 다투었다고 한다.

당시 아이들이 모두 그러했던 것처럼, 조슈 리키도 야구를 좋아하는 소년이었고 소질도 있었다. 하지만 중학교에서 클럽 활동을 하기에는 가정 형편이 좋지 않았기 때문에 용품비가 많이 드는 야구를 그만둘 수밖에 없었다. 어쨌든 몸을 움직이는 걸 좋아했던 소년 시절의 조슈 리키가 택한 것은 유도였다. 유도에서 조슈 리키는 현縣 대회에서 우승하는 등 실력을 발휘했다. 하지만 사쿠라가오카櫻ヶ丘 고등학교에 스포츠 특기생으로 진학한 후에는 레슬링으로 전향했다.

"같은 고등학교에 다니던 한 살 위 형이 레슬링을 해보라고 권유했습니다. 그 학교는 유도보다 레슬링 쪽이 강했고, 유도를 하고 있던 선배도 곧잘 레슬링부에 들어가곤 했으니까요." 이렇게 조슈 리키는 레슬링부에 들어간 이유를 설명한다.

실은 당시 야마구치현 동부의 세토나이카이瀬戸内海[2] 쪽은 레슬링이 유행하여 전국 굴지의 수준을 뽐내고 있었다. 그중에서도 선도적인 역할을 한 곳은, 1956년 멜버른올림픽 일본 국내 예선에서

---

2 혼슈·시코쿠·규슈에 둘러싸여 있는 일본의 내해内海.

아깝게 패한 사이토 겐齋藤憲이 야나이柳井시에 열었던 사이토 도장이었다.

"요즘 말로 하면 어린이 도장이지요. 그곳이 내 레슬링의 원점입니다." 하고 조슈 리키는 말한다. 사이토 도장이 있는 야나이시는 도쿠야마시에서 꽤 멀었기 때문에 가끔 놀러 가는 정도였고, 사쿠라가오카 고등학교 시절 2년 선배로 조슈 리키를 훈련시킨 하세가와 쓰네오長谷川恒夫는 이 도장 출신이었다. 사쿠라가오카 고등학교에서 조슈 리키는 전국 굴지의 선수로 성장해 나갔다. 고3 때 군마群馬현을 중심으로 개최된 전국 고교 종합체육대회에서는 준우승을, 가을에 나가사키長崎현에서 개최된 국민체육대회에서는 우승을 차지했다. 하지만 본래대로라면 외국 국적 선수는 당시 국민체육대회에 출전할 수 없었다.

"은사가 국적에 대해서는 언급하지 않고 통명(요시다 미쓰오)으로 등록해서 나갈 수 있었던 거죠." 국민체육대회에서 우승한 선수는 일본 선발로 미국 원정에 참가할 수 있었다. 하지만 조슈 리키는 한국 국적이기 때문에 참가할 수가 없었다. 이것이 그가 처음 경험한 국적의 벽이었다.

"미국에 가고 싶은 생각이 있었기 때문에 거기에서 제외되었을 때에는 서글펐어요. 하지만 이미 선생님으로부터 미국 원정은 무리일지도 모른다고 하는 말씀을 들었기 때문에, 국민체육대회에 출전한 것만으로 좋다고 생각하고 심각하게 받아들이지는 않기로 했습니다."

뮌헨으로 가는 길

고등학교 졸업 후 조슈 리키는 센슈대에 입학하여 처음으로 도쿄에 입성한다. 센슈대는 당시 전국 유수의 선수들이 모인 강호였다. 레슬링부에서 죽을 만큼 맹연습을 해 온 조슈 리키는 대학 2학년 때 전일본 학생 선수권대회에서 우승하여, 일본인이었다면 올림픽도 충분히 노려 볼 만한 위치가 되었다. 도쿄올림픽 그레코로만형 플라이급(52킬로그램급)에서 금메달을 획득한 하나하라 쓰토무花原勉 등 야마구치현 출신의 선수가 활약한 것을 가까이서 보아 온 조슈 리키에게 올림픽은 꿈의 무대였다. 대학 3학년 때에는 뮌헨올림픽이 개최된다. 하지만 국적 문제로 미국 원정에 참가할 수 없었던 조슈 리키는 올림픽이 이룰 수 없는 꿈이라는 것도 알고 있었다. 설령 올림픽 예선을 겸한 전일본 선수권대회에서 우승한다해도 한국 국적인 이상 일본대표는 될 수 없었기 때문이다.

그러던 중 센슈대의 감독 스즈키 게이조鈴木啓三는 "네가 지금까지 이렇게 잘해 왔는데 올림픽에 나갈 수 없다는 건 말이 안 된다. 한국에서 예선이 있으니까 생각이 있다면 나가 보도록 해라."라며, 한국에서 열리는 대표 선발 경기에 출전할 것을 권유했다.

그렇게 소개를 받은 이가 재일체육회 회장이자 센슈대 출신이기도 한 정건영(마치이 히사유키)이었다. 당시 동아상호기업 회장이기도 했던 정건영은 '일본 프로레슬링계의 아버지'인 역도산과 매우 친했으며, 한일 정계 및 스포츠계에 두터운 연줄을 가지고 있었다. 정건영 등의 추천으로 한국 예선에 출전할 수 있게 된 조슈 리키는 처음으로 조국을 향했다.

한국 예선에서 조슈 리키는 전 경기 폴승이라는 압도적인 강세를 보이며 우승했고, 자유형 90킬로그램급의 한국대표로서 뮌헨올림픽 출전권을 따냈다.

대회 약 두 달 전부터는 태릉선수촌에서 조국 선수들과 함께 훈련하게 된다. 본명 '곽광웅'으로 생활하기는 이때가 처음이었다.

조슈 리키는 "레슬링에서 출전하는 선수는 네 명(그레코로만 선수 포함)밖에 없었지만, 자주 '네 이름을 말해 봐' 하고 조롱당했습니다. 선수 중에는 베트남전쟁에 참전했던 사람도 있어서 사진을 보여 주기도 했습니다."라며 당시를 회상한다. 연습을 하려 해도 조슈 리키와 같은 90킬로그램급에 적합한 스파링 파트너가 없어서, 가끔 체구가 큰 고등학생과 연습하는 정도였다. 게다가 조슈 리키는 한국어를 거의 몰랐다.

"개인 경기가 아니었다면 한국에서 뛰는 건 무리였을 겁니다." 선수촌에서 조슈 리키의 버팀목이 되어 준 사람은 유도 종목에서 출전하는 덴리대 출신의 김의태, 오승립 같은 재일한국인 선배들이었다.

"선수촌에서 식사를 할 때면 거의 함께였습니다. 대학은 달랐어도 상하 관계는 변함없었고요. 꽤나 귀여움을 받았지요. 즐거웠습니다."

1972년 8월 26일 뮌헨올림픽이 개막했다. 북한이 처음으로 하계올림픽에 참가한 이 대회에서 한국은 북한보다 나은 성적을 거두는 것과 건국 이후 최초의 금메달을 획득한다는 목표에 열을 올리고 있었다. 하지만 조슈 리키는 "나라를 위해서라는 마음은 아니었어요. 만약 일본대표로 나갔더라도 마찬가지였을 거고요. 어쨌든 참가하는 것 자체가 목표였으니까요." 하며 당시의 심경을 말한다.

뮌헨에 입성한 조슈 리키를 괴롭힌 것은 체중 감량이었다. 뮌헨에서 6킬로그램의 초과 체중을 감량해야 했다. "뮌헨이 정말 추웠어요. (올림픽) 선수촌을 뛰고 있으면, 역도의 미야케 요시노부三宅義信 선수도 뛰고 있는 게 보였지요." 조슈 리키는 체중을 재는 날에 임박하여 겨우 90킬로그램까지 몸무게를 떨어뜨렸다.

이 대회에서도 배드마크 제도가 채용되었다. 조슈 리키는 2차전에서 역시 감량에 고생을 한 루마니아 선수에게는 이겼지만 1차전과 3차전에서 각각 폴패를 당하고 배드마크 9점이 되어 결과적으로 탈락했다. "체중 조절이 어려웠다는 점도 있었지만, 만약 가능했더라도 결과는 마찬가지였을 거예요. 납득할 수 있는 결과였고, 좋은 추억이었습니다."

일찍 패배한 조슈 리키는 다른 사람들의 경기도 보았는데, 그중에서 잊을 수 없는 경기가 두 가지 있었다. 하나는 레슬링 자유형 52킬로그램급에서 센슈대 선배인 가토 기요미加藤喜代美가 우승을 확정한 경기였다. 조슈 리키는 그를 이렇게 기억한다. "유독 외국인에게 약하다고 비난받고 있었기 때문에, 선배이기도 했지만 그가 우승했을 때는 눈물이 났어요. 지금도 교류를 하고 있습니다만, 정말 훌륭한 선배입니다."

그리고 또 하나는 유도 미들급 결승전에서 재일 선배인 오승립이 일본의 세키네 시노부에게 미묘한 판정 끝에 패한 경기였다.

"저도 직접 보았는데 그 판정은 이상했어요. 나중에 선배랑 올림픽 선수촌에서 취하도록 마셨습니다. 다음 날 '선수촌 습격 사건'이 일어났지만 아무 소리도 듣지 못할 만큼 곤히 잠들어 있었어요."

선수촌 습격 사건이 일어난 것은 정확히는 오승립이 결승전에서 패한 지 이틀 뒤였다. 9월 5일, 자칭 '검은 9월'이라는 팔레스타인 게릴라가 선수촌에 난입하여 이스라엘 선수단 두 명을 사살하고 아홉 명을 인질로 붙잡았다. 이후 게릴라 세 명은 체포되지만 결국 이들을 제외한 게릴라와 인질 전원이 사망한 비극적인 사건이었다. 게릴라가 난입한 이스라엘 선수단 숙소와 한국 선수단 숙소는 인접해 있었지만, 숙취에 시달린 조슈는 사건이 일어난 줄도 몰랐다고 한다. 함께 술을 마신 오승립은 당시를 이렇게 회상한다. "조슈 리키는 술을 마시고 고꾸라졌지만, 나는 사진을 찍어서 일본 기자에게 제공했지요. 자칫하면 나도 조슈 리키도 습격당했을지 몰라요."

여하튼 조슈 리키가 출전을 꿈꾸었던 뮌헨올림픽은 그렇게 끝이 났다. 그 이듬해, 감량에 괴로워하던 조슈 리키는 전일본 선수권대회에는 체급을 한 단계 올린 100킬로그램급에 출전하여 자유형과 그레코로만형에서 모두 우승을 차지했다. 하지만 그에 따르면 이때는 그저 "타성으로 출전한 것일 뿐이었다."라고 한다. 조슈 리키는 1972년과 1973년 두 차례에 걸쳐 한국의 전국체육대회에도 출전했다.

들러리 발언

졸업 후의 진로를 특별히 정하지 않았던 조슈 리키에게 프로레슬링 쪽에서 러브콜을 보내 왔다. "프로레슬링은 전혀 의식하고

있지 않았어요."라고 말했듯이, 조슈 리키에게는 예상치 못한 일이었다. 당시 일본 3대 메이저 프로레슬링 단체 중 하나인 신일본프로레슬링을 이끌고 있던 안토니오 이노키アントニオ猪木의 초청으로 특상급 스키야키 요리를 대접받고 마음이 기운 조슈는 '신일본프로레슬링'에 입단했다. 이노키와의 만남과 더불어, 그가 프로레슬링을 시작하는 데 큰 계기가 된 것은 그레코로만형 100킬로그램 이상급에서 뮌헨올림픽에 출전한 주오대의 쓰루타 도모미鶴田友美(애칭 '점보 쓰루타')가 자이언트 바바ジャイアント馬場와 설립한 '전일본프로레슬링'에 입단한 일이었다. 조슈 리키는 말한다.

"쓰루타 씨가 입단하지 않았다면 어떻게 될지 몰랐을 거예요. 특별히 라이벌 의식이 있는 건 아니었지만, 만약 쓰루타 씨가 프로레슬링을 하지 않았더라면 어찌 되었을까, 하는 생각이 있어요."

이렇게 조슈 리키는 1972년에 안토니오 이노키가 창단한 신일본프로레슬링에 입단했다. 조슈 리키라는 이름은 출신지 야마구치현과 역도산에서 따온 것이다.[3] 하지만 "무슨 이름이 그래. 난처하게 되었군, 하고 생각했습니다." 하는 말에서 드러나듯이, 본인의 뜻과는 전혀 상관없이 주어진 이름이었다. 그래도 경기가 계속되면서 자연스럽게 '조슈 리키'라는 인간이 되어 갔다.

신일본 프로레슬링에서 조슈 리키는 안토니오 이노키, 사카구치 세이지坂口征二, 그리고 신일본 프로레슬링 창립 멤버이면서 조슈보다는 2살 어린 후지나미 다쓰미藤波辰爾(당시는 藤波辰巳로 표기)

---

3 지금의 야마구치현에 위치한 에도시대 '조슈 번長州藩'의 '조슈'와 역도산力道山의 일본어 발음 '리키도잔'의 '리키'를 합쳐 '조슈 리키'라는 이름이 되었다.

를 잇는 지위로 만족해야 했다. 그러한 조슈 리키를 프로레슬링계의 총아로 만든 것은 1982년 10월 8일 고라쿠엔 홀에서 일어난 소위 '들러리' 발언이었다.

이날 이노키, 후지나미와 함께 식스맨 태그 매치tag match[4]에 출전한 조슈 리키는 하필 자기 팀인 후지나미에 대해 "나는 너의 들러리가 아니다."라고 발언하며 도전장을 던진 것이다. 당시에는 이 발언을 "우리는 일본인을 돋보이게 만드는 역할이 아니다."라는 의미로 받아들이며 가슴이 뜨거워진 재일코리안 젊은이도 많았다고 한다.

이에 대해 조슈 리키는 "미리 생각한 것이 아니라, 순간적으로 나온 말입니다." 하고 말하며 잠시 생각한 후, 이렇게 덧붙였다.

"어떻게 설명하면 좋을지 모르겠지만, '나는 너와 뭐가 다르냐'는 생각이 일종의 알레르기처럼 있었어요. 어릴 때부터 느끼고 있던 감정이었을 거예요." 이어서 조슈 리키는 소년 시절의 경험을 이야기해 주었다.

초등학교 고학년 시절, 어떤 나이든 교사가 다른 아이들과 똑같은 짓을 해도 어째서인지 조슈 리키만 두들겨 패거나, 노골적인 차별 용어를 뱉어 댔다. 그것을 보는 다른 아이들 사이에서는 웃음이 새어 나왔다. "그러던 사이에 나도 모르게 익숙해져 버린 것이지만, 이 나이가 돼서 생각해 보면 참으로 두려운 상황이었던 것 같아요." 평소에는 지극히 평범하고 사이좋게 지내다가도 우연한 계

4 프로레슬링에서 팀을 짜서 싸우는 경기 형식. 링 안에서는 일대일로 싸우며, 같은 편 선수끼리 손으로 대어 선수를 교대한다.

기로 "너 조선인이지?" 하는 말을 듣는 순간, 완력으로는 지지 않는 조슈 리키라 하더라도 갑자기 호흡이 멈춰 버리고 몸이 말을 듣지 않게 되었다. 그러한 차이가 드러나는 것에 조슈는 민감했다. 그것이 '들러리' 발언으로 나왔는지도 모른다. 조슈 리키는 이렇게 덧붙였다.

"물어뜯기는 쪽보다 물어뜯는 쪽이 멋있어 보이지만, 물어뜯기는 쪽은 너무 힘들죠. 물어뜯기는 사람의 아픔을 모르면 세상은 살아갈 수가 없습니다."

후지나미 다쓰미에 대해서는 "훌륭한 사람이에요."라고 말하는 조슈 리키지만, 그런 그에게 '들러리' 발언은 재일코리안으로서 받아 온 상처의 표현이었는지도 모른다. 아이러니하게도 이 발언 이후 조슈 리키는 혁명전사로서 프로레슬링 시대의 기수가 된다.

조슈 리키는 한국어를 몰랐고 자신의 뿌리인 한국의 충청북도 옥천에도 가 본 적이 없었다. 그는 일본과 한국의 차이를 이렇게 표현했다.

"한국인의 상냥함은 뜨겁고, 일본인의 상냥함은 부드럽지요."

취재에서 만난 조슈 리키는 링 위와는 달리 온화한 품성이었다. 하지만 그의 삶에는 틀림없이 한국의 뜨거운 피가 흐르고 있다.

역도산의 차남 모모타 미쓰오, 아버지를 말하다

프로레슬링계에는 조슈 리키 외에 마에다 아키라前田日明, 그리고 한국에서 밀항한 오오키 긴타로大木金太郎(민족명: 김일金一) 등 재일코리안이 많이 활동하고 있었다. 처음에 일본 프로레슬링의 기초를 쌓고 부흥을 이끈 '일본 프로레슬링계의 아버지' 역도산도 한반도 출신이었다는 사실이 그가 세상을 떠난 후 널리 알려졌다. 프로레슬링뿐만 아니라, 전후 일본을 대표하는 슈퍼스타였던 역도산은 어떤 인물이었을까. 세계 주니어헤비급 챔피언이 되는 등, 그 자신도 프로레슬링계에서 활약한 역도산의 아들 모모타 미쓰오百田光雄에게 들어 보았다.

모모타 미쓰오가 태어난 것은 1948년. 역도산이 아직 스모 선수이던 시절이었다.

모모타 당시는 니혼바시日本橋의 하마초浜町라는 곳에서 살고 있었습니다. 이건 추측입니다만, 원래대로라면 오제키大關[5]가 될 수 있는 실력인데 아무리 해도 되지를 않았습니다. 국적이 문제였는지 어땠는지는 모르지만, 아버지는 오야카타親方[6]와 분쟁 끝에 스모를 그만두게 되었습니다.

그로부터 약 1년간 하마초 부근에서 닛타 신사쿠新田新作라는 분이 경영하던 닛타건설에 자재부장이라는 직함으로 들어갔으나 실제로는 건설현장의 십장 같은 일이었습니다. 그 1년 동안이 아버지에게는 가장 고된 시간이 아니었을까 생각됩니다.

그 무렵 아버지는 진주군을 위문하기 위해 일본에 와 있던 미국 프로레슬링 공연을 보러 갈 기회가 있었습니다. 그때부터 프로레슬링이라는 것이 아버지의 머릿속을 맴돌게 된 거지요.

일본계 미국인 레슬러들과 친하게 지냈는데 그중에는 해럴드 사카다라는 유명한 선수도 있었습니다. 처음에는 충돌도 꽤나 많았겠지만 이내 아버지와 친형제 같은 사이가 되었습니다. 그리고 그분이 아버지께 레슬러가 되면 어떻겠느냐고 권유하셔서 미국으로 간 겁니다.

자금은 닛타 씨가 대 주었습니다. 하네다공항에 아버지를 전송하러 갔던 일을 기억합니다.

일본으로 돌아온 역도산이 거구의 미국인 레슬러를 가라데 촙

---

5 스모에서 최고 지위인 요코즈나橫綱 다음가는 등급.

6 스모에서 선수를 가르치는 지도자로 선수의 신체를 단련시키고 기술 등을 지도하는 사람.

karate chop으로 쓰러뜨리는 모습은 패전의 충격에 빠진 일본인들에게 희망과 용기를 주었다. 그렇다면 가정에서 역도산은 어땠을까.

모모타 닛타건설에 갔을 무렵 아버지는 정신적으로 불안했던 시기였어요. 그 당시 현장 일은 해가 지면 끝나지 않습니까. 해 질 무렵이 되면 나는 마음이 떨리기 시작해서 좀처럼 진정되지 않았어요. 아버지가 돌아올 시간이었으니까요. 그 당시 아버지는 가장 거칠었던 시기여서, 잘못하지 않았는데도 작은 일로 화를 내곤 했습니다. 돌아오셨을 때 내가 떨고 있으면 그걸 보고 또 화를 내시는 거지요. 초등학교에 들어갈 무렵부터는 아버지도 여러 생각이 있으셨던지 무턱대고 때리지는 않고, 생각 끝에 벌을 주곤 하셨어요.

하지만 역도산은 아들이 지는 것만은 무슨 일이 있어도 용서하지 않았다.

모모타 프로레슬링을 시작하고 나서는 오타大田구의 이케가미池上로 이사했는데 거기에는 연못이 하나 있었어요. 겨울이 되면 얼음이 10센티미터 두께로 얼었지요. 초등학교 때 운동회나 싸움 같은 데서 지기라도 하면, 한밤중에 벌거벗고 연못으로 오라고 하셔서 말씀대로 얼음을 깨고 맨몸으로 연못에 들어갔습니다. 1분간 들어가 있다가 나오라고 하셔서 그렇게 하고 나니 추워서 몸이 덜덜 떨리지 않겠습니까. 그러면 또 뛰었다 오라고 하시는 거예요. 기본적으로는 아버지 본인도 지는 걸 싫어하셨고, 자

◆

가라데 촙을 쓰는 역도산

식들한테도 지는 것이 얼마나 큰 손해인지를 알려주고 싶으셨던 거겠지요. 때문에 지금처럼 지지 않으려 노력하는 마음을 가지게 된 게 아닐까요.

지금은 역도산이 한반도 출신이라는 사실이 널리 알려져 있다. 집안에서 그것을 느낀 적이 있었을까.

모모타 제가 있는 동안 한국과 관련해서는 전혀 말씀을 안 하셨습니다. 애초에 저를 데리고 불고기집 같은 데도 가질 않으셨어요. 이탈리안 레스토랑이나 스테이크를 하는 식당 같은 데는 데리고 갔어도 말이죠. 집에서도 김치를 먹어 본 적이 없습니다. 한국인이라면 반드시 김치가 집에 있을 텐데요. 말할 때도 한국식 억양이 전혀 없었습니다.

모모타 미쓰오 자신은 역도산의 애제자인 김일과 함께 한국 레슬링에서 활약하면서 한국에서의 역도산의 인기를 실감했다.

모모타 저도 오오키 씨의 요청으로 한국에서 30회에서 40회 정도 경기를 치렀습니다. 제가 열아홉인가 스물인가 되던 해에 처음으로 시합을 했어요. 그때의 반응은 대단했지요. 한국어를 못해서 무슨 말을 하는지는 몰랐지만, 역도산의 아들인 만큼 굉장히 호의적이었다는 것만은 피부로 느꼈습니다.

당시 한국에서 경기를 치를 때면 경기 전에 카퍼레이드를 했습니다. 울산에서 경기를 했을 때였을 거예요. 오픈카나 지프를 타고 거리를 지나가면 구경 나온 사람들이 경기장까지 몇만 명이나 늘어서 있었어요. 저 멀리 끝에 있는 사람은 보이지도 않을 만큼 작았지요.

그래도 너무나 위대한 아버지와 같은 길을 가는 것은 간단한 일이 아니었다. 끝으로 모모타 미쓰오는 이렇게 말했다.

모모타 아버지가 너무나 위대해서 그분의 두뇌 회전이나 운동 능력 등 모든 면에서 저는 비교도 안 된다고 생각합니다. 하지만 아버지가 인터뷰하실 때 옆에서 '미쓰오 군 장래희망이 뭐야?' 하고 질문을 받을 때 '레슬러가 되고 싶어요' 하고 대답하면 아버지가 흐뭇해 하시는 걸 알았으니까 어린 마음에 역시 레슬러가 되면 좋겠다는 마음은 가지고 있었죠.

그래서 저는 고등학교를 졸업하고 열아홉 때 프로레슬링계에 들어왔습니다만, 주변에서도 다루기 힘들었을 거예요. 적당히 하다가 언젠간 그만두겠지 하는 생각으로 대했을지 모르지만, 기본적으로 아버지와 닮아서 절대로 지지 않겠다는 마음이 있었습니다. 그럭저럭 40년 가까이 해 왔습니다. 아버지를 이길 수 있는 건 하나도 없지만, 그래도 레슬러로서의 커리어만큼은 아버지를 넘었습니다.

살아계셨으면 올해(2011년)로 여든일곱이 되었겠네요. 하지만 살아계셨으면 아직도 아버지를 못 이기지 않았을까요. 그만큼 대단하셨습니다.

KOREA
1

⑤

코트 위의 인연

◇

농구 · 배구 편

한일 스포츠의 거장 이상백

일본 농구의 아버지

식민지 시기는 조선인들에게는 나라를 빼앗긴 고난의 시대였지만 한편으로 이 시기 많은 스포츠맨이 일본에 유학하여 일본과 한국의 스포츠 발전에 공헌하였으며, 해방 후에는 양국의 가교가 되었다. 그중에서도 특별한 존재가 일본 농구 육성의 아버지이자 '한국의 쿠베르탱[1]'으로도 불린 이상백李相佰이다. '상백想白'이라는 호를 따서 '李想白'이라고도 쓴다.

이상백은 1903년, 한반도 남동부의 중심 도시 대구의 명가에서 태어났다. 1921년 와세다대 제1고등학원에 입학하면서 육상경기를

1 프랑스의 교육가(1863~1937)로, 고대 올림픽 경기를 부흥시킬 목적으로 국제 올림픽 위원회(IOC)를 창설하고 제1회 올림픽 대회를 아테네에서 개최했다.

시작했다. 육상부 1년 선배인 아사노 노부아키淺野延秋가 농구를 시작하자 이상백도 여기에 합류하고 이 활동이 모체가 되어 1923년 와세다대 농구부가 정식으로 발족했다. 이상백은 이듬해인 1924년 와세다대 문학부에 입학하여 철학과 동양사를 전공했고, 역사학자 쓰다 소키치津田左右吉 등에게 사사했다.

당시 일본 농구는 YMCA가 중심이었지만 1924년 이상백 등이 제창하여 도쿄상과대(현 히토쓰바시대), 릿쿄대, 와세다대의 3개 대학 리그가 시작되고, 이러한 활동에 주오대, 메이지대, 도쿄제대(현 도쿄대) 등이 가세하여 대학농구가 점차 힘을 키워 갔다.

장신의 센터로 활약한 이상백은 와세다대 농구부 제2대 주장을 맡았다. 졸업 후에는 대학원에 진학하여 학문 연구를 병행하며 코치나 감독으로도 활동했다. 와세다대에서 이상백이 이룬 최대의 업적은 1927년 매니저 겸 코치로서 2개월에 이르는 미국 원정을 실현한 일이다. 이 원정은 일본 농구 발전에 지대한 영향을 미쳤다.

영어가 능숙했던 이상백은, 농구의 본고장인 미국의 이론을 적극적으로 도입하여 '이상백의 이론이 곧 일본의 이론'이라고 이야기될 정도의 존재가 되었다. 특히, 1930년에 쓴 『지도농구의 이론과 실제指導籠球の理論と實際』(슌요도春陽堂)는 선수와 지도자들의 바이블처럼 읽히며 일본 농구의 발전에 크게 기여했다.

이상백의 제자로 전후 남자농구 일본 국가대표 감독이 되는 마키야마 요시히게牧山圭秀가 『상백 이상백 평전』(상백 이상백 평전 출판위원회, 한국대학농구연맹 편, 을유문화사)에서 "내게 '와세다대의 어느 학부를 나왔느냐'고 물으면 망설임 없이 '나는 농구부 출신으로, 주임교수는 이상백 선생이다'라고 대답합니다."라고 썼을 만큼, 전후에도 이상백의 가르침은 일본 농구에 면면히 계승되고 있다.

이상백의 왕성한 활동력은 일본농구협회 결성의 원동력이 되기도 했다. 『RDR60-와세다 대학 농구부 60년사』(와세다 대학RDR 구락부 편집·발행)의 대담 중에, 이상백의 1년 후배인 도미타 다케로富田毅郎는 "극단적으로 말하면 일본농구협회는 이상백을 중심으로 한 와세다가 주력이 되어 만들어졌다고도 할 수 있습니다." 라고 말한다. 이상백을 중심으로 하는 와세다대 출신자가 각 대학 OB 선수들을 모아서 피닉스 클럽Phoenix Club이라는 팀을 만들었다. 이상백을 비롯한 피닉스 클럽 멤버가 핵심이 되어 1930년 대일본농구협회(현 일본농구협회)가 결성되었다.

이상백의 공적에 대해서는, 1981년 발간된 『농구가 걸어온 길-일본농구협회 50년사バスケットボールの歩み―日本バスケットボール協會50年史』(일본농구협회 홍보부 편, 일본농구협회 간행)에 실린 협회 설립 회고 좌담에서 자주 언급되고 있다. 당시 일본농구협회 이사이자 좌담회 사회를 맡았던 와타나베 나오키치渡邊直吉와 상임고문 도미타 다케로는 다음과 같은 이야기를 나눈다.

와타나베 역시 이상백 씨를 빼놓고 일본농구협회를 생각하는 건 불가능하지 않을까요.

도미타 동감입니다. 훗날의 이야기지만, 그의 공적은 일본체육협회 간부와 상의하여 본 협회를 발전시키고 그 지위를 향상시킨 점입니다.

이상백은 1930년 대일본농구협회 설립과 함께 상임이사가 되었고, 이와 동시에 대일본체육협회(현 일본체육협회) 이사가 되었다. 1932년 LA올림픽에는 히라누마 료조平沼亮三 단장의 비서로 선수단에 참가했다. 당시 이상백은 농구를 올림픽 종목에 포함시키는 일에 열성을 다하였고 그 결과 차기 올림픽인 베를린 대회부터 농구는 정식 종목으로 채택되었다.

1932년 LA올림픽에는 마라톤의 권태하權泰夏와 김은배金恩培, 권투의 황을수黃乙秀 등의 조선인이 일본선수단의 일원으로 출전하였는데 이들은 LA에서 재미조선인들이 개최한 격려 모임에 참석했다. 이 자리에서 재미조선인은 조국 독립의 상징인 태극기를 선수들에게 보여 주었다. 당시 선수들에게 태극기는 소유는 물론 보는 것조차도 엄격히 금지되어 있었다. 그러한 태극기를 눈앞에서 본 선수들은 크게 감동했다.

선수들은 흥분하며 선수촌으로 돌아갔지만, 그들이 무단으로 현지 교민들과 만나 조국 독립의 교시를 받았다는 것이 일본선수단 내에서 커다란 문제가 되었다. 이에 선수단장 히라누마 료조의 비서였던 이상백은 단장에게 그 모임이 단지 동향의 지인 모임일 뿐이었다고 말하며 사태를 수습했다.

1934년 이상백은 조선의 강호 연희전문(현 연세대)을 일본으로 초청한다. 이상백은 팀의 중심 선수였던 이성구를 열심히 지도했다. 이듬해 연희전문은 전일본 종합 선수권대회에서 우승하여, 조선에서 이성구와 염은현, 장이진 이 세 명이 농구 일본대표로 베를린올림픽에 출전했다.

베를린올림픽에 일본대표로 참가한 염은현은 『농구가 걸어온

길-일본농구협회 50년사』에서 이렇게 말한다.

> 당시 한국은 일본의 정치적 지배하에 놓여 있었기 때문에 일본인이 아닌 우리들은 한국 원로 선생들에게 그 참가 여부를 타진했다. 원로들은 흔쾌히 참가를 권유했고 성대한 환송회도 몇 번인가 열렸다.

'한국 원로'의 중심적 인물은 독립운동가이자 조선농구협회(현 대한농구협회) 회장인 몽양 여운형呂運亨이었다. 여운형은 베를린 올림픽에 출전하는 세 명의 선수에게, "자네들의 가슴에는 일장기가 달려 있지만, 자네들의 등에 조선반도를 짊어지고 있음을 명심하게." 하고 말하며 그들을 격려해 주었다. 일본의 식민지 지배, 조국 분단이라는 고난의 역사가 이어진 한국에서 스포츠는 단순히 스포츠의 차원에 그치지 않고 더욱 상징적인 의미를 지닌다.

연희전문이 일본 팀을 쓰러뜨릴 정도로 실력을 과시한 데 자극을 받은 보성전문(현 고려대)은, 1937년과 1938년 전일본 종합 선수권대회 2연패, 그리고 1939년의 전全 보성전문 팀으로 출전한 대회까지 합쳐서 3연패를 달성한다.

한국에서는 매년 가을 스포츠 이벤트로 사학의 양대 산맥인 연세대와 고려대의 정기전인 연고전이 개최된다. 야구, 축구, 배구, 럭비, 아이스하키 다섯 종목으로 실시되는 연고전 중에서도 축구와 함께, 가장 인기 있는 종목이 바로 두 학교 모두 국가대표 선수를 다수 배출한 농구이다. 그 융성의 출발점에 있던 인물도 역시 이상백이었다.

한국의 쿠베르탱

이상백은 베를린올림픽에 선수단 본부 임원으로서 참가했고, 국제적인 스포츠 관계자들과 쌓은 인맥은 후에 한국으로 돌아오고 나서 힘을 발휘하게 된다.

그는 1940년 도쿄올림픽 개최에도 열성을 다하여, 베를린올림픽에 앞서 열린 IOC총회에서 도쿄 개최가 결정되면서 조직위원회의 경기부競技部 고문으로 취임했다. 역사학자이기도 한 이상백은 아테네에서 출발하여 실크로드를 통과하는 성화 릴레이를 구상하기도 했다. 결국 전쟁으로 1940년 도쿄올림픽 개최는 실현되지 못했지만, 이상백은 성화 릴레이에 대한 집념을 이어 갔다.

해방 후 1955년. 서울에서 개최된 한국의 전국체육대회부터 성화 릴레이가 실시되었다. 성화를 어디서 채화하는가를 두고 다양한 의견이 나왔지만, 이상백은 민족의 시조라 불리는 단군이 제사를 지냈던 장소라고 하는 강화도의 마니산 정상에 있는 참성단에서 채화할 것을 주장하였고, 오늘날까지도 한국 전국체육대회의 성화는 참성단에서 붙여서 출발하고 있다.

제2차 세계대전이 발발한 후, 조선으로 돌아간 이상백은 독립운동가 여운형이 결성한 조선건국동맹에 참가하여 해방의 날을 맞는다. 이상백은 여운형이 조선농구협회 회장을 역임하기도 했기 때문에 조선건국동맹 활동에 깊숙이 관여했다. 1945년 해방된 후 11월 26일, 식민지 지배하의 탄압에서 해방된 조선인 스포츠 단체인 조선체육회(현 대한체육회)가 재건되었고 회장으로 여운형이 취임했다.

해방 후 한반도에서는 3년간 북위 38도선 북측에서 소련이, 남측에서 미국이 군정을 실시했다. 재건된 조선체육회가 최초로 직면한 커다란 과제는, 아직 완전히 독립하지 못한 국가에서도 올림픽 출전이 가능한가 하는 점이었다. 이상백이 식민지 시기부터 친교가 있었던 에이버리 브런디지Avery Brundage 당시 IOC 부회장에게 문의한 결과, 출전이 가능하다는 사실이 확인되었다.

1947년 6월 스웨덴 스톡홀름에서 열린 IOC 총회에는 조선체육회 내부에 결성된 올림픽대책위원회 멤버로 영어에 능통한 부위원장 전경무田耕武가 파견되었으나, 경유지인 가나가와神奈川현 아쓰기厚木 비행장에서 탑승한 비행기가 난기류에 휩쓸려 추락하는 사건으로 비극적인 죽음을 맞았다. 한국은 이원순李元淳이라는 재미한국인을 급히 파견했다. IOC의 실력자였던 브런디지 부회장의 적극적인 후원에 힘입어 한국은 IOC 가맹국이 되었다. 참가국 명칭은 '코리아KOREA'. 이후 일반적으로 'KOREA'라고 하면 한국을 가리키게 되었다(북한은 DPRK).

IOC 가맹과 연동하여 1947년 6월 20일 조선올림픽위원회(건국 후에는 대한올림픽위원회=KOC)가 결성되고 초대위원장으로는 조선체육회 회장이기도 한 여운형이 취임했다. 좌우 이데올로기 대립이 격심했던 해방 후 한국에서 여운형은 좌파에 속하면서도 분단을 피하기 위한 좌우합작운동을 전개했으나, KOC위원장으로 취임한 지 1개월 후인 7월 19일, 우익계 청년 한지근韓智根의 권총에 암살되었다.

이러한 혼란을 거치면서 한국은 정부수립 전인 1948년 1월 30일에 개막한 스위스 생모리츠 동계올림픽, 7월 29일에 개막한 영국의 런던 하계올림픽 출전을 이뤄 냈다.

이처럼 이상백은 해방 후 한국 스포츠계에서 중추적 역할을 맡은 한편, 서울대 교수로서 학문 분야에서도 업적을 남겼다. 1964년에는 IOC위원으로 선출되어 국제 스포츠계에서 더욱 활약할 것으로 기대되었으나 1966년 심근경색으로 별세했다.

10주기인 1976년, 이상백의 모교 와세다대 농구부는 한국의 초청을 받아 강호 대학들과 경기를 가졌다. 그 2년 뒤부터는 한일 학생 선발팀 대항전인 이상백배 쟁탈 한일대학농구대회로 발전하여 오늘날까지 이어지고 있다.

한국과 일본이라는 틀을 넘어 양국 스포츠의 발전에 이처럼 공헌한 인물도 없을 것이다. 그는 한일 양국에서 계속 이야기되어야 할 위인임에 틀림없다.

해협의 파도를 넘은 사랑의 토스, 박계조

유일한 조선인 일본대표

한국의 해방, 일본의 패전 1년 전인 1944년, 배구가 맺어 준 조선인과 일본인 부부가 탄생했다. 신랑 박계조朴啓祚는 와세다대 농구부 주장을 맡으며 일본대표로도 선발된 선수였으며, 신부 이와타 후미코岩田史子는 당시 일본 여자배구에서 최강인 나카무라中村 고등여학교(현 나카무라 고등학교) 선수였다.

배구에서 한일관계는 매우 깊다. 과거에 세계 최강의 실력을 자랑한 일본의 배구를 한국은 열심히 흡수하고자 했다. 일본 배구를 따라잡고자 하는 마음으로 한국에서는 배구排球의 '배'자를 '배일拜日'과 연결시켜 이야기할 정도였다. 그러한 교류와 경쟁을 통해 한국 배구는 실력을 키워 나갔다.

농구 종목의 한일 교류에 와세다대 농구부 주장이었던 이상백이 중추적 역할을 맡았던 것처럼, 배구에서도 와세다대 배구부 주장이었던 박계조가 가교 역할을 맡았다.

1918년 강화도에서 출생한 박계조는 1931년 우수한 조선인 자제들이 모여 있었던 오늘날의 경기고, 즉 경성제일京城第一 고등보통학교에 입학했다.

이 학교의 스기하라杉原라는 일본인 교사가 배구를 가르치고 실력을 강화하는 데 힘써서, 해방 후에 설립된 대한배구협회 간부도 이 학교에서 다수 배출되었다. 엄청난 장난꾸러기였던 박계조가 경성제일고보 2학년 때, 교정에서 공을 가지고 놀던 그를 배구부로 이끈 것은 당시 주장 조영규曺泳圭로 그는 훗날 대한배구협회 회장을 맡기도 한 인물이었다.

박계조의 부친은 아들이 배구를 하는 것을 반대했지만, 박계조는 부모의 반대를 무릅쓰고 배구를 계속했다. 그는 훗날 대한배구협회 부회장이 되는 안종호安鍾浩와 명콤비로 활약하였고, 경성제일고보는 조선에서 내로라하는 강호가 되었다. 당시 조선 중등학교 배구계의 강호는 재조일본인이 대다수인 경성사범학교였다. 박계조가 4학년 때 경성제일고보는 조선신궁대회에서 경성사범학교를 격파하여 조선 최강의 자리를 거머쥐었다.

경성제일고보를 우승으로 이끈 박계조를 둘러싸고, 조선 배구계를 양분하고 있던 조선철도국과 조선체신국 사이에서 격렬한 쟁탈전이 벌어졌다. 박계조는 조선철도국에 들어갔다. 입단 2년째 되는 해인 1937년, 간토 지역 대학 춘계 리그에서 우승한 와세다대가 조선으로 원정을 왔다. 원정경기에서 와세다대는 조선체신국에 승리했지만, 조선철도국에는 두 경기나 연달아 패했다. 또한 와세다대는 조선철도국을 중심으로 결성된 전경성全京城 팀에도 패했다.

조선철도국에서 단연 주목되는 인물은 박계조였다. 와세다대 측은 조선철도국 측에 '보다 넓은 무대에서 활동하도록 해야 한다'며 박계조의 와세다대 입학을 권유했다. 조선철도국은 박계조가 '중대한 전력'이라며 이를 거부했으나 종국에는 졸업 후 조선철도국으로 다시 돌아온다는 조건으로 그를 와세다대로 보내 주었다. 이것은 조선인 배구선수가 일본에 진출한 최초의 사례로 거론된다.

전전 와세다대는 일본 굴지의 강호였다. 박계조는 전후 남녀 배구 일본대표 감독, 일본배구협회 및 국제배구연맹 부회장, 아시아 배구연맹 회장을 역임하는 등 '배구계의 천황'이라고 불릴 만큼 유력자였던 마에다 유타카前田豊와 약간의 시간차를 두고 와세다대에 들어갔다. 박계조는 마에다 유타카를 비롯하여 일본 배구계의 실력자들과 깊은 관계를 맺어 나갔다.

당시 배구는 9인제였는데 박계조는 입학 첫해부터 전방 중앙의 주전이 되었다. 『모이며 흩어지며 50년의 발걸음集り散じて五十年の歩み』(도몬배구구락부 50년사편찬위원회 편·간행)에는, "조선철도국의 박계조가 입학함으로써 기시타木下와의 전방 콤비는 철벽이 되었다."라고 쓰여 있다.

박계조가 입학한 1938년 와세다대는 봄과 가을의 간토 대학 리그에서 우승하고, 이듬해에는 봄과 가을의 간토 대학 리그뿐만 아니라 전일본 선수권대회도 제패했다. 이듬해인 1940년에는 일본대표로 선발되었다. 조선인으로서 일본대표에 선발된 것은 박계조뿐이었다.

자료를 보면, 1941년부터는 창씨개명에 의해 박계조의 이름은 일본명 무라이 히사아키村井久晃로 기재되어 있다. 그해 일본은 아시아·태평양전쟁에 돌입하여, 전일본 선수권대회는 중지되고 메이지진구 체육대회가 유일한 전국대회가 되는 등, 배구를 한다는 것 자체가 어려워지는 형편이었다.

1943년 박계조는 와세다대 주장이 되지만, 과달카날Guadalcanal 섬[2] 철퇴, 아투 섬Attu Island 옥쇄玉碎[3] 등, 전황이 점점 악화되는 가운데, 와세다대 배구부도 학도연성부 특수체련과學徒鍊成部 特修體練科 배구부로 개칭하여 겨우 활동을 이어 가는 상황이었다.

6월은 학도전시동원체제 확립 요강이 각의에서 결정되어 대학생도 전장에 동원되기 시작했다. 박계조는 그해 9월에 조기졸업을 하게 되었다.

야구에서는 10월 16일, '최후의 와세다-게이오 전'으로 알려진 출진학도 격려전이 와세다대 도쓰카 구장에서 실시되었는데, 배구에서도 다음 날 도쓰카 코트에서 출진학도를 격려하는 와세다-게이오 전이 개최되었다. 하지만 이 경기 출전자의 명단에서는 9월에 조기졸업한 박계조 혹은 무라이 히사아키라는 이름은 찾아볼 수 없다.

---

2 남태평양 멜라네시아의 솔로몬 제도 남부에 위치한 화산섬.

3 제2차 세계대전 중인 1943년 5월에 미군과 일본군이 알래스카 영토 해안에 있는 아투 섬에서 전투하여 일본군 수비대가 전멸한 사건이다.

가장 사랑하는 나의 아내

와세다대 시절 박계조는 후지사와쇼교藤澤商業(현 후지사와쇼료藤澤翔陵 고등학교) 출신의 이와타 사부로岩田三郎라는 후배와 친하게 지내고 있었다. 어느 날 이와타는 박계조를 자기 집으로 초대했는데, 그때 나카무라 고등여학교에서 배구를 하고 있던 누나 후미코를 박계조에게 소개해 주었다.

나카무라 고등여학교는 와세다대 출신의 마에다 유타카가 교사로 취임한 뒤부터 급속도로 실력이 늘어, 1940년에는 전일본 선수권대회 결승에서 니치보 아마가사키日紡尼崎를 격파하고 우승을 차지했다.

박계조와 이와타 후미코는 편지를 주고받으면서 사랑이 더욱 깊어 갔다. 후미코의 부모는 조선인인 박계조와의 결혼을 극구 반대했지만 박계조의 열성에 후미코의 어머니가 뜻을 굽혔다고 한다. 1944년, 전황의 악화가 그대로 생활의 곤궁함으로 이어지는 시대였지만, 남녀 유명 배구선수끼리의 결혼은 동료들 사이에 큰 화제가 되었다고 한다.

하지만 결혼하자마자 박계조는 전장으로 끌려갔다. 1년 후 전쟁은 끝났고 한국은 일본의 식민지 지배로부터 해방되었다. 그렇다고 박계조가 곧바로 제대하여 임무에서 해방된 것은 아니었다.

전전부터 박계조와 친분이 있었던 재일학도의용군동지회 회장 이봉남은 "그는 시모노세키에 있는 종전연락사무국의 책임자로서, 귀국선의 질서를 유지하기 위해 고생했습니다."라고 말한다.

일본에서 살던 조선인은 해방과 함께 시모노세키, 센자키仙崎,

하카타 등의 항구로 향하여 귀국을 서둘렀기 때문에 어느 항구나 혼란스러웠다. 종전연락사무국이란 GHQ에 대한 일본 정부의 창구로 설치된 기관이다.

임무가 끝나자 박계조는 아내 후미코를 데리고 조선으로 귀환했다. 서울에서는 작은 임대주택에 살면서 이화여자중학교 교사로 일하며 배구를 가르치는 한편, 막 설립된 대한배구협회가 궤도에 오를 수 있도록 주력했고 계림구락부라는 팀을 조직하여 경기에 참가하고 심판까지 맡아, 1인 4역을 소화하며 배구 보급을 위해 노력했다. 재일학도의용군동지회 회장 이봉남은, 해방 후 한국은 물자가 부족했기 때문에 "그쪽에서 공이 없다고 할 때마다 (일본에서) 보내 주었다."라고 회고한다.

또한 박계조는 원래 발랄한 성격이었던 만큼, 술자리에서도 인기가 있어서 배구다 술자리다 하는 이유로 집을 비울 때가 많았다.

1950년 한국전쟁이 발발하자 박계조 부부와 자식은 배구 동료의 안내를 받아 한반도 남부의 군항도시 진해로 피난을 떠났다. 박계조는 진해에서 해군팀을 결성하여, 한국 최강 팀으로 길러 냈다. 한국전쟁 중 임시수도였던 부산은 피난민으로 혼잡한 가운데, 부산세관으로 스포츠맨들이 모여들면서 전시 스포츠 활동의 거점 중 하나가 되었다. 배구도 팀을 만들게 되어 진해에 있던 박계조가 감독으로 호출되었다.

군항이었던 진해와 달리 한국전쟁 중의 부산은 한국에서 제일 가는 대도시였다. 박계조는 술을 마시는 일이 늘었고 결국엔 몸이 상하게 되었다. 아내 후미코의 헌신적인 간병으로 회복세를 보였지만 몸 상태는 좋지 않았다. 그래도 1953년 7월 27일에 한국전쟁 휴전협정이 조인되었을 무렵, 박계조는 한국 각지를 돌며 배구 보급에 힘썼다. 마치 죽을 각오로 최후의 힘을 짜내어 배구에 대한 의지와 지식을 전수하려는 듯했다. 그는 1955년 4월 15일, 아내와 1남 2녀의 자식을 남겨 두고 36세의 젊은 나이로 세상을 떠났다. 유품 중의 하나인 지갑 속에는 아내 후미코의 사진이 있었고, 뒷면에는 '가장 사랑하는 나의 아내'라고 쓰여 있었다고 한다.

세상을 떠나기 3년 전, 박계조는 일본을 방문한 적이 있다. 당시 일본의 배구는 9인제였으나 세계 배구계의 조류는 6인제 중심이었고, 6인제 도입은 일본 배구계의 커다란 과제였다. 그러던 중 일본에서 6인제가 도입되는 큰 계기가 된 것은, 1953년 실행된 와세다대 배구부의 미국 원정이었다. 사실은 미국 원정에 박계조도 일조한 바 있다. 『모이며 흩어지며 50년의 발걸음』에서 미국 원정 당시 감독이었던 다니구치 기요시谷口清는 다음과 같이 말한다.

> 1952년 8월인가 9월경, 박계조(1943년 졸업, 고인)가 방일하여 오카다岡田 씨와 저와 이렇게 세 명이 모인 적이 있습니다. 셋이서 올해에는 현역이 우승했으니까, 될지 안 될지는 모르겠지만 미국에 가 보면 어떻겠느냐고 결의를 했어요. 전기통신대학 근처에 있는 바bar에 모여 결정을 한 것이 발단이 되었죠.

단장 오카다 히데오岡田英雄, 감독 다니구치 기요시는 모두 박계조의 선배이다. 박계조는 미국에는 가지 못하고 얼마 후 세상을 떠났지만, 와세다대가 미국 원정에서 습득한 6인 배구는 박계조의 동료들이나 제자들에 의해 한국에 전수되었다.

1963년 12월에 인도 뉴델리에서 개최된 도쿄올림픽 아시아 예선에서 한국의 여자배구는 '동양의 마녀'[4]가 개발한 회전 리시브까지 마스터하고 있었다. 하지만 한국 여자배구팀은 북한에 패해 본선 대회 출전 기회를 놓쳤고, 남자배구팀은 북한을 비롯한 상대팀들을 이기며 본선 대회 출전권을 따냈다. 그러나 북한은 육상 중거리 간판 선수인 신금단 등의 자격 문제로 출전이 무산되면서 도쿄올림픽 개막 전날 전원 철수했다.

북한의 올림픽 보이콧으로, 일본의 금메달이 예상되고 있던 여자배구는 참가팀이 다섯 팀으로 줄어 경기의 정당성마저 문제시되는 상황에 처했다. 따라서 갑작스런 한국의 참가가 요청되었고, 한국 각지에 흩어져 있던 선수들을 소집하여 급히 유니폼을 장만하는 등, 우여곡절 끝에 한국이 출전하게 되었다.

이에 메달 수여식 후 열린 연회에서 일본배구협회 회장 니시카와 마사이치西川政一는 "한국 여자팀의 희생적인 참가에 머리 숙여 감사드린다."고 인사했으며, 일본 배구 관계자는 "북한은 이번 보이콧으로 오점을 남긴 만큼, 앞으로는 어떤 경우라도 한국을 건너뛰고 북한과 접촉하는 일은 없을 것"이라고 약속했다고 한다. 이렇게 한국과 일본의 배구 인연은 한층 견고해졌다.

한편 한국에서는 1962년부터 박계조의 공적을 후세에 전하기 위해 박계조배 쟁탈 전국남녀배구대회가 개최되었다. 이 대회는 오랫동안 한국에서 가장 권위 있는 대회로서 한국 배구의 발전에

---

4 일본 여자배구팀의 별명.

공헌했다. 미망인 후미코는 남편의 별세 후 자식들과 함께 일본으로 돌아갔지만, 대회 때는 가끔 경기장에 모습을 보이며 남편의 배구 동료들과 따뜻한 옛 우정을 나누고 한국 배구의 발전에 흐뭇해했다고 한다.

하지만 1990년대에 들어서 한국 국내 리그 등의 일정이 많아지면서 박계조배 배구대회는 1991년 최상위 대회로서의 역할을 마치고, 그 후로는 시민 스포츠의 일환으로 박계조배 9인제 배구 대회로 오늘날까지 이어지고 있다.

아시아의 거포 강만수의 와세다 대학 입학

박계조가 주장을 맡은 적이 있는 와세다대 배구부는 1968년에 전후 최초로 한국 원정을 실시하게 된다. 1967년 도쿄에서 유니버시아드가 개최되었을 때, 배구부의 후루이치 스구루古市英, 그리고 사이클부원으로 훗날 아마추어 골퍼로도 활약하며 재일체육회 부회장을 역임한 백만섭白萬燮이 한국 배구팀의 실무를 도왔다. 이들이 한국 측 임원과 교섭을 하면서 한국 원정 이야기가 진행되었다.

1968년 8월, 고인 박계조의 처남인 이와타 사부로를 총감독으로 한 와세다대 선수단은 서울에 도착하여 먼저 박계조의 묘를 방문했다. 산중턱에 있는 묘 앞에 와세다대 교기를 세우고 교가를 부르며 위대한 선배의 명복을 빌며 고인을 추모했다. 또한 서울의 장충체육관에서는 한국의 대학 및 실업단의 강호들이 참가하여 '와세다대 초청 배구대회'가 개최되고, 한국 챔피언인 충북시멘트와 벌인 경기는 TV로 중계되기까지 했다. 이 원정에서 와세다대는 2승 6패의 성적을 거두었다. 그런데 이 원정에는 후일담이 하나 있다.

아시아·태평양전쟁 후 첫 한국 원정의 계기를 만든 후루이치 스구루는 1982년 와세다대 감독으로 취임했다. 과거 일본 최강이었던 와세다대는 당시 간토 대학 리그의 2부로 밀려나 있었다. 후루이치는 그와 함께 한국 원정의 계기를 만든 백만섭과 타개책을 상의했다. 백만섭은 "어떻게든 최고의 선수를 데리고 와야지. 강만수는 어때?" 하고 말했지만, 후루이치는 "강만수가 어떻게 오겠어?"라며 진지하게 듣지 않았다.

1955년 경상북도 안동에서 태어난 강만수姜萬守는 1972년 고3 때 최연소 국가대표로 선발되어 뮌헨올림픽에 출전했다. 이후 1978년에 태국 방콕에서 개최된 아시안게임에서 한국의 첫 우승, 그리고 이듬해 멕시코에서 개최된 유니버시아드에서 첫 우승에 더하여 에이스 공격수로 공헌하는 등, 그는 한국 배구의 발전을 견인하며 '아시아의 거포'로 불렸다. 이미 세계적인 스타 선수가 되어 있는 강만수가 간토 대학 리그 2부 팀으로 오는 상황은 도저히 생각할 수 없었다.

1984년 LA올림픽 전에 백만섭은 한국 배구계의 인맥을 통해 강만수를 만났다. 백만섭은 강만수에게 "일본에 오지 않겠는가. 공부를 못하면 나중에 감독을 해도 금방 잘리게 돼." 하고 말하며 그를 설득했다. 그러자 강만수는 가겠다고 대답했다. 한양대 출신의 강만수는 배구에 쫓겨 공부다운 공부를 한 적이 없었다. 배구를 하면서 공부도 할 수 있다는 백만섭의 말에 강만수는 매력을 느낀 것이다.

LA올림픽이 끝나자 강만수는 일본으로 건너갔다. 유명인이었던 만큼, 일본에서 강연 등을 하고 금방 한국으로 돌아갈 것이라 생각하고 있었다. 하지만 강만수는 와세다대 근처 맨션의 방 한 칸에 틀어박혀 백만섭 외에 와세다대 OB들로부터 교대로 과외를 받았다. 아무리 유명한 강만수라고 해도 유학생 시험에 통과하지 못하면 입학하지 못했기 때문이다.

제대로 공부를 해 본 적이 없는 만큼 강만수는 '위가 아프다', '죽을 것 같다'며 괴로움에 몸부림쳤다. 실제로 스트레스로 인한 위염 때문에 내시경 검사를 받았을 정도였다.

이러한 노력 끝에 강만수는 1985년 와세다대에 입학했다. 한반도에서 와세다대로 일류 배구선수가 유학한 것은 박계조 이후 처음이었다. 강만수는 박계조배 쟁탈 전국남녀배구대회에서 활약한 선수이기도 했다.

재학 기간은 2년뿐이었지만, 첫해에 간토 대학 리그 2부에서 우승하여 1부로 승격하는 성과를 이끌어 내고, 2년째에는 춘계 리그에서 33년 만에 우승을 거두었다. 그 후 토레이 애로우즈Toray Arrows[5]에 입단하여 실업리그에서도 우승을 이끌고 팀을 일본 리그로 승격시키는 등, 일본에서도 그 존재는 두드러졌다. 도카이대 대학원까지 진학한 후 그는 1991년에 귀국했다.

일본에 있는 동안 강만수에게는 많은 여성 팬이 따랐다. 한류가 일어나기 전부터 한국 팬이었던 여배우 구로다 후쿠미黒田福美가

5 일본 시즈오카현静岡현을 본거지로 하는 남자배구 팀.

한국에 빠진 계기가 바로 강만수였다고 알려져 있다.

조선인에 대한 차별의식이 강했던 전전, 이와타 후미코의 심장을 두근거리게 한 박계조. 그로부터 약 40년 후 많은 여성 팬을 만든 강만수. 오늘날과 같은 열광적인 한류와는 비교도 안 되지만, 거기에 한류의 작은 원점이 있는 것은 아닐까.

'신마녀' 팀 주전 시라이 다카코의 파란만장한 배구 인생

윤정순에서 시라이 다카코로

도쿄올림픽 금메달, 멕시코올림픽과 뮌헨올림픽 은메달, 몬트리올올림픽 금메달. 1960년대 후반부터 1970년대 후반까지는 일본 여자배구의 황금기였다. 한국도 일본보다 조금 늦은 1970년대에 들어와 몬트리올올림픽 동메달을 비롯하여 세계선수권대회 및 월드컵에서도 3, 4위를 차지하는 등 크게 약진한다.

이 시대에 한국과 일본의 여자배구에 다양한 영향을 미친 인물은 도쿄올림픽에서 '동양의 마녀'를 금메달로 이끈 다이마쓰 히로후미大松博文였다. 상상을 초월하는 맹연습으로 선수들을 훈련시키고 체격에서 한참 앞선 소련을 격파하는 것을 보고, 당시 대한체육회 회장 민관식은 큰 감명을 받으며 그것이 바로 한국이 나아가야 할 길이라고 확신했다. 다이마쓰는 종종 한국에 초청되어 강연을 했다. 1970년대에 들어서는 1년에 수차례씩 한국대표팀이나 고교팀 등을 직접 지도했다.

1970년대 한국을 대표하는 에이스 선수 조혜정曺惠貞은 "다이마쓰 선생님께 많은 것을 배웠어요. 선생님이 오면 훈련이 힘들어진다고 싫어하는 사람도 있었지만, 나는 또 어떤 걸 배울까 설레면서 기다렸습니다." 하고 말한다.

이에 비해 일본에서는 다이마쓰라는 존재가 너무나도 컸기 때문에 오히려 어려워하거나 멀리했다. 한편, '포스트 다이마쓰'는 누구인가를 둘러싸고 일본 여자배구는 혼돈에 빠졌다. 히타치 무사시日立武蔵(히타치의 전신)의 야마다 시게오山田重雄, 유니티카 가이즈카ユニチカ貝塚(유니티카의 전신)의 고지마 고지小島孝治, 야시카의 후네야마 히로시船山浩志, 쓰노다 다케시角田武 등이 교대로 감독을 맡았으나, 몬트리올올림픽을 앞두고는 실질적으로 멕시코올림픽 때 감독인 야마다와 뮌헨올림픽 때 감독인 고지마의 싸움이 되었다.

그 싸움의 흐름을 결정지은 것은 시라이 다카코白井貴子의 히타치 입단이었다. 에이스인 시라이의 폭발적인 활약으로 일본은 몬트리올올림픽에서 금메달을 획득하게 된다. 한국의 에이스 조혜정이 동경하던 시라이는 재일코리안 2세로 1952년 오카야마岡山시에서 태어났다. 아버지가 55세, 어머니가 37세 때였다. 아버지의 신장은 180센티미터, 어머니는 170센티미터로, 모두 당시로서는 상당히 큰 키였다.

아버지의 고향은 경상북도. "아버지 쪽은, 정말인지는 모르겠지만 백계 러시아인계라고 들었어요." 하고 시라이 다카코는 말한

◆

시라이 다카코

다. 시라이의 아버지가 태어난 것은 백계 러시아인이 집단적으로 러시아를 탈출한 러시아혁명 이전이지만, 조선 후기가 되면 경상북도를 포함한 한반도 동해안에는 러시아 함대나 선박이 자주 출몰하는 등, 경상북도와 러시아의 극동지역은 의외로 가까웠다. 거기에다 시라이가 당시의 동양인과는 거리가 먼 체격임을 생각하면, 근거는 불분명하다 해도 전혀 불가능한 이야기는 아니다.

시라이의 원래 이름은 윤정순尹正順. 고등학교 때까지는 이 이름으로 학교에 다녔다. 일본명이 아니라 민족명을 쓴 시라이는, 그렇다고 해서 "민족이라든가 하는 것을 진지하게 생각해 본 적은 없었어요."라고 한다. 다만, 부모가 다툴 때는 한국어를 쓸 때가 많았던 것, '재떨이' 같은 아버지가 자주 쓰는 한국어 단어 몇 가지가 기억에 남아 있다. 이에 더해, 시라이가 아직 어렸을 때, 일곱 살 위인 오빠가 북한에 '귀국'하려고 해서 어머니가 울며 말렸던 것 정도가 그녀가 가진 재일코리안으로서의 기억이다.

초등학교 6학년 때 도쿄올림픽이 개최되었다. 시라이의 집에는 TV가 있어서 근처 사람들도 보러 왔다. 시라이가 어렸을 때는 전쟁의 기억이 아직 선명하던 시대여서 소련이라고 하면 '시베리아 억류'나 '강제노동'의 인상이 강했다. 그리고 이웃 사람이 "소련 선수는 지면 시베리아로 보내진대."라든가 "무조건 강제노동이래." 하고 말하는 걸 들었다. 그래서 '동양의 마녀'들이 소련을 격파하고 우승하여 일본 전체가 열광하고 있을 때, 시라이는 '불쌍하게도 소련으로 돌아가면 무슨 일을 당하는 건 아닐까' 하고 진심으로 걱정했다고 한다. "스스로 생각해도 좀 이상한 아이였지요. 일본이 이겼다고 해서 '와아' 하는 의식은 없었어요."

시라이는 오카야마 시립 이시이石井 중학교에 입학했다. 시라이는 우선 테니스부와 미술부에 들어갔다. 입학 당초에 여자배구부는 없었지만 도쿄올림픽 금메달로 여자배구가 공전의 붐을 일으키면서 갑자기 여자배구부가 생겼다.

시라이는 배구에는 관심이 없었지만, 중1 때 신장이 158센티미터, 중2 때는 168센티미터나 되었고, 이처럼 계속 키가 자라고 있는 시라이를 주변에서 그냥 둘 리 없었다. 배구부 고문과 테니스부 고문이 함께 "테니스에는 큰 키는 필요 없어."라고 하면서 그녀의 배구부 가입을 권했다. 열정적인 권유에, 그렇다면 한번 해 봐도 좋지 않을까 생각하며 배구부 고문에게 "일단 배구를 해 보고 만약 맞지 않는다면 그만두겠습니다."라고 하니, "그런 가벼운 기분으로 할 거면 들어오지 않아도 돼."라는 대답이 돌아왔다. "들어오지 않아도 돼."라는 말에 오히려 투지가 불붙었다.

중2 때 배구를 시작했으면서도, 바로 다음 해에 같은 반 학생들 앞에서 장래의 꿈을 이야기할 때 시라이는 당당하게 말했다. "나는 올림픽에 나가서 금메달을 따고 싶어." 그때는 국적 같은 것은 안중에 없었다. 스무 살에 올림픽에 출전하고, 스물넷에 금메달을 딴다는 목표를 정해 놓고 있던 시라이는 고등학교 진학도 그 목표를 축으로 고민했다.

시라이에게는 훗날 전국적 수준의 강호가 되는 슈지쓰就實 고등학교나, 여자배구를 강화하기 시작한 오카야마히가시쇼교岡山東商業 고등학교 등에서 러브콜이 왔지만, 시라이가 매력을 느낀 학교는 1964년, 그리고 시라이가 각각 중1과 중3 때였던 1965년 및 1967년 전국 선수권대회에 출전한 구라시키倉敷의 가타야마片山 여고(현

구라시키 스이쇼倉敷翠松 고등학교)였다.

시라이의 마음을 끌었던 이유는, 이 학교에서는 학생 전체가 기숙사 생활을 한다는 점이었다. 배구를 비교적 늦게 시작한 시라이로서는 전원 기숙사제인 학교에서 훈련해야만 빨리 실력이 향상될 거라는 생각이 있었다.

하지만 입학한 지 1년이 되자 생각이 완전히 틀어져 버렸다. 입학 때는 배구부에 3학년생이 2명, 2학년생이 10명, 1학년생이 2명 있었지만, 고2가 되자 1학년생이 한 명도 들어오지 않았다. 배구부에 대한 학교의 방침이 바뀐 탓이었다. 이대로라면 3학년이 되면 경기에 나갈 수 없게 된다. 우선은 스무 살에 올림픽 출전을 목표로 삼은 시라이로서는, 시간이 없다는 것을 강하게 느꼈다.

이전부터 시라이는 구라보倉紡[6] 구라시키 팀의 감독인 시라이 쇼지白井省治로부터 졸업 후 입단하라는 권유를 받고 있었다. 권유를 받았으니 가겠다는 마음으로 2학년 여름 그녀는 시라이 쇼지 밑으로 들어가게 된다. 하지만 그녀는 수업료와 기숙사비를 면제받는 특기생이어서 자기 마음대로 학교를 그만둘 수가 없었다. 시라이 다카코는 교장과 직접 담판을 지었다. 교장도 시라이의 진심을 확인한 후에, "열심히 해서 올림픽을 목표로 하게."라고 말하며 보내 주었다.

구라보 구라시키에 들어간 시라이 다카코는, 시라이 쇼지 감독 밑에서 철저한 훈련을 받았다. 그리고 얼마 지나지 않아 일본대표

---

6 구라시키 방적을 줄인 말.

로 러브콜을 받게 된다. 일본대표가 되려면 일본 국적을 취득할 필요가 있었다. '귀화에 대해서는 잘 모르지만, 올림픽에 나갈 수 있다면야……' 하는 마음으로 시라이는 일본 국적 취득을 결심한다. 당시 아버지는 일흔을 넘긴 나이여서 가족의 결정권은 어머니에게 있었다. 어머니는 "너 혼자서 귀화하는 건 싫다."라며 반대했다. 하지만 "그렇지 않으면 올림픽에 나갈 수 없어요."라고 말하는 시라이에게 결국 어쩔 수 없다며 뜻을 굽혔다.

시라이 다카코는 감독인 시라이 쇼지의 양녀로 들어가는 형태로 일본 국적을 취득했다. 원래 이름이 윤정순尹正順이었으므로 '마사코正子' 내지는 '준코順子'를 생각했지만, 시라이 쇼지에게는 마사코라는 딸이 있고 친척 중에도 준코가 있었다. 키가 크니까 '다카코高子'라고 지을까도 했지만 그건 좀 아니다 싶어서 '다카코貴子'로 결정되었다. 이렇게 명실공히 '시라이 다카코'가 탄생했다.

필자는 시라이 다카코가 일본 국적을 취득하기 전, 한국대표팀 연습에 참가한 적이 있으나 여기에 적응하지 못했기 때문에 일본을 택한 것이라는 소문을 몇 번인가 들은 적이 있다. 이에 대해 묻자 그녀는 "참가한 적 없어요, 없어. 애초에 여권이 없잖아요." 하고 딱 잘라 부정하며, "나는 일본에서 교육을 받고, 일본에서 배구를 시작하고, 일본에서 실력을 키웠어요. 민족이라든지 하는 건 생각해 본 적이 없어요."라고 말했다.

시라이 다카코는 일본 국적 취득 후인 1971년 2월, 양아버지이자 감독인 시라이 쇼지와 함께 한국을 방문했다. 하지만 이때는 접대 위주의 스케줄이어서 한국 팀이 훈련하는 것을 견학했을 뿐이라고 한다. "온돌방에서 체육관까지 가는 길이 너무 추워서, 이런 추운 곳에는 못 오겠구나, 하고 생각한 것만은 분명히 기억나요."라고 시라이는 회상했다.

덧붙이자면, 뮌헨올림픽에서 한국 여자 대표팀 감독을 맡은 최이식崔利植은 일찍이 시라이 다카코에게 관심을 가졌을 가능성이 있다. 최이식 감독은 식민지 시기인 1931년 야마구치시에서 태어나 오노다고교小野田工業 고등학교에 다녔다. 해방 후에 조국으로 건너와 와세다대 출신인 박계조의 애제자로서 배구를 배웠다. 따라서 일본 배구계나 주고쿠中國 지방[7]에도 인맥이 있어서, 고등학교 때까지 윤정순이라는 민족명으로 뛰고 있던 시라이 다카코의 존재를 알고 있었는지도 모른다.

뮌헨올림픽의 비밀병기

시라이 다카코는 1970년 12월 태국 방콕에서 개최된 아시안게임에 일본대표로 생애 처음 국제대회에 출전했다. 시라이는 일본대표 유니폼을 품에 안고 잠들었다고 한다. 멕시코올림픽에서 소련대표팀의 큰 키 앞에 굴복한 일본의 여자배구는 장신 선수의 육성이 급선무였기에 당시 시라이를 포함해 신장 180센티미터가 넘는 10대 선수 세 명이 대표팀에 들어왔다.

1971년 8월에는 뮌헨올림픽 예비 대회인 뮌헨 국제대회를 비롯

---

7 일본 돗토리현, 시마네현, 오카야마현, 히로시마현, 야마구치현의 5개 현을 포함하는 지방으로, 이 중 시라이 다카코의 활동 지역인 구라시키는 오카야마현에 편입되어 있다.

한 유럽 원정에도 참가했다. 뮌헨 국제대회에서 일본은 소련에 압승해 1년 후에 있을 뮌헨올림픽에 대한 기대를 높였다. 하지만 원정에서 구라시키로 돌아온 시라이 다카코에게는 충격적인 소식이 기다리고 있었다. 양부인 시라이 쇼지가 감독에서 해임되었다는 소식이었다.

일본에서는 고도경제성장으로 중화학공업이 약진하는 한편, 그때까지 일본 경제를 이끌어 온 섬유산업은 활력을 잃고 있었다. 방적회사가 모태였던 구라보 구라시키에도 점차 선수가 모이지 않게 되어 매니저까지 경기를 뛰어야 하는 상황이 되었다. 1971년에는 리그 승강 결정전에서 패하여 일본 리그에서 하위 리그인 실업리그로 하락했다. 시라이 쇼지는 그 책임을 지고 감독직에서 물러난 것이었다.

시라이 다카코는 팀을 이탈하여 본가로 돌아갔다. 그런데 뮌헨올림픽 일본대표 감독이 되는 유니티카 가이쓰카ユニチカ貝塚의 고지마 고지가 본가로 찾아왔다. 고지마는 시라이에게 "올림픽에 나가고 나서 은퇴해도 늦지 않아."라고 말했다.

'올림픽에 데리고 가 주겠다'라는 고지마의 말에 자극받은 시라이는, 고지마의 말대로 뮌헨올림픽까지는 계속해 보겠다는 마음을 가지고 다시 배구 코트로 돌아갔다. 다만, 소속은 구라보 구라시키에 둔 채 훈련만 유니티카 가이쓰카에서 실시하는 형태였다.

니치보 가이쓰카의 전통을 잇는 팀이 유니티카 가이쓰카였다. 고지마의 훈련은 다이마쓰 히로후미에 뒤지지 않을 정도로 스파르타식이었다. 올림픽 출전을 위해 뮌헨에 입성한 후에도, 선수가 쓰러졌는데도 공을 내동댕이치며 욕설을 퍼붓는 고지마에게 현지인들로부터 '여성 학대다', '야만인이다', '옛날식 군대 그 자체다' 하는 식의 비판이 쏟아졌다.

"엄격했어요. 몇 번이나 밤중에 도망가려 했습니다. 하지만 그 엄격함이 저의 기본기를 만들었습니다."라고 말하는 시라이에게도 내심 불만은 쌓일 만큼 쌓여 있었다.

"키 160센티미터인 사람과 180센티미터인 사람이 똑같은 리시브를 하라는 건 있을 수 없지 않습니까. 그럼, 160센티미터인 사람이 180센티미터인 사람과 똑같은 스파이크를 할 수 있겠어요? 하지만 가장 어렸고 제가 말할 수 있는 입장은 아니었지요."

'왜 이런 꼴을 당해야 하지?' 하고 생각한 시라이는 스트레스가 쌓여 몸에 이상이 오기까지 했다. 아침에 일어나면 실신할 정도로 코피가 나고, 훈련이 시작되면 온몸에 두드러기가 났다. 그래도 뮌헨올림픽에 출전하는 열두 명의 멤버로 선발되기는 했다. 하지만 어깨나 허리 통증 때문에, 경기에 나갈 수 있는 상황은 아니었다.

일본은 예선 리그에서 북한과의 힘든 경기 끝에 준결승에 진출했다. 9월 3일에 실시된 한국과의 준결승에서 쾌승을 거둔 일본은 9월 6일 소련과 우승을 건 대결을 펼치게 되었다.

하지만 9월 5일 이른 아침, 팔레스타인 게릴라의 이스라엘 선수단 선수촌 점거 및 인질 살해 사건이 발생하여 6일로 예정된 결승전은 하루 미뤄졌다. 그런데 이 사실을 고지마 감독 등은 정규 멤버들에게 전하지 않았다. 6일 아침 연습까지도 주력 선수의 움직임은 좋았다. 그런데 거기에서 결승전이 연기되었다는 사실을 듣게 된 것이다. '그때부터 리듬이 깨져 버렸다'는 것을 시라이는 느꼈다.

시라이는 손이 올라가지 않아서 밥도 못 먹을 정도로 상태가 악화되었다. 하지만 팀 닥터가 침을 놓아 주어서 회복의 조짐이 보였고 9월 7일 결승전을 치르게 되었다.

초반에 경직된 모습을 보인 일본은 1세트에서 8대 12로 소련에게 리드를 허용하고 있었다. 그때 일본은 그때까지 경기에 나서지 못했던 시라이를 투입했다. 시라이가 블로킹에 성공하며 일본은 소련을 바짝 뒤쫓았지만 1세트는 결국 11대 15로 마무리되었다. 그래도 2세트에서는 15대 4로 이기며 상승세를 타는가 싶었다.

하지만 3세트에서는 소련이 5대 13으로 일본을 압박했다. 중간에 투입된 시라이가 스파이크를 마구 때려 대며 추격했으나 11대 15로 패했다. 4세트도 5대 9로 소련이 앞서나가며 일본은 막다른 길에 몰리고 있었다. 그때 구세주가 된 것이 시라이였다.

강렬한 스파이크를 차례차례 소련 측에 꽂으면서 4세트를 15대 9로 뒤집어 세트 스코어 2대 2 동점까지 가져왔다. 소련의 압승으로 끝나도 이상하지 않았을 경기를 보기 드문 대접전으로 이끈 것은 '비밀병기' 시라이의 활약이었다.

마지막 5세트가 시작되기 전, 일본배구협회 부회장 마에다 유타카는 "힘을 내."라고 말하며 시라이의 어깨를 두드렸다. '일본의 금메달이 내 어깨에 걸려 있다'고 생각하며 시라이는 갑작스러운 압박감을 느꼈다.

5세트가 되어도 시라이의 강타는 작열했다. 하지만 내심 '역시 좀 더 연습해 둘걸……'이라는 생각을 했다. 결국 5세트는 11대 15로 마무리되며 2시간 35분에 걸치는 희대의 대접전은 소련의 우승으로 끝났다.

이 경기에서 시라이는 양팀 통틀어 최다 득점인 14점을 올렸다. 경기 후 고지마 감독은 "시라이 급의 거포를 어서 빨리 한 명 더 만들어야 한다."고 말했다. 한편 시라이는 그때 이런 생각들을 했다고 한다. "어디가 잘못된 것인지 어린 마음에 분석해 보려 했어요. 상대팀 중에는 아이를 낳고 복귀한 선수가 상당히 많았어요. 이쪽은 결혼도 하지 않은 젊은 여자들이 안간힘을 썼지만, 이럴 때는 역시 어머니의 힘이 나오는 것인가, 하고 생각했어요. 하지만 '이제 그만둘 수 있겠다' 하는 생각이 들더군요." 결승전의 활약으로 시라이는 일본이 기다리고 기다리던 주전 공격수로 주목받게 되었다. 하지만 뮌헨올림픽에서 각광을 받은 이 샛별은 대회 후에 은퇴하게 된다. 그 이후, 일본 배구계는 몬트리올올림픽을 앞두고 혼미한 상황에 빠졌다.

다이마쓰 히로후미가 키운 한국의 작은 거포

뮌헨올림픽이 끝났을 때 다이마쓰 히로후미 감독은 51세였지만 배구에 대한 정열은 잃지 않고 있었다.

일본에서 입지가 어려워졌던 다이마쓰가 정열을 기울인 쪽은 한국 배구의 전력 강화였다. 1년에 몇 차례 건너가서 지도해 주는 정도였지만 그 엄격함은 일본에서와 다를 바 없어서, 에이스 조혜정은 "처음에는 너무 힘들어서 죽고 싶을 정도"였다며 다이마쓰의 맹훈련 스타일을 회고한다. 조혜정은 신장 163.5센티미터의 세계 최단신 에이스였지만, 다이마쓰의 맹훈련을 통해 '플라잉 리틀 버드Flying Little Bird'라 불리는 세계적인 공격수로 성장했다.

물론 '동양의 마녀' 일본팀을 이끌었던 다이마쓰의 절대적인 존재감 때문에 누구도 그를 거스를 수 없었지만 그만큼, 한국 배구계에서도 불쾌함을 느끼는 사람들이 분명 있었다. 그것이 어떤 사건으로 발전하게 된다.

몬트리올올림픽을 3개월 앞둔 1968년 4월, 고졸자가 많은 한국 여자배구팀에서는 드물게 명문 서울대 출신인 에이스 박인실朴仁實이 태릉선수촌에서 연일 맹훈련을 이어 가던 중, 미국에서 온 친구와 만나기 위해 하루만 휴가를 달라고 김한수金漢壽 감독에게 요청했다. 하지만 김 감독은 허락하지 않았다. 그러자 박인실은 공을 내동댕이치며 체육관을 나가 버렸다. 한국대표팀의 양대 에이스인 박인실과 조혜정은 중학교 동창이자 오랜 친구였다. 조혜정은 "네가 나가 버리면 국민들이 너를 어떻게 생각하겠니?" 하며 필사적으로 말렸지만 박인실은 "그래도 나는 싫어." 하고 그대로 나가 버렸다고 한다.

태릉선수촌을 빠져나간 박인실에게 여론은 비판적이었지만, 박인실이 한국배구협회의 고위 간부나 다이마쓰 히로후미를 언급하며 "인간성이 무시되었다. 우리는 기계가 아니다. 짐승 같은 생활은 견딜 수 없다."라며 불만을 토로하자, "일본식 배구 훈련은 우리에게 적합하지 않은 게 아닌가?"라며 다이마쓰에 대해 비판적인 여론도 대두하게 되었다.

한국이라면 스파르타식의 맹훈련이 유명하지만, 일부 종목을 제외하면 그것이 본격화되는 것은 1980년대 이후이며 당시는 아직 일본의 훈련 방식이 더 엄격한 편이었다. 하지만 조혜정은 "그렇게 '기계가 아니다'라고까지 말하면, 남아 있는 우리들은 뭐가 됩니까. 동료들은 오히려 모두 반발하고 단결력을 높였습니다. 인실이는 친구지만 그땐 그녀가 틀렸던 거예요. 배구는 자기가 좋아서 하는 거니까 스파르타 훈련도 당연히 받아들여야 하는 겁니다."

라고 말했다. 동시에 조혜정은, 당시의 협회 관계자도 비판했다.

"다이마쓰 씨에게 자기 자리를 빼앗긴 것이 분했던 사람이 있었겠지요. 주위의 어른들이 잘못했어요. 인실이는 어려서 이용당한 거라고 생각합니다."

박인실의 선수촌 이탈 사건은 다이마쓰를 비판하기 위한 절호의 기회가 되었다. 한편, 이 사건으로 한국대표팀의 결속은 보다 굳건해졌다. 그러한 한국대표팀의 에이스 조혜정에게 라이벌 일본의 동시대의 에이스 시라이 다카코는 항상 신경 쓰이는 존재였다.

히타치 입단까지의 혼란

뮌헨올림픽이 끝나고 은퇴한 시라이 다카코였지만, 결승전에서 활약한 이 거포 주전을 둘러싸고 유니티카 가이쓰카, 히타치 무사시, 야시카 등의 일본팀, 그리고 한국의 실업팀까지 참가하여 시라이 쟁탈전을 벌였다. 미디어는 무대 뒤의 금전적인 이야기까지 포함하여 보도했다. 시라이는 말한다.

"돈이 작용한 건 확실하다고 생각해요. 아마 오빠한테 돈이 갔을 텐데 나는 일절 손대지 않았습니다. 나는 스카우트 제안을 직접 들은 적이 없고, 간다는 말도 안 했습니다."

시라이 본인은 배구로 돌아갈 생각이 없었다. 그렇다고 해서 무얼 할지 딱히 방향을 정한 것도 아니었다.

"골프를 할까, 테니스를 할까 하고 생각했지만 허리를 다쳤기 때문에 골프처럼 허리를 비트는 스포츠는 무리였고, 체력이나 근력이 있는 편도 아니었습니다." 그래도 10개월 정도 배구를 떠나 있자니, 역시 이유 없이 배구가 다시 하고 싶어졌다.

그러던 중, 장래가 촉망되던 어느 재일코리안 청년과의 맞선 이야기가 나왔다. 만나 보니 싫은 타입도 아니어서 사귀기 시작했는데 시라이는 충격적인 사실을 알게 된다. 시라이 본인이 알지 못하는 사이에 두 사람을 결혼시켜서 북한으로 보내자는 이야기가 진행되고 있었던 것이다. 그러한 계획에서 벗어나기 위해 시라이는 친구들의 집을 전전했다. 그러면서 새삼 자신이 머물 수 있는 장소란 배구밖에 없음을 실감했다. 그래서 상대 남성에게 "배구를 할 거니까 당신과는 교제할 수 없어요."라고 말하고 헤어졌다.

시라이는 일본대표팀의 동료를 통해 히타치 무사시의 감독 야마다 시게오의 연락처를 알아내어 히타치 입단 의사를 전했다. 야마다는 시라이 다카코의 양부인 시라이 쇼지와 사이가 좋았고, 이전부터 "자네 여동생이 있나?" 하는 등으로 간접적인 러브콜을 보내오고 있었다. 거기에다 구라보 구라시키로 돌아갈 생각은 없었고, 고지마 감독이 이끄는 유니티카 가이쓰카 같은 간사이 지방의 배구는 자신과 맞지 않았다. 간토와 간사이의 차이에 대해 시라이는, "공을 '받아내라'고 하는 쪽이 간사이라면, '쳐내라'고 하는 쪽이 간토입니다." 하고 표현한다. 에이스 시라이에게 적합한 곳은 아무리 보아도 간토 지방의 히타치 무사시였다.

시라이로부터 연락을 받고 야마다는 "환영한다. 꼭 와 주길 바란다. 하지만 장애물은 높을 거야." 하고 환영하면서도 입단이 쉽지는 않을 것이라고 말했다. 우선 무엇보다 필요한 것은 전 소속인 구라보 구라시키의 양해를 얻는 일이었다.

당시는 뮌헨올림픽에서 금메달 획득에 공헌한 남자배구의 주전 오코 세이지大古誠司가 일본파이프日本鋼管(현 JFE)에서 산토리로 전격 이적한 일이 아마추어·기업 스포츠의 근간을 흔드는 커다란 문제로 소동을 일으키고 있었다.

시라이의 히타치 입단 또한 사회적 관심사가 되어 히타치 측에서도 시라이를 받아들이는 데 소극적인 태도를 보였다. 하지만 야마다는 '시라이가 들어오지 않으면 나도 히타치의 감독을 하지 않겠다'는 각오로 회사 측을 설득했다. 일본 리그의 우승 감독이 대표팀 감독을 맡는 경우가 많았던 시절이기에, 시라이를 확보하지 않고 다음 올림픽 감독에 취임하기란 곤란했다.

그리하여 일본배구협회의 중재로 히타치와 구라보의 회담이 진행되었고, '시라이 다카코는 일본 여자배구계에 필요한 에이스 전력戰力'이라는 대의명분 아래 시라이의 히타치 입단에 대한 양해를 받아냈다. 그것은 실질적으로 몬트리올올림픽을 앞두고 일본대표팀의 주도권을 야마다가 쥐게 되었음을 의미했다.

히타치 무사시의 훈련에 참가한 뒤 수준이 낮다는 것을 확인한 시라이는 무심코 "뮌헨 때도 이기지 못했는데 어떻게 이런 팀으로 이길 수 있겠습니까?" 하고 언성을 높였다. 이에 야마다는 "이제 자네가 들어왔으니까 이길 거야." 하고 말했다.

1963년 도쿄도립 미타카三鷹 고등학교 감독 시절 오이누마 스미

에生沼スミエ를 데리고 전국 우승을 이룬 야마다 시게오는, 1966년 히타치 무사시의 감독으로 취임했고 1968년 멕시코올림픽에서는 대표팀 감독으로 취임했다. 그래도 연패의 중압감이 상당했던 소련과의 결승전을 앞두고 야마다가 긴장하고 있다는 것을 당시의 선수라면 모두 느끼고 있었다. 세월이 흐르며 복수의 기회는 점점 무르익고 있었다.

한편 시라이도 뮌헨올림픽 결승전의 5세트 때 '더 연습할걸 그랬다'고 생각했던 교훈을 되새기며, 게으름을 반납하고 맹연습에 돌입했다. 멕시코에서의 은메달과 뮌헨에서의 은메달에 대한 아쉬움이 합쳐져, 몬트리올의 금메달을 향해 달려간 것이다.

훈련은 대단히 치열했다. 아침 5시 반에 기상하여 6시부터 한 시간 동안 러닝을 하고, 당시로서는 드물었던 웨이트 트레이닝을 병행하며 밤 9시 무렵까지 연습이 이어졌다. 그러한 연습을 통해, 센터 마쓰다 노리코松田紀子로부터 장거리의 빠른 토스를 시라이가 강타하는 '전광석화 공격'이 탄생했다.

훗날 한국의 에이스 조혜정은 마쓰다로부터 하루 13시간 연습을 했다는 말을 듣고, '우리들도 하루에 11시간을 연습했지만 두 시간의 차이가 금메달과 동메달이라는 차이를 만들어 냈구나' 생각했다고 한다.

조혜정은 1974년 9월, 이란 테헤란에서 개최된 아시안게임에서 만난 시라이에게서 가방에 다는 액세서리를 하나 선물 받았다. 시라이는 그것을 기억하지 못하는 듯했지만, 조혜정은 그 에피소드를 회상하며 "처음에는 그녀가 차갑다고 생각했지만 나와 친구가 되고 싶어 한다는 걸 알았어요."라고 말했다. 당시에는 오늘날과 달리 다른 나라 선수들과 교류하는 일이 거의 없었다. 시라이는 한국과의 시합에 대해서도, "특별히 의식하지는 않았습니다. 공만 따라갈 뿐, 누구는 이런 버릇이 있다, 하는 감각 외에는 없었어요." 하고 말했다.

아시안게임에서 일본이 대회 4연패를 달성한 직후 멕시코에서 세계선수권대회가 시작되었다. 대회를 앞두고 세터인 마쓰다가 부상을 입어 출전할 수 없게 되었다. 그 틈새를 가네사카 가쓰코金坂克子의 절묘한 토스워크로 커버하여 일본은 숙적 소련을 격파하고 우승을 거두었다. 이 우승에서 시라이는 야마다에 대한 신뢰가 강해지고 몬트리올에서 금메달을 딸 수 있을 거라는 확신이 높아졌다.

영광과 그 대가

당사자 이상으로 주위의 기대도 단번에 고조되었다. 히타치(1975년부터 팀명을 히타치 무사시에서 히타치로 변경)의 선수를 중심으로 한 일본대표는 '신마녀'라는 이름으로 불렸고 일본체육협회도 '여자배구의 금메달은 99퍼센트 확실'하다고 내다볼 정도였다. 이러한 분위기 속에서 캐나다 몬트리올로 떠나기 전, 시라이는 "만약 진다면 1년간 캐나다에서 유학할 수밖에 없겠다고 마쓰다와 이야기했어요."라고 회상한다. 선수로서는 그만큼 중압감이 컸다.

올림픽 예선 리그에서 일본은 1세트는커녕 두 자릿수 득점도 허용하지 않고 준결승에 진출했다. 상대는 다이마쓰 히로후미의 훈련을 받은 한국이었다.

한국은 다이마쓰가 훈련을 시켰던 만큼 일본의 공격을 곧잘 건어 냈다. 같은 타입의 팀이었던 만큼, 일본은 어려운 경기를 했다. 1세트는 15대 13으로 일본이 겨우 뺏었다. 일본이 이 대회를 통해 두 자릿수 득점을 허용한 것은 이 세트뿐이다.

접전에도 불구하고 1세트에서 뒤처진 한국은 에이스 조혜정을 투입하여 3위 결정전을 준비했다. 조혜정은 예선 리그의 소련전에서 발을 다쳐서 닥터 스톱doctor stop[8]으로 경기를 뛰지 못하고 있었다. 한국은 이 대회에서 어떻게든 메달을 획득해야만 했다. 올림픽 메달리스트에게는 '경기력 향상 연구 연금'이라는 이름의 평생 연금이 지급되었기 때문이다.

소련전에서의 부상 때문에 병원으로 옮겨진 조혜정은 환부에 냉찜질을 해 주는 후배에게, "만약 연금을 받게 되면 뭘 할 거야?" 하고 물었다. 그러자 그 후배는 "저는 6남매 중 장녀예요. 그래서 동생들을 공부시켜 주고 싶습니다."라고 대답했다. 그 이야기를 들은 조혜정은 '지금 병원에 누워 있을 때가 아니다'라고 생각하며 의사의 만류를 뿌리치고 경기에 나섰다.

한국은 일본전에 스트레이트로 패배했지만, 3위 결정전에서는 헝가리를 제치고 동메달을 획득했다. 이것은 한국이 구기 종목에서 처음으로 획득한 메달이었다. 조혜정은 말한다.

"메달을 땄을 때는 꿈을 꾸는 듯했어요."

---

8 경기 중 선수가 부상으로 더 이상 경기를 계속할 수 없다고 의사가 진단을 내렸을 때 경기 중지를 권고하는 것.

일본은 결승전에서 3회 연속으로 소련과 대결했다. 1세트 초반, 일본은 리드를 허용하여 시라이는 '역시 올림픽 결승전의 소련은 다르구나' 하며 뮌헨에서의 악몽이 되살아나는 듯했다. 하지만 소련은 어쩐 일인지 세터를 교체했다. 그때 시라이는 '이겼다'고 생각했다. "세터는 야구로 치면 포수잖아요. 포수를 교체하다니, 감독은 이 팀에 애정이 없는 건가? 하고 생각했습니다. 그래서 해 볼 만하겠다고 생각했지요."

시라이의 예상대로 소련은 급속도로 리듬이 무너져서, 일본은 1세트에서 15대 7, 2세트에서 15대 8, 3세트는 15대 2로, 총 경기 시간 58분 만에 압승을 거두었다. 이 경기에서 시라이는 16점의 득점을 올리며 타의 추종을 불허하는 활약을 보여 주었다. 우승한 순간 시라이는 이겨서 기쁘다는 생각보다는, 지지 않아서 다행이라는 생각이 들었다.

"왜냐면 지면 돌아갈 수가 없잖아요. 세계선수권대회의 우승도 우연일 뿐이었냐고 말할 테고, 거짓이 돼 버려요. 저로서는 납득할 만한 대회였고, 내 배구 인생에 후회는 없습니다."

시라이는 이듬해 일본에서 처음으로 개최된 제2회 월드컵에 출전하여 일본의 첫 우승에 공헌함과 동시에 최우수선수상을 수상했다. 그리고 이 우승을 레드카펫 삼아 1978년에 은퇴했다.

야마다 감독은 시라이에게 "네가 배구를 하는 한 금메달을 따지 않으면 안 된다."라고 말했다. 이 무렵이 되면 쿠바가 새로운 강호로 부상하고, 블로킹에서 볼을 접촉해도 원터치로 카운트되지 않는 등 일본에 불리한 쪽으로 규칙이 개정되었다. 금메달을 따라는 말을 들어도, 시라이는 더 이상 그건 불가능하다고 생각했다.

◆

1976년 몬트리올올림픽 여자배구 준결승 한일전에서 블로킹을 성공하는
시라이 다카코(5번)

한국은 생애 연금 등 '당근'을 동기부여로 삼아 맹훈련을 감내했다. 그러면 일본은 무엇을 위해 그런 맹훈련을 해 왔을까. 시라이는 '명예, 명예'라고 거듭 말했다. 하지만 한편으로 그 명예는 먹고 사는 데에는 그다지 도움이 되지 않았다. 몇 번인가 결혼 이야기가 나오는 가운데, 가장 마음에 들었던 남자 쪽 부모로부터 한국인이라는 이유로 거절을 당했다. 한국인이라는 이유로 취직이 불가능했던 일도 있다. 일본 국적을 취득하여 일본의 금메달을 획득하는 데에 절대적인 공헌을 했어도 차별은 남았다. 게다가 친척 가운데 한 명이 저지른 범죄 사건이 시라이를 괴롭게 하기도 했다.

금메달 멤버의 대다수가 배구와는 관계없는 하루하루를 보냈다. 은퇴 후 시라이는 야마다에게 이렇게 말하기도 했다. "(감독님은) '배구를 해서 금메달을 따면 장래 빛나는 일들이 생길 거야'라고 하셨지만 좋은 일은 하나도 생기지 않았네요."

훗날 야마다는 배구의 프로화를 위해 주력하게 된다. 거기에는 맹렬한 훈련을 참아 내는 여성들을 위한 생활 기반을 만들고 싶다는 생각도 있었을 것이다. 하지만 그 구상은 히타치에게도, 일본배구협회로부터도 거부당했고 자신의 성희롱 문제까지 얽히며 야마다는 쓸쓸히 배구계에서 사라져 갔다.

2005년, 과거의 금메달 멤버들은 스포츠를 통한 사회 공헌을 목적으로 NPO법인 배구 몬트리올회를 설립했다. 그녀들이 집결하기까지 30년 가까운 세월이 걸린 것이다.

한편 한국은 2005년에 배구 프로화에 성공하여 2010년 과거의 에이스 조혜정은 한국 프로리그 최초의 여성 감독으로 GS칼텍스의 지휘를 맡게 된다. 조혜정은 시라이를 한국으로 불렀다. "그녀가 연습이나 시합을 보고 여러 가지 어드바이스를 해 주었습니다."라고 조혜정은 말했다. 하지만 팀은 최하위에 머물렀고 조혜정은 1년 뒤 해임되었다. "좀더 감독을 계속했더라면 정기적으로 만나서 이야기하고 싶었어요." 하며 조혜정은 아쉬워했다.

조혜정은 시라이에 대해 이렇게 말했다. "재일교포라는 건 알고 있었습니다. 시라이 씨가 한국에 있으면 함께 성장할 수 있었을 테고 일본에도 이길 수 있었겠지요. 하지만 당시 우리나라는 너무나 가난했고, 일본은 풍족하고 배구도 강했어요. 만약 내가 같은 입장이었어도 그렇게 했을 거라고 생각하면 이해도 됩니다."

한국어를 모르는 시라이와 일본어를 모르는 조혜정 사이에서 통역을 맡은 것은 전 여자농구 한국대표로 일본팀 샹송의 선수 및 수석코치 등으로 활약한 이옥자李玉慈였다. 조혜정과 이옥자는 같은 서울의 숭의여고 출신이다. 이옥자가 한국 국가대표로 활약한 1970년대 초, 농구 한국 국가대표팀 주장은 일본 출신이었다.

니치보 출신의 한국대표팀 주장 조영순

니치보 히라노의 신성

니치보(대일본방적大日本紡績의 약칭)의 여자 실업 스포츠라고 하면 다이마쓰 히로후미 감독이 이끄는 '동양의 마녀'로 불린 가이쓰카 공장의 배구팀이 가장 유명할 것이다. 1959년에 시작된 연승 기록은 1964년에 회사명이 니치보로, 감독이 고지마 고지로 바뀐 뒤에도 계속되어, 1966년 8월 6일 야시카에 패하기까지 258연승을 기록했다.

한편 오자키 마사토시尾崎正敏 감독이 이끌었던 히라노 공장의 농구도 지지 않는다. 1959년부터 1968년까지 국내 170연승. 1967년에 시작되는 일본 리그도 제1회부터 제7회까지 7연패(유니티카 야마자키 시대를 포함)를 달성했다.

니치보 히라노의 전성기인 1968년, 효고현의 슈쿠가와가쿠인

夙川學院에서 이와모토 에이코岩本榮子라는 선수가 입단했다. 이와모토는 입단 첫해부터 강호 니치보의 중심 선수로 활약하며, 1970년 전일본 종합 선수권대회에서는 최우수선수상, 득점왕, 베스트 5의 타이틀을 독점하는 등 말 그대로 일본 최고의 플레이어가 되었다.

하지만 이와모토는 이 대회를 마지막으로 일본 무대에서 모습을 감춘다. 그리고 한국으로 건너가, 본명인 조영순趙榮順으로 한국의 국가대표팀에 선발되고 1972년부터 1974년까지는 한국대표팀의 주장을 맡기도 했다.

야구를 중심으로 한국에서 활약한 재일코리안이 적지 않다. 하지만 조영순처럼 한일 양국에서 최상급 선수로 활약한 단체 구기종목의 선수는 드물다. 그런데 역사에서는 일본의 이와모토 에이코와 한국의 조영순이 마치 별개의 인간인 것처럼 존재한다.

조영순은 지금 서울 외곽에 있는 용인의 뉴타운에서 살고 있다. 일본에서 나고 자랐으므로 일본어는 당연히 유창하지만, 완전한 간사이 사투리를 쓴다.

조영순은 1949년 효고현 아마가사키시에서 태어났다. 본가는 시청의 토목공사 등의 하청업을 하고 있었다. 농구를 시작한 것은 중학교 때다. 중학교 시절에는 긴키 대회의 우승에도 공헌했다. 고등학교는 전국적인 강호로서 니시노미야시에 있던 슈쿠가와가쿠인으로 진학했다. 3학년 여름, 슈쿠가와가쿠인은 전국 우승을 노릴 만한 팀이 되어 있었다. 1967년 가나자와金澤시에서 열린 전국 고교 종합체육대회, 즉 인터하이의 여자 농구 경기에서, 슈쿠가와가쿠인은 준결승까지 진출했지만 군에이薰英(현 오사카군에이조가쿠인大阪薰英女學院)에 35대 36, 겨우 1점 차로 패했다.

"연습경기 때는 군에이를 거뜬히 이겼는데 실전에서 1점 차로 졌어요. 그땐 펑펑 울었어요. 마지막 경기였으니까요." 하고 조영순은 말한다.

원래대로라면 가을의 국민체육대회가 남아 있다. 실제로 팀은 국민체육대회에 출전했지만 재일코리안인 조영순에게는 출전 자격이 없었다. "그때는 전혀 이해할 수가 없어서 '왜 이런 차별을 당해야 하지?' 하고 생각했어요." 인터하이 후에는 팀 내에서 훈련 상대가 되어 줄 수밖에 없었다.

그래도 이와모토 에이코라는 이름은 전국으로 퍼져 나갔다. 당시 연승 가도를 달리고 있던 니치보 히라노를 비롯하여, 니치보의 최대 라이벌 일본권업은행(현 미즈호은행)과 일본체육대 등, 대학과 사회인팀의 강호들로부터 스카우트 제의가 왔다. 그중 조영순이 선택한 것은 강호 니치보 히라노였다.

니치보 히라노를 이끌고 있던 인물은 명장 오자키 마사토시였다. 오자키는 '닌자 디펜스', '마하 공격' 같은 독특한 전술을 구사하여, 1975년 세계선수권대회에서 준우승을 차지하는 등, 일본 여자농구의 황금기를 이끌었다. 와세다대 출신인 오자키는 대학 시절, 오카 사부로岡三郎의 지도를 받았는데, 오카는 이상백의 애제자인 마키야마 요시히게의 제자였으니, 과장을 섞어 말하자면 오자키는 이상백의 증손주뻘 제자가 되는 셈이다.

오자키 감독은 역시 니치보의 감독답게, 스파르타식 맹훈련에 있어서 배구의 다이마쓰 히로후미에 뒤지지 않았다. '승부는 연습으로 결정된다'는 것이 신념이었다. 1968년 12월 16일자 『아사히신문』에는 다음과 같은 일화가 소개되어 있다.

하루에 다섯 시간씩 선수들을 호되게 훈련시켜 온 감독으로, 매주 한두 명은 '이제 관두겠다'는 사람이 나온다. 그러면 "그만두라지. 썩은 사과는 필요 없어." 하고 되받아치는 감독. 그러나 한편으로는 울면서 집으로 돌아간 선수 부모에게 전화를 걸어, "그렇게 말하기는 했지만 실은 팀에서 없어서는 안 될 선수입니다. 어머님, 잘 격려해 주십시오." 하고 부탁하는 감독이었다.

마치 '스포츠근성물'[9] 부류의 청춘드라마의 세계 같다. 조영순은 니치보 히라노의 엄격한 선후배 관계가 인상에 남는다고 했다.

"입단 첫해부터 실전 경기에 나갔기 때문에 매니저님이 배려를 해 주시고 감독님도 잘해 주셨지만, 공 손질이나 세탁, 선배의 마사지까지 하지 않으면 안 되었어요. 선배가 마사지를 안 해도 된다고 해서 바보처럼 '네' 하고 답하면 한 시간 동안 설교를 들어야 했지요."

조영순은 입단 1년째부터 일본 리그 2연패를 노리는 팀의 주전이 되어 우승에 공헌했다. 리그전 종료 후에는 베스트 5에 뽑혔다. 니치보 히라노에서 베스트 5로 뽑힌 것은 조영순과 고 란코黃蘭子 두 명뿐이다. 이처럼 존재감은 처음부터 확실했다. 니치보 히라노는 1969년 5월의 전일본 종합선수권대회에서도 우승하여 5연패를 달성했고 조영순은 1968년도 연간 베스트 5에 빛났다.

9 일본의 영화나 애니메이션, 드라마 중에는 '스포츠'와 '근성根性(일본어 발음은 곤조)'을 합성한 '스포츠근성물(스포콘)'이라는 장르가 있다. 이를 줄여 일반적으로 '스포콘 드라마'나 '스포콘 아니메' 등으로 부른다.

1969년 일본 리그부터는 일본레이온과의 합병으로 팀명은 유니티카 야마자키가 되었지만 여전히 강력함을 발휘하여 3년 연속 전승으로 3연패를 달성했다. 조영순은 발의 염좌 때문에 완벽한 컨디션은 아니었지만, 그래도 리그전 베스트 5로 뽑혔다.

이 정도로 활약을 하면 당연히 일본대표팀의 러브콜도 들려온다. '이와모토 에이코'라는 이름으로 뛰고 있는 이상, 일반 사람들 눈에는 오히려 뽑히지 않는 것이 부자연스러웠다. "단지 농구가 하고 싶었을 뿐이고, 세계선수권대회에도 나가고 싶었고, 그래서 귀화를 하고 싶었지만 오빠가 반대해서 귀화하지 않았어요."라고 조영순은 말한다. 농구를 하기 위해 귀화까지 해야 하겠느냐는 게 가족의 의견이었다.

1970년 정월에 열린 전일본 종합선수권대회에서 조영순은 최우수선수상, 득점왕, 베스트 5의 타이틀을 독점하며 팀이 대회 6연패를 달성하는 데 공헌했다. 일본 최고의 선수가 된 것을 계기로 조영순은 유니티카 야마자키를 그만두고 본가에서 생활하고 있었다. 그러던 중 한국의 제일은행(현 SC제일은행)이나 조흥은행(현 신한은행) 같은 실업팀의 강호들로부터 스카우트 제의가 왔다.

조영순은 니치보 히라노 시절인 1969년 3월, 서울 장충체육관에서 개최된 제6회 박정희 장군배 쟁탈 동남아시아 여자농구대회에 출전했다. 이 대회는 1963년부터 한국 실업팀들이 일본, 타이완 등 이웃 국가의 팀을 초청하여 개최된 대회로, 제5회까지는 모두 한국의 상업은행(현 우리은행)이 우승을 차지했다. 하지만 제6회 대회는 조영순을 내세운 니치보 히라노가 상업은행, 제일은행, 조흥은행 등 한국의 강호를 차례로 무너뜨리며 첫 우승을 장식했다.

조영순은 당연히 한국 여권으로 입국했고 한국에서도 그 존재가 알려졌다. 때문에 유니티카를 그만두자마자 한국에서 스카우트 제의가 온 것이다. 그렇게 조영순은 제일은행에 들어가게 된다.

옛 친구와 겨룬 명승부

당시 한국 여자농구는 1967년 체코슬로바키아 프라하에서 개최된 세계선수권대회에서 준우승을 거두는 등 세계 최강 수준의 실력을 자랑하고 있었다. 조영순은 한국에 와서 일본과의 차이에 당황한 적도 적지 않았다. 이를테면 훈련에 관하여 그녀는 이렇게 말한다.

“일본에서는 풋워크나 기초적인 훈련만 받았지만 한국의 경우는 풋워크 같은 건 하지 않고, 시스템 플레이나 슈팅 훈련이 중심이었습니다.”

또한 슈팅 방식에 대해서는 이렇게 회고한다.

“일본에서는 골밑에서 슈팅하는 건 하지 않았는데, 한국에서는 그뿐만이 아니라 훅슛(팔꿈치를 펴서 머리 위로 던지는 슛) 같은 것도 좌우로 모두 깔끔하게 할 수 있었습니다. 일본에서 훅슛 같은 걸 던지면 ‘뭐하는 거야’ 하는 소리를 들었거든요. 물론 1년 후배인 와키타 시로미脇田代喜美는 몸이 유연해서 훅슛 같은 걸 하기도 했지만, 처음엔 장난으로 하는 것 같은 느낌이었습니다.”

이처럼 어디까지나 기본에 충실하고 틀에 맞추는 것이 일본식이었다. 반면 한국은 보다 적극적이었다. 초기에는 조영순에게 패스가 오지 않았지만 이것은 재일코리안에 대한 따돌림의 차원은 아니었다.

"자기 혼자 어떻게든 넣어 보겠다는 욕심이 누구에게나 있잖아요. (사령탑인) 가드도 바깥에서 쳐내고 그랬어요. 디펜스가 약하니까 일본에서는 공격 쪽만 신경 쓰는데, 한국에서는 반대로 우리가 디펜스가 가장 좋다고 했으니까요."

또한 장유유서가 확실한 한국이었지만, 의외로 당시는 상하관계나 훈련의 규율 같은 면에서 일본 쪽이 훨씬 엄격했다고 한다.

"코치나 감독이 무슨 말을 해도 한국 쪽은 편안하게 늘어져 있을 때가 많았지만, 일본 쪽은 발뒤꿈치를 들고 부동자세로 서 있었어요. 한국에서는 선배 후배 같은 것이 없었어요. 자유로웠지요. 저도 들어가자마자 훈련에서 목소리를 낼 수 있어서 분위기를 끌어올릴 수가 있었어요."

이러한 조영순의 태도를 제일은행이나 한국대표팀의 감독이나 코치 모두 마음에 들어 했다. 그리고 다른 선수들에게도 커다란 영향을 미쳤다. 그중 한 명이 훗날 일본에서도 활약하는 이옥자였다. 이옥자는 말한다.

"당시 그렇게 근면하고 열심히 하는 사람은 없었어요. 한국 선수에게 모범이 될 만한 행동을 보여 주어서, 팀을 만드는 데에 상당한 기여를 했다고 당시 감독에게서 들은 적이 있어요."

한국대표팀에서 이옥자가 조영순에 대해 강렬하게 기억하는 것이 있다. 태릉선수촌에 있을 때 조영순이 새끼발가락에 금이 가서 농구화를 신을 수 없게 된 적이 있었다. 그러자 조영순은 농구화를 찢어서 새끼발가락을 내놓고 훈련을 했다.

"스포츠 선수는 누구나 근성이 있다고 생각하지만, 그 사람은 특별했습니다." 하고 이옥자는 놀라움을 표했다. 그때의 일에 대해 조영순은 이렇게 말한다.

"너무나 아팠지만 쉴 수는 없었어요. 선배가 하지 않으면 후배도 따라와 주지 않을 테니까요. 당시 한국 여자농구는 조금 약았달까, 야무진 면이 없달까, 조금 아프면 쉬곤 했어요. 지지 않겠다는 마음으로 진지하게 죽도록 하겠다는 정신적인 면에서는 고등학교 시절부터 니치보에 들어가고 난 뒤로도, 누구에게도 지지 않을 만큼 앞섰다고 생각합니다."

조영순이 한국에 왔을 땐 한국어를 거의 하지 못했다. 일본어를 할 줄 아는 감독이 처음에는 통역을 해 줬지만 서서히 직접 소통할 수 있게 되었다고 한다. 이옥자도 "언어 때문에 딱히 힘들어하거나 하는 이미지는 아니었습니다." 하고 회상한다.

하지만 발음에 특유의 일본식 억양이 남아 있는 건 어찌할 수 없었다. 1974년 이란 테헤란에서 개최된 아시안게임의 한국 선수단 결단식에서는 경기마다 주장이 선서를 했다. 여자농구의 선서를 조영순이 맡았는데 그곳에 있던 당시 국무총리 김종필은 대한농구협회 회장 이병희에게 "왜 발음이 이상하지?" 하고 물었고 이병희가 "재일교포입니다." 하고 답했다고 한다.

어쨌든 원래 실력이 있던 한국에 조영순이 가세하여 니치보에서 단련된 정신력과 규율이 더해진 셈이었으니, 그 수준이 한층 높아졌음은 틀림없다.

조영순이 한국대표로서 뛴 첫 대회인 1971년 브라질 세계선수권대회는 한국이 4위, 오자키 마사토시 감독이 이끄는 일본이 5위를 차지했다. 다음 해 타이완에서 개최된 아시아선수권대회에서는 한국이 우승을 거머쥐었다. 이 대회에 일본은 중국과의 관계를 고려하여 참가하지 않았다.

1974년 6월 서울에서 개최된 아시아선수권대회에서는 한국이 일본을 누르고 우승했다. 조영순은 방한한 일본대표 감독이자 옛 은사인 오자키 마사토시에게 인사하러 갔지만 입장의 차이도 있고 하여 꽤 어색한 대면이 되었다고 한다. 오자키 입장에서 보면, 입단 첫해부터 조영순을 주전으로 쓴다는 것은 그만큼 한국의 기대가 얼마나 큰지를 보여 주는 것이었다. 그로서는 한국대표가 된 옛 제자를 보고 애가 탔을 것이다.

"잘 길러 주신 (오자키) 감독님께는 죄송한 마음이 있었지만, 농구를 그만두기에는 너무 일렀고 세계 대회에 나가 보고 싶었어요. 서로 악감정은 없었다고 생각합니다." 하고 조영순은 말한다. 오자키 마사토시에 대한 감사와 세계무대에서 활약하고 싶다는 마음. 국적이 다른 이상 어쩔 수 없는 일이었다.

한편 이때의 아시아선수권대회에서 조영순은 베스트 5로 뽑혔고 유니티카 야마자키의 1년 후배인 와키타 시로미는 득점왕이 되었다.

이렇게 조영순 주장이 이끄는 한국과, 오자키 감독을 비롯해 과거에 그녀가 소속되었던 유니티카 야마자키를 중심으로 한 일본 사이에 마지막 승부가 벌어진 것은 아시아선수권대회가 끝나고 2개월 정도 지난 후 테헤란에서 개최된 아시안게임에서였다. 이 대회의 한일전은 역사에 남을 명승부였다. 일본은 와키타 시로미, 나마이 게이코生井けい子, 야마모토 사치요山本幸代 등 다음 해 세계선수권대회에서 준우승을 이끄는 멤버들이 중심이었다. 특히 야

마모토는 슈쿠가와가쿠인, 유니티카 야마자키에서 함께 뛴 조영순의 후배였다.

아시안게임 금메달을 건 격렬한 공방은 전반 40대 34로 일단 한국이 앞서 나갔다. 쫓고 쫓기는 대접전 중, 조영순은 파울 5개로 퇴장하게 되었다. 그래서 코트 밖으로 나가자 한국 감독이 "왜 나와!" 하고 격분했다. 파울 수조차 알아채지 못할 만큼 감독도 흥분하고 있었던 것이다.

70대 67로 한국이 앞서던 후반전 종료 20초를 남겨 놓고, 일본은 하시모토 기미코橋本きみ子가 골을 넣어 1점 차까지 쫓아왔다. 하지만 공격권은 한국 측에 있어서 그대로 지켜 내기만 하면 한국의 승리였다. 공은 사령탑인 이옥자에게 건네졌다.

"내가 가지고 있으면 좋았을 텐데, 원영자元永子라는 선수가 완전히 노마크 상황이어서 그쪽으로 패스했어요."(이옥자) "원영자가 공을 갖고 돌리기만 했으면 이기는 건데, 바보처럼 슛을 던졌어요. 나중에 모두들 얼마나 화를 냈는지."(조영순)

슛이 실패하고 일본이 리바운드했을 때는 종료까지 7초가 남아 있었다. 그리고 공을 받은 나마이가 하프 라인 부근에서 힘껏 던진 공이 들어가서 일본이 71대 70으로 기적의 역전승을 거두었다.

조영순으로서는 "져서 분했지만 어쩔 수 없다."는 생각이었다. 그해를 끝으로 조영순은 은퇴했다.

"다음 해에 일본이 준우승한 세계선수권대회가 있었지요. 그 세계선수권대회에 출전해 달라는 부탁을 협회 회장으로부터 계속 들었지만, 그대로 눌러앉아 버리면 어린 선수들이 자랄 수 없잖아요. 후배에게 길을 열어 주기 위해서라도 은퇴했습니다."

한일관계의 변화

은퇴한 조영순은 당시 한국 축구 대표팀의 에이스 공격수이자 후에 대한축구협회 부회장을 지내기도 한 김재한金在漢과 결혼하여 1남 1녀를 두었다. 가족과 본인의 결단대로 일본대표로도 뛰었던 인생이지만, 조국을 선택하고 조국에서 살게 된 인생에 "후회는 없다."고 조영순은 단언했다.

조영순을 대신하여 한국 여자농구를 이끈 이옥자는 1978년에 대표팀에서 은퇴하고, 일본 리그로 승격한 지 얼마 안 된 샹송의 사장 가와무라 오사무川村修의 권유로 그 팀에서 뛰게 되었다. 이옥자는 1980년에 한국으로 돌아오지만 그 후 샹송이 교도세키유共同石油(닛코교세키日鉱共石, JOMO 등을 거쳐 현재의 ENEOS가 됨)와 함께 2강 시대를 여는 발판을 마련했다.

이옥자는 2001년 후지쓰富士通의 수석코치로 일본에 다시 건너간 뒤, 2004년과 2005년에는 남편인 정주현鄭周鉉이 감독을 맡은 옛 보금자리 샹송화장품의 수석코치가 되어 W리그(일본리그의 후신)에서 연패를 이루었다. 2011년 당시 W리그의 한국인 수석코치는 일본대표팀 코치이기도 한 도요타자동차의 정해일丁海鎰뿐이었지만, 당시로부터 5, 6년 전까지만 해도 이옥자, 정해일 외에 JAL의 임영보林永甫, JOMO의 전 수석코치이기도 한 아이신AISIN의 김평옥金平鈺 등, 대다수의 팀에서 한국인이 지휘를 맡았다.

한편, 한국대표팀 센터였던 하은주河恩珠는 한 번 일본으로 귀화한 후 다시 한국 국적을 회복하는 우여곡절을 겪기도 했지만, 한국에서 태어나서 나고야의 오우카가쿠엔櫻花學園 고등학교 등을 거쳐 상송에서 뛴 이력에서도 알 수 있듯이 기본적으로 일본에서 성장한 선수이다. 이상백에서 시작된 농구의 한일 교류는 오늘날까지도 활발히 이루어지고 있다.

많은 한국인 지도자가 일본에 진출한 배경과 관련하여, 이옥자는 이렇게 말한다. "일본 농구계에 영향을 주었다는 자부심은 (한국인 지도자라면) 누구나 갖고 있어요. 하지만 일본인 중에는 왜 그런 사람들이 나오지 않는가, 한동안 의문이었습니다. 그러니까 한국인이 들어가기 쉬웠던 것이겠죠." 이처럼 한국인의 적극적인 자세와 일본인의 소극적인 태도가 영향을 미쳤음은 분명해 보인다.

하지만 한일관계의 변화도 그 이유 중 하나임은 틀림없다. 한국에서 수십 년을 산 조영순도 한일관계의 변화를 실감한다.

"예전에는 (일본인 중에는) 한국인을 내려다보는 사람들이 있었어요. 나는 농구가 있었으니까 괜찮았지만 여러 가지 차별도 받았지요. 하지만 지금 일본에서 '욘사마'라든가 한국에 열광하고 있다는 걸 듣고는 한국인이 괜히 과장해서 말하는 게 아닐까, 정말일까, 하고 생각했어요. 지금도 차별이 전혀 없다고는 할 수 없겠지만, 한국이 발전했기 때문에 차별이 상당히 없어졌다는 건 피부로 알 수 있어요."

조영순은 유니티카 야마자키 시대의 팀 동료들과 지금도 교류하고 있다. 그녀들은 당시 '욘사마'로 대표되었던 한류 팬의 중심적인 세대이다. "일본에 가면 꼭 스키야키와 다코야키는 먹어요." 하고 말하는 조영순은, 일본과 한국의 경계를 살아온 만큼 양국 관계의 변화 또한 민감하게 느끼고 있었다.

⑥

‘세계 최강’의 원점

◇

골프편

국가 상비군의 위력을 보여 준 아시아 제패

골프 강국으로 시동 걸기

2010년과 2011년, 일본 국내 투어에서 여자골프의 안선주가 연속으로 상금왕이 되고, 2009년과 2011년의 남자골프에서 김경태와 배상문이 각각 상금왕이 되었다. 미국 여자골프 투어에서는 2009년 신지애가, 2010년 최나연이 상금 랭킹 1위에 오르는 등, 한국 여자골프는 세계 최강을 자랑해 왔다. 이러한 한국 골프의 약진에 기초가 된 것은 유명한 젊은 선수를 체계적으로 관리·육성하는 국가 상비군 제도이다.

이러한 국가 상비군 제도를 확립하는 데 중심이 된 인물은 1976년 육군 중장에서 예비역 편입(제대)하여 대한골프협회에 가입한 임영선이다. 임영선은 "당시 한국 골프는 아마추어 수준을 넘지 못하고 있었습니다."라고 회고했다.

1941년 일본오픈을 제패하고, 1958년 제1회 한국 프로골프 선수권대회에서 우승하는 등, 한국 골프의 개척자라 할 수 있는 연덕춘延德春(일본명: 노부하라 도쿠하루延原德春)이나, 1972년 일본오픈에서 오자키 마사시尾崎將司와의 접전 끝에 우승한 한장상韓長相 등 몇 명의 뛰어난 골퍼들이 있었다.

하지만 1966년 태릉선수촌 근처에, 그리고 1968년 안양에 골프장이 생기기까지 한국의 골프장은 지금의 어린이대공원이 자리한 서울 동부의 서울컨트리클럽뿐이었고 골프 인구도 적었다. 대한골프협회는 1965년에 창립되었는데, 당시는 대한체육회 산하 단체가 아니었고 골프 동호회 같은 색채가 강했다. 그로부터 3년 뒤 한국골프협회도 탄생했지만 그 이전의 프로골프 선수권대회는 서울컨트리클럽 주관으로 개최되었고 국민의 관심도 낮았다.

오랫동안 대한골프협회의 사무국장을 맡고 부회장, 고문 등을 역임한 임영선은 대한골프협회 가입 후 골프 선진국을 시찰하고 한국 골프의 가능성을 생각한 결과, '한국인이 못할 리가 없다'는 결론에 이르렀다.

"서양인과는 체격도 다른데 어떻게 대등하게 싸울 수 있겠느냐는 말을 들었습니다. 하지만 예를 들어 파par[1] 4홀, 450야드라고 해봅시다. 어떤 사람은 350야드를 치고, 어떤 사람은 250야드밖에 치지 못했다고 해도 승부는 세컨드 샷으로 결정됩니다. 거기서 정확성을 가지면 되는 겁니다."

---

1 티tee를 출발하여 홀을 마치기까지의 정해진 기준 타수를 말한다. 보통 파 3, 4, 5타를 기준 타수로 정하고 있으며 여성 골퍼의 경우 6타 홀까지 있다.

기업 경영자들이 많은 대한골프협회의 이사들에게 임영선은, "10년만 봐 달라. 5년 안에 아시아를, 10년 안에 세계를 목표로 하겠다."고 선언하며 자금과 골프장 건설을 요구했다. 서울만이 아니라 대구, 호남 지역, 제주도 등 각지에 골프장을 만들어야 한다고 했다. 다양한 기후나 토양, 잔디의 질에 대응하기 위해서였다.

대한골프협회에서 육성하는 국가 상비군 12명을 선발하여, 국내 골프장에서 연습하는 한편으로 해외 원정도 적극적으로 나갔다. 그중에서도 재일 금융기관인 신용조합 오사카흥은(간사이흥은 關西興銀의 전신) 이사장이었던 이희건 등이 경영하는 나라현의 고마컨트리클럽에서는 1개월 정도의 장기 훈련을 하고, 그 후 홍콩, 필리핀 등의 아시아 서킷을 일주하는 경우도 많았다. 고마컨트리클럽은 후에 간사이흥은의 부정 융자 의혹 등으로 문제가 되지만, 1980년대 무렵의 한국 골퍼들은 이 골프장에서 힘을 키웠다.

또한 많은 대회, 특히 프로와 아마추어가 모두 출전할 수 있는 오픈 대회의 창설은 저변 확대를 위해 반드시 필요했다. 당시 한국에서는 프로골프 선수권대회가 시작된 1958년에 창설된 한국오픈이 유일한 오픈 대회였다. 1979년에 부산오픈이 시작된 데 이어, 1981년부터는 상금 총액이 당시로서는 최고액인 1,500만 원의 동해오픈(신한동해오픈의 전신)이 시작되었다.

상금 총액이 해마다 증가하여 한국 골프의 발전에 크게 기여한 이 대회는, 원래 간사이 지방을 중심으로 한 재일코리안 실업가들이 자금을 모아 창설한 대회로서 회장은 오사카흥은 이사장 이희건이 맡고 있었다.

"선수들은 경기가 있으니까 훈련을 하는 겁니다. 따라서 이 대회가 한국 골프에 미친 영향은 크다고 할 수 있습니다." 하고 임영선은 말했다.

이 대회에는 한국 국내 선수들뿐만 아니라 재일코리안, 그 외에도 일본이나 타이완의 선수들도 참가했다. 제1회 대회 우승은 일본오픈의 우승 경험이 있는 한장상이었고, 아마추어로는 그해 일본 아마추어 선수권대회에서 2위에 오른 재일코리안 가나모토 이사무金本勇(민족명: 김기섭金基燮)가 건투했다.

다음 해인 1982년 인도 뉴델리에서 개최된 아시안게임부터 남자골프가 정식 종목으로 채택되고 대한골프협회도 대한체육회의 준가맹단체가 되었다. 당시 아시안게임에는 아마추어밖에 참가할 수 없었지만, 골프 종목 강화에 이제 막 들어선 한국에서는 국제적으로 통할 만한 선수가 없었다. 그래서 대한골프협회의 임영선은 가나모토에게 한국대표로 들어오도록 부탁했다. 하지만 일본에서 건설 관계 회사를 운영하고 있던 가나모토는 사업 때문에 이를 거절했다. 이번에는 오사카홍은 이사장 이희건이 거듭 설득했다. "거절했다고 들었네만, 국가의 대표이니 받아들여 주게." 결국 가나모토는 아시안게임 출전을 결심했다.

1982년에 가나모토는 일본 아마추어와 간사이 아마추어의 타이틀을 양손에 거머쥔 선수였다. 일본 아마추어의 일인자인 가나모토의 한국대표팀 참가는, 1982년 아시안게임뿐만 아니라 이후 한국 골프 발전에도 커다란 영향을 미치게 된다.

'괜찮아요 정신'의 타파

가나모토 이사무는 1939년 오늘날의 한신 경마장과 가까운 곳에서 태어났다. 한신 경마장은 전전 전투기 시덴카이紫電改[2] 등으로 알려진 가와니시川西 항공기의 다카라즈카 제작소 시험비행장이 있던 장소이다. 공습을 기억하고 있는 가나모토는 "소이탄이 떨어지는 것을 보고 있던 게 어렴풋이 기억납니다."라고 말했다.

하지만 미군에 대한 기억은 공습 때보다 전후의 사건이 더욱 강렬하게 남아 있다.

전후 일본 각지에 조국의 언어나 문자를 배우기 위한 조선인의 민족학교가 세워졌지만 GHQ 민간정보국은 민족학교가 일본의 교육법규에 따를 것을 의무화했고, 거기 따르지 않는 학교는 1948년 4월 전면 폐쇄한다는 지시를 내렸다. 이에 대항하여 재일코리안 학부모들은 민족교육을 지키는 투쟁을 벌여 학교폐쇄령은 일단 철회되었으나, GHQ의 비상사태 선언에 따라 철회가 취소되고 항의 행동에 나선 민족학교 교사와 부모들이 오사카, 고베 등에서 3,000명 이상 체포되었다. 이른바 '한신교육투쟁'이었다. 가나모토는 이렇게 말했다.

"선생님들이고 뭐고 전부 경찰에 잡혀갔어요. '선생님을 돌려달라'며 집단적으로 항의한 선배들도 연행되었어요. 미군이 지프에 올라타서 우리들이 살고 있는 집단 거주지에도 쳐들어와서는

---

2 아시아·태평양전쟁기 일본 해군의 전투기로 시덴(N1K1-J) 21형 이후의 버전을 시덴카이라고 부른다.

공포탄을 쏘았어요. 무서웠어요. 아버지는 산으로 도망쳤는데 미군이 쫓아오지 않아서 겨우 살았어요."

가나모토는 당시 재일코리안이 많이 살고 있는 지역에 거주하며 민족학교에 다니고 있었다. 고등학교를 중퇴한 후에는 매형이 경영하는 철강 관계의 일을 시작했다. 28세 무렵에는 스스로 건설 관련 회사를 세웠으며, 골프를 시작한 것은 사업이 궤도에 오른 30대 초반이 되어서이다. 하지만 본격적으로 시작한 지 겨우 1년 만에 싱글핸디[3]가 되고, 닛칸아마골프[4] 간사이지구 대회 등 공식전에도 출전하여 우승했다. 42세에는 일본 아마추어, 간사이 아마추어의 타이틀을 획득하고 한국대표로 아시안게임에 출전하게 된다.

1982년 아시안게임 한국 국가대표로는 가나모토 이사무 외에, 이듬해 프로로 전향한 당시 니혼대 재학생 가네코 요시노리金子柱憲(민족명: 김주헌金柱憲), 그리고 하와이 거주 한국인과 한국 거주 한국인 네 명이 출전했다. 가네코는 그해 한국 제1회 매경오픈에서 우승했다.

한편, 가와타 다이조川田太三 감독이 이끄는 일본대표팀은 사카타 데쓰오阪田哲男, 오이에 기요타카尾家清孝 등 일본 아마추어의 최상위 선수들로 진용을 갖추었기 때문에 아시아의 '골프대국'으로서 패배할 이유가 없었다.

---

3 핸디캡이 한 자릿수인 골퍼, 즉 핸디캡 10 미만인 골퍼를 말한다.

4 닛칸日刊스포츠 신문사가 주최하는 아마추어 골프대회.

그러나 뉴델리에서는 러프rough[5]가 없고 부시bush[6]라고 하는 독특한 코스를 추가한 데다, 캐디들도 개최지 인도에 유리하게 움직이는 상황이어서 각국 모두가 고전했다. 결국 지역적 이점을 살린 인도가 아시안게임 최초로 골프 단체전을 제패했다. 개인전도 인도가 1, 2위를 석권하고, 3위는 일본의 사카타가 차지했다. 그래도 단체전에서는 한국이 2위, 일본이 3위에 올랐다. 한국 선수로는 가나모토가 5위를 거둔 것이 최고 성적이었다. 또한 가네코는 14위였지만 그 외에 크게 무너진 선수가 없었던 만큼, 한국이 상위에 오를 수 있었다.

아시안게임은 4년 뒤 서울에서 개최될 예정이었다. 그때까지 한국은 올림픽이나 아시안게임 등의 종합스포츠에서 금메달 수로 일본을 앞지른 적이 한 번도 없었다. 자국에서 열리는 아시안게임은 천재일우의 기회였기 때문에, 나라 전체가 스포츠 강화를 위해 열심이었다. 골프도 금메달 유망 종목에 포함되어 국가 상비군은 12명에서 30명까지 늘어났다.

국가 상비군에서는 국가대표가 되기 위한 혹독한 생존경쟁이 벌어졌다. 아시안게임에서 여자골프가 채택된 것은 1990년 베이징 대회부터로, 당시는 남자골프밖에 없었다. 남자 선수들에게 아시안게임 출전은 병역 면제로 이어진 만큼 양보할 수 없는 것이었다. 아시안게임 우승자와 올림픽 메달리스트는 원칙적으로 병역

---

5 골프 코스의 한 요소로 코스의 경계선 안쪽에 위치하여 코스의 외형을 이룬다. 대개 길쭉한 잔디와 풀들이 자란다.

6 관목이 우거진 덤불.

이 면제된다.

일본에서 사업을 하고 있던 가나모토는 1년에 수차례씩 한국으로 건너가 훈련을 지도하고 겨울의 아시아 서킷 일주 등에도 함께하면서 실전을 통해 선수를 가르쳤다. 당시 젊은 선수 중에 가나모토를 능가하는 선수는 없었지만, 가나모토가 먼저 가르친 것은 기술적인 면이 아니었다.

"당시 한국에서는 어떤 상황에서든 '괜찮아요' 하고 말하는 경우가 많았어요. 즉, 조금 공이 움직이거나 해도 캐디를 포함해서 모두가 '괜찮아요'라고 하는 겁니다. 그린 위에서 태연히 침을 밷는 사람도 있었어요. 톱 아마추어는 그런 짓을 하면 절대 안 되지요. 매너가 나쁘면 세계에서 통할 수가 없어요. 선수 한 명이라도 뭔가 나쁜 짓을 하면 전체적으로 마이너스가 되는 겁니다."

가나모토는 선수들과 숙식을 함께하며 국제무대에 나가도 부끄럽지 않은 매너를 지닌 선수로 육성하는 데 힘썼다. 그것이 한국인 특유의 감성과 어우러져 실력이 향상되기 시작했다. 가나모토는 이어서 말했다.

"골프는 연습하면 어느 정도 수준까지는 갈 수 있습니다. 하지만 그 이상은 감성이 없으면 안 됩니다. 한국인은 그런 점에서는 맑고 깨끗한 면을 갖고 있어요."

한국은 양궁도 세계 최강의 실력을 자랑한다. 정신을 집중시키고 바람이나 습도를 읽으며 미묘한 감각을 조정하면서 표적을 맞추는 기술은 한국이 타의 추종을 불허한다. 골프에서도 역시 잔디나 기상 조건 등을 읽으면서 경기를 진행하는 기술은 한국이 독보적인 면이 있다.

통한의 OB

1986년 9월 20일, 서울아시안게임이 개막했다. 골프 한국대표는 가나모토 외에는 전원이 국가 상비군의 치열한 경쟁에서 살아남은 한국의 국내 선수들이었다.

9월 21일에 시작된 골프 경기는 첫날부터 가나모토가 개인전 선두에 오르며 단체전도 한국이 1위로 앞서고 일본이 이를 뒤쫓는 국면으로 전개되었다. 마지막 날인 4일째를 맞으면서 개인전은 한국의 가나모토 이사무와 일본의 나카가와 다카히로中川隆弘의 싸움이 되었는데, 거기에 의외의 복병이 나타나 대혼란이 일어나게 된다.

마지막 날에도 가나모토는 16번 홀을 끝낸 시점에서 2위와는 2타 차로 선두에 올랐다. 우승을 기대하며 홈 관객의 열기도 달아오르고 있었다. 그런데 가나모토가 "마가 끼었다고 할까요."라고 말한 사건이 일어난다.

파4 17번 홀에서의 제1타. 그때까지 이 홀에서는 아이언 클럽을 쓰고 있었다. 그런데 관객의 환성과 열기에 동요한 가나모토는 드라이버를 꺼내들었다. 캐디가 무심결에 제지했지만, 그대로 드라이버로 쳤다. 공은 크게 빗나가 OB[7]가 되고 스코어가 무너졌다.

거기에 필리핀의 14세 소년 브라비오 라몬이 스코어를 올리며 맹추격해 오고 있었다. 최종 18번 홀에서 라몬은 가나모토를 따라잡았다. "그런 상황에서는 젊은 사람이 강하지요."라고 가나모토가 말했듯이, 플레이오프에서는 14세의 브라비오 라몬이 46세의 가나모토를 이기고 우승했다. 나카가와는 이 두 사람과 1타 차로

3위였다.

임영선은 이에 대해 회상하며 아쉬워했다. "단체전은 물론이고 개인전도 포함해 금메달 2개는 확보했다고 생각하고 있었어요. 17번 홀은 어려운 홀은 아니었지만, 골프는 마지막 1타까지가 얼마나 중요한가를 보여 주었습니다."

단체전은 4일간의 경기에서 한국이 878타로 우승했고, 일본은 884타로 2위였다. 한국은 가나모토 외에도 개인전에서 6위, 8위, 10위에 오르며 안정된 전력을 보여 주었다. 그런데 정작 가나모토 자신은 "단체전 금메달의 기쁨보다도, 개인전에서 우승을 놓친 아쉬움이 컸다."고 한다.

이 대회에서 한국이 획득한 금메달의 총수는 93개. 일본은 58개로, 처음으로 한국이 일본을 앞질렀다. 한편 중국의 금메달 수는 94개로 한국보다 한 개 앞섰다. 한국이 획득한 55개의 은메달 중 가장 금메달에 가까웠던 것이 골프 개인전이었던 만큼 아쉬움이 남았다. 하지만 단체전 금메달의 의미는 컸다. 임영선은 이렇게 말했다.

"그때까지 골프는 상류사회의 스포츠라고 해서 한국에는 맞지 않는다는 이유로 스폰서를 모으는 데 어려움을 겪고 있었어요. 그런데 금메달을 땄으니 기업에 설명하기가 한층 쉬워진 겁니다."

당시 한국의 경제는 눈에 띄게 성장했지만 국민은 아직 '헝그리' 의식이 강해서 골프는 여전히 자신과는 인연이 먼 스포츠로 여기

---

7 'out of bounds'의 약칭으로 공이 코스의 경계를 넘어간 경우를 말한다.

는 사람들이 많았다. 하지만 아시안게임 단체전을 제패함으로써 인식이 크게 변화한다. 이미 아시안게임을 앞두고 대한골프협회는 대한체육회의 정식 가맹단체가 되었으며, 1987년부터는 골프가 한국 전국체육대회 정식 종목으로 채택되었다.

한국의 전국체육대회는 각 도와 서울, 부산 등의 대도시를 단위로 한 대항전으로 치러진다. 매년 전국체육대회의 성적에 따라 각 지역 체육협회의 예산 배분이 결정되고 인사도 좌우된다. 따라서 어떤 경기의 지도자든지 다른 어떤 대회보다도 전국체육대회에 힘을 쏟는다.

골프가 전국체육대회에서 정식 종목으로 채택되자 각 지방자치단체는 골프의 전력 강화에 힘을 기울이기 시작했다. 그것은 국가 상비군 아래 지방 예비군이 존재하게 되었음을 의미한다. 또한 국가 상비군 선수도 상비군 연습이 없을 때는 각 지방의 골프장을 무료로 사용하며 연습할 수 있게 되었다.

현재 대한골프협회에는 국가대표로 남녀 6명씩 등록되고 그 아래로 국가 상비군이 등록되어 격전을 벌이고 있다. 상비군에 들어가지 못한 선수들은 그 아쉬움을 달래 가며 훈련에 매진한다. 이 제도가 한국 골프의 선수층을 두텁게 만들고 있다.

한국 골프가 세계 최고 수준에 오른 오늘날, 거의 무無의 상태에서 시작해 골프 대국으로 일어설 수 있도록 앞장서 온 임영선은 "과거 재일교포들의 도움으로 골프의 발전이 가속화될 수 있었어요. 지금도 그들을 잊을 수는 없습니다." 하고 말했다. 또 한편으로 젊은 선수들에 대해서는 가차 없는 지적을 하기도 했다. "스스로 노력하여 언제나 현재와 미래를 응시해야만 합니다. 지금 선수들은 현재에 안주하고 있어요."

한편, 아시안게임에서 한국을 단체전 우승으로 이끈 가나모토 이사무는, 1982년 일본 아마추어 선수권대회에 이어 1996년에 55세 이상을 대상으로 한 일본 시니어 선수권대회, 2009년에는 70세 이상을 대상으로 한 일본 그랜드시니어 선수권대회에서 우승하는 등, 문자 그대로 일생에 걸친 현역 생활을 이어 오고 있다.

한일 역전의 시작, 서울아시안게임과 서울올림픽

일본은 아시아에서 두드러진 스포츠 강국으로, 아시안게임에서는 2군급 선수를 보내도 우승하는 시대가 오래도록 이어졌다. 그러나 1980년대에 들어오면서 문화대혁명 이후의 중국이나 '한강의 기적'으로 불리는 경제성장을 이룩한 한국이 맹렬한 기세로 추격하고 있었다.

한국 스포츠의 약진에 결정적인 계기가 된 것은 1981년에 5년 후의 아시안게임과 7년 후의 하계올림픽 서울 유치에 성공한 일이다. 특히 올림픽은 나고야가 유리하다는 예상을 깨고, 압도적인 표차로 첫 유치에 성공했다.

당시 한국은 현대그룹 창업자인 정주영鄭周永이 대한체육회 회장을 맡고 있었던 것을 비롯하여, 레슬링에서는 삼성그룹 회장 이건희李健熙가 경기 단체의 회장으로 취임하여 지원을 하는 등, 경제성장과 함께 대두한 재벌이 스포츠에서 중요한 역할을 맡았다.

골프는 스포츠웨어 등 섬유 관련업 중심의 재벌 코오롱그룹의 이동찬李東燦 회장이 그 역할을 맡았다.

1982년 아시안게임에서 금메달 획득 수로 중국에 추월당한 일본은 1986년 서울 대회에서는 한국에도 크게 뒤처졌다. 이 대회를 계기로 스포츠에서 한국과 일본의 성적은 역전되었다. 2년 후 서울올림픽에서 한국은 금메달 12개, 은메달 10개, 동메달 11개로 종합 4위에 오르며 금메달 4개, 은메달 3개, 동메달 7개를 기록한 일본과의 격차를 크게 벌려 놓았다.

이 시대는 일본에 건너가 고생을 거듭하며 생활 기반을 쌓아 온 재일 1세 대다수가 제일선에서 활약하던 때였다. 그만큼 조국에서 개최되는 올림픽에 대한 열정도 강하여 1982년 서울올림픽 재일한국인후원회가 결성되어 모금활동을 전개하였고, 롯데의 신격호가 3억 엔을, 오사카흥은의 이희건이 2억 엔을 기부하는 등의 고액 기부를 포함해 약 100억 엔이 서울올림픽 조직위원회에 기부되었다.

서울올림픽 개최는 해방 직후부터 재일코리안 스포츠 활동의 선두에 있었던 채수인에게도 특별한 감회를 주었다. 채수인은 도쿄올림픽 전년도인 1963년부터 일본에서 『코리아스포츠』라는 잡지를 발행했다. 규모가 작은 매체였지만 재일코리안이나 한국의 스포츠사를 이해하는 데 중요한 자료이다. 이 매체는 서울올림픽을 계기로 폐간되었는데, 채수인은 「폐간에 부쳐閉刊に際して」라는 글에서 이렇게 쓰고 있다.

> 1986년 아시안게임, 1988년 서울올림픽. 옛날에는 생각할 수도 없었던 대회가 세계의 주목을 받으며 개최된 데다가 오랫동안 회

자될 정도로 대성공을 거둔 일은 모두 꿈만 같습니다.

한국이 최초로 참가한 1948년 런던올림픽에서부터 올림픽에 관여해 온 저도 1988년 서울올림픽 폐회를 끝으로 그 역할을 다 했다는 느낌이 깊어, 『코리아스포츠』지 폐간을 단행하게 되었습니다.

한국대표 선수단의 장비까지 재일코리안의 기부로 충당되었던 런던올림픽과 헬싱키올림픽을 거쳐, 이윽고 올림픽과 아시안게임 개최국이 된 한국. 그것은 한국 스포츠의 새로운 시대가 열림과 동시에, 하나의 시대가 끝났음을 의미했다.

해외 진출의 선구자 구옥희를 지원한 사람들

한국 여자골프 1기생

2011년 7월 개최된 US여자오픈에서는 유소연이 플레이오프에서 서희경과 한국인끼리의 대결을 보여 준 끝에 승리하여 우승했다. US여자오픈에서 한국 선수가 우승한 것은 다섯 번째였다. LPGA 투어에서 한국 선수(한국계 미국인 포함)의 우승은 99회나 된다. 같은 해 10월, 말레이시아 쿠알라룸푸르에서 개최된 사임 다비Sime Darby LPGA 말레이시아에서 최나연이 우승하면서 한국 선수는 100회 우승을 이뤄 냈다.

한국인으로서 최초로 US여자오픈을 제패한 것은 1998년의 박세리다. 당시 한국은 미증유의 금융경제위기로 국민들이 낙심해 있던 때였다. 마지막까지 승부를 포기하지 않고 우승한 박세리는 한국의 국민에게 희망과 용기를 주었다. 그리고 박세리에 자극받아 세계적인 골퍼가 되기 위한 꿈을 품은 '박세리 키즈'가 뒤를 잇게 된다. 유소연과 서희경, 그리고 신지애나 최나연은 모두 그러한 '박세리 키즈'들이었다.

LPGA 투어에서 처음으로 우승한 한국인 선수는 1988년 터쿼이즈 클래식에 출전한 구옥희다. 박세리가 영향을 받은 선수가 바로 구옥희인데, 그야말로 한국 여자골프의 시조라고 할 만한 존재다.

구옥희는 1956년, 당시는 전원 지대였던 고양군(현재는 고양시)에서 3남 1녀 중 막내로 태어났다. 아버지는 구옥희가 어릴 때 돌아가시고, 어머니도 구옥희가 열네 살 때 돌아가셨다. 고등학교 졸업 후 집 근처에 생긴 세븐 홀의 골프장에서 캐디 일을 시작한 것이 골프와의 첫만남이었다.

당시 한국에서는 아직 캐디는 남성이 하는 직업으로 여겨져 여성 캐디가 드물었다. 1960년대 중반 태릉골프장에 배속된 박정희 대통령 전속 캐디가 한국 최초의 여성 캐디로 알려져 있다. 1972년에 오자키 마사토시를 꺾고 일본오픈에서 우승한 한장상도 캐디 출신이었다.

구옥희는 생활비를 벌기 위해 캐디를 시작했지만, 점차 골프 자체에 매력을 느끼게 되었다. 구옥희는 골프 잡지 따위를 읽으면서 골프를 하는 법을 익혔다. "일본 경기 관련 정보를 보다 보면, 이렇게 경기가 많구나, 싶었어요. 그래서 열심히 일해서 일본으로 가고 싶다는 마음이 싹텄습니다."

구옥희가 골프를 시작할 때, 한국에 여자 프로골프는 존재하지 않았다. 1978년 한국프로골프협회 여자부 내에 여성 골퍼 모집이 실시되었을 때 구옥희는 10여 명의 수험자 중 1위로 합격했다. 말 그대로 한국 여자 프로골프의 역사는 구옥희로부터 시작된 것이다.

이해 구옥희는 시험 삼아 일본의 이스즈 레이디스 대회에 출전했다. 하지만 일본어도 모르고 아는 사람도 없었다. 구옥희를 공항에서 맞아 준 이는 백만섭이라는 재일코리안 아마추어 골퍼였다. 와세다대 자전거부 출신인 백만섭은 배구의 강만수를 와세다대로 불러들인 인물이기도 하다. 골프를 시작한 것은 30세부터이지만, 타고난 오기와 운동 능력으로 1년 만에 싱글 핸디가 되고 아마추어 대회의 상위에 오르게 되었다. 본명인 백만섭으로 경기를 했기 때문에 재일 사회에서 알려진 인물이었다.

백만섭은 와세다대 골프부 감독인 가와시마 히데오川島英雄에게서, "한국에는 키가 작고 뛰어난 선수가 있지."라는 말을 들었다. 그는 일본오픈의 우승자 한장상이었다. 하마마쓰浜松시에서 사업을 하고 있던 백만섭은 한장상이 시즈오카오픈에 참가할 때 인사를 한 뒤로 서로 알고 지냈다. 그 후 한장상에게서 골프를 배우면서 백만섭의 실력도 오르기 시작했다. 구옥희를 맞으러 간 것도 한장상으로부터 의뢰를 받았기 때문이다.

백만섭은 당시 구옥희의 클럽을 보고 놀랐다. "당시 한국 여자 골프는 프로라고 해도 자기들끼리 안에서만 잘할 뿐이고, 사용하는 클럽도 좋지 않았어요. 나카무라 도라키치中村寅吉 선수한테 그녀를 데리고 가서 혼마本間골프 사장을 소개하고 클럽을 받은 적이 있습니다." 백만섭은 전후 일본 골프 붐의 주역인 나카무라 도라키치와 친분이 있었다.

구옥희는 이즈伊豆의 오히토大仁에서 개최된 이스즈 레이디스 대회에 출전했지만 백만섭 자신은 그날 후지노미야富士宮시 아사기리朝霧에서 열리는 사회인 대회에 출전해야 했다. 그래서 아침 일찍 오히토로 가서 골프장 지배인에게 구옥희를 부탁한 뒤 아사기리 경기장으로 향했다.

그 대회에서 구옥희는 결승 라운드에 진출하지 못했지만 실망하지 않았다. "일본에서는 골프가 사회적으로 널리 알려진 데다 국민 스포츠여서 경기장도 훌륭했고 정말 놀라웠어요. 한국에서는 경기 수도 적고 상금도 얼마 안 되어서 아마추어 같은 느낌이었거든요. 일본과는 비교도 되지 않았어요. 진짜 일본에 가야겠다고 생각하면서 한국으로 돌아온 뒤에도 열심히 연습을 했습니다."

백만섭은 구옥희에 대해, "처음엔 그다지 잘하지 못했지만, 샷을 잘 날리니까 좋아질 거라는 생각이 있었다."라고 말했다.

일본에서 미국으로

하지만 구옥희는 그 후 몇 년 동안 일본에 갈 기회를 잡지 못했다. 그러던 중, 1982년에 교토의 사업가 홍두창洪斗昌이 구옥희를 찾아왔다. 홍두창은 그해부터 시작되는 동해오픈의 스폰서 중 한 명이었다. 홍두창은 구옥희의 실력을 보고 "왜 일본에서 하지 않느냐?"라고 물었다. 갈 기회가 주어지지 않았다는 말을 듣고 골프계에서도 신뢰를 받던 전 거장 투수 가네다 마사이치를 데리고 왔다. 가네다는 구옥희와 함께 골프를 해 보더니 "이 정도면 일본에서도 통할 수 있겠다."라며 보증을 해 주었다.

구옥희는 같은 해 5월, 도쿄 이나기稻城시에 있는 도쿄 요미우리

컨트리클럽에서 개최된 월드 레이디스 챔피언십에 출전했다. 이 대회에는 구옥희를 포함하여 4명의 한국 선수가 참가했다. 그녀들은 홍두창의 소개로 오사카흥은의 이희건 등이 경영하는 고마컨트리클럽에서 한 달 정도 훈련한 뒤 대회에 임했다. 하지만 결승에 진출한 것은 구옥희뿐이고, 구옥희도 하위권에 만족해야 했다.

구옥희는 1983년 일본 여자프로 테스트를 받고 1위로 합격했다. 1984년부터는 일본여자프로골프협회 45기생으로 등록되었다.

"정말 연습을 많이 했어요. 누구에게도 지지 않을 만큼요." 구옥희는 1984년에는 우승 실적이 없어서 상금 랭킹은 13위에 머물렀지만, 다음 해에는 도하토東鳩 레이디스를 시작으로 기분紀文 레이디스, 도호쿠 퀸즈까지 3회 우승하여 상금 랭킹도 3위에 오르고, 일본 여자 프로골프를 대표하는 선수가 되었다. 하지만 구옥희는 1986년부터 주요 활동 무대를 미국으로 옮기게 된다.

"일본에서 개최되는 LPGA투어 경기(마쓰다 재팬클래식)에서 미국 선수와도 겨뤄서 3위에 오르고 난 뒤, 미국에 가서도 할 수 있겠구나 하는 자신이 생겼어요. 큰 무대에서 해 보고 싶다는 마음이 있었어요." 구옥희는 이렇게 말했지만, 구옥희와 회식 자리에 함께한 적 있는 백만섭은 그녀로부터 다른 말을 들었다.

"'미국에 가도 상금은 못 벌 테니 미국에 가는 건 그만두지' 하고 말했지만, '가족까지 매스컴에 오르내리고 괴롭힘을 당하니까 싫다'며 미국으로 건너갔어요."

백만섭의 말대로 구옥희는 미국에서 고전했다.

"미국에서도 통할 거라고 생각했지만, 정말로 힘들었어요. 체력이 부족한 것을 실감하고 신경을 많이 쓰다 보니까 머리가 아파왔

죠. 너무 괴로워서 눈물이 났습니다. 미국에 있는 한국 절에 가서 좌선을 하고서야 마음이 가라앉았어요."

이후 구옥희는 1988년에 열린 터쿼이즈 클래식에서 우승했다. 한국 선수 최초의 LPGA 우승이었다.

미국에서 활동해도 그 바탕은 일본에 있다고 느끼던 구옥희는, 9월까지는 미국에서 뛰고 10월과 11월에는 일본 대회에 출전하는 스타일을 1990년대 초반까지 이어 갔다. 1985년 기분 레이디스부터 2005년 아피타 서클K 생크스 레이디스까지, 일본 투어에서 23회나 우승했다. 그사이 한국의 골프는 박세리의 US오픈 우승 등을 계기로 비약적인 성장을 이루고 있었다.

한국의 여자골프가 세계 최고 수준으로 성장한 오늘날의 상황을 보고, 그 개척자였던 구옥희는 감개무량한 듯 말했다.

"요즘 사람들은 내가 누군지 모르겠죠(웃음). 하지만 내가 1988년에 미국에서 우승을 해서 당시 하와이에 살고 있던 박세리가 본격적으로 골프를 시작했다고 들었습니다. 나는 아무것도 없는 상태에서 시작한 길을 후배들이 따라와 준 것을 자랑스럽게 생각하고, 이 길을 걷길 잘했다고 자부할 수 있어요. 지금은 다들 잘하잖아요. 가족들도 함께 지원해 주고요. 옛날에는 혼자서 했지만요."

한국에 여자골프가 전혀 없던 시대에 골프를 시작한 구옥희는 고독한 싸움을 해야만 했다. 그 싸움이 오늘날의 영광으로 이어져 있다. 고독과 싸워야 했던 만큼, 당시 재일코리안들이 보내 주었던 지원과 지지는 큰 의미를 지녔다.

(취재를 한 것은 2011년. 그로부터 2년 뒤 구옥희는 56세의 젊은 나이로 세상을 떠났다. — 저자 주)

◆

LPGA 메이저 대회인 1988년 '나비스코 다이나쇼어'(현재의 아나 인스퍼레이션)에서 경기 중인 구옥희

⑦

운명의 어깨띠 릴레이

◇

마라톤 편

한국 마라톤, 전설적인 영웅들의 올림픽과 하코네 역전경주

최강의 양정고보 육상부

지금 일본에서 신년마다 치러지는 국민적 행사라고 해도 좋을 '도쿄 하코네간 왕복 대학 역전경주', 이른바 '하코네 역전'이 시작된 것은 1920년의 일이다. 그런데 전전 일본의 하코네 역전 출전자를 보면 한반도 출신이 꽤 많았음을 알 수 있다. 그중에서도 1932년 LA올림픽 마라톤에서 6위에 오른 와세다대의 김은배金恩培, 같은 대회에서 9위에 오른 메이지대의 권태하, 1936년 베를린올림픽에서 동메달을 획득한 메이지대의 남승룡, 또한 올림픽에는 출전하지 않았지만 해방 후 대한체육회 이사장이나 대한육상경기연맹 회장 등을 역임하고 육상경기뿐 아니라 한국 스포츠 전체의 발전에 공헌한 정상희鄭商熙 등은 특별히 언급할 만한 존재들이다.

그러나 그중에 베를린올림픽 마라톤 종목에서 금메달을 획득한 손기정의 이름은 찾아볼 수 없다. 손기정은 메이지대에서 유학하고 있었는데 왜 하코네 역전에는 출전하지 않았을까. 거기에는 식민지 지배를 받던 시대의 무거운 역사가 담겨 있다.

한국의 육상 장거리 종목 발전에 중요한 역할을 담당한 것은 바로 서울의 양정고보養正高普이다. 앞에 언급한 다섯 명 중 권태하를 제외하고는 모두 양정고보 출신이다. 그 전통은 해방 후에도 이어져, 1950년 보스톤 마라톤에서 우승한 함기용咸基鎔, 1956년 멜버른올림픽에서 4위를 하고 1958년 도쿄아시안게임에서 우승한 이창훈李昌薰 등을 배출했다.

1905년 창립된 양정고보가 육상 명문이 된 계기를 만든 인물은 1921년 부임한 젊은 일본인 교사 미네기시 쇼타로峰岸昌太郎였다. 미네기시의 열성적인 지도로 양정고보 육상부, 특히 장거리 부문이 눈에 띄게 발전하여, 역전경주에서는 한반도 전역에 적수가 없을 정도였다. 이에 양정고보는 1929년에 싸움의 무대를 일본으로 넓혔다. 1925년 시작한 통칭 '한신 역전'이다. 한신 역전은 간사이대가 주최하고 오사카마이니치신문사가 후원하였으며, 주로 서일본의 강호 중학교들이 집결했다.

1929년 한신 역전에 처음 출전한 양정고보의 주장은 훗날 메이지대에 진학하는 정상희였다. 1907년 충청도 중원군(현 충주시)에서 태어난 정상희는 해방 후에는 스포츠인으로서뿐 아니라 국회의원이나 경영자로서도 이름을 알린 인물이다. 삼성전자와 삼성물산 사장을 역임하고, 그의 차남은 삼성그룹 창업자 이병철李秉喆의 5녀 이명희李明熙와 결혼했다.

1929년 한신 역전에서 양정고보는 정상희 등의 활약으로 히메지 사범학교를 29초 차이로 이겨 우승했다. 그해 양정고보에는 서울의 경신儆新고보로부터 김은배가 전학을 왔다. 경신고보는 베를린올림픽 축구 일본대표에 선발된 단 한 명의 조선인 선수였던 김용식이나 1980년대 서독의 분데스리가에서 활약한 차범근車範根 등을 배출한 축구의 강호로 알려진 학교다. 김은배도 처음에는 축구선수가 될 생각이었지만, 교내 마라톤에서 상위에 입상하면서 육상으로 눈을 돌리게 된다. 그리고 형 김진배金珍培가 양정 육상부이기도 해서 이미 경신고보 시절부터 미네기시의 지도를 받고 있었다. 그래서 2학년이 되면서 양정고보로 전학을 온 것이다.

이듬해 한신 역전에서는 김진배, 은배 형제의 활약이 더해져 양정이 연패를 이루었다. 그다음 해에도 양정이 우승하여 3연패를 장식했다.

미네기시가 조선인 팀을 이끌고 일본의 학교를 쓰러뜨린 것을 두고 일본 팀 감독이 "너는 대체 일본인인가 조선인인가?" 하고 말했을 때, 미네기시는 이렇게 답했다고 한다. "스포츠에 일본이나 조선의 구별이 있는가?" 조선인을 차별하지 않고 열심히 지도하는 미네기시를 조선인들도 존경하고 있었다.

1930년 10월, 경성운동장에서 조선신궁대회가 개최되었다. 조선신궁대회는 일본의 황민화 정책의 상징인 조선신궁을 봉찬하는 대회로, 황민화 정책의 일환을 이루는 대회였지만 조선인과 조선에 사는 일본인이 함께 출전하는 종합 스포츠대회로는 가장 권위가 있었다. 이 대회의 육상 10000미터 경기에서 김은배가 우승을 했고, 전라남도 대표로 출전한 남승룡이 4위에 올랐다. 남승룡은 마라톤에도 출전하여 2위를 기록했다.

남승룡은 전라남도 순천 태생으로, 그의 사촌형제 중에는 전라도 지방을 대표하는 장거리 선수 정종호鄭鍾鎬가 있었다. 정종호를 따라 달리면서 남승룡도 장거리 선수로 두각을 나타내기 시작했다. 고향의 보통학교를 졸업한 후 잠시 일본으로 건너가서 8개월 정도 있다가 돌아와 집안의 농사를 돕고 있던 남승룡은, 1930년 조선신궁대회에 출전한 것을 계기로 본격적으로 육상경기를 하기 위해 서울에 가기로 결심했다.

남승룡은 1931년, 서울의 협성실업학교를 거쳐 양정에 입학했다. 하지만 그해 양정 육상부를 담당했던 미네기시는 양정을 떠나 조선체육협회의 육상부 감독에 이어 동 협회의 주사主事로 취임했다.

조선체육협회는 1919년 2월에 설립된 대일본체육협회(현 일본스포츠협회)의 조선지부로, 일본인이 주체인 스포츠 단체였다. 한국 병합 후 조선인에 의한 단체의 결성은 금지되었으나, 1919년 3월 1일 사상 최대의 항일독립운동인 3·1독립운동이 일어나 '무단정치'라 불리던 탄압 일변도의 통치에서 '문화정치'로 불리는 융화정책으로 전환되었다. 그래서 조선인에 의한 단체 결성이 제한적으로나마 가능해져 1920년 7월, 조선인의 스포츠 단체이자 오늘날 대한체육회의 전신인 조선체육회가 결성되었다. 직위로 보았을 때 대일본체육협회 지부인 조선체육협회로의 이동은 영전인 셈이지만, 양정 육상부의 지도에 정열을 불태우고 있던 미네기시의 심정은 어떠했을까.

양정에 들어간 남승룡은 곧바로 김은배에 이어 넘버 2의 실력을 발휘했다. 1931년 10월, 김은배와 남승룡은 조선신궁대회 마라톤 경기에 출전했다. 거기서 김은배는 2시간 26분 12초의 기록으로 우승했다. 이는 당시의 세계기록을 넘어서는 것이었다. 남승룡은 2위였지만 김은배보다 20분 가까이 뒤처졌다. 이 기록에 대해 일본 육상계에서는 코스가 짧았던 게 아니냐는 의문이 제기되어 공인 기록에는 들어가지 못했다. 다만 이 기록은 두 명의 장거리 주자에게 커다란 영향을 미쳤는데, 그중 한 명이 당시 메이지대에서 유학하고 있던 권태하이다.

1906년 충청북도 청주의 유복한 가정에서 태어난 권태하는 서울의 명문 휘문고보를 중퇴하고 교토의 리쓰메이칸대에 입학하여 하코네 역전에서 건각健脚을 자랑한 인물이다.

그는 1927년 하코네 역전에서 제8구를 담당하여 구간 3위에 오르고, 1928년에는 제4구에서 구간 신기록을 기록하여 메이지대의 네 번째 우승에 기여했다. 1929년에는 앵커anchor[1]로 활약하여 연패의 우승 테이프를 끊었다. 1930년에는 제7구에서 구간 신기록을 기록하고 1931년에도 앵커를 맡았다. 이처럼 장거리 주자로서 자신감을 키워 가던 권태하는 김은배의 마라톤 기록에 자극받아 마라톤 대회 참가를 결심했다.

1931년 조선신궁대회 마라톤 경기에서 영향을 받은 또 다른 인물은 손기정이다. 김은배와 남승룡이 마라톤 선수로 출전한 1931년 조선신궁대회에는 손기정도 평안북도 대표 선수로 육상 5000미터 경기에 출전하여 2위를 차지했다. 손기정은 김은배의 기록으로 달아오른 마라톤 경기를 보고 처음 '마라톤'이라는 말을 알게 되었

1 이어달리기 경주에서 마지막 구간을 달리는 선수.

고, 가슴이 두근거렸다.

손기정은 1912년 조선과 중국의 국경인 압록강 하구 마을 신의주에서 태어났다. 북방의 마을 신의주의 겨울은 매우 추워서 압록강이 얼어붙으면 아이들은 스케이트를 탔다. 만약 손기정의 집안이 유복했다면 손기정은 스케이트 선수의 길을 걸었을지도 모른다. 하지만 잡화점을 하는 손기정의 집은 가난해서 스케이트화를 살 돈이 없었으므로 손기정은 그저 산과 들을 뛰어다녔다. 그것이 마라톤 주자로서의 기초를 만든 셈이다.

보통학교 졸업 후, 일본에서는 일하면서 공부할 수 있다는 선생님의 말을 듣고 일본으로 건너간 손기정은 1928년 여름 나가노현 스와의 오복점呉服店(기모노나 옷감을 파는 가게)에서 일하기 시작했다. 스와에서는 마치 방언 같은 일본어에 익숙해지느라 힘들었는데, 겨우 적응이 되었을 무렵 이번에는 오복점이 갑자기 우동집으로 전업하면서 손기정은 배달 일에 쫓기게 되었다. 그대로 스와에 있으면 전망이 없다고 생각한 손기정은, 신의주로 돌아가 고향의 곡물 도매상에서 일하던 중에 조선신궁대회에 출전하여 마라톤과 만난 것이다.

손기정은 1932년 3월, 한국에서 가장 권위 있는 대회인 동아마라톤(현 서울국제마라톤)의 전신인 경영간京永間 단축마라톤에 출전했다. 경복궁의 정문인 광화문과 여의도에 가까운 영등포 사이를 왕복하는 23.2킬로미터의 코스였다. 이 대회에서 손기정은 1위보다 7분 늦은 1시간 28분 45초의 기록으로 2위에 올랐고, 신인 유망주로 주목받으며 양정고보에 스카우트되었다.

1929년 양정고보 육상부의 주장이었던 정상희는 메이지대에 입학했으나, 메이지대에 다니고 있던 권태하는 1932년에 메이지대를 졸업하고 양정고보에서 훈련에 매진하고 있었다. 이렇게 하여 1932년 LA올림픽에 출전하는 김은배와 권태하, 1936년 베를린올림픽에 출전하는 손기정과 남승룡이라는, 한국 마라톤 전설의 4인방이 양정에 집결했다.

마라톤 세계기록 수립

1932년 양정고보에 입학한 손기정은 미네기시 대신 육상부를 지도하게 된 서웅성徐雄成에게 소질을 인정받아, 입학 직후 4월 24일 개최된 호치報知신문 주최 전국 중학교 역전경주에 출전했다. 전국대회이기는 해도 그때까지 간토 지역 학교들이 중심을 이루었는데, 1932년 대회에서는 손기정, 남승룡을 필두로 한 양정고보가 압도적인 강세를 보이며 우승했다.

같은 해 5월 8일에 손기정은 LA올림픽 일본대표 최종 선발대회에 출전하는 조선대표를 정하는 예선 대회 10000미터에 출전했다. 손기정은 김은배와 대접전을 벌인 끝에 약 5미터 뒤처지며 2위에 올라 일본의 최종 예선에 진출하게 되었다. 도쿄에서 개최된 마라톤 일본대표 최종 선발대회에 조선대표로 출전하게 된 선수는 손기정과 김은배, 그리고 메이지대를 막 졸업한 권태하였다.

5월 25일 도쿄 메이지진구가이엔 경기장(훗날의 국립 가스미가오카 경기장)을 발착지로 LA올림픽 일본대표 최종 선발대회가 열렸다. 일본의 쓰다 세이치로津田晴一郎, 다카하시 세이지高橋清二와 조

◆

1936년 베를린올림픽 마라톤에서 우승하며 골인하는 손기정선에서 온 권태하, 김은배가 팽팽한 접전을 벌인 레이스였다. 후반부에 권태하가 선두에 서더니 단숨에 1위로 들어왔다.

김은배는 후반부에 뒤처지기 시작했지만 갑자기 페이스를 회복하여 맹렬히 선두 그룹을 뒤쫓았다. 그 추격에는 이유가 있었다. 조선에서 미네기시가 남승룡을 데려와서 제자들의 레이스를 보고 있었기 때문이다. 페이스가 떨어진 제자를 본 미네기시는 옆에 있던 남승룡에게 함께 달리도록 지시했다. 함께 뛰는 남승룡의 격려를 받은 김은배는 페이스를 회복하고 앞에 뛰던 다카하시와 쓰다를 제치며 2위로 골인했다. 그 결과 1위 권태하, 2위 김은배, 3위 쓰다 세이치로가 LA올림픽 마라톤 일본대표로 출전하게 되었다.

한편 손기정은 참가한 25명 중 하위권에 머무는 참패였다. 이어서 실시된 10000미터와 5000미터 최종 예선에도 출전했지만 좋은 결과가 나오지 않아 LA올림픽에는 출전하지 못했다.

LA올림픽에서는 1928년 암스테르담올림픽에서 6위였던 쓰다에게 메달의 기대가 모아졌지만, 그는 5위에 그치고 김은배는 6위를 했다. 권태하는 9위에 머물렀지만 체력이 소모되어 비틀거리며 기절 직전의 상태였음에도 온 힘을 다해 쓰러지듯 골인하는 모습에 관객들은 우레와 같은 박수를 보냈다.

쓰다는 메달을 놓친 이유에 대해, "나머지 두 명한테 작전상 내 뒤를 따라 달리도록 지시했지만 두 사람이 그걸 지키지 않아 페이스가 무너졌다."라며 김은배와 권태하를 비판했다. 이에 격분한 권태하는 쓰다와 같은 배로 귀국하기를 거부하고 그대로 서던캘리포니아대에서 유학을 하게 된다.

1906년 마쓰에松江시에서 태어난 쓰다는 열심히 연구하는 장거리 주자로 알려져 있었다. 1928년 하코네 역전에는 간사이대 선수로 출전하여, 산길인 제5구에서 구간 신기록을 세우며 역주했다. 권태하는 이 대회 제4구에서 구간 신기록을 세웠다. 그 후 쓰다는 게이오기주쿠대에 진학하여 1931년 하코네 역전에서도 제5구를 달렸다. 이때 권태하는 메이지대 앵커를 맡았다. 같은 하코네 역전의 주자로서 쓰다와 권태하는 면식이 있었고 LA로 향하는 배에서는 사이가 좋았다고 하지만, 올림픽의 레이스를 계기로 사이가 틀어지게 되었다. 이는 4년 후 베를린올림픽에도 영향을 미친다.

올림픽 출전 기회를 놓친 손기정은 훈련에 더욱 열정을 기울였지만, 1932년은 마라톤 10000미터와 5000미터 등의 레이스에서 양정고보 선배인 남승룡에게 지는 상황이 이어졌다. 그 무렵 양정 육상부에 권태하가 편지를 보냈다. 거기에는 "차기 올림픽인 1936년 베를린올림픽의 마라톤 선수로는 손기정이 좋겠다."라고 적혀 있었다. 권태하가 무엇을 근거로 그렇게 썼는지는 알 수 없지만, 이 편지로 손기정은 한층 분발했다.

남승룡은 손기정을 앞서는 결과를 남겼지만, 이듬해에 양정을 중퇴한다. 이유는 성적이 진급에 필요한 점수를 충족하지 못했기 때문이다. 남승룡은 도쿄로 가서 아자부쇼교麻布商業 고등학교를 거쳐 메이지대에 진학한다. 메이지대에는 양정고보 선배인 정상희가 있어서 남승룡을 돌보아 주었다.

1935년의 하코네 역전에서는 남승룡이 산길인 제5구에 출전하여 2위를, 정상희는 제7구에 출전하여 5위를 기록했다. 이때 남승룡이 뛰는 모습에 감동한 메이지대 OB인 기타바타케 요시로北畠義郎 남작은 남승룡의 학비를 내주는 등 졸업할 때까지 지원해 주었다. 당시 정상희가 뛴 7구에는 와세다대에 들어간 양정고보 후배 김은배도 있었지만, 둘은 같은 기록으로 5위에 올랐다.

조선에서 착실하게 실력을 키워 나가던 손기정은 드디어 그의 이름을 일본 전체에 알리는 계기를 맞는다. 1935년 11월 3일, 메이지진구가이엔 경기장을 출발점으로 하는 메이지진구 체육대회 마라톤 경기가 열렸다. 이 레이스에서 손기정은 일본의 기자가 '말보다 빠르다'고 놀랄 만큼 질주하며 2시간 26분 42초라는 세계신기록을 수립하며 우승했다. 2위는 시와쿠 다마오塩飽玉男와 나카무라 노부이치中村信市로 2시간 31분 21초, 남승룡은 4위였다.

시상식에서는 세계신기록 수립을 상찬하며 '기미가요君が代'가 연주되었다. 시상식이 끝나자 손기정은 인솔 교사인 김연창金淵昌에게 달려가, "선생님, 왜 우리나라는 국가가 없습니까. 왜 '기미가요'가 조선의 국가입니까?" 하며 조선어로 울부짖었다고 한다. 다행히 조선어로 말했기 때문에 주위의 일본인들이 알아듣지 못했지만, 만약 알아들었다면 경찰에 연행되었을 발언이었다. 세계기록을 수립한 손기정에게는 기자들이 몰려들어 있었다. 김연창이 대강 상황을 수습하여 무사히 넘어갔다.

손기정이 세계기록을 수립하며 메이지진구 체육대회에서 우승한 사실에 조선인들은 기뻐하며 곧장 축하연을 준비했다. 하지만 손기정이 서울로 돌아오자 신의주에 사시는 아버지가 돌아가셨다는 소식이 기다리고 있었다. 아버지의 장례를 끝내고 서울로 돌아오니 연기되었던 축하연이 서울 제일의 요정 명월관에서 개최되었는데, 여기에는 양정고보나 스포츠 관계자들뿐 아니라 당시 일본과 해외에서 이름을 알리고 있던 무용가 최승희도 참석했다.

금메달리스트에 대한 처사

1936년 5월 21일, 도쿄에서 베를린올림픽 마라톤 일본대표 최종 선발대회가 열렸다. 후반 6위에서부터 치고 올라온 남승룡이 2시간 26분 3초로 우승했다. 손기정은 2시간 38분 2초로 2위였고, 3위는 스즈키 후사시게鈴木房重, 4위는 시와쿠 다마오였다. 일본의 육상경기 관계자들 사이에서는 이전 대회 메달을 획득하지 못한 것은 팀워크가 나빴기 때문이라 생각하고 있었기 때문에, 대표 세 명 중 조선인이 두 명이나 되는 일은 피하자는 방침을 세우고 있었다.

따라서 대표 선수를 결정하는 회의에서는 '세계기록 보유자인 손기정은 그렇다 쳐도, 남승룡은 우승은 했지만 일회성일지도 모르니 대표에 적합하지 않다'는 의견이 나왔다. 거기에 반론을 제기한 것은 정상희였다. 정상희는 메이지대를 졸업한 후 조선총독부 학무국 사회체육과에 근무하며 조선육상경기연맹의 임원도 맡고 있어서 조선대표로 회의에 참석했다.

정상희는 남승룡은 뛰어난 선수이고 실력도 있으므로 최종 선발경기의 상위 3명을 일본대표로 뽑아야 한다고 주장했다. 이에 그가 옳다며 찬동하는 이가 나왔다. 일본인 최초의 금메달리스트인 오다 미키오織田幹雄였다. LA올림픽 때의 일로 조선인이 두 명이나 뽑히는 것을 저지하려는 의도는 오다의 가세로 곤란해졌고, 결국 선수들의 입장에서 보자면 최악의 결론에 이르게 된다. 손기정, 남승룡, 스즈키 후사시게, 시와쿠 다마오 네 명을 일단 선발한 뒤, 베를린 현지에서 새로 선발전을 치른다는 계획이었다.

이로 인해 일본인 선수와 조선인 선수의 관계는 더욱 험악해졌다. 그중에서도 떨어질 가능성이 가장 높았던 남승룡은 애가 탔다. 대표팀 코치로는 이전 대회에서 5위를 했던 쓰다 세이치로가 취임했으나 곧 사임했다. 표면적으로는 건강상의 이유였지만 4년 전부터 이어진 권태하와의 응어리가 크게 작용했던 듯하다. 서던캘리포니아대를 나온 권태하는 남만주철도국에 근무하고 있었다. 권태하는 조선에서 발행되는 신문에 '일본이 이기기 위해서는 쓰다를 제외시켜야 한다'는 기사를 게재하는가 하면, 오다 미키오에게도 쓰다를 비판하는 편지를 보냈다.

마라톤 일본대표팀은 어색한 분위기 그대로 베를린에 입성했다. 그리고 8월 9일의 본선 대회를 2주 앞둔 7월 22일 현지 선발전이 치러졌다. 그러나 현지에 도착한 뒤로 스즈키 후사시게는 컨디션 난조를 보였고, 엔트리 제출의 기한도 이미 지나 있었다. 엔트리는 손기정, 시와쿠, 남승룡으로 제출되어 있었기 때문에 기본적으로 의미가 없는 선발전이었다. 그래도 약 30킬로미터 코스로 치러진 결과, 역시 손기정, 시와쿠, 남승룡이 출전하게 되었다.

그렇지 않아도 올림픽이라는 긴장되는 큰 무대에서 한여름의 가혹한 레이스를 앞두고, 컨디션 조절은커녕 선수단의 분위기는 최악으로 치달았으므로 보통 사람이라면 철저히 무너져 내렸을 것이다. 실제로 시와쿠는 본선 경기 도중 기권했다. 그래도 손기정은 2시간 29분 19초의 올림픽 기록을 세우며 우승했다. 또한 남승룡은 2시간 31분 42초로 3위를 기록했다. 마라톤에서 금메달과 동메달 획득은 말 그대로 쾌거였다. 시상식에서는 두 대의 일장기가 게양되었다.

하지만 다음 날 독일의 방송에서는, "어제의 마라톤은 일본의 승리가 아니다. 금메달의 손기정과 동메달의 남승룡은 조선의 주자이며 이는 조선의 승리다."라는 연설이 흘러나왔다. 목소리의 주인공은 안봉근安鳳根이라는 인물이었다. 안봉근은 이토 히로부미伊藤博文를 암살하여 한국에서 '애국열사'로서 존경받는 안중근의 사촌형제이다.

이 방송 후 일본 선수단 내에서 손기정과 남승룡에 대한 대응이 갑자기 부자연스러워졌다. 한편 손기정과 남승룡은 현지에 가 있던 정상희와 권태하의 안내로 안봉근을 만났다. 거기서 두 명은 태어나 처음으로 조선의 국기이자 당시 독립의 상징이었던 태극기를 보았다.

손기정은 현지에서 사인을 요청받을 때면 한글로 '손기정'이라고 쓰고, 'JAPAN'이 아닌 'KOREA'라고 덧붙여 썼다. 그러한 손기정에게 일본 선수단이나 현지에 거주하는 일본인 대다수가 차가운 시선을 보냈다. 또한 조선에서도 사건이 터졌다.

손기정의 우승이 조선에 전해지자 '민족의 쾌거'에 민중은 끓어올랐다. 하지만 후에 공개된 사진을 보고 환희는 실망으로 변했다. 손기정의 가슴에는 식민지 지배자의 상징인 일장기가 있었기 때문이다. 나라를 잃은 비애를 재인식시키는 사건이었다. 『동아일보』 스포츠 기자였던 이길용李吉用은 그러한 민중의 마음을 대변하여 사진에 찍힌 손기정의 가슴에 붙은 일장기를 덧칠한 채 지면에 게재했다. 그것이 발각되어 이길용을 비롯한 간부가 차례로 체포되고 『동아일보』는 정간 처분을 받았다. 이른바 '일장기 말소사건'이다.

손기정이 조선인들에게 미칠 영향을 경계하여 일본 당국은 손기정을 요주의 인물로 점찍었다. 일본으로 향하는 배가 싱가포르를 지날 때부터는 배에 탄 사복형사에게 감시를 당하게 되었다. 배가 나가사키에 입항한 뒤에는 손기정과 남승룡만 신체 수색을 당했다. "왜 그런 걸 하느냐?"라고 말하는 손기정에게 형사는 "나도 당신과 같은 조선인이다. 지금은 감시가 삼엄하니까 주의하라."라고 말했다고 한다.

도쿄에 도착하자 레슬링의 풍운아 황병관의 부친이자 손기정의 담임 교사였던 황오가 마중 나와 있었다. 거기서 손기정은 조선의 구체적인 사정을 처음으로 들었다. 당국은 손기정이 서울 여의도 비행장(현 여의도시민공원)에 도착하기 전 출입구를 봉쇄하고 민중과의 접촉을 차단했다. 비행기에서 내린 손기정은 사복 및 제복 경관에게 양팔이 붙들린 채로 걸었다. 마치 범죄자가 연행되는 듯한 모습이었다. 얼굴에는 불안과 당혹감이 비쳤다.

조선에서는 축하 행사가 일절 금지되었다. 한 차례 김빠진 듯한 축하회가 열리긴 했지만 참석자는 극도로 제한되었고, 일본어 이외의 사용은 금지되었다. 양정고보로 통학하는 것도 금지되어, 졸업만 인정되었을 뿐이었다.

양정고보를 졸업한 후에는 보성전문에 들어갔지만, 한 중화요리점에서 열린 신입생 환영회에 갑자기 경찰이 "비밀집회가 열리고 있다는 밀고가 들어왔다."며 들이닥쳤다. 손기정은 경찰로부터 "앞으로는 사람들이 모이는 곳에는 나타나지 말라."라는 말을 들었다. 손기정은 조선에서 있을 자리를 잃어버렸다. 이것이 본래 영웅으로 대했어야 할 마라톤 금메달리스트에 대한 처우였다.

손기정은 일본에 유학하려 했지만, 일본의 대학도 요주의 인물인 손기정을 받아들이는 데 난색을 표했다. 메이지대에서만은 권태하와 정상희가 보증인이 되어서 입학할 수가 있었다. 다만, 육상경기를 해서는 안 된다는 조건이 붙었다.

베를린올림픽 다음 해에 열린 하코네 역전에서는 올림픽 동메달리스트 남승룡이 메이지대에서 제3구를 뛰며 구간 1위를 기록했다. 하지만 육상경기를 금지당한 손기정이 하코네 길을 달릴 일은 없었다.

1945년 8월 15일, 제2차 세계대전에서 일본이 패배하며 조선은 일본의 식민지 지배로부터 해방되었다. 1938년 7월, 조선인 스포츠 단체인 조선체육회는 일본인 중심의 단체인 조선체육협회에 흡수되는 방식으로 해산되었지만, 식민지 지배로부터 해방되자 재건을 급속도로 추진하였다. 1945년 10월 27일에 그 준비위원회가 주최한 자유해방 경축 전국 종합경기대회가 경성운동장에서 개최되었다.

대회 개회식에서 손기정은 독립의 상징인 태극기를 들고 선두에 서서 입장했다. 그는 사람들의 시선에 아랑곳하지 않고 눈물을 흘렸다. 그 눈물은 금메달을 획득하고 난 뒤의 세월이 그에게 얼마나 무거웠는지를 이야기해 준다. 손기정은 해방 후 한국에서 사재를 털어 후진 마라토너의 육성에 힘을 기울였다.

2002년 11월 손기정은 파란 많은 생애를 마쳤다. 세상을 떠나기 얼마 전, 『민단신문』의 배철은裵哲恩이 손기정을 취재한 적이 있다. 의식이 몽롱한 가운데에서도 손기정은 이렇게 말했다고 한다.

"나도 하코네 역전에서 뛰고 싶었다."

복잡한 마음을 품고 살아오면서도 올림픽 등의 수많은 무대를 밟아온 손기정에게 단 하나 뛸 수 없었던 경기가 하코네 역전이었다. 그만큼 하코네 길에 대한 마음은 강렬했다.

김철언이 달려온 인생의 등반길

은사 나카무라 기요시와의 만남

남승룡이 메이지대 선수로 하코네 역전에서 맹렬히 달리고 있을 무렵, 훗날 와세다대 경주부의 감독이 되어 세코 도시히코瀨古利彦 등을 길러 낸 나카무라 기요시中村淸는 와세다대의 제1주자 및 앵커를 맡고 있었다. 나카무라 기요시는 1913년 서울에서 태어나 용산중학교에 다녔다. 또한 베를린올림픽에서는 1500미터에 출전한 경력도 있고 해서 손기정과 나카무라는 이전부터 친교가 있었다. 베를린올림픽으로부터 반세기 정도가 지났을 무렵, 이 두 사람이 희망을 건 주자가 나타났다.

와세다대 시절에는 '등반가 기노시타木下'로 불리며 한 시대를 풍미했고, 졸업 후에는 본명으로 활동하며 오늘날 육상계의 카리스마 넘치는 지도자로 알려진 김철언金哲彦이다.

김철언은 1964년 기타규슈시 모지구에서 태어났다. 아버지는 간몬해협關門海峽[2] 건너편의 시모노세키시에서 태어났으며, 그의 뿌리가 되는 땅은 현해탄을 사이에 둔 해안도시 부산이다. 바다를 건너면 곧바로 고향 부산이지만, 아버지는 식민지 시기에 가 본 적이 있을 뿐 해방 후에는 조선적을 가진 탓에 한 번도 간 적이 없다고 했다.

"모지항이 가까이 있어서, 아버지는 산책을 하면서 관부關釜 페리를 쌍안경으로 내다보거나 하며 향수를 달랬습니다." 하고 김철언은 말한다. 관부 페리는 시모노세키항에서 매일 저녁 부산을 향해 출항하고, 아침이 되면 부산에서 출항한 배가 시모노세키에 도착한다. 그 모습은 모지항에서도 잘 보였다.

김철언의 숙부는 『산다는 것의 의미生きることの意味』 등의 저작으로 유명한 작가 고사명高史明[3]이다. "아버지는 지난 이야기는 하지 않는 사람이었고, 조부모도 내가 태어나기 전에 돌아가셨기 때문에 내가 어떤 뿌리를 가지고 있는지 알 수 없었어요. 숙부님의 자서전과도 같은 책을 읽고 나의 뿌리를 알게 되었습니다." 하고 김철언은 말한다.

현 일본제철의 소재지인 기타규슈시는 역전경주나 마라톤이 성행한 지역이다. 김철언이 어린 시절, 멕시코올림픽에서 은메달을 획득한 신일본제철 소속의 기미하라 겐지君原健二는 동경의 대상

---

2 일본 혼슈의 야마구치현 시모노세키와 규슈의 후쿠오카현 기타규슈 사이에 있는 해협.

3 재일 2세 소설가로 본명은 김천삼金天三이다.

이었다. 다섯 살 위 형이 장거리달리기를 특기로 가지고 있기도 해서, 김철언 또한 장거리달리기에 흠뻑 빠져 있었다.

"규슈 일주 역전이나 아사히 역전(2011년을 끝으로 종료) 같은 역전경주에 친숙했어요. 그 지역의 대기업이라면 신일본제철이 있습니다만, 역전으로 그런 대기업에 들어간다는 건 일종의 자격 같은 것이었어요."라고 말하듯, 김철언에게 달린다는 일은 매우 자연스러운 일이었다.

중학생이 되자 그의 일본명인 기노시타는 기타규슈만이 아니라 후쿠오카현 전역에 퍼져 나갔다. 이와 동시에 강력한 라이벌이 나타났다. 훗날 다이토분카大東文化 대학에서 활약하는 다다쿠마 신야只隈伸也이다. 김철언은 고쿠라키타小倉北구의 다다쿠마에게 2000미터, 4000미터 등에서 이기지 못했지만, 이 두 사람은 후쿠오카의 중학생 1위 자리를 놓고 경쟁하고 있었다. 당연히 그들의 진로에도 관심이 모아졌다.

고교 역전경주에서 오무타大牟田 고등학교, 후쿠오카대 오호리大濠 고등학교 등의 강호가 모여드는 후쿠오카현은 호토쿠가쿠엔, 니시와키고교西脇工業가 경쟁하는 효고현과 함께 전국 최고 수준을 자랑했다. 하지만 김철언과 다다쿠마는 상의 끝에 그러한 강호 고등학교가 아닌 지역 고등학교에서 강팀을 이긴 뒤 전국대회에 나가기로 결심하고 두 사람 모두 야하타대 부속(현 규슈국제대 부속) 고등학교에 진학하게 되었다.

하지만 야하타대 부속고에는 수업료가 면제되는 특기생 제도가 없었다. 아버지는 미장공으로 극빈하지는 않았으나 유복하지도 않았다. 사립학교의 학비는 꽤 큰 부담이다. 그래도 권유를 하러 온 교사에게 아버지는 "나는 술을 좋아하는데 매일 저녁 두 잔 마실 것을 한 잔으로 줄여서 아들 녀석의 수업료를 충당하겠습니다."라고 말했다고 한다.

야하타대 부속고에서 김철언은 확실히 기록을 단축시켜 나갔지만, 승부가 걸린 3학년 때 빈혈로 장기간 달리지 못하는 시기가 이어졌다. 착지의 충격으로 적혈구가 파괴되는 데 따른, 장거리 주자 특유의 증상이었다.

그러나 그는 그해 가을에 몸을 회복하여 전국고교 역전경주 후쿠오카현 예선에 출전했다. 2위로 어깨띠[4]를 이어받은 앵커 김철언은 필사적으로 추격했지만 오히려 오버페이스가 되어 후반에 힘이 빠졌다. 결국 후쿠오카대 오호리 고등학교가 우승하면서 전국대회의 꿈은 사라졌다. "분했지만 그때는 그래도 청춘이었어요."라고 김철언은 그리운 듯 말한다. 현縣 대회 2위라고 해도 수준이 높았던 지역인 만큼, 전국대회에 출전해도 충분히 상위를 노릴 수 있는 실력이었다.

고등학교의 선수 생활을 마친 김철언은 재수를 해서라도 와세다대에 들어가기로 결심했다.

"세코 도시히코 씨의 영향이 컸습니다. 후쿠오카 국제마라톤에서 우승했을 때 세코 씨가 입었던, W가 적힌 유니폼을 동경했어요."

세코 도시히코는 김철언이 중학생 때인 1978년 후쿠오카 국제

4 일본에서는 역전경주 등의 이어달리기에서 어깨띠를 배턴으로 쓰는데 이를 일본어로 '다스키襷'라고 한다.

마라톤에서 우승한 것을 시작으로 같은 대회 3연패를 달성한 인물이다. 나카무라 기요시와의 사제 관계는 미디어에서 크게 다루면서 화제가 되기도 했다.

김철언은 와세다대를 목표로 열심히 공부하여 결실을 거두었다. 그는 "자신은 전혀 없어서 1년 재수를 할 생각이었지만 한 번에 붙어서 다행이었지요."라고 회상한다. 김철언은 교육학부에 합격했다.

와세다대에 입학한 김철언은 경주부에 들어갔다. 거기서 은사 나카무라 기요시를 만났다.

"강렬했어요. 그런 사람은 처음 봤고, 이후에도 만난 적이 없습니다. 헌병대의 군인이어서 박력이 남다르더군요. 육상경기에 대한 정열이 장난 아니었어요." 하고 그는 회상한다.

신입 부원은 7명. 그중에서 김철언은 실적 면에서는 가장 뒤처졌다. 하지만 6월 무렵에는 최상급으로 올라가게 되었다.

"매번 연습을 소홀히 하지 않고 쓰러질 정도로 훈련했습니다. 고3 때 반년 정도를 (빈혈 때문에) 헛되이 보냈으니까, 그동안 쌓인 에너지와 나카무라 감독과의 만남이 상승효과를 일으킨 게 아닌가 합니다."

김철언이 소홀히 하지 않은 것은 연습만이 아니었다. 강의를 들을 때도 맨 앞줄에 앉아 열심히 노트 필기를 했다. 매월 받는 송금은 8만 엔. 그중 1만 엔은 누나에게서 받고 있었고, 김철언의 집안 경제 상황으로 볼 때 부모로부터 7만 엔을 받는다는 것은 엄청난 일이었다. 그 노고를 헛되게 만들 수는 없었다.

나카무라 감독 문하에서 파문당하다

1학년 가을, 김철언은 나카무라 기요시로부터 "오르막길이 장기인가?"라는 질문을 듣고 무심코 그렇다고 답했다. 그 후 감독은 상급생이었던 매니저가 자동차로 함께 달리게 하면서 김철언에게 오다와라小田原부터 하코네 아시노코까지의 하코네 역전 제5구 코스를 시주試走[5]하도록 했고 김철언은 나쁘지 않은 기록을 남겼다. 김철언은 이 시주를 계기로 제5구를 뛰게 되었다고 생각했지만 실은 그렇지 않았다.

김철언이 입학한 지 몇 개월 뒤, 이미 나카무라 감독이 4학년생인 매니저에게 "기노시타가 들어왔으니 와세다의 오르막길 코스는 역사가 바뀔 것이다."라고 말하며 '등반가 기노시타'의 탄생을 예언했다는 것이다. "달리는 방식이나 정신력을 보았던 걸지도 모르겠네요. 놀랐습니다."라고 김철언도 말하듯이, 나카무라가 그렇게 예언한 이유는 정확히 알 수 없다.

오르막길인 제5구는 하코네 역전의 10구간 중 가장 가혹하다고 알려져 있다. "오르막길 코스는 한 발 한 발 소홀히 할 수가 없어요. 뛰고 싶지 않은 구간이에요. 작년에 25년 만에 밑에서부터 위까지 조깅을 해 보았습니다. 이런 곳을 잘도 달렸구나, 싶더군요." 그만큼 실력 차가 가장 나는 구간이자 우승의 열쇠를 쥔 구간이기도 하다. 2009년의 하코네 역전에서 도요대 1학년생 가시와바라

---

5 정식으로 뛰기 전에 시험 삼아 달려 보는 일.

류지柏原龍二가 제5구에서 8개교를 제치고 주파하여 종합 우승을 거둔 일이 화제가 되기도 했다.

도요대의 가시와바라가 1학년 때 그랬던 것처럼, 김철언도 전국적으로는 완전 무명의 신인이었다. 그런 사나이가 갑자기 발탁되긴 했지만 주위에서는 여전히 시합 당일에 교대 멤버로 투입되는 이른바 '들러리'로 여겼다. 하지만 본인이 직접 달려서 그것도 두 명이나 제치고 구간 2위로 질주하며 '와세다 기노시타'라는 이름을 전국에 퍼뜨렸다.

서울 출신의 나카무라 감독은 재일코리안인 김철언에게 유달리 애정을 보였다. 세코 도시히코가 SB식품에 들어가면서 나카무라는 와세다대와 SB식품의 감독을 겸하게 되었다. 김철언은 와세다대 2학년생이었지만 하코네 역전 후 3월 중에는 SB식품 선수들의 뉴질랜드 합숙에 특별 참가했다. 조선적을 가진 사람의 해외 도항 수속은 꽤 번잡하지만, 그래도 합숙에 동행할 수 있었던 것은 나카무라가 그만큼 김철언에게 기대를 걸었음을 말해 준다. 뉴질랜드 합숙 때 케냐 출신 제1호 선수인 와키후리Douglas Wakiihuri와 김철언은 한방을 썼는데 처음에는 당황하기도 했지만 점차 친교가 깊어졌다.

2학년이 되면서 김철언은 와세다대 경주부의 기숙사를 나와 국립 가스미가오카 경기장에서 가까운 센다가야千駄ヶ谷로 이사했다. 센다가야에는 나카무라 기요시 감독의 집이 있었고, 세코 도시히코를 비롯한 SB식품 육상부나 와세다대 경주부 중에서도 상위권 선수들만이 나카무라 자택 반경 100미터 이내에 살고 있었다. 훈련도 와세다대 경주부의 일반 부원과는 별도의 매뉴얼을 따라

나카무라의 지도 아래 메이지진구가이엔을 중심으로 실시되었다. 이 집단은 '센다가야조千駄ヶ谷組'라고 불렸다.

LA에서 52년 만에 올림픽이 개최된 해인 1984년 1월. 대학교 2학년이 되어 달린 하코네 역전에서도 김철언은 산길 코스인 제5구를 달렸다. 구간 상賞은 현재 고마자와駒澤 대학 육상부 감독을 맡고 있는 오야기 히로아키大八木弘明에게 빼앗겼지만, 구간 2위까지 오르면서 이후 와세다는 선두를 지킨 뒤 왕로往路를 1위로 골인했다. 와세다대는 귀로歸路에서도 선두를 지키며 30년 만에 10회 우승을 달성했다.

이 우승을 계기로 나카무라는 와세다대 감독을 그만두고 세코 도시히코 등의 지도에 전념하게 된다. 그때 나카무라는 김철언을 집으로 불러 "대한민국 국적으로 변경하게." 하고 말했다. 1936년 베를린올림픽에서 일본선수단의 일원으로 마라톤에서 금메달을 딴 손기정은 항상 나카무라에게 "이번에는 자네가 김철언을 한국 대표로 키워 주게."라고 말했다고 한다. 그리고 두 사람은 손기정의 장남이자 손기정과 같은 메이지대 출신으로 당시 민단 중앙본부에 있던 손정인孫正寅과 서로 연락을 취하고 있었다.

한국 마라톤은 장기간 침체기에 빠져 있어서, 세코 도시히코 등이 2시간 8분대를 기록하고 있던 시대에 겨우 2시간 15분대에 돌입한 상황이었다. 김철언은 마라톤용으로 연습을 조정하면 충분히 한국 국가대표가 될 가능성이 있었다. 게다가 김철언에게는 신과도 같은 존재였던 나카무라 기요시의 지시였다. 적어도 당시 스포츠계의 상식으로는 거부할 수 없는 일이었다. 하지만 대한민국으로의 국적 변경은 윗사람의 지시라고 해서 무조건 '예'라고 대답하기에는 너무나도 중대한 사안이었다. 더욱이 선수로서 큰 무대에 나가기 위한 수단으로 한국으로의 국적 변경을 택한다는 것이 마음에 걸렸다.

그래서 며칠 동안 고민을 거듭한 끝에 김철언은 나카무라에게 "죄송합니다."라고 하며 지시에 따를 수 없다고 말했다. 나카무라는 분노에 떨면서 김철언을 파문했다. "정말 고집쟁이로군. 더 이상 나는 너를 돌봐 줄 수 없으니 센다가야에서 나가거라." 그 후는 대면할 일이 있어도 무시를 당했다.

왜 그렇게까지 조선적을 고집한 것일까. 김철언은 말한다.

"역시 부모님의 영향이었겠지요. 부모님은 지금도 조선적이고 총련과의 연결도 조금 있지만 그렇다고 깊이 관여하지는 않았습니다. 다만 부모님을 등지는 결단을 할 수는 없었습니다. 자아가 확립되어 있지 않았으니까 결단을 할 수 없었던 거지요."

존경하던 나카무라 기요시 감독의 문하를 떠난 김철언은 "나카무라 감독님을 떠나서 잘못되었다는 말을 듣고 싶지 않았으니까, 반골 정신을 에너지로 삼아 경기에 임했습니다." 하고 말한다. 그 말 그대로, 3학년이 되면서 김철언은 간토 학생 육상경기 학교대항 선수권대회(간토 인터칼리지)의 하프마라톤에서 우승하는 등 일본의 학생 육상계를 대표하는 장거리 주자가 되었다. 3학년 때 하코네 역전에서는 제5구 구간 신기록을 수립하며 와세다대가 연패를 달성하는 데 기여하고, '기노시타 데쓰히코'라는 이름도 점차 알려지게 되었다.

그러던 가운데, 4학년 봄에 나카무라 기요시가 사고로 세상을 떠났다. 김철언에게는 말할 수 없는 충격이었다. 나중에 김철언은 세코 도시히코에게서, 나카무라 기요시가 생전 "그 녀석은 철심을 박아 놓은 것 같은 고집쟁이야. 바보 같은 놈. 괘씸한 놈." 하고 악담만 늘어놓았다는 이야기를 들었다. 바보에도 여러 종류가 있지만, 나카무라가 말하는 바보는 명백히 애정의 표현이었다. "죄송했고, 감독님의 애정을 느낄 수 있었습니다." 자신이 뜻을 저버린 은사의 죽음은 김철언에게 해결할 길 없는 괴로움을 가져다주었다.

4학년 때는 하프마라톤으로 간토 인터칼리지에서 연패를 거두고, 일본 학생 육상경기 학교대항 선수권대회(일본 인터칼리지)에서도 우승했다. 하코네 역전에서는 종합 3연패는 놓쳤지만 4년 연속으로 달린 제5구간에서 구간상을 받았고, 왕로의 골인 지점인 아시노코까지 선두로 달렸다.

김철언의 부모는 매년 하코네 역전을 보러 왔다. "대학에 보내주신 부모님을 기쁘게 해 드릴 만한 성적을 거두는 게 보답이지요. 고향에서는 스타 대접을 받았으니까요." 하고 김철언은 말했다.

기노시타 데쓰히코에서 김철언으로

와세다대를 졸업한 김철언이 취직한 곳은 당시 육상경기부가 없었던 리크루트라는 기업이었다.

"나카무라 감독은 돌아가셨지만 그분 이상의 지도자는 없었어요. 몇몇 실업팀으로부터 연락을 받았지만 자꾸만 비교가 되어서 지도자가 있는 곳에는 가지 않고 제 스스로 구직 활동을 하며 경기를 계속하기로 정했습니다." 리크루트에 취직하면서 김철언은 한

가지 큰 결단을 내린다.

구직 활동을 위해 회사를 방문했을 때, 리크루트 측으로부터 "기노시타 군, 뭔가 (요청 사항이) 있습니까?" 하는 질문을 받고, 그는 "부탁이 두 가지 있습니다. 들어주시겠습니까?" 하며, 마라톤을 하고 싶다는 것과 본명으로 살아가고 싶다는 것을 조건으로 내밀었다.

당시 일본은 버블 경기여서 시장은 구직 활동을 하는 학생들에게 유리한 상황이었다. 게다가 당시의 리크루트 내에는 뭐든지 할 수 있다는 기세가 흐르고 있었다. 그래서 김철언의 요구는 순조롭게 받아들여졌다. 물론 진학 등을 계기로 본명을 사용하게 되는 재일코리안은 적지 않았지만, 김철언처럼 '기노시타 데쓰히코'라는 이름이 이미 역전경주의 팬뿐만 아니라 널리 일반에까지 침투해 있는데도 본명으로 바꾸어 사용하기로 한 경우는 드물었다.

"친하게 지내던 신문기자로부터 '이만큼 유명해진 기노시타라는 이름을 왜 버리느냐?'라는 질문을 받았지만, 그건 좀 이상하지 않은가요. 본래 있어야 할 모습으로 돌아가는 것일 뿐이니까요." 김철언은 이런 말도 했다. "경기를 계속해 나가더라도 결국 일본 대표는 될 수 없어요. 그렇다면 재일이라는 것을 숨기고 살아가는 것보다 당당하게 살아가는 편이 즐겁잖아요."

인터칼리지에서 우승하고 유니버시아드에도 나갈 수 있는 실적을 남겼음에도 대표로 뽑히지 않으면 사람들은 당연히 그 이유를 궁금하게 여길 것이다. 따라서 일본인이 아님을 확실히 해야만 분명 이상한 소문도 돌지 않을 것이다. 다만, 이름을 읽는 방식은 어디까지나 '긴 데쓰히코'이지, 한국식 독음인 '김철언'은 아니다. 그

것은 일본에 살면서 재일코리안으로서 김철언이 지켜 내려 한 신념이기도 했다.

인사부에 배속된 김철언은 밤 10시 무렵까지 잔업을 하는 경우가 많았다. 연습은 오후 3시나 4시경 "연습 좀 하러 가겠습니다."라고 말하며 교대를 해서 당시 긴자핫초메銀座８丁目의 본사에서부터 고쿄皇居[6]까지 뛰어갔다 오는 정도였다. 그런 의미에서는, 2011년 대구에서 개최된 세계 육상 선수권대회에 일반 시민 주자로 일본대표로 출전한 가와우치 유키川內優輝와도 유사하다. 사내에는 근무시간 중에 업무에서 빠지고 훈련을 하는 김철언에게 의혹의 목소리를 내는 경우도 있었다. 그러나 김철언은 '리크루트' 로고가 박힌 유니폼을 입고 대회에 출전하여 결과를 남김으로써 선전효과를 거두며 의혹의 목소리를 지지의 목소리로 바꿔 나갔다.

1986년 가을의 세이토青東 역전(동일본종단역전이라고도 하며 2002년 대회를 끝으로 폐지됨)에서는 도쿄 팀의 일원으로 참가하여 앵커로 골인하고 구간상을 받았다. 리크루트의 유니폼을 입고 골인하는 김철언의 사진이 주최 측인 『요미우리신문』의 지면을 장식했다. 이로 인해 연습에 전념할 수 있는 환경이 만들어졌다.

이듬해 2월에는 벳푸-오이타 마이니치마라톤대회別府大分毎日マラソン大會에 출전한다. 학생 시절 한번 도쿄국제마라톤에서 뛰었지만, 이 대회는 본격적으로 경기를 준비한 다음 출전하는 사실상의 첫 마라톤이었다. 이 대회에서 김철언은 중반까지 선두를 달리

---

6 천황과 그 가족의 평상시 거처. 도쿄 지요다千代田구에 위치해 있다.

며 2시간 12분 35초의 기록으로 3위를 차지했다. 이는 당시의 한국 기록보다 앞서는 기록이었다.

대회장에는 손기정이 장남 정인과 함께 와 있었다. 본인이 결단만 하면 그다음 해에 개최될 서울올림픽에 출전할 가능성은 충분했다. 하지만 김철언은 그때까지도 한국 국적으로 변경하지 않은 상태였다.

한편, 김철언이 벳푸-오이타 마라톤에서 건투한 것을 계기로 리크루트에는 마라톤 팀이 신설되었다. 하지만 그것은 여자 팀으로, 여기에 고이데 요시오小出義雄 감독이 선임되었다. 남자는 김철언 한 명이었고 그는 여전히 혼자서 연습을 계속했다.

한국대표 도전

1988년 9월 17일, 쾌청한 가을하늘 아래 서울올림픽이 개막했다. 개회식이 클라이맥스에 다다랐을 무렵, 한 노인이 성화를 들고 입장했다. 비운의 마라토너 손기정이었다. 손기정은 조국에서 올림픽이 개최되는 기쁨을 몸 전체로 표현하기라도 하듯, 날아오를 것처럼 트랙을 달렸다. 김철언은 그 모습을 TV로 보고 있었다.

김철언에게 무엇보다 충격적이었던 것은 남자 마라톤에서 케냐의 와키후리가 은메달을 획득한 것이었다. 대학 1학년 때 뉴질랜드에서 합숙한 이래로 와키후리와는 친한 사이가 되었다. 김철언이 3위에 든 1987년의 벳푸-오이케 마라톤에서 와키후리는 6위였다. 김철언은 "나는 이런 곳에서 무얼 하고 있는 거지?" 하고 생각하자 견딜 수가 없었다.

“조선적이라는 건 북한 국적도 아니고 이도저도 아닌 것입니다. 스포츠를 한다 해도 어느 나라에도 소속되어 있지 않으니까 무대에 설 수조차 없었어요.” 김철언은 진지하게 고민하기 시작했다.

제2차 세계대전 종전 직후인 1947년 5월, 「외국인등록령」이 시행되어 한반도에 호적을 가진 자는 ‘조선적’이 부여되었다. 그 후 1948년 8월 15일에 대한민국 정부가 수립되자 외국인 등록에서 ‘한국적’이라는 표기도 가능해졌다. 따라서 한국적은 문자대로 한국의 국적이지만, 조선적은 한반도에 루트가 있고 한국뿐만 아니라 일본 등 다른 국가의 국적을 취득하지 않은 사람의 외국인 등록상의 적籍이었을 뿐이다. 축구의 정대세나 안영학처럼 북한 여권이 발행되어 북한 대표로 월드컵에 출전한 선수도 있지만, 기본적으로는 극히 예외적인 일부에 해당한다. 또한 일본과 북한 사이에 국교가 없고 일본 정부가 조선민주주의인민공화국을 국가로 인정하지 않는 상황에서, 일본의 외국인 등록에 북한 국적이라는 것은 존재하지 않는다.

한국적으로 변경하는 것을 진지하게 고민하기 시작한 김철언을 마지막으로 움직인 것은 1989년 6월의 중국 톈안먼 사건이었다.

“젊은 사람이 전차에 깔리는 모습을 보고, 망설여서는 안 된다고 생각했어요. 자신이 하고 싶다고 생각하는 것을 향해 솔직하게 돌진해야 한다. 국적은 그 편의상의 것일 뿐이다. 이렇게 생각하자 결심이 단호해졌습니다.” 김철언은 바로 민단에 근무하고 있던 손정인에게 연락하여 한국적으로 변경했다. 수속은 싱거울 만큼 간단했다.

다만 여권 취득에는 꽤 고생을 했다. 부모의 한국 호적은 식민지 시기 그대로 각자의 출생지로 갈라져 있었다. 두 사람이 결혼한 이후의 호적으로 갱신하지 않으면 김철언도 태어나지 않은 게 되어 버린다. 시모노세키 시청에서 부모의 혼인신고서를 가져오고 기타규슈시 모지 구청에서 자신의 출생신고서를 가져오게 한 다음 한국의 호적에 추가 기입함으로써 겨우 여권이 발행되었다.

1989년 9월 수원에서 개최된 전국체육대회에 참가한 것이 그의 첫 조국 방문이었다. 김철언은 조국 방문의 신고식처럼 10000미터와 5000미터에 출전했다.

한국 국적으로 변경하고 여권을 취득함으로써 김철언은 뉴욕마라톤에 출전하는 등 활동 영역을 세계로 넓혔다. 그리고 1990년 3월 서울에서 개최된 동아마라톤을 통해 한국의 마라톤에 데뷔했다. 이 대회는 그해 가을에 베이징에서 개최되는 아시안게임의 한국 대표 선발전이기도 했다. 손기정의 권유로 가슴에 '재일동포'라고 쓰인 명찰을 붙이고 출전했지만, 대회 전 연습에서 오른쪽 장딴지에 가벼운 근육 손상을 입어 불안을 안고 출발했다.

그 불안은 불행하게도 적중하여, 달린 지 얼마 안 되어 근육이 끊어지는 듯한 느낌이 들더니 20킬로미터 지점에서 '팟' 하는 소리와 함께 근육이 완전히 끊어졌다. 발을 질질 끌며 레이스를 계속했지만 30킬로미터 지점 부근에서 기권하고 그대로 병원으로 이송되었다. 조국에서 처음 도전한 마라톤이기에 의지도 강했고 자신도 있었던 경기였다. 그런 만큼, 원통함과 응원해 준 사람들에 대한 미안함 때문에 눈물이 멈추지 않았다.

다리 부상으로 약 반년 동안 달리지 못하는 기간이 이어진 김철언은 바르셀로나올림픽에 출전하기 위해서는 '보통의 연습으로는 무리다' 하고 생각하게 되었다. 그래서 시작한 것이, 이전부터 관심을 가지고 있던 고지高地 훈련이다. "합숙하며 1, 2주 동안 해 본 사람은 있지만 본격적으로 고지 훈련을 한 사람은 없었어요." 고지 훈련 후보지를 찾던 중 발견한 곳이 표고 약 1700미터의 미국 볼더Boulder였다.

김철언은 리크루트를 퇴사하고 고지 훈련에 전념할 생각이었지만, 무급 휴직으로 처리되었다. 당시 여자 마라톤 팀 감독인 고이데 요시오가 회사에 휴직 처리를 조언했다고 한다.

1991년 6월 김철언은 볼더로 떠났다. 영어학교 학생 비자로 학교에 다니면서 훈련을 해 나갔다. "훈련 방식이나 코스 등을 스스로 개발했어요. 고독했지만 성과는 충분히 느껴졌어요. 누군가 시켜서 하는 것은 싫지만, 스스로 결정한 것은 끝까지 하는 타입이었으니까요." 김철언의 시행착오를 통해 볼더는 일본 여자마라톤의 간판스타가 되는 아리모리 유코有森裕子나 다카하시 나오코高橋尙子가 훈련을 위해 찾는 등 일본 장거리 주자들의 성지가 되었다.

김철언은 바르셀로나올림픽 한국대표 선발전을 겸한 1992년 3월의 동아마라톤을 목표로 훈련을 하고 있었다. 한국의 수준으로 보았을 때 2시간 11분대면 국가대표가 될 수 있겠다는 계산이었다. 하지만 2월에 실시된 벳푸-오이케 마라톤에서 황영조黃永祚가 2시간 8분 47초를 기록했다. 한국 마라톤의 수준은 빠르게 향상되고 있었다.

한국의 재벌기업 코오롱은 맨션의 방 하나를 매입해서 그곳을 마라톤 팀의 합숙소로 제공하고 훈련에만 전념할 수 있도록 환경을 정비했다. 20여 년 전 황영조를 취재했을 때, 이런 말을 한 적이 있다. “우리나라는 실업팀이라 해도 실질적으로는 프로입니다. 일본과 똑같이 하면 일본을 따라잡을 수 없어요. 우리나라에서는 인생을 걸고 스포츠를 합니다.” 그 맹렬한 프로의식 속에서 한국 마라톤은 급격히 발전하고 있었던 것이다.

1992년의 동아마라톤은 드라마 〈겨울연가〉의 무대로도 알려진 춘천에서 실시되었다. 김철언은 개인 신기록인 2시간 11분 48초를 기록했다. 목표한 대로 나온 기록이었지만 한국의 수준 향상으로 6위에 그쳤다. 서울올림픽 때였다면 충분히 출전할 수 있었겠지만, 한국으로의 국적 변경이 4년이나 늦어지면서 김철언이 꿈꿨던 올림픽 출전은 이뤄지지 않았다.

계승되는 역사

좌절감을 맛본 김철언은 그래도 선수 생활을 계속할 생각으로 볼더로 돌아갔다. 거기에서 리크루트 여자 팀의 고이데 감독으로부터 아리모리 유코를 맡아 달라는 부탁을 받았다. 고지 훈련의 효과를 기대한다기보다는, 매스컴의 공세를 피한다는 의미가 더 컸다. 바르셀로나올림픽 마라톤의 세 번째 일본 여자 국가대표 자리를 놓고 아리모리 유코와 마쓰노 아케미松野明美가 경합하여 아리모리가 대표가 되었지만, 선발 과정에 대한 의혹의 목소리가 높아서 일본에서는 차분히 훈련을 할 수 없는 상황이었기 때문이다.

김철언은 고이데의 매뉴얼에다 자신이 고지 훈련에서 쌓은 노하우를 가미하여 아리모리의 연습을 도왔다. 바르셀로나올림픽에서는 아리모리의 스태프로 참가하였다. 거기서 아리모리는 은메달을 획득했다. 김철언은 그때의 경험을 이렇게 기억했다.

"그 전까지는 나 또한 선수였기 때문에 다른 사람의 기록 경신은 기쁜 일이 아니었어요. 하지만 내가 달리지 않았어도 나 자신의 노하우나 힘을 보탬으로써 메달을 딸 수 있다는 것에 처음으로 만족과 기쁨을 느꼈습니다."

남자마라톤은 황영조와 모리시타 고이치森下廣一의 데드 히트 dead heat[7]였다.

"저 자신도 한국대표를 목표로 하고 있었지만 일본대표의 스태프로 와 있던 셈이니 마음이 복잡했어요. 어느 쪽이 이기든 기쁘면서도 속상한 면도 있었겠지요." 하고 김철언은 회상했다.

결국 황영조가 경이로운 집념 끝에 우승했다. 황영조는 이렇게 말했다. "마라톤에는 역사적인 아픔을 동반하는 감정 같은 게 있지 않습니까. 초등학교 때 손기정 선수에 관해 배우면서 마라톤에 대한 감정은 다른 스포츠보다 유독 컸습니다." 그야말로 손기정의 '한'을 풀어준 금메달이었다.

황영조의 금메달에 대해 김철언은 이렇게 말했다. "나는 나가고 싶어도 나갈 수 없었어요. 한국이 금메달을 딸 수 있는 수준의 나라가 되었으니까 납득은 갔습니다. 더 이상 내가 나갈 수 있는 무대는 아니라고 단호히 마음을 굳힐 수 있을 만큼 충분한 결과였습니다."

---

7 우열을 가리기 어려운 격심한 경쟁을 말한다.

바르셀로나올림픽 후 김철언은 다시 볼더로 돌아갔지만 거기에서 고이데 감독으로부터 코치로 취임해 달라는 요청을 받았다. 그렇게 최고를 꿈꿔 왔던 현역 생활에 종지부를 찍었다.

고이데 요시오, 김철언 콤비의 리크루트는 일본의 여자 장거리 경기를 리드하는 존재가 되었다. 그러나 1993년 고이데 감독의 성추행 의혹이 주간지에 보도되어 감독과 회사 간부와의 관계가 악화되는 상황에서 고이데는 총감독으로, 김철언은 감독으로 취임했다. 혼란한 가운데 충분한 스카우트 활동이 이뤄지지 않아 1995년 새로 들어온 선수는 한 명밖에 없었다. 바로 시드니올림픽 금메달리스트인 다카하시 나오코였다.

그러나 고이데는 새로운 체제를 견디지 못하고 다카하시 등 주력 선수들을 데리고 세키스이積水화학으로 이적했다. 김철언은 선수 영입을 포함해 체계를 처음부터 다시 세우며 시드니올림픽에도 대표 선수를 출전시켰다.

하지만 2001년에는 리크루트 자체가 팀 운영을 중단하기로 결정했다. 리크루트 한 회사의 문제였다면 새로운 이적지를 찾는 선택지도 있었을 것이다. 그러나 버블 붕괴 후 많은 경기 종목에서 기업 팀이 운영을 중단하거나 해체되어 일본의 기업 스포츠의 존재 자체가 분명 전환점에 놓여 있었다. 그래서 김철언은 시민 주자를 가르치며 자금을 모으고, 경기 선수를 육성하는 클럽 방식으로의 전환을 일찌감치 추진하기 시작했다.

"나는 권력 앞에 굴복하거나 부모의 재산에 의존하거나 하는 경우가 전혀 없으니, 항상 제로zero에서 시작하지요. 그래서 무서울 게 없었어요. 주위 사람들은 '달리는 거야 누구나 할 수 있는 것이

◆

김철언

니 그런 데다 돈을 내줄 사람 따윈 없을 것이다'라고 말했지만, 일본 최고의 팀을 계속 지도하면서 러닝 종목에 관한 노하우는 상당히 쌓인 편이니까 그것을 알기 쉽게 가르치면 반드시 배우러 올 사람은 있다는 확신을 가지고 있었어요." 김철언은 지금까지의 강습회라면 500엔도 받지 못했던 수업료를 5,000엔이나 받고, 그마저도 저렴하다고 생각될 만큼 내실 있게 지도했다. 이렇게 김철언은 시민 마라톤의 절대적인 존재가 되었다. 다른 한편으로, 일본 육상경기연맹의 여자 장거리 마라톤 강화부장을 맡기도 하면서 최상급의 선수 육성에도 힘을 기울였다.

지금은 '등반가 기노시타'의 시대를 모르는 사람들이 많아졌다. "괜찮습니다, 그런 건. 원래 존재하지 않는 인간이니까요." 하고 말하는 김철언은 이렇게 덧붙였다.

"지금까지도 농담으로 말하지만, 일찍 한국 국적으로 변경해서 올림픽 선수가 되어 입상하거나 메달을 따거나 했다면 대기업 자녀라든가 하는 사람과 결혼하여 과거의 영광만을 추억하며 사는 사람이 되었을지도 모르지요. 지금이 훨씬 좋고 즐거워요."

과거에 구애받지 않는 김철언이지만, 그가 역사 속에 휘말린 존재였다는 것 또한 분명하다. 한국 국적 취득 후 손기정과는 자택을 방문할 만큼 가깝게 이야기할 수 있는 사이가 되었다. 손기정은 과거에는 어떤 훈련을 했다거나, 지금 선수들은 너무 약하니 좀 더 훈련을 해야만 한다거나, 일본의 여자마라톤이 강해졌다는 등 마라톤에 관한 다양한 이야기를 김철언에게 해 주었다.

앞서 말했듯이 『민단신문』의 배철은은 손기정이 세상을 떠나기 얼마 전 그를 방문했지만, 처음에는 손기정의 의식이 몽롱하여 이야기할 수 있는 상황이 아니었다. 하지만 어느 순간 정신을 차리고 처음 꺼낸 말이, "김철언은 지금 어떻게 지내나?"였다. 그 말을 김철언에게 전하자, 그는 "처음 듣는 말입니다."라고 신기한 듯한 얼굴을 하며, "나도 역사라면 역사랄까, 그분의 에너지를 계승하고 있다고 생각합니다." 하고 말했다.

손기정과 나카무라 기요시, 한국과 일본의 장거리 주자를 대표하는 이 두 사람이 죽기 직전까지 김철언을 생각하고 있었던 셈이다. 김철언은 한편으로는 죄송스러운 마음도 있겠지만 동시에 그는 행복한 사람이 아니었을까.

식민지 시기, 젊은 일본인 교사 미네기시 쇼타로가 정열을 기울인 양정고보의 육상부에서 손기정 같은 선수들이 자라났다. 그 반세기 후 나카무라 기요시의 문하생인 김철언은 손기정이나 나카무라 기요시가 요청했을 때 즉각 한국 국적으로 바꾸지는 않았지만, 그 후 국적을 바꾸어 한국 국가대표를 꿈꾸면서 미국 볼더에서 고지 훈련을 수행했다. 올림픽 출전이라는 김철언의 꿈은 끝내 이루어지지 못했지만, 김철언이 개발한 고지 훈련을 통해 아리모리 유코가 은메달과 동메달을 획득하고 다카하시 나오코가 금메달을 획득했다. 거기에는 한국과 일본의 시공을 넘어 계승된 운명의 끈이 가진 무게가 고스란히 담겨 있다.

김철언은 2006년 대장암 수술을 받은 후에도 계속 달렸다. 그가 달려온 인생의 오르막길은 일본의 육상 장거리계에 앞으로도 새로운 바람을 일으켜 나갈 것이 틀림없다.

⑧

‘불모의 땅’에서 올림픽을 개최하기까지

◇

동계스포츠 편

기나긴 겨울

메이지 대학의 조선인 선수

2019년 2월, 한국의 첫 동계올림픽이 평창에서 개최되었다. 그로부터 7년 전 유치에 성공했지만 대회의 열기는 그다지 고조되지 않고 있었다. 하지만 개최 직전 북한이 참가를 표명하고, '미녀 군단'으로 불리는 응원단이나 예술단 등도 방한하며 한순간에 주목받는 대회가 되었다.

평창올림픽은 두 차례의 탈락 끝에 유치에 성공했다. 첫 도전인 2010년의 대회 유치 때는 지명도가 낮아 평양과 혼동하는 상황도 벌어졌다. 시설도 아직 구상도만 있을 뿐 구체성이 떨어졌고, 세계적으로 알아주는 종목도 쇼트트랙뿐이었다. 그래도 첫 번째 투표에서 1위를 하고 결선 투표에서 밴쿠버에 3표 차로 아깝게 패했지만 그만큼 선전을 한 것은 한국의 노련한 선거 활동 덕이었다.

준비를 거듭한 두 번째 도전에서 평창은 유력 후보로 거론되었다. 하지만 IOC 총회에 출석한 푸틴 대통령의 정치력으로 말미암아 결선 투표에서 러시아 소치에 4표 차로 패하며 눈물을 흘려야 했다.

근소한 차이로 지는 상황이 이어지면서, 다시 도전을 해도 승산이 있겠냐는 회의적인 의견도 많았다. 하지만 평창은 동계올림픽 유치를 위해 점프대 건설 등 개최 준비를 구체화했고, 동계스포츠의 세계적 히로인인 피겨스케이팅 선수 김연아를 전면에 내세우며 대회 유치에 성공했다.

일본에 한국 붐을 일으킨 〈겨울연가〉의 촬영지로도 알려진 평창의 용평스키장, 이른바 드래곤밸리가 개장한 것은 1975년이다. 그 전까지 그곳은 겨울이면 목장을 스키장으로 활용하던 곳이었다. 게다가 서울에서는 난방도 되지 않는 버스를 타고 10시간이나 달려야 해서 도착할 무렵이면 몸 전체가 꽁꽁 얼었다고 한다.

한국은 평지에는 눈이 많지 않지만 겨울 추위가 혹독하여 빙상스포츠는 그래도 즐겨 온 편이었다. 해방된 지 얼마 지나지 않아 1948년 개최된 최초의 여자 피겨스케이팅 선수권대회에서 우승한 홍용명洪龍明의 연습장은 서울시청 근처 덕수궁 내의 연못이었다고 한다. 스피드스케이팅 경기도 1960년대 무렵까지는 한강의 특설 링크에서 열렸다. 지금은 한강이 어는 것은 1년에 몇 번밖에 되지 않지만, 과거에는 빈번하게 얼었고 꽁꽁 언 강물 위를 달구지가 지나갈 만큼 두께도 두꺼웠다.

한국에서 동계올림픽에 관심을 가지게 된 것은 쇼트트랙이 정식 종목으로 채택된 1992년 알베르빌올림픽 때부터로, 그 이전에는 금메달은커녕 메달 자체를 한 개도 획득하지 못했다. 스포츠에 정통한 사람들을 포함하여 대다수의 사람들이 태극기를 내걸고 올림픽에 참가한 최초의 대회를 1948년의 런던올림픽으로 알고 있지만, 엄밀히 말하면 같은 해에 개최된 생모리츠 동계올림픽부터이다. 한국에서는 그만큼 동계올림픽에 대한 관심이 낮았다.

생모리츠 동계올림픽에 대해서는 『대한체육회 70년사』(대한체육회 발행)에 다음과 같이 적혀 있다.

> 1948년 스위스의 생모리츠에서 열린 제5회 동계올림픽은 한국 선수단이 우리 태극기를 걸고 참가한 최초의 대회였다.
>
> 총무에 정월터, 감독에 최용진崔龍振, 선수에 이효창李孝昌, 문동성文東成, 이종국李鍾國 등으로 구성된 소규모 선수단이 참가했으나, 이효창, 문동성은 부상으로 성적을 내지 못하고 한 명도 입상하지 못했다.

겨우 세 명뿐인 선수는 모두 스피드스케이팅 선수였다. 선수단 감독인 최용진은 메이지대 출신으로, 대학 시절인 1937년과 1938년 스피드스케이팅 전일본 선수권대회에서 2년 연속으로 종합우승을 거둔 적이 있었다. 하지만 조선인에 대한 차별의식이 강한 탓에 레이스 중에 일본인이 돌을 던진 적도 있었다고 한다.

그래도 최용진은 메이지대 졸업 후 도쿄에 거주하며 메이지대 스케이트부 고문으로 후배를 지도하는 한편, 1980년대부터는 대한빙상경기연맹 고문으로 조국의 스케이트 발전에도 기여했다. 또한 초등학생 시절 일시적으로 일본에 거주한 적이 있는 손녀 최승용은 고등학생 때 개최된 나가노올림픽에 여자 스피드스케이팅 한국대표로 출전했다. 최승용은 고등학교 졸업 후 춘천시청 선수로 활약했다.

최용진의 메이지대 1년 선배인 김정연金正淵도 1934년과 1935년의 전일본 선수권대회에서 종합우승을 거두었다. 김정연은 같은 메이지대의 장우식張祐植, 1933년 전일본 선수권대회에서 종합우승을 거둔 와세다대의 이성덕李聖德과 함께, 1936년 독일의 가르미슈파르텐키르헨에서 개최된 동계올림픽에 일본 선수단의 일원으로 출전했다. 이 대회는 초등학교 6년생인 12세의 이나다 에쓰코稻田悅子가 피겨스케이팅에 출전하여 10위에 오르며 화제가 되었던 대회이다.

한편 이 시기 메이지대 스케이트부에는 최용진, 김정연, 장우식 외에도 윤세식尹世植, 박윤철朴潤哲(1940년 전일본 선수권대회 우승), 김장욱金莊煜 등이 있었으며, 일본 각 대학에서 조선인 선수가 활약하고 있었다. 김정연은 메이지대 스케이트부 주장을 맡기도 했다. 양정고보 시절 마라톤의 손기정은 메이지진구 체육대회 등 도쿄에서 경기가 있을 때면 김정연의 호의로 메이지대 스케이트부의 합숙소에 머무르기도 했다.

온화하고 인품이 좋아 누구에게나 인기가 있는 김정연이었지만, 마음에는 깊은 상처를 안고 있었다. 1919년 3월 1일, 식민지 시기 최대의 항일독립운동인 3·1독립운동이 일어났다. 조선의 민중은 독립의 상징인 태극기를 흔들며 대규모 시위를 벌였다. 그에 대한 일본 당국의 탄압이 극심하여 많은 희생자가 나왔다.

김정연의 숙부는 이때 일본의 경찰에게 후두부를 가격당해 사망했다. 그때 김정연은 9세였지만, 숙부의 하얀 한복이 피로 붉게 물드는 광경이 뇌리에서 떠나지 않았다. 김정연은 일본인을 이기고 민족의 힘을 보여 주는 것이 마음속에 무겁게 남은 '한'을 푸는 길이라는 신념으로, 필사적으로 스케이팅에 매달렸다고 한다.

김정연은 1956년 이탈리아 코르티나담페초에서 열린 동계올림픽에서 한국 선수단의 감독을 맡았다.

겨울의 시대에 씨앗을 뿌린 재일코리안

한국 여자 피겨스케이팅 초대 챔피언인 홍용명은 평안남도 안주 출신으로 베이징에서 스케이트를 배웠으며, 김정연은 평안남도 강서 출신, 최용진은 손기정과 같은 중국과의 국경 지대인 신의주 출신이다. 그들은 모두 해방 후 한국 국적을 얻었지만, 원래는 북한 지역 출신이다.

실내 링크가 없던 시절, 추위가 혹독한 곳일수록 유리한 것은 당연했다. 한겨울이 되면 서울을 흐르는 한강도 얼어붙지만, 그보다도 평양을 흐르는 대동강, 나아가 조·중 국경을 흐르는 압록강 쪽이 더 두껍고 오래 얼어서 스케이트가 더욱 성행했다.

1964년 인스브루크 동계올림픽에서는 북한의 한필화韓弼花가 스피드스케이팅 3000미터에서 은메달을 획득했다. 한필화는 대동강 하구에 있는 평안남도 남포 출신이었다.

한국의 동계스포츠에는 긴 동면 상태가 이어졌다. 1955년부터 전국체육대회 겨울대회에 재일코리안이 출전할 수 있게 되고 다른 경기와 마찬가지로 용구를 제공받고 스키 등의 기술 강습회를 열기도 했다. 또한 전연수田連壽 등 홋카이도 거주 재일코리안은 한국의 스키선수를 불러 홋카이도에서 장기 합숙을 실시하기도 했지만, 성과는 좀처럼 나오지 않았다.

민단 홋카이도지방본부의 단장을 역임하는 등 홋카이도 내 재일 사회의 명사인 전연수는 1960년대는 대한스키협회 회장에 취임하기도 했으며, 1968년 프랑스 그르노블 동계올림픽에서는 한국 선수단 총감독을 맡았다. 하지만 한국 선수단은 임원 7명, 선수 8명밖에 되지 않았고 많은 이들의 예상대로 결과는 참패였다.

다음 올림픽은 이웃나라 일본에서 열리는 삿포로 동계올림픽이었다. 이 대회에는 북한도 참가하는 만큼, 한국이나 재일 사회에 긴장이 고조되었다. 이 대회를 위해 민단이나 재일체육회는 모금 활동으로 8,150만 엔을 모으고 폭넓은 응원을 보내었다. 하지만 안타깝게도 선수단은 임원 2명에 선수 5명뿐이었다. 여자 피겨스케이팅은 전체 출전 선수 19명 중에서 최하위였고 다른 종목 선수도 하위권에 머물렀다.

한국 동계스포츠의 오랜 침체에서 벗어나기 위한 움직임은 삿포로올림픽 이전부터 시작되고 있었다. 1971년에는 홍용명의 추천으로 당시 '천재소녀'라는 평판을 얻고 있던 윤효진尹孝珍을 일본으로 유학시키며 이나다 에쓰코의 지도를 받게 했다. 윤효진은 실력이 향상되었지만 부친이 미국으로 전근하게 된 것을 계기로 미국에 건너가 프로 스케이터로 전향했다.

삿포로 동계올림픽 이후 1973년부터는 재일체육회의 지원을 받아 여자 피겨 선수 네 명이 도쿄한국학교를 비롯해 당시 재일체육회 회장 정건영의 모교이자 와타나베 에미渡部繪美 등을 배출한 피겨스케이팅 명문 센슈대에 유학했다. 당시의 아이스링크 컨디션은 일본과 한국이 큰 차이를 보였기 때문에 일본의 아이스링크에 익숙해지면 한국에서 스케이트를 탈 때 앞으로 나아가질 못해 "일본에서 뭘 한 거냐."는 꾸짖음을 당한 적도 있다고 한다. 그 유학생 중 한 명인 신혜숙申惠淑은 1980년 레이크플래시드 동계올림픽에 출전하고 은퇴 후에는 지도자가 되어 소녀 시절의 김연아를 지도하는 등, 피겨스케이팅 발전을 위한 발판을 쌓았다.

1992년 알베르빌 동계올림픽부터 쇼트트랙이 정식 종목으로 채택되어 이 종목의 1000미터에서 김기훈金琪焄이 동계올림픽 최초의 금메달을 획득했다. 남자 5000미터 계주에서도 금메달을 따면서, 한국도 드디어 경쟁 대열에 합류할 수 있게 됐다.

1980년대까지 도다 히로시戸田博司, 시시이 에이코獅子井英子 등 세계 챔피언을 배출한 일본은 쇼트트랙에서 세계 톱클래스가 되었다. 이 종목은 몸이 작고 회전이 날카로운 동양인에게 유리한 스포츠였다. 한국은 일본의 기술을 재빨리 습득하여 보다 독자적인 기술과 전술을 가미함으로써, 세계 최강의 쇼트트랙 왕국이라는 명성을 쌓아 올렸다.

2010년 밴쿠버 동계올림픽에서는 여자 피겨스케이팅의 김연아를 비롯하여, 쇼트트랙뿐만 아니라 스피드스케이팅에서도 메달을 획득함으로써 금메달 6개, 은메달 6개, 동메달 2개의 성적을 내는 등 눈부신 약진으로 깊은 인상을 남겼다.

2018년 평창 동계올림픽에서 개최국 한국은 금메달 5개, 은메달 8개, 동메달 4개를 획득했다. 그중에서도 남자 스켈레톤에서 윤성

빈이 따낸 금메달이나 여자 컬링, 봅슬레이 남자 4인승, 스노보드 남자 평행대회전에서 이상호가 따낸 은메달 등, 스케이트 이외 종목에서의 활약이 눈에 띄었다.

하지만 2022년 베이징 동계올림픽에서는 금메달 2개, 은메달 5개, 동메달 2개의 성적으로 메달은 대부분 쇼트트랙을 중심으로 한 스피드스케이트 부문에서 나왔다. 평창 동계올림픽의 성과를 앞으로 어떻게 이어 갈 것인지가 과제로 남았다.

한일 피겨 최강 시대에 핀 재일의 꽃 김채화

일본과 한국의 차이

김연아라는 이름이 일본에서 널리 알려지기 시작한 것은 2006년 3월에 개최된 세계 주니어 선수권대회에서 아사다 마오浅田眞央를 꺾고 우승했을 때부터였다. 이 시즌의 시니어 그랑프리파이널에서 우승하고, 연령 제한으로 출전하지는 못했지만 만약 토리노올림픽에 나갔다면 유력한 금메달 후보가 되었을 아사다가, 동세대의, 그것도 피겨스케이팅계에서는 존재감이 희미했던 한국의 선수에게 졌다는 것은 일본으로서 큰 충격이었다.

한편 한국에서 김연아의 이름이 널리 알려진 것은 2004년 9월에 부다페스트에서 개최된 주니어 그랑프리 시즌에서 우승했을 때였다. 이 소식은 한국 피겨스케이팅 사상 최초의 쾌거로서 미디어에 대대적으로 보도되었다. 하지만 당시 일본에서는 아직 그 정도까지 알려지지는 않았다.

이 대회에서 2위를 한 사와다 아키澤田亞紀는 간사이 지역에서 이름난 코치인 하마다 미에浜田美榮에게 지도를 받고 있던 교토의 다이고醍醐 링크로 돌아가, 하마다 문하의 동료에게 김연아에 대해 "너무 뛰어나서 놀랐다."라고 말했다.

그 동료란 김채화金彩華라는 재일코리안 3세였다. 김채화는 교토·오사카 등 간사이 지방에서 실력을 연마한 뒤, 한국대표로서 4대륙 선수권대회, 유니버시아드, 동계 아시안게임 등에 출전했다. 세계 피겨스케이팅계의 시선이 한국과 일본으로 모이는 가운데, 그 양쪽에서 모두 스케이트를 탄 희귀한 경험의 소유자이기도 하다.

김채화는 1988년 오사카부 미시마군三島郡 시마모토초島本町 출생으로, 재일코리안이 많이 살고 있는 오사카시 이쿠노구에서 자랐다.

지금은 복합 상업시설인 난바 파크스가 되었지만 과거 오사카 난바難波에 있던 오사카 구장에는 스케이트 링크도 있었다. 일곱 살 때 가족과 함께 스케이트링크에 놀러 간 것이 스케이트와의 첫만남이며, 실내 링크에서 자연스럽게 피겨스케이팅을 하게 되었다.

김채화는 8세부터는 주 1, 2회씩 개인 레슨을 받았다. 스케이트가 한없이 즐거웠던 소녀는 개인 레슨이 없는 날에도 학교가 끝나면 친구들과 놀지 않고 오사카 구장의 링크로 직행했다. 이 무렵 일본의 연맹에 나가세 아야카長瀨彩華라는 일본명으로 선수 등록을 했다. 초등학교 4학년이 되었을 때 부모님에게서 "이제부턴 본명으로 바꾸는 게 어떠냐?"라는 말을 듣고, 학교에서는 일본명이 아니라 본명 김채화를 사용하게 되었다.

중학교와 고등학교는 집에서 비교적 가까운 오사카조가쿠인大阪女學院에 다녔다. 아라카와 시즈카荒川靜香, 고즈카 다카히코小塚崇彦 등의 코치로 알려진 사토 구미코佐藤久美子나 피겨스케이팅 선수 오다 노부나리織田信成의 어머니 오다 노리코織田憲子도 이 학교의 졸업생이다.

하지만 중학교 수험 공부를 위해 반년 정도 스케이트를 쉬는 사이, 오사카 구장의 스케이트 링크가 폐쇄되고 말았다. 중학교에 들어간 뒤부터 다카이시高石의 린카이臨海 스포츠 센터 등에서 스케이트를 타거나 했지만 너무 멀기도 해서 중도에 그만두었다. 부모님으로부터 그만두든지 환경을 바꾸라는 말을 듣고 김채화는 본격적으로 피겨스케이팅의 길을 걷기로 결심했다.

일본의 피겨스케이팅은 도쿄가 아니면 아사다 마오 등을 길러낸 야마다 마치코山田滿知子 등이 있는 나고야가 중심지였다. 그런 가운데 주니어 육성으로 정평이 나 가르치는 인물은 교토의 다이고 링크에 있는 하마다 미에였다. 김채화는 하마다에게 지도를 받으며 선수로 성장해 나갔다.

당시 하마다의 문하에는 2003년의 세계 주니어 선수권대회 우승자인 오타 유키나太田由希奈, 교토대생 스케이터로 알려진 남자 피겨스케이팅 선수 간자키 노리유키神崎範之, 그리고 동세대로는 주니어 유망주였던 사와다 아키, 기타무라 아키코北村明子가 있었다. "따라가기에 벅찼어요. 하지만 매일 매일 자극이 되었고 즐거웠습니다." 하고 김채화는 말했다.

2003년 김채화는 전일본 주니어 선수권대회에 출전했다. 그 예선인 서일본 선수권대회에서는 안도 미키安藤美姫와 함께 마지막 조에 편성되었다.

"너무 긴장해서 형편없었지만, 그래도 통과해서 전일본 대회에는 나갈 수 있었습니다. 하지만 안도 미키 선수, 그 대회에서 4회전을 뛰었지요. 그런 사람과 같이 스케이트를 타고 있다니 놀라웠습니다." 김채화가 말하듯이, 이 전일본 주니어 선수권대회에서 안도 미키는 서일본 선수권에서는 시도하지 않았던 4회전 점프를 성공하며 우승했다. 2위는 아사다 마이淺田舞, 3위는 사와다 아키, 4위는 아사다 마오로 상위권에는 훗날 일본 피겨의 황금시대를 여는 호화로운 간판급 스타들이 포진해 있었다. 그중에서 김채화는 20위에 머물렀다.

전일본 주니어 선수권대회가 끝나고 3개월 후인 2004년 2월, 김채화는 한국의 전국 동계 체육대회에 출전했다. 이 대회를 통해 김채화는 처음 조국으로 건너갔다. 장소는 비빔밥으로 유명한 식도락의 고장 전주. 하지만 김채화에게는 원조 비빔밥을 즐길 여유 따위 없었다.

한국어를 잘 모르는 김채화를 돌보아 준 이는 1970년대 재일체육회의 지원으로 일본에서 유학한 신혜숙이었다. 이 대회의 여자 중학생부는 A조부터 D조까지 등급이 나누어져 있었는데, 김연아는 A조에서 우승하고 김채화는 B조에서 우승했다. 이 대회를 계기로 김채화는 한국의 연맹에 선수 등록을 하고 일본의 연맹에서는 준회원 대우가 되었다.

한국에서 스케이트를 탈 기회가 늘어난 김채화는 일본과의 차이에 당황할 때도 많았다.

◆

2011년 2월 20일 타이완 타이베이 아레나에서
열린 ISU 4대륙 피겨 스케이팅 선수권대회에서
경기를 하고 있는 김채화

"연습 때 피겨 선수가 타기 전에 쇼트트랙 선수들이 연습을 하는 것을 보고 큰 위화감을 느꼈습니다. '뭐지 저건?' 하는 느낌이었지만 '와, 빠르다'라고 생각하며 놀라기도 했어요."

김연아의 출현으로 피겨스케이팅의 환경은 대폭 개선되었지만, 그때까지는 좋은 시간대에 쇼트트랙 연습이 우선 배정되고 피겨 선수들은 아침 일찍이나 심야에 연습하는 경우가 많았다.

거기에 한층 더 위화감을 느낀 것은 대회 전 공식 연습이었다. 다수의 선수들이 동시에 링크에 오르는 공식 연습에서는 통상적으로 출전 선수를 모아서 그룹을 나누거나, 활주 순서가 정해져 있는 경우는 그 순서에 따라 그룹을 나누었다. 하지만 사제지간의 결속이 강한 한국에서는 코치별로 나누어 연습을 했다. 문하생이 두 명뿐인 코치라도, 할당된 시간에는 두 명이 링크를 독점하는 것이다.

"나는 한국에서 배우질 않았으니까 '어디에 들어가면 좋을까?' 하고 생각했어요. 참가하는 선수는 많게는 15명 정도였으니, 공식 연습이 만약 두 시간이라고 하면 7, 8명으로 나누어 한 시간씩 타면 될 텐데, 코치별로 세분하다 보니 연습을 15분 정도밖에 못할 때도 있었습니다."

김채화는 한국에 가서 초반 1, 2년은 신혜숙의 도움을 받고, 그 후에는 김세열이라는 남자 코치에게 신세를 졌다. "시합에 나가면 룰은 같으니까 어려울 건 없습니다."라고 김채화는 말했지만, 평소에 한국에서 지내지 않는 사람으로서는 적응하기 힘든 관습이 있었던 것도 분명하다.

그래도 2005년에는 강릉에서 개최된 시니어 4대륙 선수권대회에 한국대표로 출전하여 14위를 했다. 그리고 2006년 세계 주니어 선수권대회에서는 7위에 올랐다. 김연아가 우승하고 아사다 마오가 2위를 한 대회였다. 2003년 전일본 주니어 선수권대회에서 20위였던 김채화는 3년 만에 세계 7위로까지 뛰어올랐다. "점프에 뛰어나다든가 아니면 스핀이 장기라든가 하는 건 없습니다. 그저 착실하게 해 왔을 뿐입니다." 하고 그녀 자신도 말하듯이, 끈기 있는 연습의 성과였다.

김연아와 같은 대회에 출전한 것은 당시의 세계 주니어 선수권대회가 마지막이었다. 2007년 1월 한국 선수권대회에서 김채화가 우승했지만, 이 대회에 김연아는 출전하지 않았다.

김연아 효과

그 전년도인 2006년 11월, 김채화는 NHK배 대회에 출전했다. 이 대회에는 특별한 추억이 있다. "출전 요청을 받았을 때, '거짓말이겠지' 하고 생각했습니다. 스케이트를 시작했을 때 비싼 입장료를 내고 보러 가서, '이런 대회에 나가고 싶다'라고 생각했던 것이 꿈처럼 느껴졌어요."

나가노에서 개최된 이 대회에서 김채화는 9위에 올랐다.

2007년 김채화는 간사이대에 진학했다. 아라카와 시즈카가 토리노올림픽에서 금메달을 획득하고 아사다 마오가 국민적인 아이돌이 되는 등, 일본 피겨스케이팅의 인기가 치솟고 있었지만, 오랜 불황이 이어지며 일본 각지에서 관리·유지비가 많이 드는 스케이트 링크가 연이어 문을 닫았다. 김채화가 연습 거점으로 삼고 있던 교토의 다이고 링크도 2005년 9월에 폐쇄되어 하마다 문하생들은 각지의 스케이트 링크를 전전할 수밖에 없었다.

그러한 가운데 2006년 아이스 에어리어를 건설한 간사이대로부터 연락이 왔다. 전용 링크가 있다는 것이 무엇보다도 매력적이었다. 사와다 아키, 기타무라 아키코를 비롯한 하마다의 문하생들이 그대로 간사이대에 입학하고 하마다 미에도 간사이대의 코치가 되었다.

간사이대에는 남자 피겨스케이팅 톱 선수인 다카하시 다이스케高橋大輔와 오다 노부나리가 있었다. "함께 타는 것은 주 1, 2회였지만 남자 선수여서 스피드도 있고 점프도 높아서 상당히 동기부여가 되었어요."라고 김채화는 말했다.

김채화는 2009년 2월 중국 하얼빈에서 개최된 동계 유니버시아드, 2011년 2월 카자흐스탄 아스타나에서 열린 동계 아시안게임에 한국대표로 출전했다.

김채화는 김연아가 없었다면 한국에서 톱스타가 되었을지도 모를 선수이다. 하지만 김채화는 말했다. "연아가 좋은 성적을 냈기 때문에 다른 선수들도 여러 대회에 나갈 수 있었고, 저도 좋은 경험을 할 수 있었어요. 라이벌 의식이라든가 하는 건 없었습니다."

그때까지 한국에서는 전혀 주목받지 않았던 피겨스케이팅이 김연아의 출현으로 각광받으며, 4대륙 선수권대회 등에도 적극적으로 선수를 내보내게 되었다. 피겨의 인기도 높아졌고 한국 국내 대회도 객석이 꽉 차게 되었다.

한편으로 '김연아 키즈'라 불리며, 김연아로부터 자극 받아 피겨스케이팅을 시작한 초등학생들도 나타났다.

"3년 정도 전까지 저와 동갑인 신예지 선수가 있어서 저희 둘이 꼭 할머니 같았지만, 최근 2년 정도는 대학생 한 명에 고등학생 한 명, 그리고 그 밑으로도 중학생이 있어서 점차 연령층이 두터워지고 있어요."

2012년 1월 당시 대한빙상경기연맹에 등록되어 있는 여자 피겨스케이팅 국가대표 선수 7명 중 1990년생 김연아, 1994년생 곽민정 외에는 모두 1997년생이었다.

그 후 한국의 여자 피겨스케이팅에서는 김연아가 저만치 선두에서 달리고 초·중등학생이 나머지 선배들을 점점 추월해 나갔다. 김연아는 밴쿠버올림픽에서 금메달을 획득하며 세계의 히로인이 되었다. 그 모습을 김채화는 '마침내 그 자리까지 갔구나'라고 생각하며 감개무량하게 바라보았다.

그로부터 1년 뒤 간사이대 졸업을 얼마 앞둔 김채화는 2월에 타이베이에서 개최된 4대륙 선수권대회를 끝으로 현역에서 은퇴했다. 마지막 연기가 끝나자 눈가에 눈물이 번졌다.

"그때는 뭐랄까. 끝나 버렸구나, 하는 생각이었어요. 쓸쓸했다고 할까요. 스케이트 타는 게 좋았고 시합보다 연습이 좋았었는데……."

김채화를 취재한 것은 마지막 4대륙 선수권대회로부터 3개월 후의 일이지만, 아직 그때의 일이 생생했을 것이다. 이야기를 시작하자 김채화의 눈에서는 다시 눈물이 흘러내렸다.

중학생 때부터 김채화를 지도해 온 하마다 미에는 "마지막까지 잘해 주었구나. 선수 때의 경험을 살려서 앞으로도 힘내길 바란다."라고 격려해 주었다.

매년 세계 최고 수준의 주니어 선수가 등장하는 일본에서도 대학을 졸업하는 나이까지 활동을 계속하는 선수는 그리 많지 않다. 한국 선수이기는 하지만 김채화는 일본의 링크에서 자란 선수로서는 오랫동안 계속해 온 편에 속한다. 그래도 당시는 아직 22세였다. 은퇴하기에는 일렀다. 하지만 김채화는 말했다. "될 수 있으면 계속 활동하고 싶다는 마음도 있었지만, 최고 수준까지는 가지 못하고 돈도 많이 드니까 대학 졸업까지가 한계이지 않을까 하고 생각합니다. 아사다 마오 선수 정도까지 가면 활동 자금을 스스로 벌 수 있겠지만, 그것도 안 되니까요."

김채화는 대학 시절에는 원정 등에 필요한 자금을 부모의 지원 외에 간사이대에서 받는 보조금, 그리고 한국과 일본에 관한 연구나 교류 활동 등을 지원해 주는 한철韓哲 문화재단에서 받는 보조금 등으로 충당했다. 하지만 대학 졸업 후에는 같은 형태의 지원을 받기는 어려웠고 이제 물러날 때였다.

김채화는 대학 졸업 후, 한국어를 배우기 위해 한국에 유학하면서 피겨스케이팅을 지도했다. 현재는 효고현 니시노미야시의 스케이트장에서 지도자로 활동하고 있다.

한편, 한국 피겨스케이팅은 베이징올림픽에서 이른바 '김연아 키즈'들의 활약이 두드러졌다. 여자 부문에서는 유영이 6위, 김예림이 9위로(순위는 잠정), 한국에서 처음으로 두 명의 선수가 10위 내에 들었다. 유영을 지도한 인물은 김채화를 지도한 하마다 미에였다. 하마다와 한국의 피겨스케이팅계는 김채화를 계기로 관계가 깊어졌다. 한 명의 재일코리안 피겨스케이터와 맺었던 인연에서 넓힌 성과였다.

⑨

저마다의 재일 정신

◇

럭비 · 사격 · 하키 편

코리안, 그리고 장남의 숙명을 짊어진 전설의 럭비 선수, 도요야마 게이치

말썽 부리면 안 돼!

사람들의 기억에 남는 선수 중에는 오랫동안 활동한 선수들만 있는 것은 아니다. 무대에서의 활동 기간이 짧아도 오랫동안 입에 오르내리는 선수들이 적지 않다. 1970년대 중반 2년 동안 와세다대 럭비부의 플랭커flanker[1]로 활약하며 주장을 맡기도 한 도요야마 게이치豊山京一도 그중 한 명이다. 화려하지는 않지만 투지 넘치는 이 선수는, 많은 럭비 팬들의 뇌리에 깊은 인상을 남겼다.

신망이 두터운 도요야마는 오니시 데쓰노스케大西鐵之祐, 히비노 히로시日比野弘 등의 뒤를 잇는 와세다대의 간부 후보로 기대를 한

1 럭비에서 5명의 포워드 중 좌우 양 끝에 있는 측면 공격수를 말한다.

몸에 받았지만 1983년 1년 동안만 와세다 감독을 맡고는 무대에서 모습을 감추었다. 와세다 럭비의 이론적 지주인 오니시로부터, 대학에 남지 않겠느냐는 권유를 받았지만 도요야마는 나고 자란 후쿠오카로 돌아갔다. 왜였을까. 그것은 재일코리안 일가의 장남으로 살아온 도요야마의 숙명이었다.

1945년 8월 15일, 일본의 패전과 함께 조선은 식민지 지배로부터 해방되었다. 지쿠호築豊 광산 등에서 가혹한 노동을 강요당해온 조선인들은 귀국을 서둘렀다. 하카타항은 그런 사람들로 북적거렸다. 도요야마 게이치의 어머니도 그런 조선인 일가의 한 사람이었다. 하지만 선발대로 부산에 돌아간 도요타의 외삼촌으로부터, "부산에 왔더니 병에 걸린 사람들이 가득하고, 오더라도 생활이 불가능하니 남는 편이 좋겠다."라는 연락이 왔다. 당시 부산에서는 전염병이 맹렬한 기세로 퍼지고 있었다.

하카타항 근처에는 다양한 이유로 귀국을 단념하거나 연기한 사람들이 모여들어 집단거주지가 만들어졌다. 1954년에 태어난 도요야마도 그곳에서 자랐다.

"내가 태어났을 무렵에는 모두 다 가난했어요. 돼지 사료 냄새가 진동했고, 세무서에서 밀주를 압수하여 할아버지, 할머니 들이 '아이고' 하고 울었던 모습이 기억납니다. 그런 모습을 본 건 우리 세대가 마지막이 아니었을까요." 하고 도요야마는 말했다.

도쿄올림픽을 계기로 거리 미관을 이유로 그러한 재일코리안의 집단거주지는 철거되어 아파트나 단지 등으로 모습이 바뀌었다. 하지만 아파트로 변했다고 해서 생활이 풍족해진 것은 아니다. 황폐한 생활환경 속에서 도요야마가 다닌 중학교는 후쿠오카 제일의 '꼴통 학교'로 정평이 나 있었다.

"중학교 동급생 중에는 그쪽 방면으로 사업을 일으킨 이도 있어요. 나카스中洲[2]의 술집에서 그 중학교를 나왔다고 하면 '아, 정말입니까?' 하는 말을 듣습니다. 그 지역에 있는 단지에는 택시도 들어가기를 꺼려했지요."

이러한 환경에서 자란 도요야마에게는 나쁜 길로 빠지는 유혹이 천지사방에 있었다. 하지만 그러지 않았던 것은 고생하며 길러준 어머니가 늘 하시던, "장남이니까 말썽 부리면 안 돼. 아래 동생들이 따라하니까."라는 말씀 때문이었다. 아들만 다섯인 집에서 장남으로 태어난 도요야마는 어머니로부터 이 말을 수없이 되풀이해 들었다.

"아버지가 사업에 실패해서 고생하던 시절도 있었습니다. 하지만 아버지의 등을 보면서 나 자신도 열심히 살아야겠다, 동생들의 본보기가 되도록 노력해야 한다고 생각했어요. 밑으로 동생이 네 명이나 있으니까 비뚤어지고 싶어도 비뚤어질 수 없었어요."

도요야마의 어머니는 아들 둘, 딸 일곱의 9남매 중 다섯째로 태어났다. 가난에 더하여 남자 중심의 유교적 가치관이 깊이 뿌리 내린 재일의 가정환경 때문에, 남자 형제 두 명은 대학을 나왔지만 도요야마의 어머니는 초등학교도 나오지 못했다. 그런 만큼 거꾸로 교육열이 높아서 장남인 도요야마는 기대를 한 몸에 받으며 자랐다.

고등학교는 후쿠오카현의 명문고인 현립 후쿠오카고등학교에

---

2 후쿠오카시 하카타구에 있는 상업지대.

입학했다. 초등학생 때는 유도, 중학생 때는 농구를 한 도요야마는 고등학교에 진학하면서 럭비를 시작했다.

"고등학교는 럭비가 인기가 많아서 저는 룰도 몰랐지만 한번 해보자고 생각했지요." 도요야마가 말하듯 후쿠오카고등학교는 전국대회 우승 3회의 럭비 명문이었다. '히게모리'[3]라는 애칭으로 잘 알려져 있으며 메이지대와 신일본제철 가마이시新日鐵釜石[4]에서 활약한 모리 시게타카森重隆와도 동문이지만 재학 시기는 겹치지 않았다. 한편 함께 와세다대에 진학하여 일본대표가 된 미나미카와 요이치로南川洋一郎와는 동급생으로, 미나미카와의 아버지가 후쿠오카고의 감독을 맡고 있었다.

도요야마는 고2와 고3 때 전국대회에 출전하여 고교 럭비의 성지 긴테쓰하나조노近鐵花園 럭비장에서 시합을 치렀다. 특히 2학년 때인 1972년 대회에서는 준결승까지 진출했다. 준결승에서는 훗날 일본을 대표하는 스탠드 오프(SO, stand-off)[5]가 되는 마쓰오 유지松尾雄治가 스크럼 하프(SH, scrum half)[6]로 활약하고 있던 메구로目黒

---

3 일본어로 수염을 뜻하는 히게ヒゲ와 모리森라는 성을 합성한 말. '모리'는 일본어로 '숲'을 의미한다.

4 1959년 일본 이와테岩手현 가마이시釜石시의 후지제철富士製鐵 가마이시제철소에 소속된 럭비 실업팀으로 출발하여, 1970년 후지제철이 야하타제철과 합병하여 신일본제철이 되면서 신일본제철 가마이시 럭비부로 개편되었다.

5 후방에서 공격을 담당하는 백스backs 포지션의 하나로, 플라이 하프fly half라고도 부른다.

6 하프 백스half backs 포지션의 하나로, 스크럼에 공을 투입하거나 공을 빼낸 후 스탠드 오프에게 공을 패스하는 역할을 담당한다.

고등학교(현 메구로가쿠인)와 대전하여 10대 32로 패했다.

"마쓰오 씨는 선천적인 감성이랄까요, 센스가 고등학생이면서도 대단하다고 생각했어요." 도요야마에게 마쓰오는 언제나 자신의 앞을 막아서는 존재였다. 주장을 맡은 고3 때는 1회전에서 0대 56으로 참패했다.

전국대회에 두 번 출전한 도요야마이지만, 일본 국민체육대회에는 한국 국적 때문에 예선은 출전할 수 있어도 본선 대회에는 출전할 수 없었다. "상처받지는 않았습니까?" 하고 물으니, 도요야마는 쓴웃음을 지으면서 "태어날 때부터 상처를 안고 있었으니까요." 하고 답했다.

부모들이 아이들에게 가지 말라고 하는 곳에 살며 여러 가지 차이를 느끼고 자라 온 도요야마였지만, 그는 그것을 한마디로 '차별'이라고 하기보다는 진중한 자세를 보였다.

"행정적인 구별은 있었지만, 뭐라고 할까요, 인간관계에는 말로 표현할 수 없는 민감한 부분이 있으니까 한마디로 차별이나 구별이라고 한데 묶어 버려도 좋을지는 모르겠어요. 친구들끼리도 보면 같은 일본인이라 해도 착한 아이와 나쁜 아이가 있잖아요. 한국인도 마찬가지고요."

도요야마는 많은 사람들에게서 인격자라는 말을 듣는다. 그 평판은 어릴 적부터 인간의 겉으로 드러나는 부분과 그 이면을 함께 보고 그것을 뛰어넘으려 했기 때문에 형성된 것이 아닐까.

도요야마는 고3 때 한국의 전국체육대회에 출전했다. 당시는 오사카의 나미쇼浪商(현 오사카체육대 나미쇼) 고등학교나 교토의 하나조노 고등학교가 전국대회에 출전했는데, 이러한 학교의 재일코리안 선수들을 중심으로 구성된 멤버에 후쿠오카의 도요야마도 가세했다.

최근에도 오사카조선고급학교가 전국 고교 럭비에서 4강에 진출하고 선발대회에서도 준우승을 하는가 하면, 그 외에도 조쇼케이코常翔啓光 고등학교의 우승 멤버로 와세다대 등에서 활약하고 있는 김정규金正奎, 도인가쿠엔桐蔭學園과 데이쿄대 등을 거쳐 시미즈건설淸水建設에서 뛰고 있는 고충신高忠伸 등, 본명을 쓰든 일본명을 쓰든 일본의 럭비계에는 많은 재일코리안 선수들이 활약하고 있다.

럭비의 성지인 긴테쓰가쿠엔 럭비장이 오사카의 쓰루하시鶴橋를 비롯해 재일코리안이 많이 살고 있는 긴테쓰나라센近鐵奈良線 연선에 있다는 지리적 조건도 작용했을 테지만, 또 한 가지 이유에 대해 도요야마는 이렇게 지적한다.

"럭비는 영국에서는 신사 스포츠이지만 일본의 상황을 보면 법의 테두리를 벗어난 거친 녀석들이 들어오는 곳이 럭비부라는 느낌이 들어요. 그래서 성격상 그렇게 거칠게 자라 온 교포들에게 맞는지도 모르겠어요."

확실히 투지를 드러내기 좋아하는 선수가 많은 재일코리안은 럭비에 어울리는 감이 있다. 전전 일본의 중등 럭비에서도 1937년에 서울 배재고보가 우승을 했고, 대다수의 선수는 일본인이기는 했지만 경성사범은 우승 3회의 전력을 가진 강호였다. 하지만 한국에서는 예부터 풋볼이라 하면 축구였으며, 1998년 방콕 아시안게임에서 정식 종목으로 채택되기 전까지는 아시안게임 같은 국제대회 종목이 아니었던 점도 있어서 럭비의 인기는 여전히 낮은 편이다.

한편, 도요야마가 참가한 1972년의 한국 전국체육대회에 참가한 재일코리안 선수단 멤버 중에는 가수 와다 아키코의 동생이 유도 선수로 출전하기도 했다.

도요야마는 전국체육대회에 참가한 것이 첫 조국 방문은 아니었다. 고1 때부터 가끔 아버지와 한국의 고향을 방문한 적이 있었다. 아버지의 고향은 부산에 가까운 경상남도 사천이다.

"한국의 친척을 만나러 갈 때면, 당시에는 돈을 가지고 가곤 했어요. 그때까지도 전기가 잘 안 들어와서 초를 켜 둘 때가 많아 화장실 갈 때도 애를 먹었습니다."

한국 국적을 보유한 일본대표들

고등학교를 졸업한 후에는 와세다대에 진학했다. 아버지가 매달 보내 주는 돈은 3만 엔. 럭비부의 기숙사비로 1만 5,000엔을 내고 운동복, 사복, 교과서 등은 선배에게 물려받았다. 도요야마는 선배들로부터 귀여움을 받았다고 한다.

와세다대 럭비부 부원은 전설처럼 이야기되는 특유의 맹연습으로 단련되었다. 선배들은 입이 무거워서, 연습이 아무리 고되어도 '힘들다'거나 '아프다'고 하면 '너는 안 되겠다'고 말했다. 여름에는 지옥의 스가다이라菅平[7] 합숙 훈련이 기다리고 있었다. 극한까지 밀고 나가는 맹연습이 이어지는 나날에 도요야마는 취침 시간이 되면 이불을 뒤집어쓰고 울었다.

지금은 그다지 하지 않지만, 당시의 맹연습이라고 하면 전력질주하면서 패스를 반복하는 '런패스'가 있었는데, 우측 플랭커였던 도요야마는 천재 윙wing이라 불린 라이트윙 후지와라 마사루藤原優와 짝을 이룰 때가 많았다.[8]

"후지와라는 80퍼센트로 드리프트를 한다고 하면 나는 120퍼센트, 130퍼센트로 달려야 하니까 성장할 수밖에 없지요. 모든 스포츠는 강한 사람에게서 자극을 받지 않으면 강해질 수 없는 법입니다." 도요야마는 럭비부 내 홍백전 등을 통해 실력을 끌어올렸다. 2학년 때부터 조금씩 시합에 나가기 시작하며 일본대표인 이시즈카 다케오石塚武生 등이 졸업한 3학년 때는 주전 선수 자리를 차지했다.

중전차 스타일의 포워드를 내세운 메이지대에 비해, 경량 포워드에 속하는 와세다대에서는 고등학교 때부터 대학 때까지 계속 플랭커의 포지션을 유지하며 주전으로 뛰는 선수는 드물었다. 일반적으로 제3열이라 불리는 플랭커나 11번의 포지션은 몸싸움에 강한 백스backs가 되는 경우가 많았고, 플랭커였던 선수는 록lock[9]으로, 록이었던 선수는 프론트 로우front row라 불리는 스크럼 가장

---

7 나가노현 우에다시에 있는 표고 1,250m에서 1,650m의 고원지대로 스키장 리조트로 유명한 곳이다.

8 둘은 등번호 11번 레프트윙과 14번 라이트윙으로 나뉘어 공격에 주력했던 팀의 주득점원이었다.

9 럭비에서 포워드의 포지션 중 등번호 4, 5번에 해당하며 라인아웃 시에 공을 잡는 역할을 맡는다.

앞줄의 프롭prop[10]으로 전환되는 것이 통례였다. 공이 있는 곳으로 재빠르게 모여서 점수를 내고 빨리 공을 보내는 것이 와세다대 포워드의 역할이었다.

하지만 이 시대 메이지대의 스탠드 오프 중에는 마쓰오 유지가 있어서 단지 점수를 낼 뿐인 포워드로는 공격이 이어지지 않기 때문에, 몸싸움에 강한 도요야마 같은 선수가 필요했다.

그렇게 맞이한 간토 지역 대학 대항전의 전통인 와세다-메이지 전.

"(스크럼이 무너지는 데에 엄격한) 지금의 룰이었다면 더 당했을 거예요. 엄청 약한 프론트 로우였으니까요. 프롭이 넘어가지 않도록 떠받치면서 달려야 하니까 플랭커는 세 배는 더 운동을 해야만 했어요." 도요야마의 말처럼, 와세다는 뒤처지고 있었지만 후반 35분에 후지와라가 트라이Try[11]를 해서 간신히 10대 10으로 비겼다.

하지만 10개월 후에 열린 전국 대학 선수권대회 결승에서는 메이지대가 와세다대를 18대 7로 이기며 우승했다.

"결승전은 처음부터 결과가 예견되었어요. 메이지대 4학년들이 워낙 이기고 싶다는 의지가 강해서 와세다대는 오히려 지는 게 당연해 보일 정도였습니다. (메이지대의) 사사다 마나부笹田學 씨의 통솔력은 훌륭했어요."

럭비는 감독이 그라운드에서 지시하는 것이 불가능하다. 그런

---

10 럭비에서 포워드의 포지션 중 등번호 1~3번에 해당하며 스크럼 가장 앞 양 끝에서 스크럼을 짜는 역할을 맡는다.

11 럭비에서 상대편 진영의 H 모양 골대 옆으로 나 있는 인 골 라인을 넘어서 공을 땅에 터치하는 것.

만큼 그라운드 위의 감독으로서 주장이 맡는 역할이 크다. 도요야마는 4학년이 되면서 주장으로 뽑혔다.

"와세다대 럭비부에서 인정받았다는 것보다도, 어머니로부터 '말썽 부리면 안 돼'라는 말을 듣고 자란 만큼, 어머니 말씀대로 말썽 부리지 않고 여기까지 왔다는 느낌이 강했어요." 도요야마는 당시의 감개무량했던 심정을 회상했다.

도요야마가 3학년 때 어머니는 처음으로 비행기를 타고 도쿄로 와서 만원의 국립 가스미가오카 경기장에서 뛰는 아들의 모습을 보고 감격했다. 도요야마로서는 더없을 효도였다.

당시 럭비는 대단히 인기가 있어서 히가시후시미東伏見에 있던 연습장에는 젊은 여성을 중심으로 많은 팬이 몰려들었다. 근처에는 축구부 연습장도 있어서 훗날 일본대표팀 감독이 되기도 한 오카다 다케시岡田武史나 니시노 아키라西野朗 등이 훈련하고 있었으나, 그곳에는 구경하는 사람들이 거의 없었다.

럭비부 감독은 도요야마가 1학년 때부터 3학년 때까지는 히비노 히로시가 맡았다가, 도요야마가 4학년이 되면서 당시에 아직 27세였던 전 J리그 체어맨의 오히가시 가즈미大東和美가 감독으로 취임했다. "'도요(도요야마의 애칭), 부탁해'라거나 '네게 맡길게'라고 말할 때면 마치 형 같은 느낌이었어요." 하고 도요야마는 회상했다.

도요야마는 와세다대 주장이 되면서 동시에 일본대표로도 뽑혔다. 하지만 여기에서도 한국 국적이 문제가 되었다. 올림픽이나 아시안게임을 제외하면 럭비의 경우 만 3년 이상 계속해서 일본에 거주하고 있으면 국적과 상관없이 국가대표 자격을 얻을 수 있다.

2011년 럭비 월드컵 일본대표는 도중 교체된 사람을 포함해 34명 중 12명(일본 국적 취득자 6명 포함)이 외국 출신 선수였다.

하지만 일본의 럭비에서 외국인 선수의 활약이 본격화된 것은 통가에서 다이토분카대로 유학 온 호포이Hopoi Taione와 노포물리 Nofomuli Taumoefolau 등이 활약한 1980년대 후반 이후이고, 과거의 럭비 일본대표는 기본적으로 일본인이어야 했다. 하지만 "장남이니까 귀화할 수는 없다."고 주장한 도요야마는 예외적으로 한국 국적인 채 일본대표가 되는 것을 허가받았다.

도요야마는 일본대표로서 캐나다, 영국, 이탈리아 등에 원정을 갔지만 "그때는 한국이라는 나라를 모르는 사람이 많아서 캐나다에 가도 영국에 가도 이탈리아에 가도 (입국 수속에서) 나만 반드시 제지당했습니다. 하네다에 돌아와서도 하네다 공항의 출입국관리국 직원이 의심스러워했으니까요."라며 당시의 상황을 말했다. 한국에서 해외여행이 자유화된 것은 서울올림픽 이듬해인 1989년부터이다. 그때까지 한국인은 해외로 나가는 것이 제한되었다.

도요야마가 주장으로서 맞이한 와세다-메이지 전은 와세다대가 26대 6으로 압승을 거두었다. 두 번의 무승부를 끼고 간토 지역 대학 대항전에서 거둔 55연승은 스포츠신문 같은 미디어에 대대적으로 보도되었다. 하지만 도요야마는 이렇게 말했다.

"(55연승은) 매스컴에서만 요란스러웠을 뿐이지요. 우리들 쪽이 그저 운이 좋았을 뿐, 와세다-메이지 전은 언제나 종이 한 장 차이였습니다."

이와 같은 도요야마의 겸손한 발언에서는 라이벌 메이지대에 대한 경의가 느껴졌다.

“메이지대의 기타지마 주지北島忠治 감독님은 우리들도 기타지마 선생님이라고 부르고 있었어요. 기타지마 선생님이 평소 강조한 것은 ‘사람들이 보지 않는 곳에서 비겁한 짓을 하지 말라’는 것이었습니다. 기타지마 선생님에게는 인간으로서의 덕이 있었고, 마찬가지로 오히가시 선생님에게도 덕이 있었어요.”

도요야마의 이러한 발언의 배경에는 무명의 선수를 단련시키며 참고 참으며 승부에 임한 전통적인 와세다대 럭비가 최근 수십 년 동안 유망한 선수를 모아 힘으로 누르는 스타일로 변해 버린 데 대한 불만이나 위기의식이 있었다.

“지금의 럭비는 몸이 큰 선수를 기용해서 이길 뿐이라서, 보고 있으면 아무 감동도 없어요. 트라이한 선수가 승리 포즈를 취한다는 발상 자체가 믿어지질 않아요. 상대에 대한 경의를 표해야만 하는데 말이에요. 하지만 지금은 시대가 다르니까 제 말은 바보 같은 소리로 들리겠지요.”

신일본제철 가마이시의 남자들

도요야마 주장이 이끄는 와세다대는 전국 대학 선수권대회 결승에서도 메이지대를 34대 6으로 제압하며 일본 선수권대회에 진출했다. 일본 선수권대회에서 맞붙은 사회인 팀의 제왕은 신일본제철 가마이시新日鐵釜石였다. 당시 신일본제철 가마이시는 공업고등학교를 중심으로 한 지역 고교 출신자들로 이루어진 팀으로, 메이지대를 나온 모리 시게타카, 마쓰오 유지가 가세하여 보다 강력한 팀이 되었다.

1977년 1월 15일에 열린 일본 선수권대회에서는 신일본제철 가마이시가 와세다대를 27대 12로 꺾고 첫 우승을 거두었다. 도요야마는 역시나 마쓰오가 있는 팀을 이기지 못했다. 신일본제철 가마이시는 2년 뒤부터는 전설의 7연패를 달성하면서 '북쪽의 철인'이라 불렸다. 도요야마는 말했다. "일본대표 중에 포워드는 대부분 가마이시 소속이었어요. 연습이 끝나면 원컵 오제키One Cup Ozeki[12]를 사서 같이 마셨습니다. 세상 물정 모르고 순진했으나 힘도 있고 용기도 있고, 인간적으로 다들 훌륭했습니다. 철강 산업의 불황 중에도 국립경기장에서 가마이시 깃발을 흔들었어요. 그 모습이 지역 스포츠의 원점 아니겠습니까?"

그런데 동일본대지진 당시 쓰나미의 습격으로 가마이시시에서만 사망자가 885명, 실종 169명(2011년 12월 19일 당시)이라는 괴멸적인 피해를 입었다. 희생자 중에는 당시의 신일본제철 가마이시 멤버도 있었다. 신일본제철 가마이시 럭비부의 전통은 오늘날 가마이시 웨이브즈로 계승되고 있다. 고난의 발걸음이지만 한편으로 럭비가 가마이시 사람들에게 희망의 빛이 되기를 기대한다.

도요야마는 와세다대를 졸업하고 대기업 광고대리점 하쿠호도博報堂에 입사했다. 하쿠호도에는 와세다대나 메이지대 등에서 주력 선수로 활약하던 이들이 모여 있었지만 연습은 주말에만 이루어져, 실질적으로는 대학 졸업과 함께 럭비의 제일선에서 물러난

12 1964년 도쿄올림픽 개회에 맞춰 발매된 180밀리리터짜리 유리병에 든 일본 술.

셈이었다.

도요야마는 일본항공JAL의 광고를 담당하여 일본항공 사원에 가까운 형태로 근무했다. 서울올림픽 이전의 한국은 소련 등 공산권 국가와는 국교를 맺고 있지 않았기 때문에 업무 관계 때문에라도 일본 국적을 취득하도록 권유받았으나 거절한 상태였다.

그러던 중 아버지가 병으로 쓰러졌다. 장남으로서 본가를 지탱해야 했던 도요야마는 하쿠호도를 퇴사했다. 그리고 와세다대 럭비부 부장인 오니시 데쓰노스케로부터 감독 취임을 의뢰받았다. 병상의 아버지도 "게이치 녀석은 남자로 태어나서 맛볼 수 있는 행복을 누렸구먼. 그런 훌륭한 선생이 머리를 숙이고 감독을 부탁하는 일은 일생에 두 번 다시 없을 게야."라고 말했다. 그리하여 도요야마는 1983년 와세다대 감독으로 취임했다.

하지만 그해는 모토나리 가즈히코本成和彦, 요시노 도시로吉野俊郎 등의 주전이 모두 빠져나가 전력 저하는 명백해 보였다. 결국 간토대학 대항전은 5위에 머물렀다. 당시는 4위 이상이 간토 대학 리그전 그룹과 교류 경기를 해서 전국 대학 선수권대회 출전 팀을 결정하였기 때문에 5위에 머문 와세다대는 전국대회 출전의 길이 가로막혔다.

그러나 긴 안목으로 강화 훈련을 해 나가면 앞으로 강해질 가능성은 충분했다. 실제로 오니시 데쓰노스케도 "도요, 대학에 남지 않을래?" 하고 말하며 교수의 길을 걷는 게 어떻겠느냐고 권유했다. 그것은 일본 럭비계의 엘리트 코스이자 장래 일본대표팀 감독이나 일본럭비협회의 간부가 될 가능성도 있는 길이었다.

도요야마의 입장에서는 '재일코리안으로서 인정받았다'는 기분이었다. 와세다대의 선수도 도요야마가 감독을 계속하기를 원했다. 하지만 아버지가 말기 암으로 누워 계셔서 더 이상 집안을 그대로 둘 수 없는 상황이 되었다.

"장남으로서 태어난 것은 운명이 아니라 숙명이지요." 도요야마는 '럭비의 세계를 떠나 잔잔하게 살아가자'는 심경으로 후쿠오카로 돌아갈 것을 결심했다.

그 후 파친코를 운영해 온 도요야마는, "재일코리안이라는 것을 숨긴 적 없이 자연스럽게 몸으로 부딪히며 살아왔어요. 내가 무시당하면 부모가 슬퍼하지요. 그것만을 생각하며 무시당하지 않는 삶, 사람들에게 민폐를 끼치지 않는 삶을 살아왔고, 자식들에게도 그것밖에 말하지 않아요."라고 말한다.

재일코리안으로서의 긍지, 그것이 러거 맨rugger man[13] 도요야마 게이치의 버팀목이었다.

---

13 러거rugger는 '럭비', '럭비를 하는 사람'을 뜻한다.

문세광 사건 1년 후 아시아 제패라는 무게, 사격선수 박영주

문세광 사건의 대가

1974년 8월 15일 광복절, 서울의 거리는 한국 최초의 지하철 1호선 개통을 맞아 축제 분위기로 들떠 있었다. 하지만 그러한 분위기는 서울 국립극장에서 울려 퍼진 총성으로 단번에 깨져 버렸다.

국립극장에서는 박정희 대통령의 광복절 기념식 연설이 거행되고 있었는데 그곳에 재일코리안 청년 문세광文世光이 총을 쏘았다. 박정희는 단상 뒤로 숨어 무사했지만 부인 육영수 여사가 사망했다. 이른바 '문세광 사건'이다.

문세광이 사용한 권총은 오사카 시내의 파출소에서 훔친 것이었다. 그래서 반일 감정이 고조되며 박정희 대통령은 한일 국교 단절까지도 고려했다. 또한 '피스톨 박'이라 불리던 대한사격연맹회장 박종규는 이 사건으로 대통령 경호실장에서 해임되었다.

이 사건으로 한일관계가 냉랭해지는 한편, 범인이 재일코리안이었다는 점 때문에 한국에서 재일코리안에 대한 시선은 보다 더 차가워졌다. 이해 한국의 전국체육대회에 참가한 어느 재일코리안 선수는 '대통령 부인 저격 사건으로 시민의 시선이 차가워진 것을 느꼈습니다. 인상이 나빠진 우리들은 조속히 친밀감을 되찾아야 한다고 생각했습니다'라고 자신의 수기에 쓰기도 했다. 조국의 언어를 모르는 재일 2세에 대한 한국인의 시선은 그렇지 않아도 좋지 않았는데, 거기에 문세광 사건으로 재일코리안에 대한 비난은 한층 심해진 것이다.

그로부터 1년이 지난 1975년 8월, 말레이시아의 쿠알라룸푸르에서 제3회 아시아 사격 선수권대회가 개최되었다. 당시 아시아의 '사격왕국'이었던 일본은 전 종목 제패를 공언했다. 이 대회에서 일본은 이겨야만 하는 이유가 있었다.

대회 개최를 눈앞에 둔 8월 4일, 쿠알라룸푸르의 미국 대사관과 스웨덴 대사관을 일본적군日本赤軍[14] 멤버가 습격·점거하여 직원들을 인질로 잡은 사건이 일어났다. 사건을 일으킨 멤버들의 요구로 아사마淺間 산장 사건[15]의 범인 반도 구니오坂東國男 등 5명이 초법규적 조치로 석방되었다. 선수단이 직접 관계되지는 않았다고 해도, 일본의 위신이 손상된 사건이 일어난 직후의 쿠알라룸푸르에서 개최된 대회였으므로, 일본으로서는 승패가 중요했다.

---

14 1969년 조직된 일본의 공산주의 무장단체.

15 1972년 2월 19일부터 28일까지 일본 나가노현 기타사쿠군 카루이자와초의 아사마 산장에서 일본적군파와 혁명좌파가 결합된 신좌파 테러조직 연합적군이 일으킨 인질 사건.

일본의 전 종목 제패라는 목표를 좌절시킨 것은 클레이사격 스키트skeet에 한국대표로 출전한 나고야의 재일코리안 박영주朴榮周였다. 박영주의 득점은 200점 만점 중 192점. 아오야나기 사카에青柳榮와 하마모토 쇼浜本昇를 겨우 1점 앞서며 우승했다.

클레이사격 스키트는 반원형으로 늘어선 7개의 사대射臺와 그 반원의 중심에 있는 8번째의 사대를 돌면서 공중에서 날아오는 원반(클레이)을 쏘아 맞히는 경기로, 8개의 사대를 한 바퀴 돌면서 25발을 쏘고 이것을 4회 반복한다. 아소 다로麻生太郎 전 총리가 1974년 테헤란에서 개최된 아시안게임 당시 이 종목에서 194점을 기록하며 우승한 바 있다.

"국제대회의 메달은 실력만으로는 딸 수 없어요. 역시 하늘의 기운이 있어야 하지요." 1975년 아시아선수권대회에서 우승한 박영주는 이렇게 말했다. 이 대회 중 좌우로부터 날아오는 두 개의 원반을 두 발로 쏘아 맞혀야 하는 상황에서 첫 번째 사격이 빗나가 버렸다. 하지만 우연히도 원반끼리 공중에서 부딪혀, 룰에 따라 다시 쏘게 되었다. 그렇게 다시 쏜 것이 두 발 모두 명중했다. 이것이 1점 차 우승에 큰 영향을 미쳤다.

박영주가 1점 차의 접전으로 우승한 순간, 경기를 지켜보던 대한사격연맹 회장 박종규는 "저렇게 괴로운 경험은 두 번은 하고 싶지 않을 것 같다. 사격이란 이렇게 괴로운 것인가."라고 말했다고 한다.

시합이 치러진 것은 8월 18일과 19일. 8월 9일에 현지에 입성한 한국 선수단은 쿠알라룸푸르 한국대사관에서 거행된 육영수 여사 1주기 행사에 참석했다. 박종규는 서울에서 1주기 행사를 마친 후 현지로 들어왔다.

대통령 경호실장직에서 해임된 계기였던 문세광 사건으로부터 1년 후에 이뤄 낸 아시아 제패에 대한사격연맹 회장인 박종규는 기쁨을 감추지 못했다. 현지에서 마하티르 총리를 초대하여 승리 축하 파티를 성대히 열었다. 박종규는 '피스톨 박'이라는 별명처럼 무서운 이미지가 강했지만, 교토 출생이라 재일코리안 사격 선수들을 잘 이해하는 인물이기도 했다.

김포공항에 내린 박영주는 한국의 기자들에게 "저는 일본에서 한국 국가대표 선수로 활약했습니다만, 국민 한 명 한 명의 존재를 가슴에 품고 온 힘을 다해 사격을 했습니다."라고 말했다. 당시를 박영주는 이렇게 회상했다.

"문세광 사건을 구체적으로 언급했는지는 잘 기억나지 않지만, 그 사건에 대한 재일코리안으로서의 죄책감을 갚는다고 할까요. 이렇게 말하면 좀 이상하지만, 나는 재일로서 지녀 온 어떤 결핍을 메우고 싶다, 하는 생각이 있었습니다."

당시의 아시아 사격 선수권대회는 일본 미디어에서는 작은 기사 정도로만 언급되었지만, 재일코리안들에게 박영주의 우승은 대단히 중요했다.

재일코리안이 이끈 한국의 클레이사격

박영주는 1935년 나고야에서 태어났다. 건설업을 하면서 취미로 수렵을 시작했고 이후 자연스럽게 클레이사격을 시작하게 되었다. 39세 때였다. 박영주를 클레이사격으로 이끈 것은 그와 마찬가지로 나고야에 살면서 뮌헨올림픽에 한국대표로 출전한 재일코리안 박도근朴道根이었다. 뮌헨올림픽 클레이사격에는 박도근 외에 김남구金南九, 박성대朴性臺까지 세 명의 재일코리안이 한국대표로 출전했다.

한국전쟁의 휴전 상태가 여전히 끝나지 않고 있으며 징병제를 실시하는 한국에서는 일반 군필자의 사격 능력이 매우 높은 편이었다. 하지만 경기용 사격, 특히 클레이사격은 재일코리안들에게 크게 의존하고 있었다. 1957년에 재일본대한사격협회가 설립되면서 재일코리안들은 한국의 대회에도 출전할 수 있게 되었다. 과거에는 전국체육대회 등 한국 국내 대회에 참가할 때면 재일코리안들은 자기들이 사용하는 것뿐만 아니라 대회에 사용되는 모든 장비 따위를 일본으로부터 가지고 들어가기도 했다. 너무 무거워 비행기가 날지 못했다는 우스갯소리가 아직껏 전해질 정도였다.

올림픽이나 세계선수권대회, 아시안게임이나 아시아선수권대회 같은 국제대회에도 재일코리안이 한국대표로 수없이 출전하였다. 그중에서도 1923년 출생의 교토 거주 사업가인 김남구는 1990년부터는 아시아클레이사격연맹, 1994년부터는 대한사격연맹 회장을 역임했고, 2002년에는 아시아사격연맹 부회장으로 선출되는 등 재일뿐만 아니라 한국의 클레이사격에도 크게 기여한 인물이다.

박영주는 자신에게 우승을 가져다준 1975년의 아시아 선수권대회가 국제대회로는 첫 출전이었다. 하지만 국제대회의 경험이 풍부한 김남구나 박도근 같은 재일코리안 선배들의 도움을 받아 경험 부족을 보완할 수 있었다.

1978년에는 서울에서 세계 사격선수권대회가 개최되었다. 이 대회의 클레이사격 한국대표도 한국 국내 예선 결과 4명 중 3명이 재일코리안이고 이 중에 박영주도 포함되었다. 재일코리안이 많은 것을 달갑게 생각하지 않는 한 군인 출신의 선수가 선발전에서 떨어진 후에 우격다짐으로 대표팀에 참가하려 했지만 '피스톨 박' 박종규가 방파제가 되어 예선 결과대로 재일코리안 3명 모두 출전할 수 있었다.

이 대회는 모든 경기 종목을 통틀어 한국에서 처음으로 개최된 세계선수권대회였다. 한국은 이 대회를 아시안게임 서울 유치를 위한 리허설 대회로 생각하며 거국적으로 준비했다. 경기장은 태릉이었지만 개회식은 당시로서는 가장 큰 규모였던 서울운동장에서 성대히 거행되었다.

대회가 성공적으로 끝나자 자신감을 얻은 대한사격연맹 회장 박종규는 올림픽 개최를 목표로 삼았다. 박정희 대통령도 그 방법에 대해 연구해 보라고 말했다. 하지만 이듬해 10월 26일, 박정희는 중앙정보부장 김재규에게 암살되었다. 올림픽 건도 일단 백지로 돌아갔다.

하지만 박정희 대통령 암살 후 혼란한 정세 속에서 권력을 장악한 전두환도 역시 올림픽 유치에 적극적이었다. 전두환에게 올림픽 개최를 권유한 것은 그의 브레인이었다고 알려진 이토추伊藤忠상사의 회장 세지마 류조瀬島龍三였다.

1981년에 서독 바덴바덴에서 개최된 IOC총회에서는 하마평에 올랐던 나고야를 물리치고 서울이 1988년 올림픽 개최지로 결정되었다. 국제대회 경험이 적었던 당시 한국에서 표를 얻기 위해 물

◆

2010년 한국의 전국체육대회에 출전한 박영주

밑 교섭을 한 중심인물이 당시 국제사격연맹 부회장 박종규였다. 그러나 박종규는 서울올림픽을 보지 못하고 1985년에 세상을 떠났다.

한편, 한국 클레이사격의 역사를 만들어 온 김남구도 1975년 아시아선수권대회에서 우승했다. 박영주도 2000년대까지는 현역으로 한국의 전국체육대회 등에 선수로 꾸준히 출전했다. 하지만 총기 규제가 엄격해지면서 경기 인구도 차츰 감소하는 추세로 접어들었다.

"젊은 사람이 오질 않아요. 우리 협회(재일본대한사격협회)도 언제 어떻게 될지 알 수 없습니다. 하지만 계속하는 데 의미가 있겠지요. 앞으로 좋은 선수가 나오지 않는다고도 할 수 없고요. 그걸 위한 받침대가 되고 싶습니다." 꼿꼿한 자세로 전한 박영주의 말에는 비장함이 담겨 있었다.

일본과 한국에 계승되는 겐코쿠 클럽 하키의 DNA

사단법인 일본하키협회가 발행한 『일본하키 90년사』를 보면, 1950년대 전일본 선수권대회 남자 우승 팀 멤버 중에 재일코리안 선수가 상당히 많았음을 알 수 있다. 1954년 우승한 간사이대 클럽에 6명, 이듬해 우승한 전全간사이대에 7명, 그다음 해 우승한 호세이法政대에 2명, 그다음 해인 1957년 우승한 겐코쿠建國 클럽은 전원이 재일코리안이었다. 이듬해인 1958년에는 '재일한국'이라는 이름의 팀이 전일본 선수권대회를 제패했다.

이들 선수의 대부분은 야마토가와大和川 하류, 오사카시 남부의 스미요시住吉구에 있는 겐코쿠 고등학교 출신이다. 겐코쿠고는 재일코리안 자녀들의 교육기관으로서 1946년에 창립된 학교로, 정확한 명칭은 '학교법인 백두학원 건국고교'이며 일본의 「학교교육법」 제1조의 인가를 받은 '1조교'이기도 하다. 이 학교는 1976년부터 한국 정부의 지원을 받아 한국계 학교가 되었지만 그 이전에는 정치적으로 중립의 입장이었다.

겐코쿠고에서는 하키가 교기校技로 지정되었다. 이 학교가 개교할 당시부터 교사로 재직했고 1950년에 제2대 교장으로 취임한 안길보安吉保(일본명: 야스다 요시미安田吉實)는 간사이대 하키부 OB였다. 안길보는 1947년 겐코쿠고 내에 우선 여자 하키부를 만들었다.

"고춧가루와 마늘을 먹으면서 일본인한테 질 리가 없다."라는 말을 자주 한 안길보의 연습에는 때때로 간사이대 하키부 OB들도 응원하러 와 주어서 엄격함과 동시에 내실이 강한 면도 있었다. 물론 돈은 거의 없었으므로 용구를 갖추는 데에도 고생을 하고, 베니어판을 겹겹이 붙여 만든 수제 스틱으로 연습하기도 했다. 또 학교 근처에는 전전부터 일본 굴지의 강호였던 하고로모가쿠엔羽衣學園 고등학교가 있었다. 겐코쿠고 하키부는 하고로모가쿠엔에 연습하러 가서 용구를 빌린 적도 있었다.

고된 훈련의 성과는 바로 나타났다. 1948년 5월, 일본하키협회 주최로 열린 도쿄·나고야·오사카·히로시마의 4도시 대항 경기에서 겐코쿠는 하고로모가쿠엔을 이기고 우승까지 거머쥐었다. 거기에 자극받아 같은 해에 남자 하키부도 탄생했다. 물론 당시 재일사회에서 가장 인기 있는 스포츠는 뭐니 뭐니 해도 축구였다. 좁은 교정에서는 하키부와 축구부의 충돌도 끊임없었다. 겐코쿠 축구부의 OB인 전 재일체육회 회장 김영재는 당시를 이렇게 회상했다.

"하키 공에 맞으면 아픈 티를 낼 수도 없었어요. 하키부가 무서우니까 다들 아무 말 안 했지요. 하키부 30명을 상대로 싸우다가 초주검이 된 적도 있어요."

겐코쿠고의 남자 하키부는 전국 고교 하키선수권대회에서 1954년부터 1956년까지 3연패를 달성하고, 1958년의 우승까지 합쳐 네 차례나 우승을 이루어 냈다. 이처럼 일본 최강이 된 겐코쿠고 하키부에는 훗날 여자하키 일본대표팀 감독이 되는 온다 마사시恩田昌史도 있었다. 김영재는 고교 시절의 온다에 대해 이렇게 말했다.

"내 2년 후배인데 정말 발이 빨랐어요. 축구에서도 측면을 맡았으니까 다른 선수들이 쫓아올 수가 없었지요."

겐코쿠고 졸업생의 대다수는 안길보의 모교인 간사이대로 진학하여, 이번에는 간사이대가 일본을 대표하는 강호가 되었다. 동서대항전을 하면 서군西軍에는 간사이대에 재학하는 겐코쿠 OB들이 포진했고, 동군東軍에도 와세다대나 가쿠슈인대 등으로 진학한 겐코쿠 OB가 있었다.

또한 겐코쿠고의 재학생·OB팀은 1956년부터 한국의 전국체육대회에 출전하여 4연패를 달성하는 외에도 1957년에는 한국 원정을 가서 각지를 돌며 시합을 벌여 한국 하키에 커다란 영향을 주었다. 그해의 전일본 선수권대회에서는 겐코쿠고의 OB팀을 조직하여 우승하기도 했다. 겐코쿠고의 재학생·OB팀은 1958년 5월에 도쿄에서 개최된 제3회 아시안게임에 한국대표로 출전했다. 감독은 겐코쿠고 하키부를 창설한 안길보였다.

겐코쿠고가 정치적으로 중립이었다는 점과 관련해, 김영재는 "좌우 어느 쪽에도 협력할 수 있다는 의미의 중립이었어요." 하고 말한다. 북한에서 하키를 할 수 없는 이상 하키를 한다면 그건 한국 쪽에서였다. 하키를 하기 위해서 편의적으로 한국 국적을 취득한 사람에 대해서도, 김영재는 "그렇게 무리한 경우도 있었지요." 하고 말 뿐이었다. 또한 이때의 한국대표 선수 중에는 귀국운동이 한창인 가운데 북한으로 건너간 이도 있었다.

당시의 하키는 인도와 파키스탄이 세계의 선두에 있었다. 제3회 아시안게임에서도 양국이 우승을 놓고 쟁탈전을 벌일 것으로 예상되었다. 특히 인도는 이 대회를 포함하여 30년 동안 7점밖에 잃지 않았다는 철벽 수비를 자랑하고 있었다. 하지만 겐코쿠고의 재학생·OB로 구성된 한국대표팀은 인도에 1대 2로 패하긴 했어도 인도에게 점수를 빼앗기도 하는 등 대접전을 벌였다.

1958년 5월 27일자 『아사히신문』은, 「인도 드디어 실점, 한국에 따라잡히다」라는 기사를 싣고, "한국은 예상 밖의 훌륭한 선전을 했다. 인도는 30년간 실점 7점이라는 기록에 1점을 더하게 되었을 뿐 아니라, 공격에도 애를 먹어 힘겨운 승리를 거뒀다."라고 하며 최강 인도를 괴롭힌 한국의 선전을 칭찬했다. 또한 감독인 안길보의 코멘트를 다음과 같이 보도했다.

> 무승부로 끌고 가려고 했지만, 그래도 이만하면 괜찮다고 생각했습니다. 어쨌든 인도로부터 1점을 빼앗은 것만으로도 하키를 한 보람이 있었습니다.

이 대회의 우승은 파키스탄이 차지했고 인도는 은메달, 한국은 동메달을 획득했다. 일본은 최하위인 5위에 그쳤다.

겐코쿠고의 하키가 세계적인 수준의 팀과도 대등한 경기를 펼칠 수 있다는 것을 보여 준 대회가 바로 1958년의 아시안게임이었다. 겐코쿠고 하키부는 이때가 최전성기였다.

그런데 겐코쿠고는 1959년에 열린 일본의 고교 선수권대회에서 배제되었다. 겐코쿠고는 하키 고교연맹의 정회원이었고 전국고교체육연맹(이하 고체련)에는 준가맹회원 자격을 가지고 있었다. 종목마다 개별적으로 치러진 일본의 전국대회는 1963년부터 오늘날과 같은 종합체육대회 방식으로 변경되었다. 하지만 그 이전 하키협회가 고체련에 가맹할 당시에는 외국인 학교의 참가가 거부되었다.

겐코쿠고는 앞서 보았듯이 일본 하키의 발전에도 기여해 왔다. 안길보를 중심으로 일본의 대회에 출전할 수 있도록 당국을 설득하는 활동을 계속했지만 실현되지 않았다. 그렇지 않아도 재정적으로 어려운 환경에서 겨우 꾸려져 온 팀은 출전할 곳을 잃어버리면서 전력이 약해지기 시작했다.

하지만 겐코쿠고 OB들은 한국에서 하키를 지도하며 하키의 보급에 공헌했다. 한국 하키는 여자가 서울올림픽과 애틀랜타올림픽에서 모두 2위를 차지했으며 바르셀로나올림픽에서는 4위에 올랐다. 남자도 애틀랜타올림픽에서 5위, 시드니올림픽에서 2위를 하는 등, 아시아를 넘어 세계 유수의 강호로 성장했다. 안길보는 덴리대의 감독으로 취임하여 덴리대를 강팀으로 길러 냈으며, 그의 길은 제자인 온다 마사시에게 계승되었다.

제2차 세계대전이 끝난 지 얼마 안 된 1947년, 오사카시 스미요시구의 겐코쿠고에서 싹튼 하키부의 씨앗은 일본과 한국에 퍼지며 꽃을 피웠다. 하지만 거기서 중요한 역할을 맡았던 겐코쿠고 하키부의 존재감이 희미해진 상황을, 하키부를 탄생시킨 안길보는 마음 아프게 생각했다. 1987년 발행된 『백두학원창립 40주년 기념지』(학교법인 백두학원 발행)에서 안길보는 이렇게 말한다.

> 옛날(겐코쿠 시절) 우리들의 꿈은 한국 하키를 강하게 만드는 것이었다. 그 점에서 한국 하키는 불평할 여지가 없는 실력을 자랑한다. 또한 덴리대를 중심으로 하는 일본의 하키계에도 적잖은 실적을 남겼다고 자부한다. 다만 아쉬운 점은 그 본가인 겐코쿠 하키부가 쇠퇴한 것으로, 앞으로 어떻게 하면 좋을까 하는 생각이 든다.

겐코쿠고 하키부는 1950년대의 일본과 한국에 불꽃처럼 빛났다가 사그라졌다. 오늘날 겐코쿠고에는 하키부가 없다. 그러나 다른 한편으로 여자 배구는 2010년과 2011년 연속으로 우승하며 전국대회에 출전했다. 멤버로는 재일코리안뿐만 아니라 일본인도 포함되어 있었고, 그들이 함께 힘을 합쳐 이룩한 성과였다.

✦ 에필로그

한일 스포츠 역사 속 재일코리안

지금까지 주요 경기 종목별로 나누어 재일코리안 스포츠 선수의 삶이나 발걸음에 대해 이야기했다. 마지막으로 다시금 이 책 전체의 흐름을 대강 정리해 보고자 한다.

이 책에서는 전전 조선에서 일본으로 건너간 유학생에 관한 내용부터 다루었다. 그들 중 본국으로 돌아간 인물들은 해방 후 한국의 스포츠 발전에 대단히 중요한 역할을 담당했으며, 동시에 한국과 일본의 가교 역할도 맡았다. 또한 이들은 귀국 후에도 야구를 중심으로 조국에서 뛰기를 희망하는 재일 2세 선수들의 주춧돌이 되어 주었다.

한편, 일본에 머무른 사람들은 스포츠계뿐만 아니라 재일 사회에서도 중심적인 역할을 맡았다. 한국이 가난했던 시절, 그들을 중심으로 조국에 대한 원조가 이루어졌다. 또한 이들은 조국에서 일본으로 오는 선수들의 버팀목이 되어 주기도 했다. 즉 서로가 버팀목이 됨으로써 한일 스포츠맨은 매우 깊은 관계를 맺어 왔다고 할 수 있다.

1950년대 이승만 정권 시절에 반일 색채가 강해서 일본과의 직접적인 교류가 불가능했던 까닭에, 한국은 재일코리안을 통해서 일본의 기술을 배웠다. 1956년에 창설된 재일교포학생야구단은 그 전형에 해당한다. 또한 이 시절에는 한국전쟁 등에 따른 혼란으로 인해 가을에 수확한 농작물이 봄에는 이미 동이 나서, 보리 수확기인 여름이 오기 전에 굶어 죽는 사람들이 나오는 이른바 '보릿고개'라는 말이 생길 만큼 빈곤에 신음하던 시대였다. 1952년의 헬싱키올림픽을 비롯하여, 한국은 재일코리안의 지원 없이는 국제대회에 출전할 수 없었다.

1960년대 재일 사회는 긴장의 시대를 맞이한다. 1959년부터 시작된 북한으로의 귀환운동(귀국사업), 한일국교정상화, 거기에다 스포츠에서 보자면 북한은 결국 보이콧을 했지만 애초에는 한국도 북한도 참가할 예정이었던 도쿄올림픽까지 더해져, 남북이 각각 민감하게 반응하는 사건들이 잇따랐다. 그리고 재일코리안은 각 개인마다 어느 쪽을 선택해야 하는가라는 선택을 강요받는 시대이기도 했다.

스포츠에 관해서는 개인차가 있지만 전전 일본에 유학하고 거기에다 스포츠까지 할 수 있었던 사람들은 어느 정도 경제적으로 풍족한 환경 출신이 많다. 그러나 재일 2세의 세대가 되면 빈곤 속에서 힘겹게 기다시피 해서 올라온 선수들이 다수를 차지한다. 이 시대 한국 선수는 재일코리안 선수들보다 훨씬 가난한 경우가 많았고, 한국 사회와 재일 사회 모두 '헝그리' 스포츠의 시대였다고 할 수 있다.

프로야구가 국민의 오락거리로 뿌리내리고 도쿄올림픽을 통해 스포츠의 실력이 세계적 수준에 오른 일본에서 이리저리 부대껴 온 재일코리안 선수에 대한 한국 스포츠계의 기대는 높았다. 도쿄올림픽 유도에서 동메달을 획득한 김의태(덴리대 출신), 뮌헨올림픽에서 은메달을 획득한 오승립(덴리대 출신), 몬트리올올림픽에서 동메달을 획득한 박영철(도요대 출신) 등, 재일코리안 선수들이 한국의 스포츠에서 중추적인 역할을 맡았다. 또한 가네다 마사이치, 하리모토 이사오 등이 각종 기록으로 일본 프로야구를 부흥시키고 야구의 발전에 이바지했다.

북한이 국제 스포츠 무대에 본격적으로 출전하게 된 1960년대, 한국은 그에 대항하기 위해서라도 스포츠 인프라 정비를 서둘렀다. 스포츠의 총본산인 체육회관, 국립 트레이닝 센터인 태릉선수촌이 건설된 것도 이 시대로, 정건영(마치이 히사유키) 등 재일코리안들이 모은 자금이 중요한 역할을 했다.

1970년대에 들어서면서 한국은 올림픽에서 금메달을 획득하기 위해 선수들의 사기를 올리는 '당근 정책'을 적극적으로 추진했고, 그것을 위한 제도의 정비에도 힘을 기울이기 시작했다. 고교 전국대회에서 4강 이상에 오른 팀이나 선수들에게 대학 특기생 자격을 부여하는 이른바 '4강 제도', 올림픽 메달리스트나 아시안게임 우승자에 대한 병역 면제, 국제대회의 성적 우수자에 대한 연금 제도 등이 이 시기에 확립되었다. 그와 더불어 진학이나 병역 등에서 한국의 제도적 틀 바깥에 있는 재일코리안에 대한 시선은 차가워졌다. 즉 스포츠가 일종의 이권처럼 되어서 재일코리안은 그 이권을 놓고 다투는 존재로 간주되는 분위기도 조성되었다. 그로부터 조국을 생각하는 재일코리안과 한국인들 사이에는 사고의 격차가 발생했다. 특히 스포츠 단체 중 일부는 파벌 싸움이 격심해서 그러한 파벌과는 관계가 없는 재일코리안 선수들은 불리한 대우를 받는 경우가 많아졌다.

1980년대의 한국은 1986년 서울아시안게임과 1988년 서울올림픽을 치르면서 스포츠 강국의 길을 쉼 없이 내달렸다. 한편, 일본은 버블의 절정기이기도 해서, 조국에 대한 애정이 강한 재일 1세들이 왕성한 활동을 벌이기도 했다. 서울올림픽 성공을 위한 재일코리안들의 모금활동으로 확보한 약 100억 엔의 자금은 조국에 돌아가고 싶어도 돌아갈 수 없었던 재일 1세들의 조국에 대한 뜨거운 마음을 그대로 반영한 것이었다.

다른 한편으로 이 시대의 재일 사회에서는 일본 영주 지향이 강화되었고, 외국인 등록을 위한 지문 날인 거부 운동 등 인권과 생활권의 확립을 위한 운동이 활발해졌다. 1994년에 '재일본대한민국거류민단'이 일시적인 체재를 의미하는 '거류'라는 어휘를 빼고 '재일본대한민국민단'으로 명칭을 바꾼 것은 영주 지향성이 그만큼 정착되었음을 말해 준다.

또 다른 한편으로 재일코리안들의 젊은 세대 중에는 자신의 뿌리에 대한 재인식이 강해져서 통명이라 불리는 일본명 사용을 중단하고 민족명을 사용하는 사람들도 늘었다. 1981년 여름 고시엔 대회 결승전에 진출한 교토쇼교에 한유와 정소상이라는 민족명을 사용한 선수들이 있었던 사실은, 재일 사회에 커다란 반향을 불러왔다.

그와 동시에, 조국과의 거리감이 더욱 커지면서 일본으로 귀화하는 재일코리안도 늘어났다. 일본의 국민체육대회에 외국 국적 선수가 출전할 수 없다는 점은 중국계인 오 사다하루[1]를 비롯하여 많은 외국 국적의 스포츠맨에게 상처를 주었다. 그러던 것이 1981년부터는 규정을 개정하여 일본의 학교에 다니고 있는 선수라면 일본 국민체육대회 출전이 가능해졌다. 한편으로 여름의 고시엔대회에 출전하지 못했던 재일코리안 고교생 야구선수들은 봉황대기 전국고교야구대회에 출전했지만, 1997년을 마지막으로 더 이상 출전하지 않게 되었다. 이처럼 재일코리안이 조국에서 활동하는 기회는 전국체육대회 같은 극히 일부의 대회로 제한되고 있다.

물론 경기 단체에 따라 다르겠지만 재일코리안 선수들을 괴롭게 했던 파벌의식이나 배타적인 한국 스포츠계의 풍토도 변화하고 있다. 탁구에서는 중국에서 귀화한 선수가 한국대표로 선발되기도 하며, 농구 종목에서는 한국인 어머니를 둔 미국 선수가 한국 프로농구 리그에서 활약하며 한국대표로 선발되기도 한다. '다문화 사회'가 오늘날 한국의 키워드이며, 문호를 열어젖히는 움직임은 더욱 확대되고 있다.

다만 재일코리안 선수가 한국대표가 될 때 문제되는 것은 일본의 실력 수준이다. 1964년 도쿄올림픽 은메달리스트였던 장창선은 한국 국내에서는 무적이었으나 일본의 톱클래스 선수들과 시합을 했을 때 처음에는 21명 중 19위에 그쳤다. 그런 만큼, 예전에

---

1 도쿄 출생으로 중화민국 국적을 가진 전 프로야구 선수이자 야구 지도자, 야구 해설가·평론가. 한국에는 한자 독음 '왕정치'로 잘 알려져 있다.

는 일본의 대회에서 상위에 진출할 수준이라면 한국에서는 충분히 우승할 수 있었다. 하지만 오늘날에는 한국의 대회와 일본의 대회에서 순위가 별 차이를 보이지 않거나, 아니면 오히려 한국의 대회에 나갔을 때 순위가 떨어지기도 할 정도이다. 이래서는 좀처럼 한국대표로 선발되기 어렵다. 소프트볼처럼 일본이 압도적으로 강한 종목에서는 지금도 재일코리안 선수들이 한국대표로 뽑히기도 한다. 그러한 의미에서 볼 때, 한국에도 접점을 가진 재일코리안 스포츠 선수는 한일 각각의 스포츠 상황을 반영하는 거울과 같은 존재이기도 한 셈이다.

재일코리안 선수가 한국대표로 선발되려면 일본의 수준이 높고, 한국의 경기 단체가 건전하게 발전을 도모하는 등의 조건이 필요하다. 일본대표를 목표로 하더라도 그러한 상황이어야만 양국의 가교 역할을 맡을 수 있지 않을까. 그것은 동시에, 재일코리안 스포츠 선수가 이를 위해 무엇을 할 수 있는가를 물어야 하는 부분이기도 하다.

가시밭길임을 알면서도 한국 국가대표에 도전하는 재일코리안 젊은이들이 있는가 하면, 자신의 가능성에 베팅하기 위해 일본 국적을 취득하는 사람도 있다. 자신이 선택한 길에서 얼마나 빛날 수 있을 것인가. 그것은 한국과 일본의 스포츠 발전에도 중요한 의미를 가진다.

한국과 일본의 스포츠에 있어서 재일코리안은 끊으려 해도 끊을 수 없는 관계를 가진 존재이며, 이들 재일코리안의 존재를 빼놓고 한국과 일본의 스포츠사를 연결할 수 없다는 것만은 틀림없는 사실이다.

✦ 해설

기록/기억되어야 하는 재일코리안 스포츠 영웅들

유임하 (한국체육대학교 교수)

한일 스포츠사의 공백, 재일코리안 스포츠인들

국가 간 대항 경기조차 전쟁으로 인식되던 때가 있었다. 냉전의 시대였다. 당시 우리의 스포츠계는 재일코리안을 교포에서 동포로 호명하면서도 성과를 내기 위한 운동기계로만 여긴 시절이었다.

리키도잔이 '김신락'이라는 본명 대신 남북한에서는 역도산이라는 유명 레슬러로 호명된 것도 동아시아라는 문화장 안에서 특히 문제적이다(이 점에 대해서는 이타가키 류타의 「동아시아 기억의 장소로서 力道山」, 『역사비평』 95, 2011에서 이미 다루어졌다). 남과 북에서 역도산/력도산은 세계적인 프로레슬러이자 '차별을 딛고 성공 신화를 만든 이'로 각인되고 유통, 소비될 뿐 그의 인간적 고뇌나 남·북·일에서 서로 다른 대중문화적 표상과 함의에는 그다지 관심을 갖지 않는다.

스포츠 전반에 걸쳐 이런 사정은 마찬가지다. 그럼에도 불구하고, 재일코리안 스포츠인들은 모국의 부름에 응답했다. 가난한 모국에 건너와 종목별 스포츠 발전에 기여한 시절이 있었다는 사실, 마치 오아시스나 밤하늘의 별처럼 한국 스포츠 발전을 이끌었다는 사실에는 숙연해질 수밖에 없다.

재일코리안 출신 선수들은 일상에서 능통하지 못한 모국어 구사 능력 때문에 '반쪽발이'로 조롱받으면서도 특유의 강인함으로 한국 스포츠를 한 단계 도약시켰다. 이들의 강인함은 일본의 탄탄한 학교체육과 두터운 선수층이 경합하는 지역별 대회에서 단련해 온 풍부한 경험 축적에서 연유한다.

하지만 해방 이후 한국 스포츠 발전에 기여한 재일코리안 스포츠인들의 활약상은 한국과 일본 스포츠의 역사에서 누락되어 있다. 이들은 스포츠 분야에서 남한과 북한, 일본의 대표선수로 활약하며 팀과 개인의 승리를 이끈 개척자, 민족의 설움을 위로해 준 진짜 영웅들이었다.

차별을 딛고 스포츠 한일 교류의 아이콘으로

오시마 히로시의 『재일코리안 스포츠 영웅 열전』은 해방 이후 2012년까지 재일코리안 스포츠인들의 활약상을 다룬 책이다. 이 책은 특히 재일본대한체육회 창립60주년을 기념한 기획서로 기록과 증언, 인터뷰를 통해 재일코리안 스포츠인들이 활약한 스포츠 종목과 인물, 그들이 기여한 성과를 담아내고 있다.

오시마 히로시의 책은 몇 가지의 특징을 가지고 있다. 첫째, 이 책은 2012년 발간 당시 시점에서 재일코리안 출신 스포츠인들의 감동적인 활약상을 기억해야만 하는 역사로 기술했다. 둘째, 모국의 경제적 빈곤과 조건의 불비함에도 아랑곳하지 않고 한국 스포츠 발전에 자신들의 힘을 보태고자 한 실상을 일화 중심으로 기술했다. 셋째, 이 책은 한일 스포츠 교류라는 측면에서 재일코리안 스포츠 영웅들을 양국의 스포츠 발전에 가교 역할을 한 존재로 부각시켰다.

그간, 재일코리안이 한일 스포츠에 기여한 이야기는 전설처럼, 때로는 풍문처럼 알려졌을 뿐 그 윤곽과 전모가 드러난 적은 없었다. 예컨대 걸출한 스트라이커였던 한국의 축구스타 김재한은 우리가 기억하지만, 김재한의 부인이 된 걸출한 농구선수로 여자농구의 제2중흥기를 열었던 조영순의 존재는 잘 모른다. 그녀는 일본방직 여자농구 실업팀인 유니티카 야마자키의 득점왕 이와모토 에이코였다. 그녀는 일본에서 활약하다가 한국에 건너와 한국 여자농구팀 주장을 맡으며 민족명을 회복했다. 일본 여자농구 역사에는 이와모토 에이코로 기록돼 있고 한국 농구사에는 조영순으로 적혀 있으나 이 둘이 동일인물이라는 것은 지금까지 별로 언급된 적이 없다. 이렇듯, 한일 사회에서 경계인으로서의 불리함을 마다하지 않고 모국에서 불렀을 때 이들은 응답했고 부모의 나라에서 초인적 노력으로 많은 스포츠 종목에서 빛나는 성과를 견인하는 주역이 되었다.

재일동포학생야구단의 일원으로 전국체전에 참가한 장훈이 훗날 하리모토 이사오라는 이름으로 일본 야구 '명예의 전당'에 오른 사실은 잘 알고 있다. 하지만 요미우리 자이언츠의 전신인 전전의 도쿄 교진군巨人軍에서 활약한 재일 투수 이팔용은 잘 모른다.

이팔용은 부산 출생의 재일코리안으로 야마구치현의 작은 섬에서 자라나 후지모토 히데오라는 이름으로 일본 야구의 신화로 등극한 선수다(훗날 모국을 방문해서 고교 야구선수들을 지도하기도 했다). 전전과 전후 일본 실업야구에서 노히트 노런을 기록하는 등, 일본의 거물 우익 정치인 쇼리키 마쓰타로가 출범시킨 프로야구 리그에서 일본정신의 상징인 요미우리 자이언츠의 중심 투수, 타자로 활약했고 훗날 한신 야구팀 감독도 역임했다.

이상백은 와세다대 유학 시절 농구부 창립 멤버였고 주장을 맡을 정도였다. 그는 해방 전에 이미 일본농구협회 이사와 올림픽위원회 위원을 역임하며 식민지 조선 청년들의 스포츠 활동을 지원했다. 그는 일본 농구의 아버지, 한국의 쿠베르탱이었다. 식민지 시기에 조선 스포츠 인재들을 올림픽에 출전시킨 토대가 그였다. 이를 감안할 때 스포츠는 일본 패전 이전부터 '스포츠를 통한 민족적 경합'과 '한일 문화교류'의 경험을 함께 축적해 온 분야다.

이처럼, 해방 이후 재일코리안들은 전전에도 일본 사회에 뿌리내린 스포츠 활동이 있었던 만큼, 일본 패전 이후 수많은 차별 속에서도 스포츠 활동을 통해 사회경제적 자립의 꿈을 키웠다.

재일코리안들을 근간으로 했던 주오대 축구팀의 일화가 거론되고 해방 전 경평축구의 전통이 다시 불려나오는 것도 감동적이다. 그러나 고비 때마다 한일 지도자들이 한일축구 정기전을 성사시켰던 일화나, 파친코 재벌 마루한의 한유와 정소상이 고시엔 여름대회에서 민족명을 걸고 출전하여 우승한 일화는 한일 스포츠의 축제에서 차별을 딛고 이룩한 영웅들의 일화가 아닐까. 여자농구에서는 조영순의 활약과 일본 지도자의 한국 여자배구 대표팀 특훈이 언급되며 한일 스포츠 교류의 역사가 언급되고, 강만수의 와세다대 유학과 대학배구 리그 우승이 스포츠 한류의 원조이자 전설처럼 기술되기도 한다. 그러나 재일 사회의 후원으로 성사된 장창선의 도쿄 레슬링 특훈은 저 멀리 해방 전후로부터 1950년대 한일 레슬링을 주름잡은 황병관의 계보로 연계된 전통으로 나타난다.

유도에서는 도쿄올림픽 은메달리스트 김의태, 뮌헨올림픽 은메달리스트 오승립, 몬트리올올림픽 동메달리스트 박영철, 추성훈에 걸쳐 있다. 도요야마 게이치라는 이름으로 더 잘 알려진 럭비의 최경호, 마라톤의 김철언이 있고, 세계 최강 골프의 원점에는 지도자로 연덕춘, 한장상, 구옥희가 있었다. 또한 클레이사격의 박영주, 선수층이 빈곤했던 피겨 종목에서는 김연아와 함께 활약한 김채화가 있었다.

이처럼, 대부분 스포츠 종목에서 재일코리안 출신 선수들은 뛰어난 지도자 밑에서 일찍 재능을 보이며 혹독한 조련 속에 세계적인 선수로 발돋움했다. 배구의 경우 도쿄올림픽 이후 두각을 드러낸 여자배구의 조련사는 다이마쓰 히로후미였는데 그는 한국 배구의 전력 강화에도 일조하며 조혜정을 탄생시킨 저변이기도 했다.

오카야마 출신의 재일 2세였던 윤정순온 고등학교 때까지 민족명을 사용했으나 일본인 감독 시라이 쇼지의 양녀로 입적하여 일본국적을 취득하고 일본대표팀에 들어갈 수 있었다. 그녀는 1970년 방콕아시안게임에 처음 참가했고 몬트리올올림픽에서 금메달을 거머쥐는 주포였다(한국대표는 이 대회에서 조혜정의 활약으로 동메달을 획득했다).

일전에 나는, 조선학교 방과후 축구지도에 매진하는 북한 대표팀 선수 출신의 안영학을 줌zoom의 가상회의실에서 만난 적이 있다. 남·북·일 모든 지역에서 축구 인생에 성공했던 그는 스포츠로 차별을 넘어선 세상을 꿈꾸는 디아스포라의 미래를 여는 지도자다. 그는 조선적을 가진 학생들이 한국과 북한과 일본의 대표팀 선수를 꿈꾸며 해맑게 운동하는 모습을 지도하고 응원한다고 말했다.

재일 스포츠 영웅들과 이들을 키워 낸 지도자들의 족적은 스포트라이트를 받는 중심은 아니었으나 그렇다고 해서 주변도 아니었다. 이들은 스포츠를 통해 민족의 역량을 증명하며 오직 자신의 노력으로 혹독한 경쟁을 감내하며 스포츠 무대를 풍성하게 가꾼 주인공들이었다. 이들은 재일코리안 사회의 한계를 넘어 가난한 신생 국가의 불비한 환경에 뛰어들었고 스포츠 용구나 기술 전수, 대회 출전 경비 마련 같은 제반 지원에 이르는 온갖 역할을 떠안았다. 한일 교류의 관점에서 보면 재일코리안 출신 스포츠 영웅들의 면면은 모국을 대표하는 차원을 넘어 민족의 긍지를 구현했고 한일 교류의 첨병으로 우뚝 선 대중문화 아이콘의 전사前史였다.

기억되어야 할 재일 스포츠의 역사

문득, 한화와 LG 감독을 끝으로 일본에 돌아간 재일코리안 출신 야구인 김성근이 떠오른다.

김성근은 교토 출신의 투수 유망주였다. 그는 가족들의 반대를 무릅쓰고 한국으로 건너와 실업팀 투수로 활약했다. 은퇴 후에도 그는 철저한 훈련과 자기 관리, 기록에 바탕을 둔 팀 운영으로, 경험주의에 기초한 지도자가 아니라 기록과 통계에 바탕을 둔 근대 스포츠 정신과 야구 철학을 가진 전문가의 모습을 보여 주며 '야구의 신'이란 별칭도 얻었다.

분명 그는 한국 프로야구의 수준을 한두 단계 아닌 몇 단계 끌어올렸으나 팀 운영을 둘러싸고 구단주와의 갈등 때문에 감독직에서 명예롭게 물러나지 못했다. 한국시리즈에서 그가 연출했던 난폭한 승리 지향의 경기 방식은 지금의 시점에서 일견 이해되는 바가 없지 않다.

나는 그의 무차별적인 투수 투입과 승리 지향적 경기 운영은 한국 프로야구에 던지는 문제제기였다고 짐작한다. 스포츠를 욕망의 정치로 여긴 자들에게 '너희가 승리를 원한다면 그리 해 주마' 하며 응답해 준 허무의 몸짓에 가까웠다. 이 씁쓸한 모습은 재일코리안 출신 스포츠 영웅들의 기여와 헌신이 재일 사회의 모국 지향적 면모에서 이탈하여 한국 사회의 승리지상주의와 충돌하면서 만들어 낸 어둡고 음습한 그림자에 해당한다.

김성근 감독이 가족이 있는 일본으로 귀환한 것은 성적지상주의와 대학 입학 자격 부여, 병역 특례 등으로 한국 스포츠가 국제무대에서 체육 강국의 위상을 구축하면서 재일 출신 선수들이 한국 스포츠의 장에서 밀려나는 풍경과 묘하게 겹쳐진다. 한국 스포츠가 학교체육과 사회체육을 외면한 채 얇은 선수층으로 엘리트 중심 스포츠 정책에 매진하며 체육 스포츠 본래의 인문적 가치를 잃어버린 현실로 이어졌기 때문이다.

학교체육에서 학업을 병행하며 아름다운 추억으로 남기고 자신의 스포츠 재능을 다양하게 꽃피우는 사회적 분위기, 사회체육의 활성화 속에 여가활동으로 높은 수준을 유지하는 스포츠 문화는 1950년대 중반 이후 한국전쟁의 특수를 누리며 경제 호황을 누린 일본 사회의 단면이다. 재일코리안 스포츠 영웅들은 이러한 경제적 활황을 구가하던 일본의 사회경제적 조건과 밀접하게 관련된다.

이들의 활약상을 살피다 보면, 두터운 선수층을 길러 내는 학교체육의 저변과, 기업들의 대학 및 스포츠 활동 후원, 사회체육 활성화, 지방 밀착형 프로리그 정착에 이르는 스포츠 문화의 선순환이 인상적이다. 학교체육을 근간으로 한 지역대항전, 전국대회, 사회인체육의 발전은 여름의 고시엔 야구대회나 하코네 역전 같은 오랜 전통으로 이어지고 있어서 대학입시에 치중하며 활력을 잃은 우리 스포츠 환경에서는 참고하고 성찰해야 할 오래된 미래의 하나다.

재일 사회는 패전 후의 혼돈스러운 일본에서 1949년 축구월드컵 지역 예선이 치러진 도쿄의 한일전 당시, 좌우를 막론하고 모국 선수들을 환영하고 지원하는 아름다운 협력을 보여 준 바 있다. 이때에는 역도산도 거액의 후원금을 쾌척했다. 고집스러운 이승만 정부를 설득하여 도쿄에서 개최된 월드컵 지역 예선에서 축구대표팀의 승리를 위해 물심양면으로 전력을 다해 지원한 것도 이때였다. 올림픽 출전에 필요한 경비와 스포츠 용품들을 지원하기 위해 거액의 모금에 나선 것도 이들이었다.

재일코리안들이 합심해서 이룩한 모국 경제에 대한 기여와, 스포츠 영웅들이 이룬 스포츠 역사는 이제 망각의 봉인을 열어젖히고 기억의 장으로 불러내야 한다. 이들의 활약상은 한국 스포츠 역사에서 반드시 기억하고 기록되어야 한다.

✦ 일본어판 감수자 후기

2002년 FIFA 월드컵 한일 공동개최는 양국을 들끓게 했으며, 밴쿠버 동계올림픽의 피겨스케이팅에서 김연아와 아사다 마오라는 두 천재 소녀의 대결은 양국 국민을 뜨겁게 흥분시켰습니다.

한류 붐과 함께, 스포츠나 문화를 통해 한순간에 한국이라는 말의 울림이 친숙하게 느껴지기 시작했습니다. 그러한 그늘 속에서 전후의 혼란기에서부터 한일 스포츠계의 발전과 교류에 공헌해 오면서도 외국 국적이라는 이유로 활동의 장을 빼앗기고, 양국의 틈새에서 고뇌하며 괴로워하고 갈등하면서도 계속해서 싸워 온 재일코리안 체육인들이 존재했다는 역사적 사실은 유감스럽게도 그다지 알려지지 않았습니다.

그리하여, 많은 재일코리안 선수들에게 조국의 전국체육대회 참가나 올림픽 대표라는 필드를 지원해 온 재일본대한체육회에서는, 창립 60주년을 계기로 한국과 일본의 스포츠사를 연결하는 작업 속에서 재일코리안의 삶이나 정신을 다시금 조명하고자 이 책의 발간을 기획했습니다.

재일코리안 체육인의 궤적을 좇는 일은 한일 스포츠사의 틈새를 메우고, 양쪽을 연결하는 일이기도 합니다.

이 책의 발간에 부쳐, 인터뷰나 취재에 응해 주신 관계자 여러분, 기획 단계부터 적절한 조언으로 출판까지 이끌어 주신 고단샤講談社의 여러분, 그리고 귀중한 증언이나 에피소드, 방대한 자료를 정성껏 취재하여 이 책을 집필해 주신 스포츠 라이터 오시마 히로시 님께 마음 깊이 감사드립니다.

2012년

재일본대한체육회 회장 박안순朴安淳

✦ 참고 문헌

◇ 일본어 문헌

『在日本大韓体育会史』, 在日本大韓体育会, 1992.

日本バスケットボール協会広報部会編, 『バスケットボールの歩み：日本バスケットボール協会50年史』, 日本バスケットボール協会, 1981.

日本バレーボール協会五十年史編集委員会編, 『日本バレーボール協会五十年史：バレーボールの普及と発展の歩み』, 日本バレーボール協会, 1982.

日本ホッケー協会編, 『日本ホッケー九十年史』, 日本ホッケー協会, 1997.

関川夏央, 『海峡を越えたホームラン：祖国という名の異文化』, 双葉社, 1997.

鄭仁和, 『いつの日か海峡を越えて：韓国プロ野球に賭けた男たち』, 文藝春秋, 1989.

森岡浩編著, 『プロ野球人名事典1999』, 日外アソシエーツ, 1999.

慎武宏, 『祖国と母国とフットボール：ザイニチ・サッカー・アイデンティティ』, 武田ランダムハウス, 2013.

城内康伸, 『猛牛(ファンソ)と呼ばれた男：「東声会」町井久之の戦後史』, 新潮社, 2011.

朴慶植, 『解放後 在日朝鮮人運動史』, 三一書房, 1989.

中央大学学友会サッカー部OB会編, 『中央大学サッカー部80年史』, 中央大学学友会サッカー部OB会, 2008.

ベースボール・マガジン社編, 『激動の昭和スポーツ史16 柔道編』, ベースボール・マガジン社, 1989.

朴一,『僕たちのヒーローはみんな在日だった』, 講談社, 2011.

秋山成勲,『ふたつの魂：HEEL or HERO』, ベストセラーズ, 2009.

辻義就,『反骨イズム：長州力の光と影』, アミューズブックス, 1997.

早稲田大学RDR倶楽部編,『RDR60：早稲田大学バスケットボールの60年史』, 早稲田大学RDR倶楽部, 1983.

稲門バレーボール倶楽部50年史編纂委員会編,『集り散じて五十年の歩み』, 稲門バレーボール倶楽部50年史編纂委員会, 1981.

小泉志津男,『日本バレーボール五輪秘話 第2巻 ポスト魔女の激闘』, ベースボール·マガジン社, 1992.

小泉志津男,『日本バレーボール五輪秘話 第3巻 松平全日本の奇跡』, ベースボール·マガジン社, 1992.

小泉志津男,『日本バレーボール五輪秘話 第4巻 世界三冠の舞台裏』, ベースボール·マガジン社, 1992.

鎌田忠良,『日章旗とマラソン：ベルリン·オリンピックの孫基禎』, 潮出版社, 1988.

金哲彦,『走る意味：命を救うランニング』, 講談社現代新書, 2010.

早稲田ラグビー60年史編集委員会編,『早稲田ラグビー六十年史』, 早稲田大学R.O.B倶楽部, 1979.

学校法人白頭学院,『白頭学院創立四○周年記念誌』, 学校法人白頭学院, 1987.

講談社編,『20世紀全記録(クロニック)』, 講談社, 1987.

伊藤亜人·大村益夫·梶村秀樹·武田幸男監修,『朝鮮を知る事典』, 平凡社, 1986.

和田春樹·石坂浩一編,『岩波小辞典 現代韓国·朝鮮』, 岩波書店, 2002.

◇ 한국어 문헌

고두현,『베를린의 월계관(이야기 한국체육사 1 -마라톤 1)』, 국민체육진흥공단, 1997.

김광희,『한알의 밀알 : 금메달을 위한 기나긴 여정(이야기 한국체육사 5-체육행정)』, 국민체육진흥공단, 1998.

김광희,『남자배구 세계벽을 넘어서 : 개척과 도전(이야기 한국체육사 7-배구 1)』, 국민체육진흥공단, 1998.

대한농구협회한국농구80년사편찬위원회 편,『한국농구80년』, 대한농구협회, 1989.

대한체육회편집실 편,『대한체육회70년사』, 대한체육회, 1965.

대한축구협회 편, 『한국축구100년사(증보판)』, 대한축구협회, 2003.
상백이상백평전출판위원회 · 한국대학농구연맹 편, 『상백 이상백 평전』, 을유문화사, 1996.
이만열 편, 『한국사연표』, 역민사, 1985.
이학래, 『한국유도발달사』, 보경문화사, 1990.
조동표, 『레슬링풍운록(이야기 한국체육사 13-레슬링 1』, 국민체육진흥공단, 2000.
한국야구사간행위원회 편, 『한국야구사』, 대한야구협회 · 한국야구위원회, 1999.
한국야구위원회홍보부 편, 『THE OFFICIAL BASEBALL ENCYCLOPEDIA 2007』, 한국야구위원회, 2007.
홍순일 편저, 『한국야구인명사전』, 한국야구위원회, 2001.
『한국인명사전 1994』, 연합통신, 1994.

◇ 본문의 사진 출처

재일본대한체육회, 한국야구위원회, 저자, 아사히신문사, 교도통신사,
연합뉴스, 게티이미지

42쪽 The Asahi Shimbun via Getty Images
167쪽 연합뉴스
224쪽 Aflo/Getty Images
271쪽 Wikimedia Commons
317쪽 The Asahi Shimbun via Getty Images
355쪽 Popperfoto via Getty Images
412쪽 Getty Images/게티이미지코리아

✦ 찾아보기

ㅅ

ㅈ

ㅊ

✦ 옮긴이

유임하 柳壬夏

1962년 경북 의성에서 태어났다. 동국대학교 국어국문학과 및 동 대학원 국문학과를 졸업했다. 현재 한국체육대학교 교양과정부 교수로 재직 중이다. 대표 저서로는 『작가의 신화 : 한국소설과 이야기의 사회문화사』(역락, 2022), 『해금을 넘어서 복원과 공존으로 : 평화체제와 월북 작가 해금의 문화정치』(공저/역락, 2022), 『반공주의와 한국문학』(글누림, 2020), 『북한의 우리 문학사 인식』(공저/소명출판, 2014) 등이 있다. 대표 논문으로는 「재일코리안 스포츠 영웅의 초국적 스포츠 활동」(2023), 「전후 북한지식인의 동독 방문과 교류 경험 : 조령출의 '독일기행'」(2022), 「재난으로서의 전쟁과 전쟁을 기억하는 방식 : 적치(敵治) 평양의 전시경험'과 『대동강』(한설야) 다시 읽기」(2021), 「재일조선인 스포츠커뮤니티의 탄생과 전개(1950-1965)」(2020), 「전후 재일조선인 스포츠커뮤니티의 기원과 형성(1945-1950)」(2019), 「북한의 문화정전을 어떻게 읽고 수용할 것인가」(2019) 등이 있다.

조은애 曺恩愛

1983년 서울에서 태어났다. 동국대학교 국어국문학과 및 동 대학원 국문학과를 졸업했다. 동국대학교 국어국문·문예창작학부 강사로 재직 중이다. 대표 저서로는 『디아스포라의 위도 : 남·북·일 냉전 구조와 월경하는 재일조선인 문학』(소명출판, 2021), 『마이너리티 아이콘 : 재일조선인 사건의 표상과 전유』(편저/역락, 2021) 등이 있다. 대표 논문으로는 「'일본인 처'라는 기호 : 남·북·일 국민 서사에서의 비/가시화와 이동의 현재성」(공저, 2022), 「찢어진 이름 : '김희로 사건'을 둘러싼 명명의 정치와 '65년 체제'에서의 재일조선인」(2021), 「북한에서의 재일조선인 문학 출판과 개작에 관한 연구 : 김달수와 이은직의 경우를 중심으로」(2019) 등이 있다.

동국대학교 일본학연구소 번역총서
재일코리안 스포츠 영웅 열전

1판 1쇄 발행 2023년 6월 30일

지은이 오시마 히로시
옮긴이 유임하 조은애

편집 정진라 최재혁
디자인 박대성
일러스트 박현아
제작 세걸음

펴낸이 박현정
펴낸곳 연립서가
출판등록 2020년 1월 17일 제2022-000024호
주소 경기도 양평군 서종면 북한강로 648번길 4, 4층
이메일 yeonrip@naver.com
페이스북 yeonripseoga
인스타그램 yeonrip_seoga

ISBN 979-11-977586-6-9 03910

· 이 책은 2020년 대한민국 교육부와 한국연구재단의 지원을 받아 수행된 연구임 (NRF-2020S1A5B8104182).

· 책값은 뒤표지에 있습니다.
· 잘못 만들어진 책은 구입하신 서점에서 교환해 드립니다.